高等职业教育物流类专业系列教材

智慧仓配运营

主　编　唐玉藏　吴庆念　翁勤晴
副主编　郭瑞伟　颉栋栋　刘若微　方慧莲
参　编　胡利利　王卫平　吴媛媛
　　　　邵清东　王　科　韩良浩

机械工业出版社
CHINA MACHINE PRESS

本书是全国物流职业教育教学指导委员会"基于新专业标准的物流类专业教材建设"专项课题研究成果，依据新专业标准编写而成。本书从智慧仓配的视角，以仓配岗位为载体，遵照仓配企业对物流从业人员的专业能力、社会能力和方法能力的要求，依据"工作流程＋关键能力"，以现代仓储、配送职业岗位工作任务为核心，"岗、课、赛、证、思、创"深度融合。全书按照业务流程分解形成走进智慧仓配、智慧仓配装备、智慧仓储作业、智慧配送作业、智慧仓配运营、智慧仓配管理、智慧仓配业务创新、智慧仓配规划实施八大项目，每个项目由相互联系的工作任务组成，融知识、能力、素养、应用、创新为一体。

本书既可作为高职高专院校、职业本科院校和应用型本科院校的物流管理、物流工程技术、供应链运营、采购与供应管理、连锁经营与管理等相关专业的教材及参考用书，也可作为职业技能大赛、职业技能等级证书的考试辅导资料，还可作为仓库、港口、场站、物流配送中心等各类仓配企业、物流企业基层人员的自学用书及岗位培训用书。

图书在版编目（CIP）数据

智慧仓配运营／唐玉藏，吴庆念，翁勤晴主编． 北京：机械工业出版社，2025.8. --（高等职业教育物流类专业系列教材）． -- ISBN 978-7-111-78543-9

Ⅰ．F25-39

中国国家版本馆 CIP 数据核字第 2025RW1541 号

机械工业出版社（北京市百万庄大街 22 号　邮政编码 100037）
策划编辑：孔文梅　胡延斌　　责任编辑：孔文梅　胡延斌　章承林
责任校对：蔡健伟　刘雅娜　　封面设计：王　旭
责任印制：张　博
固安县铭成印刷有限公司印刷
2025 年 8 月第 1 版第 1 次印刷
184mm×260mm・18 印张・432 千字
标准书号：ISBN 978-7-111-78543-9
定价：55.00 元

电话服务　　　　　　　　　网络服务
客服电话：010-88361066　　机 工 官 网：www.cmpbook.com
　　　　　010-88379833　　机 工 官 博：weibo.com/cmp1952
　　　　　010-68326294　　金 书 网：www.golden-book.com
封底无防伪标均为盗版　机工教育服务网：www.cmpedu.com

前言

在数字经济时代，随着消费者需求的日益多样化和个性化，新零售等商业模式的快速发展，"互联网+"仓储4.0概念催生，传统的仓储与配送模式已难以满足市场的高效、精准、灵活需求。智慧仓配一体化作为物流行业的新趋势，正引领着物流行业的变革和发展，逐步成为提升物流效率、降低运营成本、优化客户服务体验的关键路径。同时，随着共建"一带一路"高质量发展的扎实推进，物流需求不断释放，为仓配业在海外发展也带来新的空间。智慧仓配一体化注重技术的融合与创新，通过整合仓储与配送资源，融合物联网、大数据、人工智能等先进技术，可以有效实现仓储配送全流程的智能化和自动化，实现仓库作业的无人化和高效化，全面提升仓储配送的效率和智能化水平。因此，未来的物流仓配行业发展将需要一大批智慧仓配一体化领域复合型人才。

本书以物流技术发展为先导，以产教融合为基础，以跨界协同为机制，以三教改革为路径，从典型职业活动出发，落实"职业教育专业教学标准（2025年修订）"，紧密对接物流管理职业技能等级证书标准及职业院校技能大赛智慧物流赛项要求，遵循职业成长与认知规律，结合不同层级物流岗位的典型工作任务，凝练出课程专业能力和素养能力，内化系列标准；以物流及仓配企业职业岗位典型工作过程为参照系，以专业定位→职业岗位群→职责→任务→工作流程分析→职业能力归纳→知识领域分解→学习领域转换为路径，任务引领、实践导向，自主探索、协作学习，动态更新、与时俱进，纵向贯通、横向融通，将课程教学内容与技能竞赛、技能训练、岗位练兵相结合，强调"做中学、做中教"，突显课程的综合性、实践性和应用性，让学生学有所用、学以致用。

本书在编写过程中力求突出以下特点。

1. 培根铸魂，全面育人

为落实立德树人根本任务，推动思政育人，依据"工作流程+关键能力"的原则，以人才培养为目标，以专业教学标准为引领，"岗、课、赛、证、思、创"综合育人，重构课程内容，匹配能力螺旋上升，各模块层级化设置，一体贯通、分段实施，形成八大项目。每个项目由相互联系的工作任务组成，设置"德技并修"栏目，融入"劳模精神""科技应用""卓越创新""工匠精神""先锋力量"等内容，潜移默化地引导学生增强创新意识、发展意识、责任意识、服务意识等，从而实现全员全程全方位育人。

2. 校企合作，职业引领

在广泛调研的基础上，根据培养目标、职业标准，精准定位课程目标，确定知识、能力、素养三维目标，与仓配人才专业培养目标相符，与物流仓配行业企业的技术发展接轨，与学生的认知水平相恰。结合智慧仓配领域产生的新技术、新规范，与企业联合开发，以仓配岗位工作任务为主线，对岗位工作任务作教学化处理，设计教学项目和学习性工作任务，有机融入职业标准，使课程内容与职业标准对接、教学过程与生产过程对接，构建体现工学结合理念的学习领域，形成系统、有序、螺旋式上升的学习链，增强学生岗位技能，培养学生的职业能力。

3. 全新理念，与时俱进

从智慧的视角，坚持知行合一、工学结合、德技并重、理实一体理念，职业性与教育性融合。运用科学、技术及管理的理念，结构模块化、定位层级化、目标精准化、内容项目化、考核标准化、实施保障化、教学信息化。跟踪新业态、新技术、新规范、新标准、新工艺、新管理方式、新服务方式等发展前沿及应用案例，按照岗位认知、案例导读、任务学习、思政聚焦、项目实训的体系编写，每个项目由若干任务构成，每个任务包含任务引例、知识准备、任务发布、任务实施、任务评价等内容，文中穿插"悦动思维""小贴士"等小栏目，拓宽学生的知识面，激发学生探究的兴趣。

4. 平台支撑，立体资源

为适应"互联网+教育"的发展趋势，运用信息化技术辅助教学，教材设置了类型丰富的数字化教学资源，得到北京络捷斯特科技发展股份有限公司、百世物流科技（中国）有限公司等企业的支持，不仅在重要知识点处配备了微课，还配备了教学课件、课后习题答案等教学资源，读者扫描书中的二维码即可获取对应资源，实现教材立体化。支持教、学、做、考一体化，破解重点、难点，有效提高教学效率，提升教学体验。

本书由唐玉藏、吴庆念、翁勤晴担任主编，唐玉藏（浙江经济职业技术学院）负责全书的整体策划、项目和任务设计，编写项目一、项目二和项目八；吴庆念（浙江经济职业技术学院）、郭瑞伟（台州科技职业学院）、胡利利（湖南工程职业技术学院）共同编写项目三；唐玉藏、翁勤晴（宜宾职业技术学院）、王卫平（浙江经济职业技术学院）、王科（重庆交通职业学院）共同编写项目七；唐玉藏、颉栋栋（广西物流职业技术学院）、方慧莲（浙江经济职业技术学院）共同编写项目四；刘若微（浙江经济职业技术学院）编写项目五；唐玉藏、吴媛媛（牡丹江大学）编写项目六；北京络捷斯特科技发展股份有限公司邵清东、百世物流科技（中国）有限公司韩良浩共同参与了教材案例、项目实训和配套资源等内容的编写和制作。由唐玉藏进行修改、统稿和定稿工作。

本书在编写过程中，得到了许多单位和个人的支持，在此感谢全国物流职业教育教学指导委员会、中国物流与采购联合会、北京络捷斯特科技发展股份有限公司、百世物流科技（中国）有限公司、机械工业出版社等单位的大力支持。此外，我们参考和借鉴了许多近年来同类教材和相关出版物的内容以及网络、报纸、杂志等公开发表的有关资料，在此对原作者表示衷心的感谢。

为方便教学，本书配有电子课件等教学资源。凡使用本书的教师均可登录机械工业出版社教育服务网 www.cmpedu.com 下载。咨询电话：010-88379375；QQ 群：962304648。

由于编者水平有限，书中难免有不妥和疏漏之处，恳请广大读者和同行批评指正，以便修订时改进。

编 者

二维码索引

序号	名称	二维码	页码	序号	名称	二维码	页码
微课 01	智慧配送中心		014	微课 11	货位编码		074
微课 02	智慧仓配一体化认知		021	微课 12	货物码垛及堆码		077
微课 03	自动分拣系统：输送机		035	微课 13	库存 ABC 分类法		081
微课 04	无人配送车		045	微课 14	无人机智能盘点		088
微课 05	城市无人机配送＋社区智能快递柜		049	微课 15	盘点≠走过场		091
微课 06	地下智慧物流管网		052	微课 16	拣货作业		121
微课 07	智慧仓储作业流程		061	微课 17	播种式拣货		125
微课 08	智慧仓储入库作业流程		062	微课 18	波次计划		127
微课 09	入库质检的方法		067	微课 19	分区策略		128
微课 10	储位分配单		073	微课 20	订单分割策略		129

（续）

序号	名称	二维码	页码	序号	名称	二维码	页码
微课21	订单分批策略		130	微课30	智慧仓区域规划		238
微课22	分类策略		131	微课31	仓库货架的布局方式		239
微课23	四向穿梭车结构认知		135	微课32	U型动线		241
微课24	退换货的处理		157	微课33	L型动线		241
微课25	配送中心绩效评价的内容		198	微课34	I型动线		242
微课26	配送中心绩效评价指标：进出货作业		202	微课35	S型动线		242
微课27	配送中心绩效评价指标：盘点作业		202	微课36	智慧仓工作站数量计算方法		243
微课28	冷藏仓库认知		227	微课37	AGV常见的应用场景		245
微课29	生鲜仓库认知		231	微课38	配送中心区域规划方法		248

目 录

前言
二维码索引

项目一　走进智慧仓配　001

任务一　智慧仓储认知　002
任务二　智慧配送认知　014
任务三　智慧仓配一体化认知　021
同步练习　026

项目二　智慧仓配装备　029

任务一　智慧仓储装备认知　030
任务二　智慧配送装备认知　044
同步练习　057

项目三　智慧仓储作业　060

任务一　智慧仓储入库作业操作　062
任务二　智慧仓储在库作业操作　072
任务三　智慧仓储出库作业操作　093
任务四　智慧仓储信息系统操作　101
同步练习　106

项目四　智慧配送作业　109

任务一　订单处理作业操作　111
任务二　智慧拣货作业操作　120
任务三　配货送货作业操作　138
任务四　补货退货作业操作　151
同步练习　160

项目五　智慧仓配运营　162

任务一　智慧仓储商务运营　163
任务二　智慧配送服务运营　172
同步练习　185

项目六　智慧仓配管理　188

任务一　智慧仓配成本管理　189
任务二　智慧仓配绩效管理　197
同步练习　206

项目七　智慧仓配业务创新　209

任务一　仓储金融业务办理　210
任务二　虚拟仓库的运作　217
任务三　低空物流配送业务办理　221
任务四　冷链智慧仓配一体化
　　　　模式运作　226
同步练习　234

项目八　智慧仓配规划实施　237

任务一　智慧仓配布局规划　238
任务二　智慧仓配方案实施　253
同步练习　278

参考文献　280

项目一　走进智慧仓配

学习目标

▶ **知识目标**　　熟悉智慧仓储内涵和特点；
　　　　　　　　熟悉智慧配送的内涵和特征；
　　　　　　　　掌握智慧仓储、智慧配送的体系构成。

▶ **能力目标**　　能进行智慧仓储技术的识别；
　　　　　　　　能判断智慧仓储、智慧配送的体系构成；
　　　　　　　　能运用所学的知识分析智慧配送体系的功能结构。

▶ **素养目标**　　培养团结协作、沟通表达能力，提升自主学习能力及分析应用能力；
　　　　　　　　树立科技发展、创新发展意识，具备与时俱进的可持续发展能力；
　　　　　　　　弘扬敬业奉献和精益求精的工匠精神，提升社会责任感和职业认同感。

岗位认知

职业岗位	工作内容	技能要求	相关知识
仓储操作员	仓储操作员负责货物入库、储存、流通加工、补货、移库、盘点、出库、配送、退货等作业内容	1. 能进行智慧仓储技术的识别 2. 能操作仓储、配送软件操作系统 3. 能够根据货物的性质选择合适的仓储	1. 智慧仓储的内涵和特点 2. 智慧仓储的硬件系统构成 3. 智慧仓储的软件系统构成
仓储质控员	仓储质控主管负责检查仓储作业质量，监控仓储业务中设备的服务质量，处理仓储业务质量偏差等工作	1. 能够运用智慧仓储管理的技术方法进行出入库流程管理 2. 能够对智慧仓储作业进行质量控制 3. 能够对智慧仓储软硬件系统进行维护	1. 智慧仓储管理的技术方法 2. 智慧仓储的硬件系统构成 3. 智慧仓储的软件系统构成
配送员	负责仓库配装、运输工作	1. 能进行智慧化配送的作业组织与操作 2. 能正确区分智慧配送体系的功能结构	1. 智慧配送装备的特征 2. 智慧配送的体系构成 3. 智慧配送的发展与趋势
仓储配送经理	高效利用仓库，保证物资安全；积极配合相关物流服务部门，提高物流服务质量	1. 能够进行智慧仓储、智慧配送计划并实施管理 2. 能结合企业自身状况进行仓配岗位设置，进行仓配企业制度设计 3. 监督、指挥仓储操作员、配送员做好货物的仓储作业和配送作业组织	1. 智慧仓储管理的内容 2. 智慧仓储管理的技术方法 3. 智慧配送的体系构成 4. 智慧仓配一体化的特点及发展

案例导读

菜鸟全球首启机器人仓群，智能仓配网络立体服务体系已成型

菜鸟在上海、天津、浙江、广东、湖北等地纷纷上线机器人仓，菜鸟机器人仓库群及菜鸟网络智能仓配网络立体服务体系已成型。

第一，从人找货到货找人。菜鸟智能仓里的自动引导车（Automated Guided Vehicle，AGV）改变了以往人工在仓库找货的工作方式，由机器人将货物带到拣货员跟前，以往一个拣货员一天走六七万步只能拣货1 000多件，在机器人的帮助下，一个拣货员一天只走两三千步，拣货数量却是原来的三倍多。

第二，升级版机器人仓。短短1h内，原来满是货架的旧库区就被清空了，而新库区则迅速被商品有序填满，整个过程搬运的商品有百万件。

第三，机器人自己搭建的仓库。它们都经过了深度学习，一个空置的仓库，只要完成基本的电气设施建设，机器人就可以自主完成智能仓库的搭建，包括数万个SKU（最小存货单位）的商品转移，却完全没有人工参与，都是由机器人自动完成。海量商品的移动过程中，由菜鸟智慧大脑统一调度，这种仓内算法和自动化设备的完美搭配运营在全球都属首次。

机器人仓库，包括自动化流水线、AGV、机械臂等设备，在算法的驱动下提升物流运行效率。菜鸟的算法会基于商品销售的历史数据，把关联商品存储在一起。届时智慧物流也将打通线上线下，"全渠道一盘货"、门店发货等新的物流配送方式将会出现，通过技术创新为货物包裹加速。

任务一　智慧仓储认知

● 任务引例

苏宁云仓

苏宁云仓是一个综合性的物流解决方案，通过仓储、配送、服务等多个环节，为商家提供高效、安全、可靠的物流支持。苏宁云仓通过整合苏宁丰富的仓储资源，在全国范围内建设了一系列现代化的仓库。这些仓库覆盖了主要城市和区域，拥有先进的设施和技术，能够满足各类商品的储存需求。此外，苏宁云仓还引入了智能化管理系统，通过自动化的仓储设备和数据分析，提高了仓储效率和准确性，降低了运营成本。通过引入人工智能、大数据分析、物联网等先进技术，苏宁云仓实现了对物流全过程的监控和管理。无论是库存管理还是订单追踪，苏宁云仓都能够提供实时的数据和信息，方便商家进行业务决策和优化。未来，苏宁云仓将继续助力企业实现物流优化与升级。

思考：苏宁云仓是如何实现智慧仓储管理的？

● 知识准备

"互联网+"的兴起，使智慧仓储成为仓储业发展的热点。社会日益增长的仓储需求，使仅依靠传统仓储管理和运作的模式难以及时、准确地进行处理，从而推动着仓储管理向自动化、智慧化方向发展。

一、智慧仓储和智慧仓储管理

（一）智慧仓储的内涵和特点

1. 智慧仓储的内涵

智慧仓储是指在仓储管理业务流程再造的基础上，利用射频识别（Radio Frequency Identification，RFID）技术、网络通信、信息系统等智能技术及先进的管理方法，实现货物入库、出库、盘库、移库管理的信息自动抓取、自动识别、自动预警及智能管理功能，以降低仓储成本、提高仓储效率、提升仓储智慧管理能力的智慧物流活动。智慧仓储是智慧物流的重要组成部分，智慧仓储系统是智慧仓储的实现形式，示意图如图 1-1 所示。

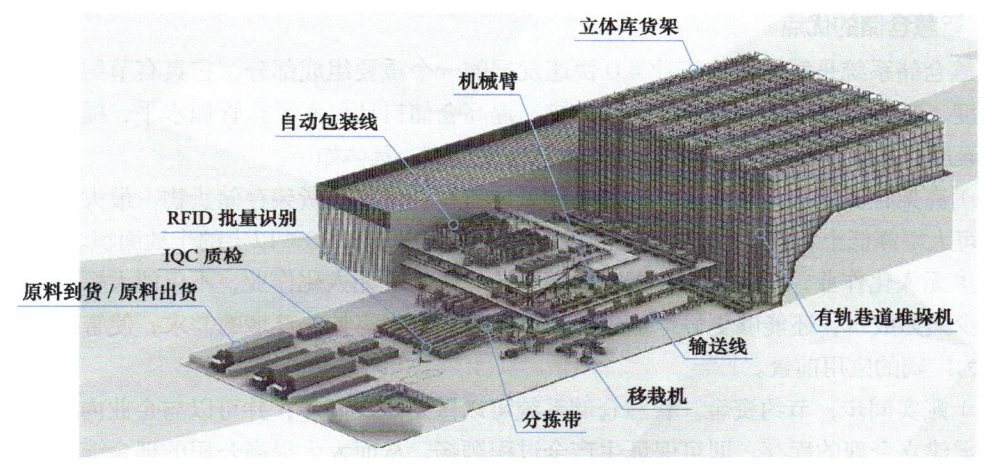

图 1-1　智慧仓储示意图

RFID—射频识别　IQC—来料检验

2. 智慧仓储的特点

（1）仓储管理信息化。在仓储作业中，会产生大量的货物信息、设备信息、环境信息和人员信息等，如何实现对信息的智能感知、处理和决策，利用信息对仓储作业的执行和流程进行优化，是智慧仓储研究的重点之一。智慧仓储是在仓储管理业务流程再造基础上，利用 RFID、网络通信、信息系统应用等信息化技术及大数据、人工智能等管理方法，实现入库、出库、盘库、移库管理的信息自动抓取、自动识别、自动预警及智能管理功能，以降低仓储成本、提高仓储效率、提升仓储智慧管理能力。

（2）仓储运行自动化。仓储运行自动化主要是指硬件部分如自动化立体仓库系统、自动分拣设备、分拣机器人以及可穿戴设备技术的应用。自动化立体仓库系统包括立体存储系统、穿梭车等，分拣机器人主要包括关节机器人、机械手、蜘蛛手等。智慧仓储设备和智能机器人的使用能够提高作业的效率，提高仓储的自动化水平。智能控制是在无人干预的情况下能自主地驱动智能机器实现控制目标的自动控制技术。对仓储设备和机器人进行智能控制，使其具有像人一样的感知、决策和执行的能力，设备之间能够进行沟通和协调，设备与人之间也能够更好地交互，可以大大减轻人力劳动的强度，提高操作的效率。自动化与智能控制的研究应用是最终实现智慧仓储系统运作的核心。

（3）仓储决策智慧化。仓储决策智慧化主要是互联网技术如大数据、云计算、人工智能（AI）、深度学习、物联网、机器视觉等的广泛应用。利用这些数据和技术进行商品销售和预测及智能库存的调拨和对个人消费习惯的发掘，能够实现根据个人的消费习惯进行精准的营销。目前技术比较成熟的企业如京东、菜鸟等已运用大数据进行预分拣。在仓储管理过程中，各类仓储单据、报表快速生成，问题货物实时预警，特定条件下货物自动提示，通过信息联网与智能管理，可形成统一的信息数据库，为供应链整体运作提供可靠依据。

悦动思维 结合日常所见所闻，你觉得智慧仓储是什么样的？

（二）智慧仓储的优缺点

1. 智慧仓储的优点

智慧仓储系统是智能制造工业4.0快速发展的一个重要组成部分，它具有节约用地、减轻劳动强度、避免货物损坏或遗失、消除差错、提高仓储自动化水平和管理水平、提高管理和操作人员素质、降低储运损耗、提高物流效率等诸多优点。具体如下：

（1）高架存储，提高利用率。智慧仓储系统可以利用高层货架存储货物，最大限度地利用空间，可大幅降低土地成本。与普通仓库相比，一般可以节省60%以上的土地面积。

（2）无人化作业，节省人力。智慧仓储系统可以实现无人化作业，不仅能大幅节省人力资源，减少人力成本，还能够更好地适应黑暗、低温、有毒等特殊环境的需求，使智慧仓储系统具有更为广阔的应用前景。

（3）账实同步，节约资金。智慧仓储系统可以做到账实同步，并可以与企业内部网融合，企业只需建立合理的库存，即可保证生产全过程顺畅，从而大大提高公司的现金流，减少不必要的库存，同时也避免了人为因素造成的错账、漏账、呆账、账实不一致等问题。虽然智慧仓储系统初始投入较大，但一次投入，长期受益。

（4）自动控制，提高效率。智慧仓储系统中物品出入库都是由计算机自动控制的，可迅速、准确地将物品输送到指定位置，减少了车辆待装待卸时间，可大大提高仓库的存储周转效率，降低存储成本。

（5）系统管理，提升形象。智慧仓储系统的建立，能提高企业的系统管理水平，还能提升企业整体形象及在客户心目中的地位，为企业赢得更大的市场，进而创造更大的财富。

2. 智慧仓储的缺点

智慧仓储系统虽然具有很多优点，但也有其缺点，主要体现在以下5个方面。

（1）投资大，建设周期长。智慧仓储建设是系统工程，货架安装精度要求高，需要配套的设备多，设备间的连接和软件管理系统复杂，需要投入的资金多，建设周期较长。

（2）建设完成后不易更改。智慧仓储系统都是根据企业需求量身定制的，一旦建设完成，就限定了货架产品或其包装的最大尺寸和重量，超过规定尺寸和重量的货物不能存入货架。相应的配套设备也不能轻易改动，否则可能会出现牵一发而动全身的被动局面。

（3）故障影响涉及面广。由于智慧仓储系统的操作需要由计算机控制多个设备来协调完成，一旦某个关键环节如控制软件系统出现故障，可能导致整个仓库都无法正常工作。

（4）保养维护依赖度大。智慧仓储系统是一个复杂的系统，为了维持这些设备长期稳定的正常运转，必须定期进行保养和维护，同时也要根据需要对部分软件进行升级。

（5）业务培训技术性强。智慧仓储系统实行自动控制与管理，投资大、技术性强，一旦出现较大操作失误将会造成严重后果。因此，所有智慧仓储系统建成后，都需要对相关工作人员进行专门业务培训，使他们能胜任工作。

小贴士

智慧仓储与传统仓储的比较

对比项目	智慧仓储	传统仓储
空间利用率	充分利用仓库的垂直空间	需占用大面积土地，空间利用率低
储存量	远远大于普通的单层仓库，节约60%以上的土地	单层仓库
储存形态	形态储存：货物在仓库内能够按需要自动存取	静态储存：只是货物储存的场所，保存货物是其唯一的功能
作业效率	货物在仓库内按需要自动存取	主要依靠人力，货物存取速度慢
人工成本	可以节约80%左右劳动力成本	人工成本高
环境要求	能适应黑暗、低温、有毒等特殊环境的要求	受黑暗、低温、有毒等特殊环境影响很大

（三）智慧仓储管理的原则

智慧仓储管理，是将仓储数据接入互联网系统，通过对数据的提取、运算、分析、优化、统计，再通过物联网、自动化设备、仓库管理系统、仓库控制系统，实现对仓储系统运作全过程的智慧管理、计划、组织、协调与控制。智慧仓储的运营管理以效率管理为核心，实现最少劳动投入，获得最大的产品产出。劳动的投入包括劳动力的数目、设施设备以及人力和设备资源的作业时间和使用时间。因此，智慧仓储管理应遵循以下原则。

1. 效率原则

效率是指在一定的劳动要素投入量时的产品产出量。仓储的效率表现在仓容利用率、货物周转率、进出库时间、装卸车时间等指标上。

2. 服务原则

仓储活动自身就是为社会提供仓储服务的，服务是贯穿仓储的一条主线。仓储的定位、仓储的具体操作、对存储货物的控制都是以服务为中心而展开的。仓储管理就是要围绕服务定位、如何提供服务、改善服务、提高服务质量而展开管理。

3. 经济效益原则

仓储企业应围绕着取得最大经济效益的目的组织和运营，并能在获取最大经济效益的同时承担部分社会义务，如保护环境、维护社会稳定、满足人们不断增长的需求等，即在获得企业最佳经济效益的同时统筹社会效益。

（四）智慧仓储管理的内容

1. 智慧仓储布局规划

智慧仓储布局规划需要明确智慧仓储规划的目标、基本原则；智慧仓储规划布局的类型；

智慧仓储规划的注意事项、主要规划步骤；智慧仓储具体规划的内容，包括总体规划、功能区域布局规划、物流动线规划、仓位规划等。

2. 智慧仓储硬件设备的选择与配置问题

根据实际智慧仓储类型选择合适的硬件设备，包括智能拣选设备、自动存取设备、智能搬运设备、智能分拣设备，以及主要配套设备的选型问题等。

3. 智慧仓储软件系统的建设问题

明确订单管理系统的组成、特点、功能模块，仓库管理系统的特点、功能模块，仓储控制系统的工作原理、特点、功能模块，以及各软件系统的选购等。

4. 智慧仓储的作业管理

智慧仓储的作业管理是仓储管理的基本内容，包括如何组织物资的入库验收、存放物资、对在库物资保管保养、如何发放出库等。明确智慧仓储作业流程，并能进行流程优化。

5. 智慧仓储运营管理

智慧仓储运营管理主要包括智慧仓储的需求分析、订单处理分析，智慧仓储的存储策略、拣选策略、补货策略，智慧仓储的库存控制方法，智慧仓储的 8S 管理。

6. 智慧仓储的绩效管理

智慧仓储的绩效管理需要明确如何进行智慧仓储运营的绩效管理，原则是什么、具体的管理内容包括哪些，以及智慧仓储绩效管理体系的架构等。

7. 智慧仓储的仓库安全管理

智慧仓储的仓库安全管理需要明确管理的基本任务和目标、具体内容、主要技术等。

（五）智慧仓储管理的技术方法

1. 大数据分析

大数据分析（Big Data Analysis，BDA）是在数据密集型环境下，对数据科学的重新思考和进行新模式探索的产物，是结合了大数据理念与方法，对类型多样、增长快速、内容真实的数据进行分析，从中找出有利于决策的模型或有用信息的过程。目前研究主要集中于五个方面，分别是可视化分析、数据挖掘、预测分析、语义分析以及数据管理。

（1）可视化分析。可视化分析是展示分析过程以及分析结果的有效技术，旨在借助图形化手段，清晰、有效地传达与沟通信息，使用户得以通过人机交互界面直观地了解和掌握数据中隐含的规律，明确所需的分析结果。

（2）数据挖掘。数据挖掘（Data Mining）是指借助数学模型、机器学习算法、专家系统、模式识别等诸多工具和算法从大量数据中搜索出隐藏的信息，实现数据有效提取的过程。

（3）预测分析。通过数据挖掘技术获取了数据所隐含的规律，根据可视化分析以及数据挖掘结果可以进一步做出预测分析，对生产过程中可能出现的故障风险进行预防，或者对企业生产业绩进行合理预测。

（4）语义分析。大数据中存在着大量的半结构化数据以及非结构化数据，这些多样性的数据给分析带来了新的挑战，需要一系列的工具去解析、提取、分析数据。为了从文本、图片、音频、视频、地理位置信息中解析出所需的数据，语义分析技术被提出用以从这些多样化的数据中智能地提取信息。

（5）数据管理。数据管理通过标准化的流程和工具对数据进行处理可以保证一个预先定义好的高质量的分析结果。数据管理技术历经人工管理、文件管理、数据库管理等时代，直至大数据技术的出现使得该领域进入一个崭新的发展阶段。

2. 人工智能控制

人工智能（Artificial Intelligence，AI）是研究、开发用于模拟、延伸和扩展人的智能的理论、方法、技术及应用系统的一门新的技术科学。人工智能控制是具有智能信息处理、智能信息反馈和智能控制决策的控制方式，由智能机器自主地实现其目标的过程，是一类无须人的干预就能够自主地驱动智能机器实现其目标的自动控制，也是用计算机模拟人类智能的一个重要领域。

（1）人工智能控制的基本特点。

1）人工智能控制的核心是高层控制，能对复杂系统（如非线性、快时变、复杂多变量、环境扰动等）进行有效的全局控制，实现广义问题求解，并具有较强的容错能力。

2）人工智能控制系统能以知识表示的非数学广义模型和以数学表示的混合控制过程，采用开闭环控制和定性决策及定量控制结合的多模态控制方式。

3）人工智能控制的基本目的是从系统的功能和整体优化的角度来分析系统，以实现预定的目标。人工智能控制系统具有变结构特点，能总体自寻优，具有自适应、自组织、自学习和自协调能力。

4）人工智能控制系统具有足够的关于人的控制策略、被控对象及环境的有关知识，以及运用这些知识的能力。

5）人工智能控制系统具有补偿及自修复能力和判断决策能力。

（2）技术基础。人工智能控制以控制理论、计算机科学、人工智能、运筹学等学科为基础，扩展了相关的理论和技术，其中应用较多的有专家系统、模糊逻辑、遗传算法、神经网络等理论，以及自适应控制、自组织控制和自学习控制等技术。

1）专家系统是利用专家知识对专门的或困难的问题进行描述的控制系统。专家系统在解决复杂的高级推理中获得了较为成功的应用，但是实际应用相对还是比较少的。

2）模糊逻辑用模糊语言描述系统，既可以描述应用系统的定量模型，也可以描述其定性模型。模糊逻辑可适用于任意复杂的对象控制。

3）遗传算法作为一种非确定的拟自然随机优化工具，具有并行计算、快速寻找全局最优解等特点，它可以和其他技术混合使用，用于智能控制的参数、结构或环境的最优控制。

4）神经网络是利用大量的神经元，按一定的拓扑结构进行学习和调整的自适应控制方法。它能表示出丰富的特性，具体包括并行计算、分布存储、可变结构、高度容错、非线性运算、自我组织、学习或自学习。

5）智能控制的相关技术与控制方式结合或综合交叉结合，构成风格和功能各异的智能控制系统和智能控制器，这也是智能控制技术方法的一个主要特点。

3. 云仓储管理

"云仓"是一种全新的仓储体系模式，在这一模式下，快件可直接由仓库到同城快递物流公司的公共分拨点实现就近配送，极大地减少配送时间，提升用户体验，这就给那些对物流水平需求极高的企业带来了新的机遇。"云仓"的概念是利用云技术和现代管理方式，依托仓储设施实现在线交易、交割、融资、支付、结算等一体化的服务。

（1）特点。云仓储管理与传统仓、电商仓相比，主要区别在于仓内作业的高时效性以及精细化的管理，还有自动化装备和信息化系统。先进的技术及管理的使用，导致云仓的建设成本比较高。但是，云仓的出入库速度非常快，且准确率很高，因此备受青睐。

1）管理种类及配送范围方面的变革。云仓储管理由于其一体化的信息管理系统将全国各区的分仓进行集中管理，理论上仓库可以无限扩大，因此其所存储管理的货物种类较传统仓储多，且由于信息化的资源整合和设施设备配套，实现订单的智能化拣选和配送，大大提升了仓储管理及配送的规模和效率。

2）管理模式方面的变革。云仓储管理在满足传统仓储管理的同时，对仓储作业的时效性和准确性有较高要求。云仓储通过其扁平化的供应链管理，实现近距离快速交接的作业模式，如京东自营商品，系统从距离客户最近的仓库发货，且每一步都通过系统进行实时监控，将物流信息反馈给客户，速度快且准确率高，同时极大地提升消费者的购物体验。

3）设施设备方面的变革。云仓储特别是电商仓储，对多批次小批量的处理要求较高，因此为了保证仓储作业的整体效率，除了实现仓储的信息化管理之外，还需要通过仓储设施设备的智能化来辅助仓储信息化管理，如仓库管理系统（WMS）、仓库控制系统（WCS）等信息系统，以及扫码设备、自动分拣机、巷道堆垛起重机等自动化设备。

（2）实施思路。云仓储管理的理念是在全国区域中心建立分仓，形成公共仓储平台，可以使商家就近安排仓储，从而可以就近配送，信息流和物流重新结合，这种模式的实施思路如下：

1）建立实体分仓，实现就近配送。主体由区域大仓、城市中仓、中小仓以及微仓四级结构构成。区域大仓可以设置在目前已经建成的区域性大型物流园区内，建设大型仓库，存储供应区域的大库存产品，并且完成对初级产品的流通加工，其辐射半径在 200km 以内；城市中仓可以设置在目前已经建成的中小型城市物流配送中心内，存储满足城市供应的产品，其辐射半径为 40km 左右；中小仓根据城市大小可以灵活取舍，对于大型城市可以在行政区一级范围内设置比城市中仓体量更小的配送单元，其辐射半径为 5km 左右；微仓设置在居民社区，可以利用普通连锁超市，也可以独立建设连锁超市门店，还可以采用众包模式设置在加盟个体的居民住宅楼内，其辐射半径为 1km 左右，通过与区域中小仓的高频次、小批量流转，以确保产品品质与及时上门配送。

2）完善社会化信息系统，实现货物信息共享。实体分仓是由电商企业联合打造的，接着便是资源整合的问题，把全国的区域城市通过物流信息系统串联，实现各种物流资源的完全共享，尽可能地降低信息失灵所带来的成本增加或者其他损失。通过这样的公共信息平台和公共分仓，实现全社会的货畅其流。

3）云仓储中的技术处理。云仓储的基本问题和一般的仓库体系是一样的，主要包括仓库选址、仓库数量及规模、库存决策这些问题。首先，通过"云物流"平台，掌握各个需求点之间的需求流量，确定各个需求点的需求量。其次，依据这些需求点建设一定数量的配送中心，建立新的仓储配送体系，可以采用启发式算法进行求解，如模拟退火算法、遗传算法等。最后，根据以往的交易信息和消费者的需求分布特征，确定仓库的最佳规模，并进行合理的库存决策，从而有效降低物流成本，获得较好的利益，达到较高的服务水平。

二、智慧仓储的体系构成

智慧仓储系统是一种通过计算系统控制，能够对仓库和物资位置进行全面掌握，利用射频识别（RFID）、网络通信、信息系统应用、人工智能等现代化技术及先进的管理方法，实现入库、出库、盘点、移库等业务操作自动化的一种系统。它具有自动抓取、自动识别、自动预警及智能管理等功能，从而能够降低仓储成本，提高仓储效率，提升仓储智能管理的能力。整个工作过程中不需要人工的直接参与，大大提高了工作效率。具体构成如图1-2所示。

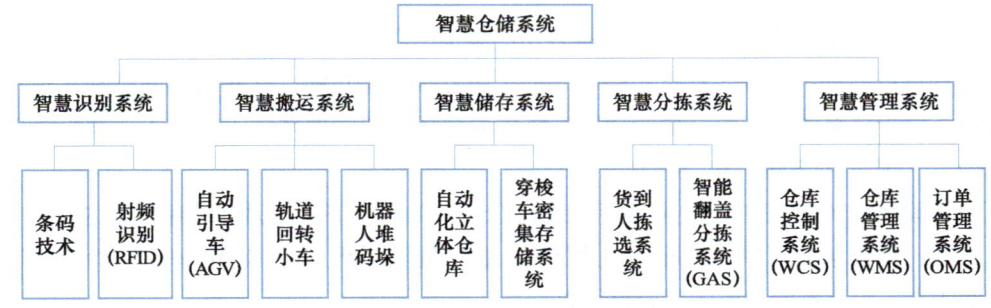

图1-2 智慧仓储系统构成

（一）智慧仓储的硬件系统构成

在对仓储布局进行合理规划的前提下，企业可以投入智能化的硬件设施来提高仓储的运作效率，这些新型硬件设备的使用不仅会提高仓储的自动化水平和物流运作效率，还会给企业带来可观的经济效益。智慧仓储的硬件系统主要包括智能拣选系统、自动存取系统、智能搬运系统、智能分拣系统等。智慧仓储可根据功能设计范围，进行详细的布置及选型设计，可根据不同的功能实现不同的效果，通常配置所需的硬件系统设备如下：

（1）高层货架，又称立体仓库货架，用于存储货物的钢结构，目前主要有焊接式货架和组合式货架两种基本形式。

（2）托盘（或物品箱，又称货箱、物料箱），用于承载货物的器具，也称工位器具。

（3）巷道堆垛起重机，用于高层货架自动存取货物的设备。通过运行机构、起升机构和货叉机构的协调工作，完成货物在货架范围内的纵向和横向移动，实现货物三维立体存取。

（4）穿梭车，又称轨道式导引车（Rail Guided Vehicle，RGV），是一种智能装备，是密集仓储系统的核心装备，可以编程实现取货、运送、放置等任务，并可与上位机或WMS进行通信，结合RFID、条码等识别技术，实现自动化识别、存取等功能。

（5）提升机，主要包括货物提升机与穿梭车提升机两种设备，主要配置在仓库主巷道两端，实现货物和穿梭车的换层作业。

（6）输送机系统，智慧仓储的主要外围设备，负责将货物运送到堆垛起重机、提升机或从堆垛起重机、提升机将货物移走，常见的有轨道、链条和带式输送机等。

（7）AGV、IGV（Intelligent Guided Vehicle，智慧型引导运输车）系统，即各类自动引导车，根据其引导方式可分为感应式引导小车、激光引导小车和固定导轨式小车。

（8）GAS（Gate Assort System）全称为"智能闸门开启式分拣系统"或"智能翻盖分拣系统"，是一项以"人总是会出错"为出发点，围绕如何避免错误发生而开发应用的辅助拣选技术，让拣选作业更直观，可有效降低人为误差，极大地提高拣选效率及正确率。

（二）智慧仓储的软件系统构成

仓储管理作为整个仓储系统的核心部分，除了提供基本仓储管理功能外，还需要基于大数据平台建立库存预警、库存策略优化、库存分类分析等统计分析模型，为库存管理、生产运维提供辅助决策。

智慧仓储体系的一个最大的特点就是多功能集成，除了传统的库存管理外，还要实现对流通中的货物进行检验、识别、计量、保管、加工以及集散等功能，这些功能的顺利实现，都依赖于智慧仓储软件系统。智慧仓储的软件系统主要包括订单管理系统（OMS）、仓库管理系统（WMS）、仓库控制系统（WCS）等。

订单管理系统（OMS）是供应链管理系统（SCM）的一部分，通过对客户下达的订单进行管理及跟踪，动态掌握订单的进展和完成情况，提升物流过程中的作业效率，从而节省运作时间和作业成本，提高物流企业的市场竞争力。

仓库管理系统（WMS）是通过入库业务、出库业务、仓库调拨、库存调拨和虚仓管理等功能，对批次管理、物品对应、库存盘点、质检管理、虚仓管理和即时库存管理等功能综合运用的管理系统，有效控制并跟踪仓库业务的物流和成本管理全过程，实现和完善企业的仓储信息管理。

仓库控制系统（WCS）是介于仓库管理系统和可编程逻辑控制器（Programmable Logic Controller，PLC）之间的一层管理控制系统，可以协调各种物流设备如输送机、堆垛起重机、穿梭车及机器人、自动导引车等物流设备之间的运行，主要通过任务引擎和消息引擎，优化分解任务、分析执行路径，为上层系统的调度指令提供执行保障和优化，实现对各种设备系统接口的集成、统一调度和监控。

三、智慧仓储的发展与趋势

（一）智慧仓储国外发展现状

在国外，美国、欧洲和日本智慧仓储市场规模庞大，相关智能技术和设备居于世界领先水平。在物联网技术、自动化设备应用方面，英国的特易购、德国的麦德龙、美国的沃尔玛等大型零售企业都宣布自己对智慧仓储计划准备进行巨额投资，同时相应带动它们的供应商在智慧仓储市场的投入；联邦快递、联邦包裹等这些大的物流公司对供应链跟踪和智慧监控技术的应用，拉动了 Alien 科技、Sun、微软、惠普在内的硬件及软件供应商的投入，进而形成了物联网、自动化设备的巨大市场和完整产业链。数据算法模型技术在欧美、日本等地区和国家已经实现了在多个领域的应用，已形成了完整的产业链。TNT运用云计算技术来提升运营效率、供应链可见性及客户服务质量，产生了很好的效益。仿真技术和三维规划在日本、韩国等国得到很好的应用。

（二）智慧仓储国内发展现状

在国内，随着我国促进智慧物流、智慧仓储、物联网技术发展相关政策、规划及方案的相继出台及实施，智慧仓储基础设施的投资不断加大，各种与智慧仓储相关的示范项目不断引进，物联网技术在物流仓储领域的采用不断深化，物流企业对发展智慧仓储的经验不断丰富，认识不断提高，这些都为发展智慧仓储提供了良好的基础条件。在国家政策的支持与引导下，电商、物流产业的发展更是带动了智慧仓储的需求，智慧仓储发展迅速。

（1）在电子商务物流领域：①京东建成的全流程无人仓，从货到人、到码垛、供包、分拣，再到集包转运，应用了多种不同功能和特性的机器人，而这些机器人不仅能够依据系统指令处理订单，还可以完成自动避让、路径优化等工作，实现了从入库、存储到包装、分拣的全流程、全系统的智能化和无人化。②菜鸟通过智慧物流技术打造自动化的流水线、物流机器人、智能缓存机器人、360°运行的拣选机器人、带有真空吸盘的播种机器人、末端配送机器人等高科技产品，提升配送效率，让物流当日达、次日达成为快递标配速度。

（2）智慧物流推动了智慧仓储与配送技术创新，传统的自动化立体仓库接入网络，实现自动化+网络化；先进的仓储机器人，通过自主控制技术，进行智能抓取、码放、搬运及自主导航等操作，使整个物流作业系统具有高度的柔性和扩展性；高速联网的移动智能终端设备，让物流人员操作更加高效便捷，人机交互协同作业将更加人性化；送货机器人和无人机研发已经开始在校园、边远地区等局部场景进入实用测试，取得巨大进展。

（三）智慧仓储的发展趋势

随着物联网、大数据、人工智能等信息技术进一步发展，以及资本市场对智能仓储科技应用场景的关注，智能仓储物联网等行业标准法规将逐步完善，机器人和认知技术、3D打印技术等科技将在仓储物流领域得以深度应用，预测性维护和按需仓储将得到更多关注。

随着政府相继出台各种政策来鼓励和支持"物流行业高质量发展"，同时新一代信息技术与制造业深度融合的智能制造作为大的国家发展战略，智能仓储行业已经迎来了发展的黄金期，未来行业将朝国际化、智慧化、绿色化、龙头化或集群化和服务化方向发展。

1. 物流的国际化

物流企业借着"一带一路"倡议的政策利好，陆续抢占海外市场。圆通在东南亚、"一带一路"沿线及华人华企聚集的区域建立多式联运转运集散枢纽，布局海外仓储、转运、集散业务，服务进口与出口。顺丰与UPS成立合资公司已获监管审批。阿里巴巴海外试验区马来西亚数字自由贸易区在吉隆坡启动运营，菜鸟智能仓库跟随落地。当物流企业在国内市场的格局逐渐成形时，拓展海外市场以配合急速发展的跨境电商就成为物流企业新的筹划。

2. 仓储的智慧化

随着工业4.0时代加速到来，资本市场及物流企业对智慧物流科技应用场景的落地拥有较高期待。下游客户的需求也从自动化升级为智能化，5G、物联网、人工智能、大数据分析等智能技术将在仓储物流领域得以深度应用。面对需要用较短的时间对千万件的快递进行运输、分拣和派送，无论是电商企业还是物流企业均对智慧化设备寄予了厚望，借此分解庞大订单量的压力。京东已经建成全流程无人仓，实现从入库、存储，到包装、分拣等环节全流程、全系统的智能化和无人化。智能化将逐渐渗透到物流的各个环节，技术新红利正在重塑物流价值，成为物流行业转型的新动能。全自动分拣设备、无人机、无人车送货的热度不断攀升，智能化的物流配送正在成为发展的趋势。物流企业的电子面单背后都串联着发货商、快递公司、收货人各个环节的数据信息，通过系统支撑确保快件在各个运转环节的可视化。

3. 智慧仓储的绿色化

绿色化已经被视为减少成本的关键。"清流计划""漂流瓶""绿色物流"等词汇围绕着减少物流包装成本这一目标不断升温和发酵，尤其在快递纸箱所用的瓦楞纸成本接连攀升后，循环使用快递箱或研发可替代的产品已然成为行业热议的焦点。无论是为缓解原纸涨价带来的成本压力，还是响应环保政策承担社会责任，苏宁易购、京东、菜鸟网络等众多电商企业以及快递企业，纷纷在快递纸箱上做起了文章，为减少物流中的包装成本提供可能性。循环包装袋与纸箱、快递袋也将逐渐被众多物流企业和电商企业使用。

4. 智慧仓储的龙头化或集群化

随着经济增速的放缓和供给侧改革的深入，行业洗牌开始加速，龙头企业的技术、资金、规模、成本等优势逐步显现，市场将逐步向龙头企业集中。随着市场竞争的加剧，产业集群是种新的发展模式。物流产业集群是一种经济社会现象，它是物流专业化分工与协作水平不断提高的产物，是一种遵循经济原则的组织形式和经济现象。物流产业集群是一种介于市场和企业之间的产业组织形式，并且按照一定规则运行和自我发展。

5. 智慧仓储的服务化

仓储智能化的需求不仅是设备的需求，还需要厂商能够提供一整套完善的软硬件方案，做到搜集数据、分析数据、做出决策，指导优化生产过程，并且迭代升级。因此，未来传统的仓储物流设备厂商将向服务商转型。

案例直击

云仓禾的高效、智能、可持续的仓储解决方案

云仓禾利用人工智能技术对仓储和物流环节进行优化和改进，实现了数字化转型和智能化革命。借助大数据分析，云仓禾能够准确预测客户需求，优化仓库布局，提升货物存储和管理的效率。通过云计算技术，云仓禾能够实现实时监控和追踪货物运输情况，提高运输安全性和准确性。这种数字化和智能化的转型不仅提高了企业的竞争力，还为客户提供了更高效、智能、可持续的仓储解决方案。通过引入自动化设备和机器人技术，云仓禾实现了仓库内货物的快速分拣和装载，大大缩短了作业时间和流程。此外，云仓禾还利用人工智能算法优化货物的存储和委储布局，最大限度地提高仓库的利用率。这种高效和智能的仓储解决方案不仅提升了企业的运营效率，还减少了对环境资源的消耗，具有可持续发展的特点。

思考与分析：云仓禾是如何在仓储和物流环节进行开展数字化转型与智能化革命的？

🌕 任务发布

智慧仓储发展调研

根据本任务所讲述的内容，结合智慧仓储和智慧仓储管理等，实地或网络调查区域智慧仓储的发展现状，分析其智慧仓储体系构成状况，形成调研报告并进行 PPT 展示。

🌕 任务实施

（一）实施方式

1. 学生 5～6 人自主组成一个小组，进行智慧仓配一体化发展分析调研。
2. 参考实施步骤的提示，完成调研并形成调研报告。

（二）实施内容及操作步骤

步骤 1：认识智慧仓储和智慧仓储管理。
步骤 2：掌握智慧仓储的体系构成。
步骤 3：了解智慧仓储的发展与趋势。
步骤 4：实地或网络调查区域智慧仓储的发展现状。
步骤 5：形成区域智慧仓储发展调研报告。

（三）实施成果及形式

1. 总结报告：每组提交一份区域智慧仓储发展调研报告。
2. 小组展示：利用 PPT 现场讲解区域智慧仓储发展调研报告。

🌕 任务评价

任务评价表

被考评人			考评任务	智慧仓储认知		
考评步骤	考评内容及分值		自我评价（30%）	小组评议（40%）	教师评价（30%）	合计得分（100%）
步骤 1	认识智慧仓储和智慧仓储管理	10 分				
步骤 2	掌握智慧仓储的体系构成	10 分				
步骤 3	了解智慧仓储的发展与趋势	10 分				
步骤 4	实地或网络调查区域智慧仓储的发展现状	35 分				
步骤 5	形成区域智慧仓储发展调研报告	35 分				
<center>综合评定</center>						
考评标准	资料准备	知识掌握	语言表达	团队合作	沟通能力	合计得分
分值	20 分	30 分	20 分	15 分	15 分	
注：任务总评得分 = 考评步骤 70%+ 综合评定 30%				任务总评得分		

任务二 智慧配送认知

任务引例

"最后一公里"配送的地下世界

几十年来许多城市和企业努力探索地下物流，推进智慧配送。配送和运输要摆脱与传统运输联系的环境干扰，将地面和地下的服务隔离开来，让地下作为地面的补充。城市地面物流系统可以依托精益化地下物流配送网络，减少配送中心的数量，地下则可以借助地面的区域货运、规模化仓储进行高效的分拣配送服务。

谈及地面配送，所有的细节和流程几乎尽收眼底。当这些可以摸得到的运输工具、自动化系统，全部融合到地下，它会改变配送的最终形态，全自动包裹运输系统直接砍掉原来的运输配送环节，在不占用地面资源的前提下，一次性解决安检、打包、运输、配送问题。这样可以使时效提高数倍，真正做到整个购物过程中都没有收货这一环节存在。

这种以互联网为基础、深度结合信息化和工业化的智慧城市运输网络架构，把地下轨道交通、地下管廊、建筑物等利用起来，在完成城市配送的同时，形成了新的生命线、物流网，实现智能化、无中断的物流配送运输，有效解决城市物流配送"最后一公里"的物流瓶颈问题。

思考："最后一公里"配送的地下世界是如何运作的？

知识准备

智慧配送是为适应智慧物流发展的新要求，升级原有的配送设备，应用大数据、人工智能算法和无人机等新型软硬件技术，对配送的全流程进行信息化、透明化管理，实现无人配送、即时配送和主动配送的物流活动。智慧配送可以降低配送成本，提升配送效率，增加客户对配送服务的满意度。

一、智慧配送的内涵和特征

（一）智慧配送的定义

智慧配送是智慧物流体系中的核心功能，借助集成智能化技术，让配送系统模仿人的智能，具备思维、学习、感知、推理判断、解决问题等能力，以对配送过程中出现的各种难题进行分析判断进而自行解决。简单而言，智慧配送就是借助传感器、RFID、移动通信技术让物流配送实现自动化、信息化、网络化。

智慧物流配送体系是一种以互联网、物联网、云计算、大数据等先进信息技术为支撑，在物流的仓储、配送、流通加工、信息服务等各个环节实现系统感知、全面分析、及时处理和自我调整等功能的现代化综合性物流系统，具有自动化、智能化、可视化、网络化、柔性化等特点。发展智慧物流配送，是适应柔性制造、促进消费升级、实现精准营销、推动电子商务发展的重要支撑，也是今后物流业发展的趋势和竞争制高点。

悦动思维 日常生活中，你觉得哪些属于智慧配送？

（二）智慧配送的特征

1. 自动感知

利用感知技术获取配送流程中产生的各种信息，包括消费者订单、库存信息、货物属性、分拣配货信息、运输车辆状态、物品载荷程度等，将信息数字化处理作为协调各项配送活动的决策依据。

2. 整体规划

信息产生于配送流程中较为分散的作业活动中，智慧配送系统应具有信息收纳功能，构建基于互联网平台的数据处理中心，分散的信息在此处进行集中、分类、规整，实现配送流程协同一体化运作。

3. 智能分析

利用智能学习系统来模拟实际配送活动中出现的难题，物流企业要根据具体问题提出假设，并在模拟环境下进行问题的分析及对策的实施，从而为系统提供相关类似问题的解决范式，系统会自行调用已有的经验数据，实现智慧化决策。

4. 决策优化

随着市场需求的变化以及物流企业追求目标的改变，智慧配送系统能够根据配送成本、配送时间、配送距离以及车辆数目等对特定需求进行评估，依据确定型、非确定型以及风险型的决策条件比较决策方案，找出最合理、最有效的解决方案。

5. 修正与反馈

智慧型配送应体现在业务流程柔性化操作方面。系统不仅可以自动按照最佳问题解决方案、最快捷的路线运行，还能够依据条件和目标的改变随时修正决策方案；对于修正的内容自动备份并及时反馈于配送相关环节，使业务操作人员对作业运行情况进行实时了解，使管理人员对各环节进行严格把控。

二、智慧配送的分类及体系构成

（一）智慧配送的分类

1. "送货上门"的无人配送服务

配送的工作量大，想要实现送货到家的服务水平需要进行自主判断的情况较多，因此工作人员需求量大、人力成本居高不下。无人配送通过人工智能算法与无人配送设备软硬结合的方式，在人工智能的决策判断下，增加对硬件设施的使用率，减少人员参与。相比需要大量配送员进行配送，智慧配送可以实现"送货上门"配送服务的无人化。

2. 基于客户满意的即时配送服务

与智慧仓储和智慧运输相比，智慧配送更加注重客户体验。新零售所带来的产业升级已经成为人与货、时间与距离的赛跑，客户与货物之间的距离变得越来越近，时间变得越来越短。可以说，新零售为配送市场带来机会的同时也让竞争变得异常激烈。智慧配送为用户提供可以在线下单的互联网平台，在客户下单后，系统将线上线下的订单信息数据化，通过算法匹配，自动将配送任务信息发送到最合适的配送员的移动终端或配送设施的接收器上。配送者取件后，直接送达到指定的目的地，无任何中转环节，真正实现即取即送。

3. 小范围内的主动配送服务

近年来，市场竞争日益激烈，未来的配送新趋势是一场关于人、环境、大数据和效率的革命。若不尽快采取措施去适应市场环境的变化，势必会逐渐失去原有的销售优势，使市场份额日渐丧失。主动配送是在配送过程整体优化的基础上，依靠物联网大数据的支持，基于对一定市场范围内需求的预测和库存变化的判断，满足消费者个性化需求，对主动配送网络布局优化，实现先发货后下单的主动式配送服务。在客户感受到缺货前，主动将商品配送到客户处，体现出智慧配送的主动性特点。

（二）智慧配送系统构成

1. RFID 分拣系统

该系统应用 RFID 技术对货物入库与出库进行自动化识别、记录、存储、传输，实时检验出库货物与订单是否完全匹配，使分拣操作达到快速、准确的目的，提升分拣效率。目前分为 DPS（摘取式 RFID）和 DAS（播种式 RFID）两种类型，前者面对货物分散储存的中小客户，提供库位、货架和货物上贴放 RFID 标签服务；后者面向货物集中储存的大客户，提供储存区域标签与货物标签服务。

2. 感知记忆系统

智慧配送能够自动识别需要分拣的货物，并进行多维度检验，比如库位、货架、货物信息是否准确，与订单产品清单是否一致，在拣选和配货环节需要对订单匹配与否进行二次检验。如果遇到货物分拣错误、货物数量与订单要求不符的情况，感知记忆系统能够自动预警。该系统需要对配送路径优化进行智能管理，如送货地点发生变化，要根据配送站点、配送成本等约束实时调整配送路线。

3. 配送管理信息系统

配送相关活动的调度与管理依靠配送管理信息系统，在整个配送体系中起到信息集中与转化的作用。向下与 RFID 系统和感知记忆系统互联，向上接收大数据分析系统与智慧创新系统的知识与模式，并应用于实际业务操作中。该系统由七大模块组成：货物信息管理、订单管理、配送线路信息、应急处理、货物交接管理、配送业务结算管理和客户评价反馈管理模块。该系统主要承担业务调度任务，按照关键信息对订单进行汇总、分类、排序，向用户提供运输状态查询等服务，帮助配送企业整理订单、制作调度单。

4. 大数据分析系统

该系统在日常配送过程中，借助传感器、智能设备以及 RFID 对货物信息进行自动收集与处理，以此为基础对数据进行分析；再结合商业智能筛选出来的信息，充分挖掘有价值的信息，从中发现机遇与风险。借助智能模拟模型，以概率风险为基础对某项配送策略涉及的时间、成本、质量与服务等方面进行评估，预测业务运作的关键流程与高风险活动，进而调整资源分配进行差异化管控，最终将新知识与模式存储于商业智能模块，实现智慧创新。

（三）智慧配送体系层次结构

智慧配送体系由三个层次构成，如图1-3所示。

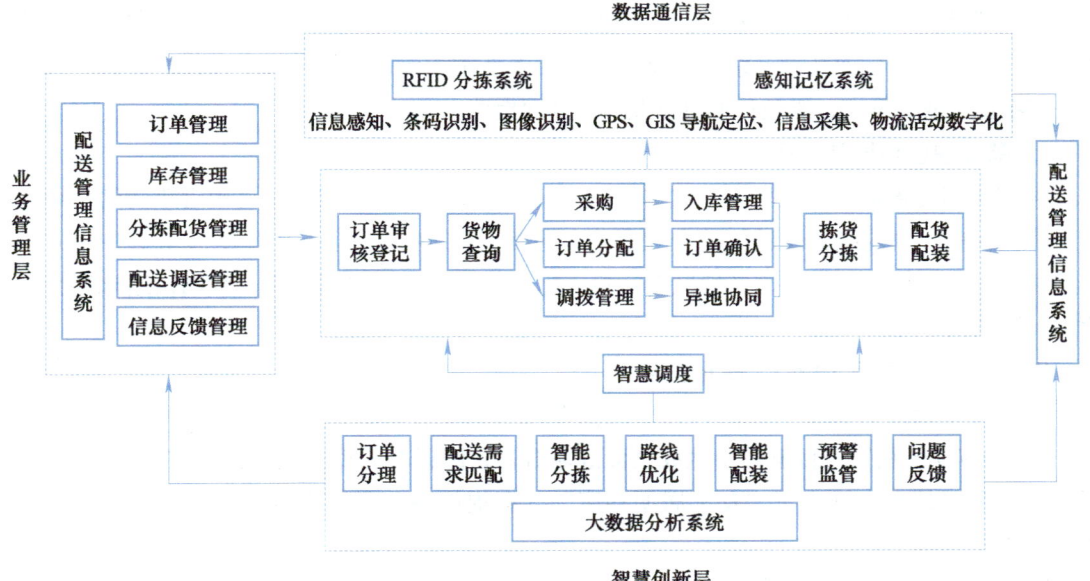

图1-3 智慧配送体系层次构成

1. 数据通信层

数据通信层包括RFID分拣系统与感知记忆系统，主要是借助自动识别、传输、监控与定位技术实现对信息的采集、存储、跟踪、传输，从而为其他相关活动提供实时信息与数据。因此，数据通信层是智慧配送体系功能协同的基础。该层次主要服务于订单处理流程、拣货作业流程、分拣作业流程及送货流程。

2. 业务管理层

业务管理层主要依靠配送管理信息系统来调度日常的配送业务，包括订单管理、库存管理、分拣配货管理、配送调运管理和信息反馈管理。

3. 智慧创新层

通过应用大数据分析系统对配送过程中各个功能以及业务流程进行优化分析，最终形成智慧化解决方案。大数据分析系统通过接收RFID分拣系统以及感知记忆系统所识别及存储的配送业务运行数据，实现数据挖掘与知识发现。另外，该系统记录配送管理信息系统日常事务的处理模式与方法，作为事务管理决策实施的依据与优化的基础，对于多种目标与约束条件下可能存在的效率提升、成本降低、时间缩短的机会进行捕捉，借助智能模拟模型探索最优方案。智慧创新层要实现的功能包括订单分理、配送需求匹配、智能分拣、路线优化、智能配装、预警监管以及问题反馈等。

三、智慧配送的发展与趋势

（一）智慧配送国内发展现状

据中国智慧物流研究院调查分析，我国末端配送的重要性已经上升到关乎国计民生的重大问题上了，但整个行业发展仍然存在诸多弊端和痛点，亟待创新变革。物流配送的未来形态将以"降本增效"和"用户体验"为核心，呈现智能化、多元化、绿色化、脸谱化、品质化发展趋势。智能化已经成为全行业转型升级的基础，需要更多技术和研发的投入；多元化配送、多元场景解决方案正在成为常态；绿色化通过行业共识全面提速。

1. 智能快递柜日益普及

凭借时间配置灵活、效率高、成本低以及安全性高等优点，智能快递柜近年受到市场的大力追捧。目前，国内经营快递柜的企业有菜鸟网络、京东物流、苏宁易购、丰巢、中集 e 栈、速递易、日日顺乐家等。全国各地区企业投入运营快件箱数量迅猛上涨，我国快递末端交付由此进入智能化时代。

2. "末端+社区 O2O"多元发展

在各种末端服务探索中，深入社区的商业机构一直被认为是嫁接快递功能的最好载体之一。"WOWO 便利"与百世集团达成全面战略合作；圆通在上海开设了国内首家"妈妈菁选"便利店；中国邮政也推出了"友邻居便利店"，在提供各种零售服务的同时承担"最后一公里"功能。

3. "物流+众包 O2O"模式萌芽

新经济环境下，众创、众包、第四方物流等协同经济新业态层出不穷，为电商物流末端配送发展提供了新的动力。京东战略投资即时配送企业"达达"，打造众包物流平台+超市生鲜 O2O 平台的最后一公里的同时，也开始尝试将末端配送环节外包。"双 11"期间，达达就承担了京东 30% 的最后一公里的配送。圆通也尝试将业务外包给即时配送平台蜂鸟，即时配送企业"点我达"正陆续承接菜鸟网络末端的派件和揽件业务。

4. 无人机、机器人配送起步

无人机末端配送在全行业已呈"多点开花"之势。不仅京东、顺丰的无人机应用获得重大进展，同时亮相的还包括苏宁易购、邮政、中通、菜鸟网络的无人机。以京东为例，在无人机物流体系的搭建方面，京东已规划了干线、支线、终端三级网络，在宿迁建成全球首个无人机调度中心，并获得覆盖陕西省全境的无人机空域书面批文，全球首个通航物流网络正在落地。京东宿迁全球首个全流程智慧化无人机机场正式启用，意味着京东已经实现了无人机末端配送运营全流程的无人化与自动化。

京东物流、菜鸟公开各自自主研发的末端配送机器人，希望未来能解决部分场景化配送，帮助快递员缓解末端配送压力；唯品会、苏宁易购的智能快递无人车也相继亮相。

（二）智慧配送的发展趋势

1. 智能化

智慧配送体系是建立在互联网、物联网、车联网、大数据、云平台以及 RFID 等现代技术基础之上的，各节点要素是在科学选址、优化决策的流程下进行的，必然能够对客户的个性化需求做出快速响应。作为智慧物流配送体系，其资源要素必然需要有效整合，体系内的节点在对外竞争时具有一致合作性，但内部节点间又存在竞争性，这种竞合状态无疑强化了配送体系的反应能力。因此，智能敏捷构成了智慧物流配送体系的主要趋势。

2. 协同化

智慧配送是在信息共享的前提下展开的活动，是以需求拉动的各环节同步运作，这促成了配送企业的协同合作，降低了成本，提升了效益。智慧配送体系的市场终端，在电商平台支撑下，其个性化色彩更加浓厚。因此，智慧配送体系的高效运作必然依赖系统各要素自发调整，在整体绩效上协同一致。所以，协同性构成了智慧配送体系的又一重要趋势。

3. 开放化

智慧物流配送体系是一个开放的系统。通过开放，推进社会参与，在开放的公共物流配送信息平台上，实现与消费者密切相关的信息共享，同时，也为末端配送市场提供了一个开放、平等和便捷的平台。在政府宏观政策引导下，数据平台、服务流程、质量监控和诚信交易等环节更加透明。一方面公共设施的数字化水平迅速提升，城市无线网的覆盖范围快速扩大，在宏观上提供了系统开放的条件。另一方面是企业的经营管理理念更趋于供应链化，而供应链管理本身就是一种开放性管理。因此，智慧物流配送体系具有开放性特色。

4. 安全化

互联网平台高效、便利，但同时在互联网营销、购买、支付、验货和收货等环节也引来了诸多风险，城市配送体系的安全性引起了人们的高度重视。智慧物流配送体系的物流、资金流和信息流必须是在安全的环境下完成的。物流的作业流程是在全程监控之下的，作业设施和设备具有较为鲜明的数字化特征，云平台时刻汇聚相关信息，不安全的因素会及时排除。资金流伴随风险的预测和严密监管，第三方金融支付及监管平台确保交易双方的合法转移。信息流设置了严格的操作流程，对产品信息的假冒伪劣经过了严格的过滤。随着O2O商务的推进，其线下体验店进一步强化了对产品质量的监督。因此，安全性已成为智慧物流配送体系的又一内在属性。

5. 最优化

智慧物流配送体系作为智慧物流这一大系统的子系统，其自身的构建和运作均达到了科学优化的水平，无疑提升了体系自身的绩效，增加了该体系的内部经济性。同时，对节点企业和全体用户均产生成本降低、资源优化、获得便利的作用，这就产生了巨大经济性，同时构成了智慧物流配送体系的又一鲜明特征。

6. 生态化

智慧物流配送体系作为现代经济文明建设的重要组成部分，必然在生态性方面呈现优势。首先，优化的节点选址有利于配送路径的优化，这在客观上降低了能源的消耗，为经济生态做出贡献。其次，智能化的调度系统强化了共同配送和协同配送，减少了不必要的重复运输。再次，现代化的通信技术提升了配送体系节点间的信息沟通，有利于产品和服务的资源整合。因此，生态化成为智慧物流配送体系发展重要标志。

任务发布

智慧配送发展调研

根据本任务所讲述的内容，结合智慧配送及其发展趋势等，实地或网络调查区域智慧配送的发展现状，分析其智慧配送体系构成及发展与趋势，形成调研报告并进行 PPT 展示。

任务实施

（一）实施方式

1. 学生 5～6 人自主组成一个小组，进行智慧配送的发展现状及体系构成调研。
2. 参考实施步骤的提示，完成调研并形成调研报告。

（二）实施内容及操作步骤

步骤 1：认识智慧配送的内涵和特征。
步骤 2：掌握智慧配送的体系功能结构。
步骤 3：了解智慧配送的发展与趋势。
步骤 4：实地或网络调查区域智慧配送的发展现状。
步骤 5：形成区域智慧配送发展调研报告。

（三）实施成果及形式

1. 总结报告：每组提交一份智慧配送发展调研分析报告。
2. 小组展示：利用 PPT 现场讲解智慧配送发展调研分析报告。

任务评价

任务评价表

被考评人		考评任务		智慧配送认知		
考评步骤	考评内容及分值		自我评价（30%）	小组评议（40%）	教师评价（30%）	合计得分（100%）
步骤 1	认识智慧配送的内涵和特征	10 分				
步骤 2	掌握智慧配送的体系功能结构	15 分				
步骤 3	了解智慧配送的发展与趋势	15 分				
步骤 4	实地或网络调查区域智慧配送的发展现状	25 分				
步骤 5	形成区域智慧配送发展调研报告	35 分				
综合评定						
考评标准	资料准备	知识掌握	语言表达	团队合作	沟通能力	合计得分
分值	20 分	30 分	20 分	15 分	15 分	
注：任务总评得分 = 考评步骤 70%+ 综合评定 30%				任务总评得分		

任务三 智慧仓配一体化认知

任务引例

南钢智慧仓配一体化管理

南京钢铁股份有限公司（以下简称"南钢"）是国家特大型、国家级高新技术企业，具备1 000万吨精品钢的生产能力。南钢基于用户个性化需求的智慧仓配一体化管理体系，以南钢智慧供应链体系深度重构及创新实践为基础，以创新协调、开放共享为理念，以信息化、标准化、信用体系建设和智慧仓配体系为支撑，以钢铁工业智慧供应链与互联网、物联网深度融合为路径，创新发展钢铁工业智慧供应链新理念、新技术、新模式，高效整合各类资源要素，构建一个基于用户个性化需求，以客户为中心，协同、智能、可视、可持续发展的智慧仓配一体化管理体系。即夯实智慧仓配基础建设、创新一体化仓配服务模式、构建多源协同服务平台、推动供应链服务转型升级，围绕钢铁制造企业和钢铁行业客户，打造集仓储、加工、配送、金融等服务为一体的供需协同智慧仓配管理方案，实现钢铁企业的高效率精益制造和服务。对内夯实仓配基础设施建设，创新仓配服务模式，发挥物流基础性、先导性作用，建设智慧仓配设施体系、物流信息平台，提高仓配基础设施的智慧化、信息化水平；对外构建供应链多源协同平台、物流的仓配服务网络、多式联运服务平台，促进钢铁供应链上下游深度合作。

思考：南钢如何构建基于用户个性化需求的智慧仓配一体化管理体系？

知识准备

智慧仓配一体化是利用先进的信息技术手段，将仓储和配送两个环节紧密结合起来，实现物流过程的高效、智能化管理。这一模式通过整合收货、仓储、拣选、包装、分拣、配送等多个环节，形成一站式、集成化的物流服务模式。

一、智慧仓配一体化的内涵

仓配一体化就是"仓储+配送"（Warehouse Distribution Mode），是一种将仓储与配送整合在一起的综合服务模式，这与单纯的仓储和运输有着明显的区别，是指为客户提供包括仓储、配送在内的一站式服务模式，通俗的说法就是在网上下订单后的一整套解决方案，可以为客户提供更加快速、优质的网购体验。

智慧仓配一体化，是指物流公司利用自身的大数据，为客户提供销售预测，提前进行库存调配，一次进仓，一次发货，产品贴近销售地，以更快的速度满足客户订单需求，这就是智慧仓配一体化的重要意义所在。通过大数据提供精准的销售预测，优化库存调配，实现一点入仓、全国发运，使商品更贴近销售地，以更快速度满足客户需求。仓配体系应根据销售大数据进行库存布局建议，并具备强大的自动化订单履行能力，主动以货主为单位对全渠道库存分布进行自动调拨，实现库存集中和优化，同时拉动上游供应链的补货。智慧仓配一体化企业应具备整体供应链设计和物流解决方案的制定能力，以此作为争取客户的增值服务。智慧仓储与配送一体化服务的物流企业制定的全面信息化解决方案，利用互联网和物联网技术，对仓储与配送实现协同管控，有效提高物流的规范化、透明化、安全化运营效率。智慧仓配一体化服务模式如图1-4所示。

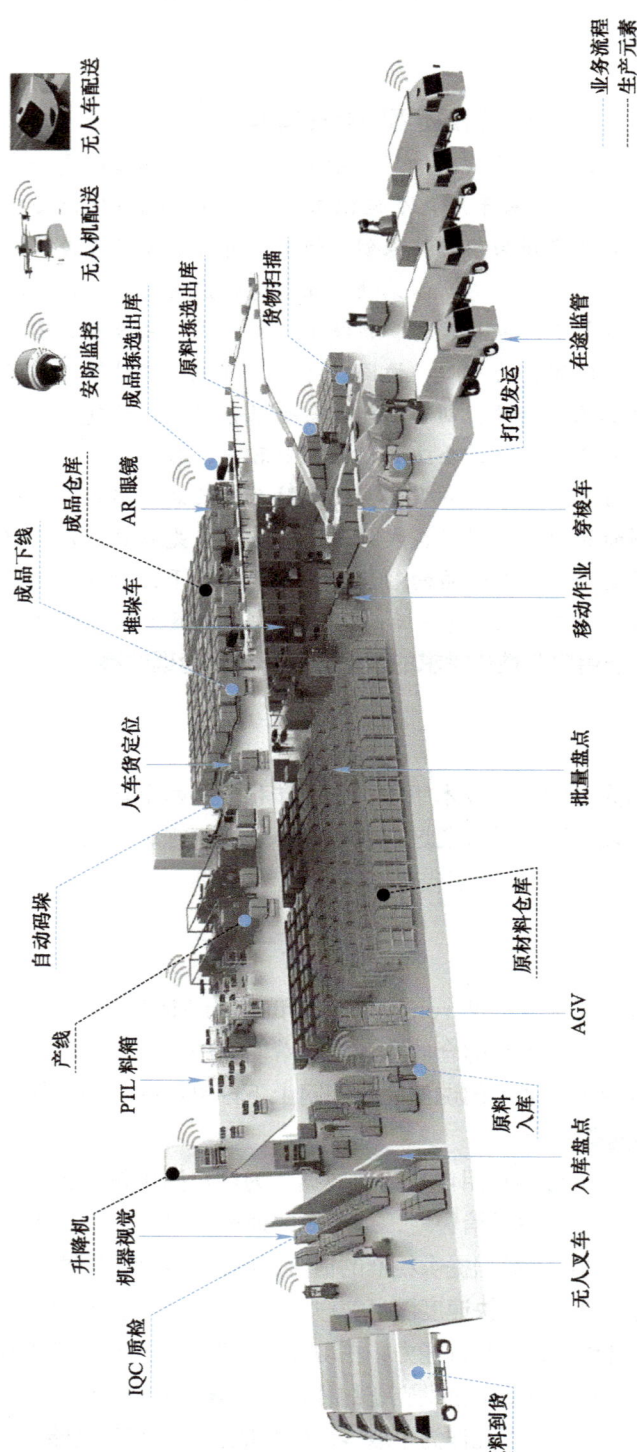

图1-4 智慧仓配一体化服务模式

PTL料箱—亮灯拣选料箱　AR—增强现实

二、智慧仓配一体化的特点

智慧仓配一体化是一种基于信息技术平台，将收货、仓储、拣选、包装、分拣、配送等环节整合为一体，运用互联网技术、自动分拣技术、光导技术、射频识别技术、声控技术等先进的科技手段和设备对物品的进出库、存储、分拣、包装配送及信息进行有效的计划、执行和控制的物流活动。旨在实现供应链的无缝衔接，提供一站式物流服务。其特点如下：

1. 高度信息化与智能化

智慧仓配一体化充分利用物联网、大数据、云计算、人工智能等现代信息技术，实现对物流信息的实时采集、处理、分析和共享。这些技术的应用使得物流过程更加透明、可控和高效。引入先进的仓库管理系统（WMS）和运输管理系统（TMS），通过算法优化和智能决策支持，实现库存的精准管理、订单的自动处理和配送路线的优化。

2. 自动化与高效性

在仓库内部广泛采用自动化设备，如自动引导车（AGV）、自动分拣系统、自动化立体仓库等，实现货物的自动存储、取货、分拣和包装，显著提高作业效率和准确性。通过优化仓储和配送流程，减少中转环节，缩短配送周期，提高物流整体效率。同时，实现订单处理、库存控制和配送管理的无缝衔接，提升整体运营效率。

3. 数据驱动与精准管理

智慧仓配一体化系统能够实时监控货物的流向、库存情况、货物状态等信息，并通过大数据分析为企业管理者提供准确的数据支持。这些数据有助于企业做出科学决策，优化库存布局和配送策略。精准需求预测，利用大数据和人工智能技术，对市场需求进行精准预测，帮助企业提前准备库存和调配资源，减少库存积压和缺货现象，提高存货周转率。

4. 灵活性与可扩展性

在销售旺季或促销活动期间，智慧仓配一体化服务商可以迅速扩展仓储和配送能力，以满足激增的订单需求。在淡季则可以缩减规模，避免资源浪费。定制化服务，根据不同客户的需求提供个性化、定制化的智慧仓配一体化解决方案。通过灵活的服务模式和定制化的服务流程，满足不同客户的特定需求。

5. 成本效益与环保性

通过优化仓储和配送流程、减少人力成本和物力成本、提高运营效率等方式，智慧仓配一体化有助于降低企业的整体运营成本。在物流过程中注重环保和可持续发展，采用绿色包装材料、优化配送路线、减少碳排放等措施，推动物流行业的绿色转型。

智慧仓配一体化的实施，有效地简化了商品流通的环节，极大地缩短了配送周期，提高了物流效率。这有助于实现整个业务流程的无缝对接，实现货物的实时追踪与定位，减少物流作业的差错率。同时，减少周转环节也意味着降低了费用和破损率，根据供应链的性质和需求定制化服务流程。

三、智慧仓配一体化的发展

智慧仓配一体化发展主要融合了智能识别、智能搬运、智能储存、智能分拣及智慧管理五大方面：①智能识别：包含条码技术以及无线射频技术；②智能搬运：一般包括AGV、RGV、机器人、堆垛机、穿梭车、提升机等；③智能储存：通常指的是自动化立体化仓库及货架存储部分；④智能分拣：通常是指水平拣选系统以及垂直拣选系统，其中包含输送线以及分拣线等；⑤智慧管理：是指仓库管理系统以及仓库控制系统两大部分，简称为 WMS 和 WCS。

智慧仓配一体化通过仓和配的结合，利用 RFID、网络通信、信息系统等智能技术及先进的管理方法，实现货物入库、出库、盘库、移库管理的信息自动抓取、自动识别、自动预警及智能管理功能，以互联网、物联网、云计算、大数据等先进信息技术为支撑，升级原有的配送设备，对配送的全流程进行信息化、透明化管理，实现无人配送、即时配送和主动配送，在物流的仓储、配送、信息服务等各个环节实现系统感知、全面分析、及时处理和自我调整等功能的现代综合性物流系统，将订单预处理、执行计划、库内作业、发运配送、拒收返回以及上下游的账务清分等全部统一起来，高效完成客户作业需求，实现"现代物流仓储服务 + 配送服务 + 技术支持 + 售后服务 + 增值服务"组合在一起的一站式物流服务，其发展趋势主要如下：

1. 高度自动化与智能化

随着科技的进步，自动化立体仓库、机器人搬运、智能分拣等技术将得到更广泛的应用。这些技术将实现仓库作业的无人化和高效化，大幅提高作业效率和准确性。通过大数据和人工智能技术，智慧仓配系统将能够进行自我学习和优化，不断提升作业效率和智能化水平。例如，利用机器学习算法预测库存需求、优化配送路线等。

2. 物联网技术的深度融合

实时监控与追踪，物联网技术将在智慧仓配系统中发挥更大的作用。通过 RFID、传感器等技术手段，实现对仓库环境的实时监测和货物的精准追踪。这将有助于提升仓库管理的透明度和效率，确保货物的安全和及时配送。数据共享与协同，物联网技术将促进不同物流环节之间的数据共享和协同，实现供应链上下游企业的无缝对接和高效协同作业。

3. 数字化与信息化建设

完善的信息系统，智慧仓配系统将构建完善的数据库和信息系统，实现仓库数据的实时采集、分析和处理。这将为企业提供更准确的库存信息、订单数据和物流动态，帮助企业做出更明智的决策。无纸化作业，拣选、包装等物流环节将逐步实现无纸化作业，通过 PDA 手持扫描器、灯光拣选系统等设备提高作业效率和准确性。

4. 绿色物流与可持续发展

智慧仓配系统将更加注重绿色物流和可持续发展。通过优化仓库布局、提高能源利用效率、减少废弃物排放等措施，降低物流活动对环境的影响。环保包装与运输，系统还将考虑使用更环保的包装材料和运输方式，以实现经济、社会和环境"三赢"的目标。

5. 个性化与定制化服务

随着市场竞争的加剧和消费者需求的多样化，智慧仓配系统将提供更加个性化、定制化的服务。通过灵活的服务模式和定制化的服务流程，满足不同客户的特定需求。

6. 跨界融合与产业生态构建

跨界合作，智慧仓配系统将加强与上下游企业的跨界合作，共同构建物流产业生态。通过资源共享、优势互补和互利共赢的合作模式，推动物流行业的整体发展。产业生态构建，通过打造智慧物流平台、建立物流联盟等方式，推动物流产业生态的构建和完善。这将有助于提升物流行业的整体竞争力和服务水平。

综上所述，智慧仓配一体化的发展趋势将围绕高度自动化与智能化、物联网技术的深度融合、数字化与信息化建设、绿色物流与可持续发展、个性化与定制化服务以及跨界融合与产业生态构建等方向展开。这些趋势将共同推动智慧仓配系统向更高效、更智能、更环保、更个性化的方向发展。

任务发布

智慧仓配一体化发展调研

根据本任务所讲述的内容，结合仓配一体化的内涵和发展趋势等，探索智慧仓配一体化的未来发展方向，推动物流行业的转型升级，实地或网络调查区域智慧仓配一体化的发展现状，分析其典型仓配一体化企业的典型特色、发展与趋势，形成分析报告并进行PPT展示。

任务实施

（一）实施方式

1. 学生5～6人自主组成一个小组，进行智慧仓配一体化发展调研分析。
2. 了解行业现状：掌握智慧仓配一体化的基本概念、特点和发展。
3. 分析市场需求：调研不同行业、不同规模企业对智慧仓配一体化的需求情况。
4. 参考实施步骤的提示，完成调研并形成调研报告。

（二）实施内容及操作步骤

步骤1：认识智慧仓配一体化的内涵和特点。
步骤2：了解智慧仓配一体化的发展与趋势。
步骤3：实地或网络调查区域智慧仓配一体化的发展现状。
步骤4：形成智慧仓配一体化发展调研分析报告。

（三）实施成果及形式

1. 总结报告：每组提交一份智慧仓配一体化发展调研分析报告。
2. 小组展示：利用PPT现场讲解智慧仓配一体化发展调研分析报告。

任务评价

任务评价表

被考评人			考评任务	智慧仓配一体化认知		
考评步骤	考评内容及分值		自我评价（30%）	小组评议（40%）	教师评价（30%）	合计得分（100%）
步骤1	认识智慧仓配一体化的内涵和特点	10分				
步骤2	了解智慧仓配一体化的发展与趋势	15分				
步骤3	实地或网络调查区域智慧仓配一体化的发展现状	30分				
步骤4	形成智慧仓配一体化发展调研分析报告	45分				
			综合评定			
考评标准	资料准备	知识掌握	语言表达	团队合作	沟通能力	合计得分
分值	20分	30分	20分	15分	15分	
注：任务总评得分 = 考评步骤70% + 综合评定30%				任务总评得分		

德技并修

[主题] 敬业奉献　精益求精　工匠精神　安全管理

陈旭：默默坚守，勇于担当的仓库员
——第十四事业部齿轮工厂安阳制造部

在我们日常生活中，仓储工人是起着至关重要作用的一支队伍，他们负责管理、调度和维护仓库，保证货物的安全和及时的送达，以高效、安全、可靠的服务赢得了客户的赞誉。他们在岗位上，践行工匠精神，埋头苦干、创新钻研、砥砺前行，他们朝气蓬勃、奋发有为的精神和敢于亮剑的担当激励着我们每一个人。

"每一件物资都关系着企业的利益，管理好物资，为生产做好服务，是我最大的责任"。细心与实干是"仓管人"陈旭对待工作的态度。入职至今的4个年头里，经他手的数据从来没有出过差错，他用实干诠释担当，在平凡岗位上默默奉献着，多次荣获事业部"优秀员工"表彰。

1. 细致严格　做精益管理的"先行者"

工厂仓库，货架行行而立，近千种物料存放于此摆放整齐，庞大的物料清单，在仓库管理员陈旭眼里了然于心。"细分类别，规章摆放。"陈旭常把这句话挂在嘴边。物料的摆放都遵循着严苛的规则，收货要查验外观、合格证、数量；每日核查库房库存，保证仓库的供应充足；定时查看物资存放情况……这些看似简单的工作，背后的操作却很细致，需要时刻保持严谨的态度。

2. 吃苦耐劳　做勇于担当的"奋斗者"

一批物料还没点完，下一批物料已经到厂门口了，往往忙碌起来无暇顾及饭点，陈旭凭着强烈的责任心和敬业精神，付出大量的时间和精力，与同事们一起将仓库管理得井井有条，过手的物料无一出错，劣质不合格的物资都逃不过他的火眼金睛。

3. 及时响应　做服务至上的"践行者"

仓库管理员基本职责是收发货，工作时间不固定，工作值班随时待命、随叫随到是一种常态。"我们仓库虽然只是工厂的一个普通角色，但它与全工厂每个科室都有着密切的联系，像过年、休假和周末，也是手机不断随时待命"。现在，陈旭已经能驾轻就熟，也成了一位"老师傅"，其他仓管员经常找他请教。他坚信"工作没有高低贵贱之分，凡事从小事做起，做好小事才能成就大事"。陈旭的故事或许并不轰轰烈烈，但他的每一步都凝聚了对职业的热爱、对生活的认真以及对未来的期待。正如陈旭所说："无论你身处何处，都要全力以赴，因为不同的经历造就了更加丰富多彩的你。"

同步练习

一、单项选择题

1. 配送活动的第一个环节是（　　）。

　　A. 拣货作业　　　B. 订单处理　　　C. 分拣作业　　　D. 送货作业

2. 通过应用大数据分析系统对配送过程中各个功能以及业务流程进行优化分析，最终形成智慧化解决方案是（　　）。

A. 业务管理层　　　　　　　　　　B. 数据通信层
C. 业务操作层　　　　　　　　　　D. 智慧创新层

3. 依靠物联网大数据的支持，基于对一定市场范围内需求的预测和库存变化的判断，满足消费者个性化需求，对主动配送网络布局优化，实现先发货后下单的是（　　　）。

A. 共同配送　　　　　　　　　　　B. 主动配送
C. 末端无人机配　　　　　　　　　D. 即时配送

4. 通过入库业务、出库业务、仓库调拨、库存调拨和虚仓管理等功能，对批次管理、物品对应、库存盘点、虚仓管理和即时库存管理等功能综合运用的管理系统是（　　　）。

A. OMS　　　　B. WMS　　　　C. GAS　　　　D. WCS

5. （　　　）是一项以"人总是会出错"为出发点，围绕如何避免错误发生而开发应用的辅助拣选技术，极大地提高拣选效率及正确率。

A. AGV　　　　B. IGV　　　　C. GAS　　　　D. GPS

二、多项选择题

1. 智慧仓储系统是智能制造工业 4.0 快速发展的一个重要组成部分，（　　　）。

A. 高架存储，提高利用率管理系统化　　B. 无人化作业，节省人力
C. 账实同步，节约资金　　　　　　　　D. 自动控制，提高效率

2. 智慧配送体系由三个层次构成，主要包括（　　　）。

A. 数据通信层　　　　　　　　　　B. 业务操作层
C. 业务管理层　　　　　　　　　　D. 智慧创新层

3. 物流配送的未来形态将以"降本增效"和"用户体验"为核心，呈现（　　　）、品质化发展趋势。

A. 智能化　　　　　　　　　　　　B. 多元化
C. 绿色化　　　　　　　　　　　　D. 脸谱化

4. 智慧配送的体系构成主要包括（　　　）。

A. RFID 分拣系统　　　　　　　　　B. 感知记忆系统
C. 配送管理信息系统　　　　　　　　D. 大数据分析系统

5. 智慧配送的分类主要包括（　　　）。

A. "送货上门"的无人配送服务　　　B. 基于客户满意的即时配送服务
C. 作业无人化　　　　　　　　　　　D. 小范围内的主动配送服务

三、简答题

1. 简述智慧仓储的内涵和特点。
2. 简述智慧配送的特征。
3. 简述自动化立体仓库结构的主要构成。
4. 简述智慧配送体系功能结构。
5. 简述智慧配送的发展趋势。

🔷 实训应用　智慧仓配工作岗位调研

一、实训目的

本次实训旨在通过深入调研智慧仓配工作岗位，使学生全面了解智慧仓储与配送的运营模式、技术应用、岗位设置及职责要求，提升学生的实践能力和职业素养，为未来从事智慧仓配相关工作打下坚实基础。

二、实训内容

调研智慧仓配中心的主要岗位设置，包括但不限于仓管员、拣选员、打包员、配送员、系统操作员等。详细了解各岗位的职责要求、工作流程及所需技能。

三、实训要求

1. 分组调研

学生根据所学知识，5～6人自主组成一个小组，分组进行调研，每组负责一个或多个调研内容。组长需制定详细的调研计划，明确分工和时间节点。

2. 实地考察

实地考察前需做好准备工作，包括预约、了解企业基本情况、准备调研提纲等。

3. 资料收集与分析

通过网络搜索、企业官网、行业报告等多种渠道收集相关资料。

4. 撰写调研报告

每组撰写一份调研报告，内容应包括调研背景、调研目的、调研方法、调研结果及分析、结论与建议等部分。调研报告需条理清晰、逻辑严密、数据准确、分析透彻。

四、实训成果

1. PPT 汇报

每组需制作 PPT 进行汇报，展示调研成果和心得体会。汇报内容应简洁明了、重点突出、图文并茂。

2. 互动交流

汇报结束后，安排时间进行互动交流，鼓励学生提问和讨论。通过互动交流，进一步加深对智慧仓配工作岗位的理解和认识。

五、实训评估

1. 过程评估

根据学生的调研计划、实地考察情况、资料收集与分析过程等进行过程评估。过程评估主要考察学生的态度、能力和团队合作精神。

2. 成果评估

根据学生提交的调研报告和 PPT 汇报情况进行成果评估。成果评估主要考察学生的调研深度、分析能力和表达能力。

项目二　智慧仓配装备

学习目标

▶ **知识目标**　掌握自动化立体仓库的类型和构成；
　　　　　　　掌握无人仓的实现形式和运行原理；
　　　　　　　掌握"货到人"智慧拣选系统的工作原理；
　　　　　　　掌握无人配送车的能力要求与工作流程；
　　　　　　　掌握地下智慧物流管网的模式及构成。

▶ **能力目标**　能按照要求进行自动化立体仓库的操作；
　　　　　　　能运用所学的知识分析无人仓、智慧云仓的实施应用；
　　　　　　　能结合操作过程，进行"货到人"智慧拣选系统操作；
　　　　　　　能运用所学的知识分析智能快递柜和地下智慧物流管网应用。

▶ **素养目标**　培养良好的学习习惯，自主学习能力及动手实践能力；
　　　　　　　树立科技发展、创新发展意识，具备与时俱进的可持续发展能力；
　　　　　　　提升设备使用能力，养成团队合作、安全规范、精益求精的职业素养。

岗位认知

职业岗位	工作内容	技能要求	相关知识
仓储操作员	仓储操作员负责货物入库、储存、流通加工、补货、移库、盘点、出库、配送、退货等作业内容	1. 能够区分不同类型的智慧仓储设备 2. 能够区分仓库不同设备的功能 3. 能够根据货物的性质选择合适的仓储方式	1. 智慧仓储装备的定义和功能 2. 自动化立体仓库 3. 无人仓、智慧云仓等
搬运员	负责仓库搬运工作	1. 能够进行自动化立体仓库的操作 2. 能够进行货物的正确搬运操作 3. 能进行智慧化仓配装备的使用	1. 智慧仓储装备的特征 2. 智慧配送装备的特征 3. 典型智慧仓配装备认知
设备管理员	负责智慧仓配装备配置规划管理及运行运作	1. 能进行自动化立体仓库的操作 2. 能进行"货到人"智慧拣选系统操作	1. 自动化立体仓库的构成 2. "货到人"智慧拣选系统的工作原理
配送员	负责仓库配装、运输工作	1. 能进行智慧化配送的作业组织与操作 2. 能正确选用智慧化配送装备的类型	1. 智慧配送装备的特征 2. 典型智慧配送装备：无人配送车、配送无人机、智能快递柜等

案例导读

科技数智化发展的"无人物流"时代

随着科技快速发展,无人科技的自主创新和应用场景正在不断深入,作为人工智能应用的重要场景,无人物流技术已经逐渐从实验室走向市场。无人物流不仅只有无人机,无人仓、无人配送车等也早已加入"无人物流矩阵"。无人科技让智能物流体系从梦想变成了现实的同时,还推动了智能消费、智能餐饮等领域的创新。

京东智慧物流有三大支柱:无人机、无人仓和无人车。无人机、无人仓与无人车等组成了空地一体智能物流体系。在末端配送环节,京东物流配送机器人在全国20多个城市实现常态化配送,覆盖了封闭园区、开放道路、快递接驳等多个场景,积极探索解决城市物流配送"最后一公里"难题。苏宁无人仓以AGV系统为核心载体,以控制与调度平台为大脑,结合无人叉车、自动包装机、机械臂等无人设备,组成高效安全的智慧仓配体系。

"无人物流"呼唤综合性物流人才。企业对物流人才的需求将会从基础性岗位向技术性岗位转移,智能化装备的操作、维护与保养,无人化作业的组织实施,智慧物流的运行管理等方面将会产生更多的岗位需求,需要加强实践操作能力、技术创新与应用能力、协同与合作能力、大数据思维等综合素质的培养。

任务一 智慧仓储装备认知

任务引例

京东物流无人仓

以无人仓为代表的智慧物流越来越成为物流变革的重要驱动力。京东无人仓是自动化技术与智慧系统的结合体。其智慧大脑能够0.2s内计算出300多个机器人运行的680亿条可行路径;智能控制系统反应速度是人的6倍;分拣"小红人"速度达3m/s,为全世界最快分拣速度;运营效率是传统仓库的10倍。

思考:京东无人仓是如何智慧化运作的?

知识准备

在国家供给侧改革、工业4.0和中国制造2025的驱动下,"互联网+"仓储4.0概念催生,为网络与智能仓储硬件的高度融合、为智能仓储发展指明了方向。作为"工业4.0"的核心组成部分,以及构建未来"智能工厂"的重要基石,智慧仓储装备系统正在受到业界的高度关注。

所谓智慧仓储装备系统,是综合利用计算机、云计算、互联网和物联网等先进技术,将高位立体货架、巷道堆垛机、升降设备、自动出入库输送装备、自动分拣系统装备、室内搬运车、机器人等设备进行系统集成,形成具有一定感知能力、自行推理判断能力、自动操作能力的智慧系统。典型的智慧仓储装备系统包括自动化立体仓库系统和穿梭车式密集仓储系统。智慧仓内的主要装备如图2-1所示。

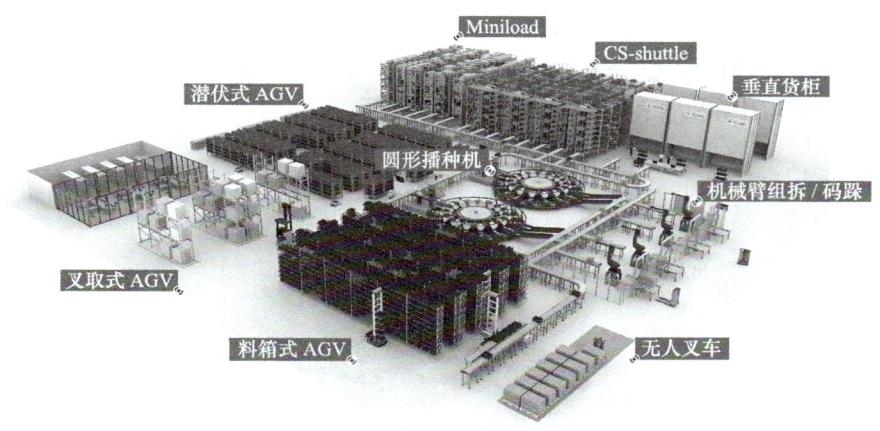

图 2-1　智慧仓内的主要装备

Miniload—料箱式自动化立体仓库　CS-shuttle—穿梭车密集型仓储系统

与传统的仓库装备相比，智慧仓储装备具有管理系统化、操作信息化、作业自动化、数据智慧化、网络协同化等突出特点，具有无可比拟的优势。

（1）管理系统化。智慧仓储装备不再是简单的独立运作的仓库设备，而是通过 WMS、WCS 进行集中管理、集成调度，并与仓储活动涉及的各类人力资源、货品器具、信息数据等集成在一起进行统一管理控制，实现在管理系统支撑下的功能集成、一体控制。

（2）操作信息化。智慧仓储装备通过计算机进行管理控制，操作人员仅需录入有关信息参数，监测装备运行状态数据，装备系统会自动感知识别信息并执行仓储作业活动。

（3）作业自动化。智慧仓储装备普遍应用机械自动化、人工智能技术，能够实现出入库、分拣输送、包装集装等作业活动的自动化，快速准确地完成货品存取收发，作业环节部分或全部实现无人化，作业效率大大提升。

（4）数据智慧化。智慧仓储装备在作业过程中，能够实时记录作业数据，并将数据信息上传至信息系统数据库，通过数据的集中存储管理与分析处理，挖掘有用信息，监控装备运行，智能完成装备启停、状态报警、货位分配、货品指定、路线选择、库存控制等运行控制与管理决策活动，实现仓储作业智慧化。

（5）网络协同化。智慧仓储装备系统与企业采购系统、生产系统、销售系统、配送系统等有机对接，形成一条智慧物流链，使企业的物变成智能化的"活"物，在需要的时间，以需要的数量、需要的状态，出现在需要的地方。智慧仓储装备的前伸后延，不仅为智慧仓储装备行业带来新的发展契机，也能为客户带来更多价值，助力客户实现智能制造。

悦动思维　结合日常实际，谈谈你对智慧仓储装备的理解。

一、自动化立体仓库

（一）自动化立体仓库的概念与特点

1. 自动化立体仓库的概念

自动化立体仓库是指基于高层货架和巷道堆垛机进行自动存取的立体仓库，也被称为自动存取系统（Automated Storage and Retrieval System，AS/RS），是由高层货架、巷道堆垛机、出入库输送系统、仓库自动化控制系统、仓库管理系统及其周边设备组成的，可对集装单元货物实现自动化保管和计算机管理的仓库，如图2-2所示。

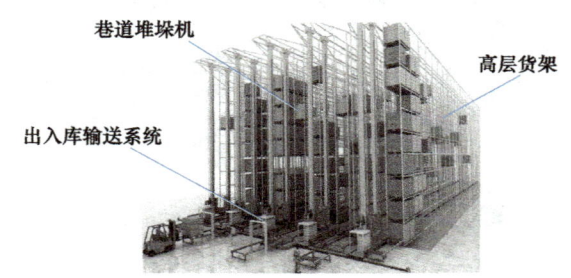

图2-2　自动化立体仓库（AS/RS）

2. 自动化立体仓库的特点

（1）提高空间利用率。充分利用仓库垂直空间，单位面积存储量远大于传统仓库；可以实现随机存储，任意货物存放于任意空仓内，由系统自动记录准确位置，避免传统仓库分类存放货物所造成的大量空间闲置，大大提高了空间的利用率。

（2）实现物料先进先出。传统仓库由于空间限制，将货物码放堆砌，常是先进后出。自动化立体仓库系统能够自动绑定每一票货物的入库时间，自动实现货物先进先出。

（3）智能作业账实同步。传统仓库管理涉及大量单据传递，多由手工录入，流程冗杂且易出错。立体仓库管理系统与ERP（企业资源计划）系统对接，从生产计划制订开始到下达货物的出入库指令，实现全流程自动化作业，且系统自动过账，保证信息准确及时，避免出现账实不同步的问题。

（4）满足货物对环境的要求。相比传统仓库，能较好地满足特殊仓储环境的需要，如避光、低温、有毒等特殊环境。保证货品在整个仓储过程的安全运行，提高了作业质量。

（5）可追溯。通过条码技术等，准确跟踪货物的流向，实现货物物流全过程可追溯。

（6）节省人力资源成本。立体仓库内各类自动化设备代替了大量的人工作业，大大降低人力资源成本。

（7）及时处理呆滞料。立体仓库系统的物料入库，自动建账，不产生死料，可以搜索一定时期内没有操作的物料，及时处理呆料。

自动化立体仓库的劣势体现在以下4个方面：①投资建设成本高、周期长；②存储货物有严格要求；③管理维护要求高；④柔性相对较差。

（二）自动化立体仓库的主要类型

1. 按照存取货物单元的形式进行分类

（1）托盘式自动化立体仓库。托盘式自动化立体仓是一种以托盘单元为基本存取单元的自动存取系统。一般用于整箱、整件货物的存取，具有适用范围广、承载能力强、存储密度大的特点，如图2-3所示。

托盘式自动化立体仓库高度可达40m，常用荷重为1 000kg，储位量可达10万余个托盘，适用于大型的仓库。而一般使用最普遍的高度以6～15m为主，储位数为1 500～2 000个。可应用于大型生产性企业的采购件、成品件仓库、柔性自动化生产系统（FAS），流通领域的大型流通中心、配送中心等。

该仓库在货物入库前,首先须进行集装单元化工作,即根据货物包装及重量等特性进行组盘,符合托盘尺寸、承重和堆高要求,再由巷道式堆垛机将其送至指定货位。

(2)料箱式自动化立体仓库。料箱式自动化立体仓库是针对物流箱、吸塑盘或者纸箱的存储和订单拣选系统的一种轻负载式立库。荷重一般小于300kg,以储存重量较轻的物品为主。为保证拣货效率,料箱式自动化立体仓库一般高度为5~10m,随着定位技术和堆垛机运行速度的不断提升,也有超过20m的大型料箱式立库出现,如苏宁南京云仓的料箱式立库系统,整个货架高22m,共有338 400个料箱存储位。"堆垛机+料箱拣选"结构的料箱式自动化立体仓库通常也称为Miniload,如图2-4所示。

图2-3 托盘式自动化立体仓库　　　图2-4 料箱式自动化立体仓库

作业时,物流箱和纸箱被传送到配有针对巷道设计的起重设备的订单拣货工作站,以便拣货人员直接操作。料箱式自动化立体仓库可以与流利式货架和电子标签拣选系统结合。借助料箱式自动化立体仓库可以自动补货到拣选位置的功能,从而使订单拣货系统更有效。

案例直击

蒙牛乳业自动化立体仓库

蒙牛乳业自动化立体仓库(六期项目)包括原辅料的自动化输送、成品的自动化输送及存储。集成了AS/RS、空中悬挂输送系统、码垛机器人、环行穿梭车、直线穿梭车、AGV、自动整形机、自动薄膜缠绕机、货架穿梭板、连续提升机以及多种类型的输送机等众多自动化物流设备。作为园内自动化水平最高的物流项目,被国家发展改革委评为"机电一体化示范工程"。

思考与分析:蒙牛乳业自动化立体仓库集聚了哪些自动化输送和存储装备?

2. 按照建筑形式进行分类

(1)整体式。整体式是库房货架合一的仓库结构形式,仓库建筑物与高层货架相互连接,形成一个不可分割的整体,货架除了存储货物以外,还作为建筑物的支撑结构,构成建筑物的一部分。一般高度在12m以上。这种仓库结构重量轻、整体性好、抗震性好,如图2-5所示。

(2)分离式。分离式是指库架分离的仓库结构形式,货架单独安装在仓库建筑物内。分离式高度一般在12m以下,但也有15~20m的。适用于利用原有建筑物作库房,或在厂房和仓库内单建一个高货架的场合。无论哪种形式,高层货架都是主体,如图2-6所示。

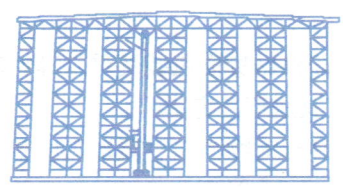
图 2-5 整体式自动化立体仓库

图 2-6 分离式自动化立体仓库

3. 按巷道轨道形式进行分类

（1）直行巷道。直行巷道特点是每个巷道必须配置一台堆垛机在轨道上来回行走，可以使出库入库分布在巷道两头，也可以使出入库都在一头，出库和入库分时进行，系统出入库的效率较高。

（2）U 型巷道。U 型巷道特点是两个直行轨道中间直接采用弯道连接，堆垛机可以在两个巷道内自由运行往返。与直行巷道相比，出入库效率有一定下降，但是在满足需求的前提下，可以两个巷道共用一台堆垛机，可减少资金投入。但如果堆垛机出现故障，两个巷道左右的货架都不能进行货物存取。

（3）转轨巷道。转轨巷道能实现多巷道轨道之间的转移，通过转轨机构自动切换运行轨道，使得轨道具有可扩展性。其特点是在满足出入库频率要求的前提下，减少堆垛机的数量，可以降低立体仓库的设备成本，自动化程度高。但控制过程复杂，通信难度大，出入库效率较低，适用于大型立体仓库。

4. 按货物单元出入高层货架的形式进行分类

货物单元出入高层货架的工作台，可根据仓库各区域布局总体情况进行灵活选择，包括同端出入式、贯通式、旁流式、分层式等多种形式，如图 2-7 所示。

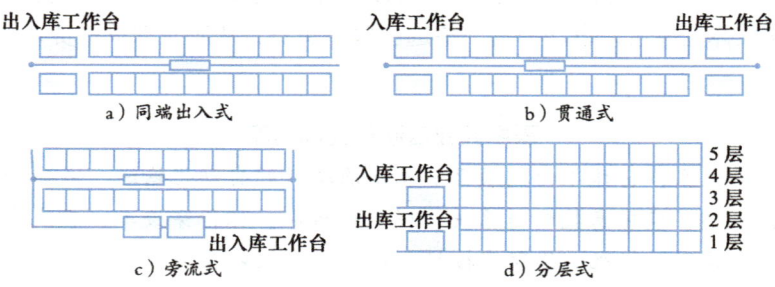

图 2-7 自动化立体仓库货物单元出入高层货架的形式

（1）同端出入式。同端出入式即货架区出入库工作台布置在堆垛机巷道的同一端，可设置为同口出入或异口出入，这样能够方便出入库的统一管理。

（2）贯通式。贯通式即货架区出入库工作台布置在堆垛机巷道的两端，货物单元由异侧出入，这样可以避免出入库交叉。

（3）旁流式。即货架区出入库工作台布置在堆垛机巷道的旁边，需配合自动输送系统将货物送到工作台。

（4）分层式。即货架区出入库工作台布置在不同楼层中，以适应整体出入库流程及区域布置需要。

（三）自动化立体仓库的构成

自动化立体仓库是机械和电气、强电控制和弱电控制相结合的产品。它主要由货物存储系统、货物存取和输送系统、管理和控制系统等三大系统组成，还有与之配套的土建工程及辅助设施，如图 2-8 所示。

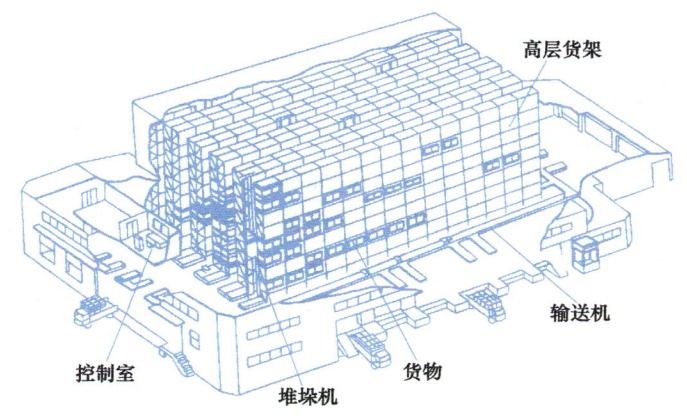

图 2-8 自动化立体仓库的构成

1. 货物存储系统

货物存储系统由立体货架的货格（托盘或货箱）组成。

（1）货架。从设备折旧和工作效率的角度考虑，一般自动化立体仓库货架的最佳高度在 15～21m。货架的最大长度与一台堆垛机在一条通道中所服务的货位数有关，需要考虑堆垛机的纵向和横向服务能力的均衡。高层货架有钢货架和钢筋混凝土货架两种，自动化立体仓库中多用钢货架。货架按承载能力大小大致分为轻量型货架、中量型货架以及重量型货架三种形式。轻量型货架每个单元层能够承载重量为 100～150kg，货架主要适合中小单元、零部件等轻型货物的存储；中量型货架每个单元层能够承载重量为 200～500kg，适用于中小型仓库存放货物；重量型货架承载重量大约为 800kg，结构强度和刚度较大，不易发生变形或破坏，多应用于大型或超大型仓库中。

按货架的使用高度可以分为高层（>15m）、中层（5～15m）和低层（<5m）。具体的尺寸规格选择都是根据仓库的大小与高度，以及所需存储的货物尺寸与重量来决定的。

（2）货格。货格用于存放货物托盘或货箱，是货架的基本组成单元，尺寸由托盘或货箱尺寸决定。

2. 货物存取和输送系统

货物存取和输送系统承担货物存取、出入仓库的功能，它主要由巷道式堆垛机、叉车、穿梭车、自动导引车、输送机等组成。

3. 管理和控制系统

自动化立体仓库系统采用计算机进行管理和控制，主要包括仓库管理系统（WMS）和仓库控制系统（WCS）两个系统。

仓库管理系统（WMS）是自动化立体仓库的管理中心，承担出入库管理、盘库管理、查询打印及显示、仓库经济技术指标计算分析管理功能。

仓库控制系统（WCS）是自动化立体仓库的控制中心，它沟通并协调管理计算机、堆垛机、出入库输送机等之间的联系；控制和监视整个自动化立体仓库的运行，并根据管理计算机或自动键盘的命令组织流程，监视现场设备运行情况、现场设备状态、货物流向及收发货显示。

4. 土建工程及辅助设施

（1）土建工程。根据仓库的规模、仓储系统的功能要求，由建筑设计师根据地质概貌情况，按照国家有关标准进行设计。

（2）消防系统。依据国家标准《建筑设计防火规范》（GB 50016—2014）进行设计，再根据所存物品的性质确定具体的消防方案和措施。自动化立体仓库的消防系统大都采用自动消防系统。

（3）照明装置。自动化立体仓库的照明系统应由日常照明、维修照明和应急照明三部分组成。对存储感光材料的黑暗库来说，不允许储存物品见光，照明系统应特殊考虑。

（4）通风及采暖装置。通风和采暖的要求是根据所存物品的条件提出的。自动化立体仓库内部的环境温度一般在 −5 ~ 45℃，通常由厂房屋顶及侧面的风机、顶部和侧面的通风窗、中央空调、暖气等措施来实现。对储存散发有害气体物品的仓库要考虑环保要求，对有害气体进行适当处理后再排出室外。

（5）动力系统。自动化立体仓库一般只需动力电源即可。总的电容量要根据所有用电设备的负荷，综合考虑来确定。

（6）其他设施。包括给排水设施、避雷接地设施和环境保护设施等，需要进行综合考虑。

二、无人仓

（一）无人仓的概念及技术标准

1. 无人仓的概念

对于无人仓的概念，目前业内并没有统一的看法。单从字面意思理解，无人仓指的是货物从入库、上架、拣选、补货，到包装、检验、出库等物流作业流程全部实现无人化操作的高度自动化、智能化的仓库。无人仓的内景如图2-9所示。

图 2-9　无人仓的内景

无人仓的发展方向是明确的，即以自动化设备替代人工完成仓库内部作业。

从市场需求来看，一方面随着以智能制造为代表的制造业物流的升级发展，以及电商行业海量订单处理对更高效率的自动化系统的需求越来越大，要求越来越高，传统的物流系统已经难以满足；另一方面，随着土地成本和人工成本的不断上涨，"机器换人""空间换地"成为趋势，仓库无人化成为必然趋势。

从物流技术本身的发展来看，仓储系统自动化、信息化、智能化程度的不断提高，不仅大幅降低了物流作业人员的劳动强度，还替代人工实现了更加准确、高效的作业，因此其在作业效率、准确性等方面的优势不断凸显。同时，以设备替代大量人工，使得物流作业成本大幅降低，并且随着无人仓技术越来越成熟，应用越来越广泛，其成本也将得到有效降低，投资回报率不断提高。

悦动思维　结合日常实际，谈谈你对无人仓的理解。

2. 无人仓的技术标准

（1）作业无人化。在作业无人化方面，无人仓要具备"三极"能力，无论是单项核心指标，还是设备的稳定性、各种设备的分工协作，都要达到极致化的水平。无人仓使用了自动立体式存储、3D视觉识别、自动包装、人工智能、物联网等各种前沿技术，兼容并蓄，实现了各种设备、机器、系统之间的高效协同。

（2）运营数字化。在运营数字化方面，无人仓需要具备自动感知等能力。在运营过程中，与面单、包装物、条码有关的数据信息要靠系统采集和感知，出现异常系统要自行判断。在无人仓模式下，数据将是所有动作产生的依据，数据感知技术如同为机器安装的"眼睛"，将所有商品、设备等的信息进行采集和识别，并迅速将这些信息转化为准确、有效的数据上传至系统，系统再通过人工智能算法、机器学习等生成决策和指令，指导各种设备自动完成物流作业。

（3）决策智能化。在决策智能化方面，无人仓能够实现成本、效率、体验的最优，可以大幅减轻工人的劳动强度，并且效率是传统仓库的数倍。

3. 无人仓的构成

无人仓的构成包括硬件与软件两大部分。

（1）硬件：对应存储、搬运、拣选，包装等环节，无人仓有各类自动化物流设备。其中，存储设备的典型代表是自动化立体仓库；搬运设备的典型代表包括输送线、AGV、穿梭车、KIVA 机器人、无人叉车等；拣选设备的典型代表包括机械臂、分拣机等；包装设备的典型代表包括自动称重复核机、自动包装机、自动贴标机等。

（2）软件：主要是仓库控制系统（WCS）和仓库管理系统（WMS）。WCS 负责接收 WMS 的指令，调度仓库设备完成业务动作。WCS 需要支持各种类型、各种厂家的仓库设备，并能够计算出最优执行动作，如计算机器人最短行驶路径、均衡设备动作流量等，以此来支持仓库设备的高效运行。WCS 的另一个功能是时刻对现场设备的运行状态进行监控，当出现问题时立即报警提示维护人员。WMS 负责时刻协调存储、调拨、拣选、包装等各个业务环节，根据不同仓库节点的业务繁忙程度动态调整业务的波次和业务执行顺序，并把动作指令发送给 WCS，使得整个仓库高效运行。此外，WMS 记录着货物出入库的所有信息，知晓货物的位置和状态，确保库存信息准确。

（二）无人仓的主要实现形式

1. 自动化存储

卸货机械臂抓取货物投送到输送线，输送线将货物自动输送到机械臂码垛位置，在将货物自动码垛后，系统调度无人叉车将货物送至立体仓库入口，由堆垛机将货物储存到立体仓库中。当需要补货到拣选区域时，系统先调度堆垛机从立体仓库中取出货物，送到出库口，再调度无人叉车搬运货物到拣选区域。

2. KIVA 机器人拣选

KIVA 机器人（可用于分拣处理货物的机器人）完全减去补货、拣货过程中作业人员的行走动作，由机器人搬运货物到指定位置，作业人员只需要在补货、拣选工作站根据电子标签灯光显示屏的指示完成动作，效率高，出错少。KIVA 机器人方案分"订单到人"和"货到人"两种模式。

3. 输送线自动拣选

货物在投箱口被自动贴条码标签后，对接输送线投放口，由输送线调度到拣选工作站，可通过机械臂完成无人化拣选，或者作业人员根据电子标签灯光显示屏的指示进行拣货。

4. 自动复核包装分拨

将拣选完成的订单箱输送到自动包装台，通过"称重+X 光射线透视"等方式进行复核，复核成功由自动封箱机、自动贴标机对其进行封箱、贴面单，完成后由分拣机将其自动分拨到相应道口。

（三）无人仓的运行原理

1. 无人仓的"眼睛"——数据感知

由人、设备和流程等元素构成的仓库作业环境会随时随地产生大量的状态信息。过去，这些信息只能通过系统中数据的流转来进行监控，缺乏实时性，也难以对业务流程进行指导。传感器技术的进步，带来了最新的数据感知技术，让仓库中各数据都可以迅速、精准地被获取，然后将传感器获取的信息转化为有效数据，这些数据就成为系统感知整个仓库各个环节状态的依据。系统通过大数据、人工智能等模块生成决策指令，指导库内作业单元工作。

2. 无人仓的"四肢"——机器人

从货物入库、存储，到拣货、包装、分拣、装车等各个环节，都无须人力参与，形态各异的机器人成了无人仓的主角，机器人融入是无人仓的重要特色之一。无人仓中的AGV可通过定位技术进行导航，并结合系统的调度，实现了整个仓库的合理生产。相较于传统输送线的搬运方案，通过AGV实现"货到机器人"的方式具有更高的灵活性。六轴机器人可实现拆码垛，就是堆放和移动商品。在码垛算法的指导下，机器人对每种商品自动码垛，使其生成个性化的垛形。

3. 无人仓的"大脑"——人工智能算法

除了丰富、及时的数据和高效执行的机器人，核心算法更是无人仓的"软实力"所在。例如，在上架环节，上架算法将根据上架商品的销售情况和物理属性，自动推荐最合适的存储货位；在补货环节，补货算法的设置让商品在拣选区和仓储区的库存量分布达到平衡；在出库环节，定位算法将决定最适合被拣选的货位和库存数量，调度算法将驱动最合适的机器人进行"货到人/机器人"的搬运，以及匹配最合适的工作站进行生产。

拓展阅读

无人仓主要应用领域

（1）劳动密集型且生产波动比较明显的行业，如电商行业，对物流时效性的要求不断提高，受限于企业用工成本的上升，尤其是临时用工的难度加大，采用无人仓能够有效提高作业效率，降低企业整体成本。

（2）劳动强度比较大或劳动环境较差的行业，如港口物流、化工行业，通过引入无人仓能够有效降低操作风险，提高作业安全性。

（3）物流用地成本相对较高的行业，如城市中心地带的快消品批发，采用无人仓能够有效提高土地利用率，降低仓储成本。

（4）作业流程标准化程度较高的行业，如烟草、汽配行业，标准化的产品更易于衔接标准化的仓储作业流程，实现自动化作业。

（5）对管理精细化要求比较高的行业，如医药、精密仪器行业，可以通过对"软件+硬件"的严格管控，实现更加精准的库存管理。

三、智慧云仓

（一）智慧云仓的内涵

1. 智慧云仓的概念

"云"的概念来源于云计算，是一种基于互联网的超级计算模式。在远程的数据中心中，成千上万台计算机和服务器连接成一片计算机云，对外提供算力服务。智慧云仓正是基于这种思路，在全国各区域中心建立分仓，由公司总部建立一体化的信息系统，用信息系统将全国各仓联网，实现配送网络的快速反应。所以智慧云仓是利用云计算及现代管理方式，依托仓储设施进行货物流通的全新物流仓储产品。

智慧云仓是一种全新的仓储模式，它主要依托科技信息平台，充分运用全社会的资源，做到迅速、快捷、经济地选择理想的仓储服务。在这一模式下，快件可直接由仓库配送到同城快递物流公司的公共分拨点，实现就近配送，减少了配送时间，提升了客户体验，这就给那些对物流水平要求极高的企业带来了新的机遇。

2. 智慧云仓与传统仓储的区别

智慧云仓与传统仓储、电商仓储相比，主要区别在于仓内作业的高时效性及精细化的管理，还有自动化装备和信息化系统的应用。先进的技术及管理理念的应用，导致智慧云仓的建设成本比较高，但是智慧云仓作业流程中的入库与出库的速度非常快。据悉，京东的智慧云仓出库作业，即从接到订单、拣货到出库，基本只需要10分钟，并且每一步都在后台系统有显示，为消费者提供了一个极佳的购物体验。同时，这个过程不仅速度快，而且准确率很高，因此备受青睐。

（二）智慧云仓的类型

目前智慧云仓主要有电商平台云仓、快递云仓、互联网化第三方仓储云仓（简称第三方云仓）等类型，前两类直接为商家提供云仓服务，而互联网化第三方仓储云仓致力于为云仓供应链提供解决方案。

1. 电商平台云仓

电商平台云仓通过协同多地仓储，实现资源整合优化，大大提升时效性和准确性，并且通过大数据分析，建立准确的预测机制，更好地实现快速反应，增强客户体验。

（1）菜鸟云仓：菜鸟把自己定位为物流大数据平台，未来有可能组建全球最大的物流云仓共享平台。菜鸟以大数据为资源，以云计算为引擎，以仓储为节点，编织了一张智慧物流仓储设施大网，覆盖全国乃至全球，并将其共享给天猫和淘宝平台上的各商家。

（2）京东云仓：京东自建的物流系统已经开始对社会开放，京东物流依托自己庞大的物流网络设施系统和京东电商平台，从供应链中部向前后端延伸，为京东平台商家开放云仓共享服务，提升京东平台商家的物流体验。将京东云仓完善的管理系统跨界共享给金融机构，推出"互联网＋电商物流金融"服务，用信息系统全覆盖，实现仓配一体化。

2. 快递云仓

快递云仓主要是指快递企业自建的云仓，建立快递云仓的主要目的是实现仓配一体化，让快递企业实现高效配送。如"百世云仓"是百世集团建设的"云仓"。百世云仓依托在全国30个中心城市建设的众多云仓，从商品订单的接收开始，到订单分拣、验货包装、发运出库，避免了对货物的重复操作，将商品与消费者之间的距离缩到最短，最大化地提升了配送的效率。

3. 第三方云仓

第三方云仓的主要代表为发网、中联网仓等。在电商快速发展的同时，电商竞争也越来越激烈，在大型电商活动背后将产生海量的需要在短时间内进行配送的快递。在这种情况下，部分快递企业常常会发生"爆仓"事件，或者货物迟迟无法发出，货物漏发、错发、破损等现象发生的频率也大幅增加，为后续工作的开展带来很大麻烦。因此，第三方云仓应运而生，其自动化、信息化和可视化的物流服务为上述问题提供了有效解决方案。第三方云仓在配送环节还相对较弱，但通过与快递企业进行无缝对接，也取得令人满意的效果。

（三）智慧云仓的实施

智慧云仓实施的关键在于预测消费者的需求分布特征，只有把握了消费者的需求分布特征，才能确定最佳仓库规模，并进行合理的库存决策，从而有效降低物流成本，获得良好的利益，达到较高的服务水平。

1. 实施条件

（1）技术的支撑。物流企业需要搭建一个能连接电商信息平台的云物流平台，当订单下达时，能够迅速汇总订单信息并传达到云物流平台，然后由各仓储中心处理客户的订单需求，经过信息的汇总再下达最终的配送指令直至抵达客户终端。

（2）专业的仓储人员。物流企业在构建云物流平台的同时，就应着手培养或者招募专业的仓储人员。一旦云物流平台搭建完成，就可安排其到岗工作，使之各尽其责。

（3）政府的大力扶持。有了政府的支持，物流企业再调动相关资源，进行推广宣传，这样就会有更多企业入驻云物流平台，极大地降低了成本，提高了资源利用率。

（4）信息反馈和监督运行机制。信息反馈和监督运行机制主要监控云物流平台的运行、对突发问题进行处理，以及进行系统的改进。

2. 实施思路

智慧云仓的理念就是在全国区域中心建立分仓，形成公共仓储平台，可以使商家就近安排取货，从而实现就近配送，将信息流和物流重新结合。这种模式的实施思路如下：

（1）建立实体分仓，实现就近配送。比如，从上海发往西安的货物，如果客户拒收，可将质量没问题的货物暂时寄存到西安的中转站，但要通知上海的企业，寄存时间可以根据实物性质而定，如果在寄存期限内另有西安的客户要购买同样的商品，就将以上退货调拨出去，可以在短时间内再次配送，减少不必要的周转。

（2）完善社会化信息系统，实现货物信息共享。电商企业把全国的区域城市通过物流信息系统串联起来，实现各种物流资源的完全共享，通过这样的公共信息平台和公共分仓，实现全社会的顺畅物流。

（3）云仓的技术处理。云仓的基本问题和一般仓库体系是一样的，主要包括仓库选址、仓库数量及规模、库存决策这些问题。首先，通过云物流平台，掌握各个需求点之间的需求流量，确定各个需求点的需求量。其次，依据这些需求点建设一定数量的配送中心，建立新的仓储配送体系。最后，根据以往的交易信息和消费者的需求分布特征，确定仓库的最佳规模，并进行合理的库存决策,从而有效地降低物流成本,获得较好的利益,达到较高的服务水平。

拓展阅读

智慧云仓未来模式

未来,智慧云仓的发展模式将面临四个维度的裂变:多层级云仓+城市云仓+社区云仓+跨境云仓,最终将形成"天下无仓"局面。未来的云仓模式如下:

(1)多层级云仓平台运营需求。任何商品进入云仓平台,不论是在国内核心城市,还是在三四线城市,都面临着多层级云仓平台运营的需求。

(2)城市云仓是渠道下沉的核心。未来强大的购物需求在三四线城市和农村市场,所以城市云仓是必然的发展趋势。

(3)社区云仓是O2O的必争之地。"最后一公里"的快速响应、动态的云仓库存支持、快速满足末端订单的需求,这是未来的商业之争。

(4)跨境云仓是跨境电商的触角。所有跨境电商都离不开云仓的支撑,如果谁能提前布局全球核心国家的跨境云仓,就能在该领域获得先机。

四、"货到人"拣选系统

(一)"货到人"拣选系统的概念和分类

1. "货到人"拣选系统的概念

"货到人"拣选系统(Goods To Person 或 Goods To Man,GTP 或 GTM),是指在物流拣选过程中,系统通过自动搬运设备或自动输送设备将货物输送到分拣人员面前,再通过人或设备完成拣选作业的拣选方式。简单来说就是在物流中心的拣选作业过程中,由自动化物流系统将货物搬运至固定站点以供拣选,即"货动,人不动",是在机器人智能仓内主要采取的一种拣选方式。

"货到人"拣选是物流配送中心一种重要的拣选方式,采用这种方式,能够大幅减少拣选作业人员的行走距离,实现高于传统"人到货"模式数倍的拣选效率,工作面积紧凑,补货简单,也可降低拣错率,降低人工作业劳动强度。"货到人"拣选的主要目的是追求效率、降低成本,形成专业性强的物流配送中心,也是现代电商物流仓储的重点技术和发展方向,如图2-10所示。

图2-10 "货到人"拣选

2. "货到人"拣选系统的分类

"货到人"拣选系统根据存储和搬运设备形态,主要分为自动存取系统(AS/RS)、料箱式自动化立体仓库（Miniload）、多层穿梭车系统（Multi-shuttle）、密集存储系统、智能搬运机器人系统等，见表2-1。

表2-1 "货到人"拣选系统的分类

设备形态	特点
自动存取系统（AS/RS）	自动化立体仓库是最传统的"货到人"拣选方式，主要以托盘存储为主，搬运设备主要以堆垛机为主，由于堆垛机的存取能力有限，该种拣选方式主要针对整件拣选，很少用于拆零拣选
料箱式自动化立体仓库（Miniload）	Miniload 是在 AS/RS 的基础上发展而来的以料箱为存储单元的自动化立体仓库，是"货到人"拆零拣选的重要存取形式，主要以货叉和载货台车的形式出现
多层穿梭车系统（Multi-shuttle）	多层穿梭车系统是在 Miniload 的基础上发展而来的，将搬运设备从堆垛机转变为穿梭车，由于穿梭车具有体积小、速度快、精度高等优势，极大地提升了系统的空间利用率和运行效率
密集存储系统	密集存储系统是集 Miniload、穿梭车、提升机等多种系统于一体的新型存储系统，可分为托盘和料箱拣选
智能搬运机器人系统	智能搬运机器人系统是由亚马逊公司提出的一种新型"货到人"拣选方式，打破原有的货架固定位置模式，提出采用智能搬运机器人配合可搬运移动货架实现"货到人"拣选的动态拣选方式，该方式下货物不受料箱尺寸限制，由于移动货架和智能搬运机器人具有通用性，拣选作业更为灵活可靠，是"货到人"拣选历史的一大革新

（二）"货到人"拣选系统的特点和基本组成

1. "货到人"拣选系统的特点

（1）提升拣选效率。单套"货到人"拣选站每小时完成 350 个订单，其效率约为人工拣选的 7 倍。

（2）提升拣选准确率。通过清晰明了的订单提示系统让作业人员更加准确地进行拣选，其拣选差错率可控制在 0.05%，常规人工拣选差错率可达到 0.5% 左右。

（3）提高存储利用率。货到人拣选系统消除人员拣选通道，货物存储可采用密集型存储方式，使仓库空间利用率得到极大提升。

（4）降低员工作业强度。减少拣选人员移动作业的同时，也减少了大量的补货搬运、容器回收等工作。

（5）存储的商品为少量多类的小件商品。

案例直击

百世云仓"货到人"拣选系统

百世云仓依靠以仓储机器人为核心的智能化手段，将传统仓库的"人找货"变为"货找人""货架找人"。当百世云仓的仓储机器人收到订单信息之后，会在智慧系统的安排下，选取最优路线驶向存放货品的货架，并将其搬运至员工配货区。配货员只需等待货架被搬至面前，即可从平板计算机提示的货位上取下所需物品，并将之送上传送带，无须走动一步。

思考与分析：百世云仓"货到人"拣选系统是如何运作的？

2. "货到人"拣选系统的基本组成

"货到人"拣选系统主要由三部分组成，即存储系统、输送系统和拣选工作站。

（1）存储系统。在智慧仓储中，存储系统以自动化立体仓库和穿梭车密集型仓储系统为主。

（2）输送系统。"货到人"拣选系统的关键技术之一是如何解决快速存储与快速输送之间的匹配问题。在智能拣选系统中，输送系统以 AGV 拣选机器人和可移动式货架为主。

（3）拣选工作站。拣选工作站主要包括进货装置、提示装置和周转装置三个部分。

> **小贴士**
>
> "货到人"系统与"人到货"系统的区别见表 2-2。

表 2-2 "货到人"系统与"人到货"系统的区别

区别点	"货到人"系统	"人到货"系统
任务操作	AGV（自动导引车）	人工
拣货工具	移动料箱、拣选站	手推车、移动料箱
货架特点	可移动性、货架较矮	货架不可移动、有高层货架
拣货方式	货架移动	人员移动
作业时间	24h 连续作业	因人工疲倦间断作业
商品存储方式	动态存储	固定储位存储
访问货架方式	依靠系统定位	凭借人工经验
作业精准程度	出错率低、精准度高	易出现人工作业误差

（三）"货到人"智慧拣选系统的工作原理

"货到人"作业模式替代传统仓库"人找货"的作业模式，由仓储机器人或多层穿梭车根据订单任务将需要拣选的货品或货架主动搬运到工作站，拣货人员在工作站完成拣货，机器人或多层穿梭车再将货品或货架搬回库存区。"货到人"拣选系统的作业流程如图 2-11 所示。

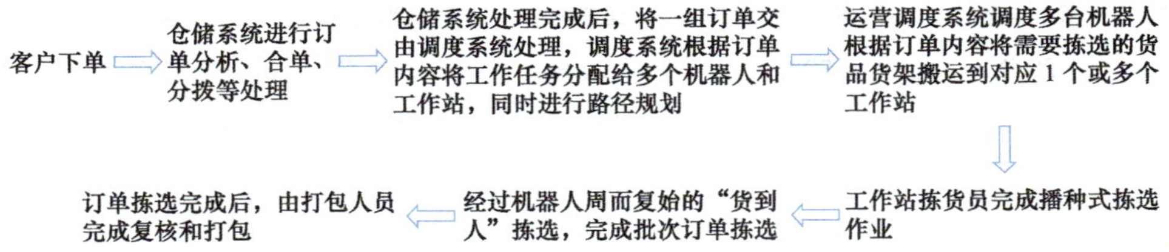

客户下单 → 仓储系统进行订单分析、合单、分拨等处理 → 仓储系统处理完成后，将一组订单交由调度系统处理，调度系统根据订单内容将工作任务分配给多个机器人和工作站，同时进行路径规划 → 运营调度系统调度多台机器人根据订单内容将需要拣选的货品货架搬运到对应 1 个或多个工作站 ⇩

订单拣选完成后，由打包人员完成复核和打包 ← 经过机器人周而复始的"货到人"拣选，完成批次订单拣选 ← 工作站拣货员完成播种式拣选作业

图 2-11 "货到人"拣选系统的作业流程

● 任务发布

智慧仓储装备选择

某仓配物流公司主要以仓储业务为主，公司主要存储一些如冰箱、洗衣机、空调等大型家电，请为该公司撰写智慧仓储装备选择方案并进行 PPT 展示。

● 任务实施

（一）实施方式

1. 学生 5～6 人自主组成一个小组，根据任务发布内容，进行智慧仓储装备选择分析。
2. 参考实施步骤的提示，完成智慧仓储装备选择方案。

（二）实施内容及操作步骤

步骤1：掌握自动化立体仓库的类型和构成。
步骤2：掌握无人仓的实现形式和运行原理。
步骤3：掌握智慧云仓的内涵和实施应用。
步骤4：掌握"货到人"智慧拣选系统的工作原理。
步骤5：形成智慧仓储装备选择方案。

（三）实施成果及形式

1. 总结报告：每组提交一份智慧仓储装备选择方案。
2. 小组展示：利用PPT现场讲解智慧仓储装备选择方案。

任务评价

任务评价表

被考评人			考评任务	智慧仓储装备认知		
考评步骤	考评内容及分值		自我评价（30%）	小组评议（40%）	教师评价（30%）	合计得分（100%）
步骤1	掌握自动化立体仓库的类型和构成	20分				
步骤2	掌握无人仓的实现形式和运行原理	15分				
步骤3	掌握智慧云仓的内涵和实施应用	15分				
步骤4	掌握"货到人"智慧拣选系统的工作原理	15分				
步骤5	形成智慧仓储装备选择方案	35分				
综合评定						
考评标准	资料准备	知识掌握	语言表达	团队合作	沟通能力	合计得分
分值	20分	30分	20分	15分	15分	
注：任务总评得分 = 考评步骤70% + 综合评定30%				任务总评得分		

任务二　智慧配送装备认知

任务引例

京东无人智慧配送站投入使用，无人物流时代到来？

京东自主研发的全球首个无人智慧配送站，可以实现真正的全程无人配送中转。该配送站运行时，无人机将货物送到无人智慧配送站顶部，并自动卸下货物。货物将在内部实现自动中转分发，从入库、包装，到分拣、装车，全程均由机器人操作，最后再由配送机器人完成配送。"末端无人机、无人车"是解决城乡"最后一公里"配送难题的重要手段，无人智慧配送站则成为两者互相连接，实现全程无人配送的中转站，是解决末端配送无人化的重要一环。

思考：京东无人配送站如何解决末端配送无人化问题？

知识准备

所谓智慧配送装备，是应用于物流配送过程中，具备环境复杂环境感知、智能决策、协同控制等功能，能够实现自动化、智能化、无人化运行的物流装备。智慧配送装备主要有以下特征：一是无人化运行。智慧配送装备能够实现无人驾驶，自动将货物送达用户。二是智能感知与决策。物流配送面对的是末端复杂的开放式环境，如城市主干道、小区内部道路、空中或地下环境等，情况复杂、干扰较多，要求智慧配送装备能够具备高度的智能感知与决策系统，能够根据环境实际情况进行快速灵活的自我调整。三是强调人机交互，智慧配送装备直接面向末端用户进行送货，应能够和用户进行良好沟通和信息交互，因此需要具备功能完善、界面友好的人机交互能力。

一、无人配送车

（一）无人配送车的概念与特征

1. 无人配送车的概念

无人配送车又称为配送机器人，是指基于移动平台技术、全球定位系统、智能感知、智能语音、网络通信技术和智能算法等技术支撑，具备感知、定位、移动、交互能力，能够根据用户需求，收取、运送和投递物品，完成配送活动的机器人，如图2-12所示。

a）京东无人配送车

b）美团无人配送车

图 2-12 无人配送车

2. 无人配送车的优势

（1）提高配送效率。无人配送车可以实现全天候、全时段运行投递，弥补快递员不足带来的实际问题，提高配送效率。特别是针对零星小批量订单更具效率，能够把配送员解放出来，让他们更多地去订单量大的区域。

（2）实现无接触配送。通过无人化配送，减少人与人的接触，特别适用于特殊危险环境以及特殊情况下（如疫情）的货物配送。

（3）提升用户体验。无人配送车的出现，与用户的沟通交流更具智能化，能够更好地满足用户的需求；同时在一定程度上也能满足部分用户"求鲜"的心理，优化部分用户体验。

3. 无人配送车的运行场景特征

（1）面临复杂开放性场景。无人配送车是智慧物流体系生态链的终端，面对的配送场景是一种非常复杂的非封闭式场景，主要应对各类订单配送的现场环境，如路面、行人、其他交通工具以及用户的各种情况。想要进行及时有效的决策并迅速执行，这需要无人配送车具备高度的智能化和自主学习能力。这些已经具备人工智能的无人配送车，具有自主规划路线、规避障碍的能力，可以自如地穿梭在道路上。

（2）具有"小、轻、慢、物"的特点。无人配送车具有"小、轻、慢、物"的特点，因此对无人驾驶技术的可靠性要求相对较低，使得无人配送车可以更早落地，并帮助研发人员进行无人驾驶技术的测试和迭代。

> **案例直击**
>
> **杭州：无人配送车上路 实现无人车商业运营零的突破**
>
> 《杭州市智能网联车辆测试与应用先行试点区域》公布，钱塘区列入全域开放试点。当地部分街道已运行无人驾驶物流配送车（以下简称"无人配送车"），标志着无人车商业运营在杭州实现零的突破。
>
> 快递员扫码、开门，将一件件包裹装进无人配送车内，通过软件设定配送路线后，无人配送车即可自动前往指定站点。"这款无人配送车的运载空间为 $3m^3$，满载质量为 1 000kg，满电续航里程可达200km。"无人车生产商相关负责人介绍。其表示，在日常配送中，车辆安装的多个激光雷达、摄像头等能 360° "无死角"感知环境，并清晰识别红绿灯、车道线以及障碍物，从而在社区、校园、公园等复杂交通环境中自如行动。
>
> 思考与分析：无人配送车在末端物流配送中的作用是什么？

（二）无人配送车的能力要求与工作流程

1. 能力要求

（1）定位和移动能力。即指将物品准确地从一个点运送到另一个点的定位和移动能力。作为短途自主配送的无人车，路线规划是一项必备技能。除了由操作人员预先设定的简单方式之外，现在越来越多的机器人可以参照精准的卫星定位和地图测算，根据行驶过程中景物的变化，实时智能改变既定路线。

（2）人机交互能力。无人配送车面对的是终端用户，因此需要强大的与人交互能力。在投递和收取物品时，它需要与人产生交互动作，如人机和语音的交互。收货人通过 App、手机短信等方式收到货物送达的消息，在手机短信中直接点击链接或者在无人配送车身上输入提货码，即可打开配送机器人的货仓，取走包裹；同时无人配送车也可以支持刷脸取货以及语音交互，让用户能够感受到科技在智能物流中的应用。

（3）智能感知和避让能力。在运输过程中，为避免与人、车、障碍物等发生碰撞，需要实时探测距离，识别周围环境，并及时调整行程中的路线，以便尽快将物品送达。由于无人配送车需要在无人化的情况下实现短途配送，因此这类机器人都必须具备智能感知和避让的能力。通常可以通过摄像头、距离传感器甚至雷达等模块，收集外界环境的信息，通过内置的智能算法对这些信息进行建模和加工，形成一个对外部世界的抽象理解，构建地图，并根据自身的运行轨迹进行实时规划和避让。

（4）信息同步能力。能够将配送的所有信息同步至其控制终端，便于人员追踪其配送记录等。安全信息的实时同步也是非常重要的，无人配送车还应具备实时报警功能。因为无人配送车是在无人配送的情况下配送货物，所以一定要有智能配送货物的功能，以防乱拿、错拿。在发生货物被盗、自身故障的情况下，要能实时地发出报警信号。例如，京东的无人配送车就可以通过总控台的实时监控和位置查询保证安全。

2. 工作流程

（1）接单。配送站接收到来自附近消费者的订单，配送系统会自动跟消费者沟通确认交货时间及交货地点，形成配送单信息，工作人员会迅速根据配送单信息完成取货，并交给无人配送车。

（2）送货。无人配送车通过物联网技术已经同步更新配送信息，包括地址与运送路线。装好货物后的无人配送车便出发送货，它会通过头顶安装的摄像头和激光雷达避让障碍物，识别场景信息，构建三维地图。

（3）自主定位。基于三维地图，结合 GPS 导航的信息，无人配送车可以利用搭载人工智能芯片的"大脑"自主分析出自己目前所在的位置以及目的地方位。

（4）自主规划路径及避障。无人配送车借助激光雷达和视觉实时识别技术，规避周围的行人、车辆和障碍物，从而规划出最优运行路径。同时，它会发出语音提醒过往的行人和车辆，并自行避让、加减速。如发生故障可在第一时间联系工作人员处理。

（5）货物送达。抵达消费者地点后，无人配送车会通过短信将含有商品取件码的链接发送给消费者，消费者通过取件码即可打开无人配送车的车身取出货物。

二、配送无人机

（一）配送无人机的概念与特征

1. 配送无人机的概念

配送无人机，即利用无线电遥控设备和自备的程序控制装置操纵的无人驾驶的低空飞行器，用于运载并自动送达各类物品（如快递包裹、外卖餐点等）至指定目的地。这一技术通过集成 GPS 定位、自控导航、无线信号通信等多种先进技术，实现了高效、快捷、灵活的配送服务。

2. 配送无人机的特征

（1）方便高效、超越时空。相比于地面运输，无人机具有方便高效、节约土地资源和基础设施的优点。在一些交通瘫痪路段、城市的拥堵区域，以及一些偏远地区，地面交通无法畅行，导致物品或包裹的投递比正常情况下耗时更长或成本更高。在这些环境和条件下，只有无人机运输方式才能实现"可达性"，这是其他方式所无法替代的，并且物流无人机可通过合理利用闲置的低空资源，有效减轻地面交通的负担，节约资源和建设成本。

（2）成本低、调度灵活。相比于一般的航空运输和直升机运输，无人机运输具有成本低、调度灵活等优势，并能弥补传统的航空运力空白。随着航空货运需求量逐年攀升，持证飞行员的数量和配套资源以及飞行员和机组成员的人工成本等成为其发展的制约因素；而无人机货运的成本相对低廉，且无人驾驶的特点能使机场在建设和营运管理方面实现全要素的集约化发展。

（3）节约人力。物流人力短缺问题一直存在，特别是每逢节假日和物流高峰期，人工短缺和服务水平降低的问题往往更为突出。无人机号称"会飞的机器人"，在盘点、运输和配送等物流环节加以合理的开发利用，并辅以周密部署和科学管理，能衔接配合好其他作业方式，节约人工，通过协助人力发挥"人机协同"效应，能产生最佳效益。

（4）产能协同和运力优化。在科学规划的基础上，综合利用互联网 + 无人机、机器人等技术和方式，能实现产能协同和运力优化。为了处理一些快速交货和连续补货的订单，亚马逊、沃尔玛等企业在建设先进的信息系统、智能仓储系统以及优化业务流程的基础上，还规划了智能、高效的无人机城市配送中心（例如亚马逊公司的无人机塔）以及"无人机航母"（空中配送基地）等。作为新技术的应用，无人机送货是对传统方式的有益补充，传统的公路运输、铁路运输、航空运输、管道运输、水运和多式联运，加上无人机的末端配送和支线运输，必将使现代物流的服务能力再上新台阶，其整体的效率、成本和运力也将得到优化和重构。

（二）配送无人机的系统构成

无人机主要由飞控系统、导航系统、动力系统、通信链路系统等部分构成。

1. 飞控系统

飞控系统是无人机完成起飞、空中飞行、执行任务等整个飞行过程的核心系统，相当于飞行器的"大脑"，要求具有高稳定性、精确性。飞控系统一般包括传感器、机载计算机和伺服传动设备三大部分，主要实现无人机姿态稳定和控制、无人机任务设备管理和应急控制三大功能。

2. 导航系统

导航系统为无人机提供参考坐标系的位置、速度、飞行姿态等信息，引导无人机按照指定航线飞行，相当于无人机的"眼睛"。无人机机载导航系统主要分 GPS 和惯性制导两种，但分别有易受干扰和误差积累增大的缺点。未来无人机的发展要求障碍回避、物资或武器投放、自动进场着陆等功能，需要高精度、高可靠性、高抗干扰性能，因此多种导航技术结合的"惯性制造 + 多传感器 +GPS+ 光电导航系统"将是未来发展的方向。

3. 动力系统

无人机目前广泛采用的动力装置为活塞式发动机，但活塞式只适用于低速、低空小型无人机。低空无人直升机一般使用涡轴发动机，高空长航时的大型无人机一般使用涡桨发动机，微型无人机（多旋翼）一般使用电池驱动的电动机。太阳能、氢能等新能源电动机也有望为小型无人机提供更持久的续航能力。

4. 通信链路系统

通信链路系统负责完成对无人机遥控、遥测、跟踪定位和传感器传输工作，上行数据链实现对无人机遥控，下行数据链执行遥测、数据传输功能。普通无人机大多采用定制视距数据链，而中高空、长航时，无人机则都会采用视距和超视距卫通数据链。

配送无人机的工作过程如下：①装载货物：工作人员将待配送的物品放入无人机上特定的装载区域，并确保其稳固安全。②设定目的地：通过遥控器或专用 App 设定无人机的飞行目的地和航线。③起飞与飞行：无人机按照预设的航线自动起飞并飞行至目的地。在飞行过程中，无人机会实时向调度中心发送地理位置和状态信息，以确保飞行安全。④精准降落与卸载：当无人机到达目的地后，会采用 GPS 自控导航或人工控制模式精准降落。随后，无人机上的货物将被卸载并送至最终收货人手中。

（三）无人机在物流配送中的应用

（1）大载重、中远距离干线支线无人机运输。送货的直线距离一般在 100～1 000km，吨级载重,续航时间达数小时。这方面的应用主要有:跨地区的货运(采取固定航线、固定班次,标准化运营管理)、边防哨所、海岛等地的物资运输,以及物流中心之间的货运分拨等。

(2)末端无人机配送。一般应用于空中直线距离在10km以内(对应地面路程可能达到20~30km,受具体地形地貌的影响),载重在5~20kg,单程飞行时间在15~20min(受天气等因素影响)的范围内,如派送急救物资和医疗用品、派送果蔬等农土特产物品等业务。

(3)无人机仓储管理。例如大型高架仓库,高架储区的检视和货物盘点,集装箱堆场、散货堆场(如煤堆场、矿石堆场和垃圾堆场)等货栈堆场的物资盘点或检查巡视等,如图2-13所示。

(4)配送车(无人车)+无人机。配送车在离开仓库之后,只需行走在主干道上即可,然后在每个小路口停车,并派出无人机进行配送,完成配送之后无人机会自动返回配送车再执行下一个任务,如图2-14所示。

(5)配送站(快递柜)+无人机。终端自助快递柜在收到用户放入的快件后向调度中心发送收件请求,调度系统自动派出合适的无人机,并向无人机发送相关任务指令以及目的地坐标,无人机收到任务指令后飞往目的地,终端自助快递柜将实时引导无人机着陆并进行自动装卸快件,快件在送达目的快递柜之后,终端自助快递柜智能系统将向用户发送领件信息。

图2-13 无人机仓储管理

图2-14 配送车(无人车)+无人机

(6)无人机+配送员。无人机集中将货物送达指定地点,由配送员再进行配送至客户。

(7)无人机+无人车。距离较远时,无人机将货物送达客户区域,由该区域的无人车驳接,配送至客户手中。

(8)子母型无人机。该模式将多旋翼式无人机作为子机,直接运载货物,而将固定翼无人机作为母机,能够装载和释放多架子机,以此实现无人机物流中多点对单点和单点对多点的结合。

三、智能快递柜

(一)智能快递柜的概念与特征

1. 智能快递柜的概念

在整个物流产业链当中,配送位于末端服务的环节,同时也是最为关键的直接面对顾客的环节,特别是在配送产品的"最后一公里",这一公里是由顾客一同参与的,顾客能直观地感受到物流配送。如果这"最后一公里"由快递员送货上门完成,势必导致成本高、顾客不方便接收等一系列问题。为解决"最后一公里"存在的种种问题,智能快递柜应运而生。快递柜在方便了顾客提取快递,大大节约成本的同时,也节省了时间,提高了货物寄存的安全性、智能性,实现了物流配送人性化作业管理。

智能快递柜，又称自助提货柜、智能提货柜、智能快递存储柜、智能快递箱等，是指在公共场合（如小区、学校），可以通过二维码或者数字密码完成投递和提取快件的自助服务设备。当前丰巢、速递易、菜鸟等不断加大终端快递柜建设投入，智能快递柜逐渐应用于小区、学校、办公楼，成为一种重要的末端配送装备。

2. 智能快递柜的特征

（1）智能化集中存取。智能快递柜是一个基于物联网的，能够将快件进行识别、暂存、监控和管理的设备，快递柜与服务器一起构成智能快递终端系统，由服务器对系统的各个快递柜进行统一管理，并对快件的入箱、存储以及领取等信息进行综合分析处理。

（2）24h自助式服务。当收件人不在时，派送员可以将快件放在附近的快递柜中，等收件人有空时再去取回。

（3）远程监控和信息发布。通过自主终端，结合动态短信，凭取件码取件，以及微信公众号提醒收件人取件，还有自动通知快递公司批量处理快件的智能化新模式，可以改善快递的投送效率及用户的存取体验。

3. 智能快递柜的应用意义

首先，智能快递柜可以降低人力成本，减轻快递员工作负荷。快递员工作任务一般都比较繁重，加班派送是常态，快递员数量与不断激增的快递量相比明显不足，而智能快递柜可以增加派件数量，提高快递员工作效率，在一定程度上缓解了用人难题。

其次，智能快递柜提高了用户隐私保护力度，取件时间更随意。送货上门固然可以方便收件人，但也存在一些时间上的不方便和安全隐患，智能快递柜则解决了这些问题，是高效安全的投递方式。智能快递柜的推行使用，使得快递行业的配送业务明显改进，彻底解决无人在家、重复投递、收件难等问题，方便消费者和派送员，同时又规避了代收快递的风险，一举解决了困扰物流行业多年的快递投递及代收难题。

（二）智能快递柜的结构和功能

1. 智能快递柜的结构

快递柜有不同的规格，以丰巢快递柜为例，从柜体来看，通常分为标准柜和拓展柜。标准柜由1个主柜和4个副柜（共84格）组成，拓展柜则是两侧副柜可以进行拓展、增加，或者根据实际需求进行缩减。一个快递柜组通常由不同规格的格口组成，不同的快递柜公司制造的快递柜格口尺寸会有不同，大部分有大、中、小三种尺寸的规格。智能快递柜的真正的核心技术是其内部的组件，由主控机、锁控板、电源适配器、散热风扇以及监控系统等组成，每一个副柜要应用到一张锁控板。

2. 智能快递柜的功能

智能快递柜主要的功能有寄件、取件、暂存、广告、监控、照明等。

（1）寄件功能。寄件是快递柜最基本的功能，主要是方便个人用户。传统的寄快递模式是用户要找到快递员才能寄快递，可供用户选择的快递公司少，价格不能进行比较，而且相对麻烦。有了智能快递柜之后，用户只需要选择好理想的快递公司，根据格口大小，再把应寄的物品放进快递柜，扫二维码支付快递费用就可以了，相应快递公司的快递员在投递快件的时候，看到有物品要寄出，就会顺便揽收快件，整个流程简单方便。

（2）取件功能。取件是快递柜设计的初衷，将快件放进快递柜，一是节省时间，也就是说一天之内快递员能投递更多的快递，提升了配送效率；二是方便了消费者，例如上班族、学生等没有办法守在家里等快递，有了智能快递柜之后，他们的取件灵活度就大大提高了，从另一方面看，这也是一种促进消费的行为。

（3）暂存功能。除了寄件和取件的功能以外，快递柜还有暂存的功能，企业用户可以完成物品的多次存和取，轻松实现物品交换、库存管理。如玩具租用、家电租用、洗衣、租书等。个人用户也可以使用，用于暂存物品，只要填写好存件人、取件人的信息，选择所需的格口、取件时间等就可以了，这样的功能类似于储物柜。

（4）广告功能。智能快递柜的主柜屏幕在没有人取件或寄件时会播放广告，也就是说有人走近快递柜或者在准备使用快递柜之前，映入眼帘的就是广告，同时副柜上可以贴上广告贴纸等，有一种非常直观的宣传效果。广告既属于智能快递柜的一项功能，又是其利润来源之一。

（5）监控、照明功能。每一个智能快递柜的上方都会有一个监控器，可以实时记录寄件、取件的时间，这为货物遗失等问题提供了有效的证据。为了方便用户晚上操作，在夜间当用户就近使用快递柜时，快递柜自用灯会自动亮起，当用户走了之后会自动熄灯，这样的感应系统既可以方便用户，又不会浪费电力资源。

（三）智能快递柜的未来发展——无人配送站

智能快递柜结合无人车、无人机，实现整个快递配送过程的无人化运营，是当前的一个重要发展方向。丰巢、菜鸟、京东等均提出了无人配送站的发展规划和设计方案。

1. 丰巢：新八面智能快递柜

直径约 2.5m，高 4.2m，采用面体立体视觉设计，内部采取智能存储技术，可容纳超 600 个快件；配备人脸识别功能，轻松"刷刷脸"就能取件；最大亮点在于可上乘无人机、下接无人车开展 7×24h 高效作业，做到人、柜、机、车＋用户协同，如图 2-15 所示。

图 2-15 丰巢：新八面智能快递柜

2. 菜鸟："快递擎天柱"菜鸟快递塔

高度超过 5m，可以存储 600～800 件包裹；配备自动传动系统，通过对接无人机、无人车，将实现 24h 全天候无人传送投递；菜鸟快递塔还能面向所有最后 100m 服务开放，不仅可以作为存储及提货点，方便收取，还能进行新零售探索，满足即时仓储和配送需求，如图 2-16 所示。

3. 京东：无人配送站

提供全时段寄件服务、可扫码开箱和自动称重，终端可存储至少 28 个货箱，1 个发货箱能存放 1 辆终端无人车并为其充电。它可以实现真正的全程无人配送中转。该配送站运行时，无人机将货物送到无人智慧配送站顶部，并自动卸下货物。货物格在内部实现自动中转分发，从入库、包装，到分拣、装车，全程 100% 由机器人操作，最后再由配送机器人完成配送，如图 2-17 所示。

图 2-16 "快递擎天柱"菜鸟快递塔

图 2-17 京东：无人配送站

四、地下智慧物流管网

（一）地下智慧物流管网的概念与特征

1. 地下智慧物流管网的概念

地下智慧物流管网是通过使用自动导引车、两用货车或胶囊小车等运载工具或其他介质，以单独或编组的方式在地下隧道或管道等封闭空间中全自动化地运输货物，最终将货物配送到各终端的运输和供应系统。

在城市，地下物流系统与物流配送中心和大型零售企业结合在一起，实现网络相互衔接，客户在网上下订单以后，物流中心接到订单，迅速在物流中心进行高速分拣，通过地下管道物流智能运输系统和分拣配送系统进行运输或配送，也可以与城市商超结合，建立商超地下物流配送系统。

地下物流系统末端配送可以与居民小区建筑运输管道相连，最终发展成一个连接城市各居民楼或生活小区的地下管道物流运输网络，并达到高度智能化。当这一地下物流系统建成后，人们购买任何商品都只需点一下鼠标，所购商品就会像自来水一样通过地下管道很快地"流入"家中。

> **案例直击**
>
> **京东地下物流系统**
>
> 京东将在未来建立起地下智能轨道交通网。京东的地下物流运转流畅，快递被装进一个个连接 5G 网络的智能胶囊盒子，然后通过地下管道从仓库运到中转站，再从中转站运到每座写字楼下面的快递点，最后交由 AI 机器人送达。
>
> **思考与分析：京东地下物流系统是如何运转的？**

2. 地下智慧物流管网的特征

（1）与客运节点的物流隔离。地下智慧物流管网系统与客流系统分离，实现人货分流，能够最大限度保障交通安全。

（2）对地下空间的高度利用。充分利用地下交通资源，减少对地面有限交通资源的占用。

（3）货物运输的全自动化。货物运输过程采用自动化输送设备，实现了无人化运行，能够 24h 流转，极大提高运送效率。

（二）地下智慧物流管网进行物流配送的优势

地下物流系统是一种新兴的运输和供应系统，是现代物流创新发展的新技术，是一种具有革新意义的物流配送模式。在城市道路日益拥挤，拥堵越来越严重的情况下，地下物流系统具有巨大优越性。地下物流系统不仅具有速度快、准确性高等优势，而且是解决城市交通拥堵、减少环境污染、提高城市货物运输的通达性和质量的重要有效途径，符合资源节约型社会的发展要求，是城市可持续发展的必要选择。其优势主要体现在以下3个方面。

（1）城市土地资源利用结构方面：降低公共道路等设施的土地占用，缓解城市交通拥堵等问题。

（2）货运效率方面：降低城市货物运输成本，提高服务质量，同时可以避免恶劣气象灾害条件引发的交通拥堵和物流损坏等问题，从而实现安全可靠、经济高效。

（3）社会资源和城市环境方面：运载工具采用清洁能源，可以降低货物运输过程中的能源消耗和环境污染，同时还可以减小由各种货运车辆的震动造成的道路沿线交通噪声危害。

拓展阅读

地下智慧物流管网系统的关键技术

（1）地下通道运输：针对地下通道运输状况，水平运输中超宽带双向测距定位是核心关键技术。

（2）自动化搬运设备：在自动化搬运设备中，核心是垂直装卸设备，通过视觉识别来检测货物单元。

（3）管理控制系统：实现地下物流系统的信息和控制整合，需要统一的生产管理系统。

（三）地下智慧物流管网的模式及系统构成

1. 地下智慧物流管网模式

目前地下智慧物流管网系统的发展模式大致可以归纳为基于地铁等隧道、管道舱体和车辆三种地下物流系统发展模式。

（1）基于地铁等隧道。依托地铁等隧道的轨道交通系统进行物流运输和分配，其主要采用客货同列、按厢分载的运作方式，将地铁一物两用，充分节约资源和成本。

例如"城铁系统+地铁站自提柜"模式，通过智慧分拣将批量货物配送到城市各地铁站，再简单分拣放入地铁包裹自提货柜，客户下班坐地铁到站后提货回家，这种模式比较容易实现。

（2）基于管道舱体。根据运输载体的不同可将货物的运输管道分为气力运输、浆体运输和舱体运输管道。不同的运输载体分别可适用于不同条件下的货物运输。

（3）基于车辆。一般以电池作为能源和动力进行驱动，并且具有自动导航功能的特殊车辆完成地下货物运输，如两用货车和自动导向车等，基于车辆形式的物流发展模式是目前地下物流领域研究的热点，具有较好的发展前景。

从目前城市运输和供应系统的发展情况来看，实现自动导航是地下物流运输的主要趋势。地铁地下物流系统概念模型为开放式嵌入系统，依托地铁网络完成运输的运作过程中易受到客运的干扰和限制；舱体地下物流系统概念模型需要驱动车辆或者外加驱动力才能运行，运行过程占用整个通道段，很难适应小批量、多批次的城市配送需求，另外管道的到达性差，还需要通过地面短驳完成最终配送。相对来说，车辆地下物流系统发展模式更加适应城市物流配送的固有特性和绿色高效的发展趋势，其中车辆的设计又是关键。

对于以上三种不同的物流发展模式，其不同的运输特性和适应性决定了其不同的应用范围，在进行设计和建设的时候，应该综合考虑城市自身的发展特点进行选择。

2. 地下智慧物流管网系统构成

总体来看，地下智慧物流管网系统是一种"地下干线运输＋综合管廊＋配送塔"的物流体系：物品经过地下运输系统运输分拣中心分拣，再经过地下管廊自动配送到商业设施地下仓储中心，或地上与地下结合的社区智能配送塔，客户凭密码或手机在小区配送塔自提包裹，如图2-18所示。

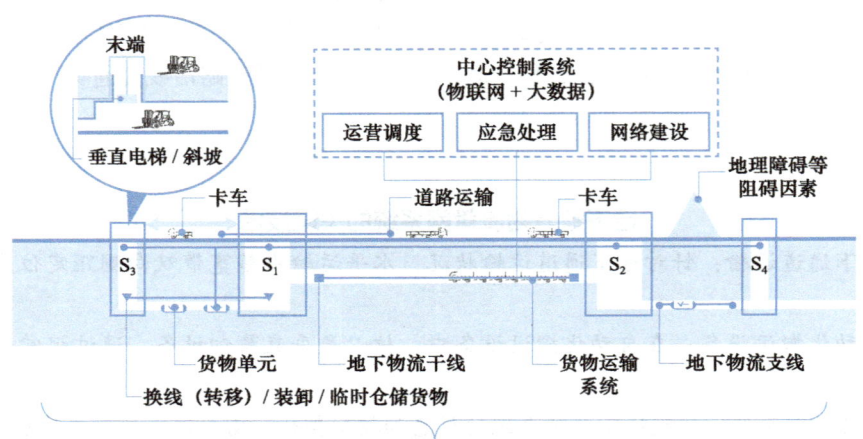

图2-18 地下智慧物流管网系统示意图

整个运作过程可分为三个步骤。步骤一：结合轨道交通完成从港口、火车站、高铁站、空港城到各城区的主干道输送。步骤二：结合综合管廊增加物流输送功能，一次开挖，共享复用，完成从社区集散点经次干道至各小区各建筑物的输送。步骤三：与园区、小区地产结合，通过楼宇自动化系统、配送塔完成到户到家的终极目标。以上三个步骤的工作，也可以反向运行。

地下智慧物流管网系统从具体构成上看，主要包括以下四个方面内容：①运输工具。自动化的货物运输系统的运输工具主要是AGV、类火车系统。②地下设施。运输设备在专用的设施中运行，如隧道、轨道、管道、专用集卡通道等。③物流节点。用于进行货物接收、分拣、发运、存取的终端和物流中心等节点（S_1-S_4），来服务不同的地区和客户。④中心控制系统。用于实现车辆的调度、应急处理和网络的发展建设等运营管理问题。

案例直击

雄安地下物流配送系统

雄安新区致力于构建智能融合的城市空间物流配送新体系，建立地下物流中心、地下管道输送、地上智能末端站点和智能社区配送于一体的立体化配送网络。针对地下物流的具体解决方案是：利用地下管廊与楼宇自动连接，实现货物全流程自动化流转，自提柜按户设定，方便客户取件。

思考与分析：雄安地下物流配送系统是如何构建的？

任务发布

智慧配送装备发展调研

根据本任务所讲述的内容，根据地方智慧配送中心特色，实地或网络调查智慧配送设施设备，概括其智慧配送装备的主要类型、构成及应用，形成调研分析报告并进行PPT展示。

任务实施

（一）实施方式

1. 学生5～6人自主组成一个小组，根据任务发布内容，进行智慧配送装备调研分析。
2. 参考实施步骤的提示，完成智慧配送装备发展调研报告。

（二）实施内容及操作步骤

步骤1：掌握无人配送车的能力要求与工作流程。
步骤2：熟悉无人机在物流配送中的应用。
步骤3：熟悉智能快递柜的结构和功能。
步骤4：掌握地下智慧物流管网的模式及系统构成。
步骤5：形成智慧配送装备发展调研报告。

（三）实施成果及形式

1. 总结报告：每组提交一份智慧配送装备发展调研报告。
2. 小组展示：利用PPT现场讲解智慧配送装备发展调研报告。

任务评价

任务评价表

被考评人			考评任务	智慧配送装备认知		
考评步骤	考评内容及分值		自我评价（30%）	小组评议（40%）	教师评价（30%）	合计得分（100%）
步骤1	掌握无人配送车的能力要求与工作流程	20分				
步骤2	熟悉无人机在物流配送中的应用	10分				
步骤3	熟悉智能快递柜的结构和功能	10分				
步骤4	掌握地下智慧物流管网的模式及系统构成	15分				
步骤5	形成智慧配送装备发展调研报告	45分				
综合评定						
考评标准	资料准备	知识掌握	语言表达	团队合作	沟通能力	合计得分
分值	20分	30分	20分	15分	15分	
注：任务总评得分 = 考评步骤70% + 综合评定30%				任务总评得分		

德技并修

[主题] 科技应用　绿色高效　开放共赢　协作创新

国家政策大力支持智能物流装备行业的发展

时间	发布单位	文件名称	主要内容
2015年10月	国务院	《国务院关于促进快递业发展的若干意见》	支持骨干企业建设工程技术中心，开展智能终端、自动分拣、机械化装卸、冷链快递等技术装备的研发应用
2016年7月	国家发展改革委	《"互联网+"高效物流实施意见》	构建物流信息互联共享体系，提升仓储配送智能化水平，发展高效便捷物流新模式，营造开放共赢的物流发展环境
2017年2月	国家邮政局	《快递业发展"十三五"规划》	加强移动互联网、物联网、大数据、云计算、虚拟现实、人工智能等现代信息技术在企业管理、市场服务和行业监管中的应用
2017年10月	国务院办公厅	《关于积极推进供应链创新与应用的指导意见》	加快人机智能交互、工业机器人、智能工厂、智慧物流等技术和装备的应用，提高敏捷制造能力
2017年12月	工业和信息化部	《促进新一代人工智能产业发展三年行动计划（2018—2020年）》	提升高速分拣机、多层穿梭车、高密度存储穿梭板等物流装备的智能化水平，实现精准、柔性、高效的物料配送和无人化智能仓储
2018年1月	国务院办公厅	《关于推进电子商务与快递物流协同发展的意见》	加强大数据、云计算、机器人等现代信息技术和装备在电子商务与快递物流领域应用，提高科技应用水平
2018年12月	国家发展改革委、交通运输部	《国家物流枢纽布局和建设规划》	顺应现代物流业发展新趋势，加强现代信息技术和智能化、绿色化装备应用，推进货物运输结构调整，提高资源配置效率，降低能耗和排放水平，打造绿色智慧型国家物流枢纽
2019年2月	国家发展改革委等	《关于推动物流高质量发展促进形成强大国内市场的意见》	鼓励物流和供应链企业在依法合规的前提下开发面向加工制造企业的物流大数据、云计算产品，提高数据服务能力，协助制造企业及时感知市场变化，增强制造企业对市场需求的捕捉能力、响应能力和敏捷调整能力
2019年9月	中共中央 国务院	《交通强国建设纲要》	明确"交通装备先进适用、完备可控"的建设目标，提出要"广泛应用智能高铁、智能道路、智能航运、自动化码头、数字管网、智能仓储和分拣系统等新型装备设施，开发新一代智能交通管理系统"
2020年2月	国家邮政局	《邮政强国建设行动纲要》	提出要"加快产业数字化转型，拓展人工智能、区块链等重点技术应用范围"
2021年12月	工业和信息化部、国家发展改革委等	《"十四五"智能制造发展规划》	大力发展智能制造装备。针对感知、控制、决策、执行等环节的短板弱项，加强产学研联合创新突破一批"卡脖子"基础零部件和装置。发展建设智能多层多向穿梭车、智能大型立体仓库等智能物流装备
2022年5月	商务部等	《全国供应链创新与应用示范创建工作规范》	完善绿色采购机制，促进供应商绿色转型；积极发展产品全生命周期绿色制造；提高物流标准化、自动化、智能化建设水平，完善绿色物流体系；推广应用绿色包装，提高绿色商品销售比例
2022年12月	商务部等	《关于支持国家级经济技术开发区创新提升更好发挥示范作用若干措施的通知》	在产业链中运用智能采购、智能物流、供应链集成等技术，推动整体产业链融合和智能发展，对于国家级经开区智能制造优秀企业，优先支持其申报智能制造标准应用试点、高新技术产业标准化试点示范
2024年3月	国务院	《推动大规模设备更新和消费品以旧换新行动方案》	实施设备更新、消费品以旧换新、回收循环利用、标准提升四大行动，大力促进先进设备生产应用

同步练习

一、单项选择题

1. 地下智慧物流管网系统是一种（　　）的物流体系。
   A. 地下干线运输＋智慧网络系统　　　B. 干道输送＋园区
   C. 地下干线运输＋综合管廊＋配送塔　D. 地下干线运输＋社区智能配送塔
2. 智能快递柜最基本的功能是（　　）。
   A. 寄件　　　B. 取件　　　C. 暂存　　　D. 广告
3. 以下选项中，适合派送急救物资和医疗用品以及果蔬等农土特产物品的是（　　）。
   A. 干线支线无人机运输　　　B. 末端无人机配送
   C. 无人机＋配送车　　　　　D. 子母型无人机
4. 无人机系统的"大脑"是（　　）。
   A. 飞控系统　　B. 数据链路系统　　C. 发射回收系统　　D. 动力系统
5. "货到人"拣选技术的关键技术之一是如何解决快速存储与快速输送之间的（　　）问题。
   A. 衔接　　　B. 配合　　　C. 匹配　　　D. 对接

二、多项选择题

1. 智慧仓储装备具有（　　）、网络协同化等突出特点，与传统仓储装备相比，具有无可比拟的优势。
   A. 管理系统化　B. 操作信息化　C. 作业自动化　D. 数据智慧化
2. 无人配送车又称为配送机器人，具备（　　）能力，能够根据用户需求，收取、运送和投递物品，完成配送活动的机器人。
   A. 定位　　　B. 指示　　　C. 移动　　　D. 感知
3. 自动化立体仓库（AS/RS）是现代物流系统的重要组成部分，一般由（　　）及其周边设备组成。
   A. 高层货架　B. 巷道堆垛起重机　C. WCS　　　D. WMS
4. 自动化按巷道轨道形式进行分类为（　　）。
   A. 直行巷道　B. U型巷道　　C. 弯型巷道　　D. 转轨巷道
5. 无人仓的技术标准主要包括（　　）。
   A. 运行高效化　B. 运营数字化　C. 作业无人化　D. 决策智能化

三、简答题

1. 简述智慧仓储装备的概念和特征。
2. 简述智慧配送装备的概念和特征。
3. 简述自动化立体仓库结构的主要构成。
4. 简述无人配送车能力要求。
5. 简述"货到人"拣选系统的特点和基本组成。

实训应用　无人配送站的规划与设计

一、实训目的

本次实训旨在通过无人配送站的规划与设计，使学生深入理解无人配送技术的基本原理、应用场景及实际运作流程，培养学生的创新思维和实践能力，为未来从事智慧物流、智能制造等相关领域的工作打下坚实基础。

二、实训内容

1. 需求分析

调研当前市场对无人配送服务的需求，包括但不限于快递、餐饮外卖、生鲜配送等领域。分析不同场景下无人配送的优劣势，明确无人配送站的服务定位和目标客户群。

2. 技术选型与架构设计

研究并选择合适的无人配送技术，包括但不限于自动驾驶技术、物联网技术、大数据与人工智能等。设计无人配送站的整体架构，包括硬件系统（如无人配送车、充电设施、传感器等）和软件系统（如调度系统、监控系统、数据分析平台等）。

3. 站点布局与规划

根据服务区域的地形、交通状况、人口密度等因素，合理规划无人配送站的选址和布局。设计站点内部功能区域划分，如货物存储区、分拣区等，确保各区域之间的高效协同。

4. 配送流程设计

制定无人配送的详细流程，包括订单接收、货物分拣、装载、配送路径规划、配送执行、货物回收等环节。

5. 安全与合规性设计

设计安全防护措施，确保无人配送车在道路行驶和站点运营过程中的安全。研究并遵守相关法律法规和行业标准，确保无人配送站的合规性运营。

6. 成本效益分析

对无人配送站的建设和运营成本进行估算，包括设备购置、场地租赁、人员培训、维护费用等。分析无人配送服务的市场潜力和盈利能力，评估项目的成本效益。

三、实训要求

1. 团队协作

学生需分组进行实训，每组负责无人配送站的一个或多个规划与设计环节。团队成员需明确分工，相互协作，共同完成任务。

2. 实地考察

鼓励学生前往相关企业进行实地考察，了解无人配送技术的实际应用情况。实地考察应重点关注无人配送站的选址、布局、运营流程等方面。

3. 资料收集与分析

通过网络搜索、图书馆查阅、企业访谈等多种方式收集相关资料，对收集到的资料进行整理、分类和分析，提炼出有价值的信息。

4. 方案制订与汇报

每组需制订详细的无人配送站规划与设计方案，并制作PPT进行汇报。汇报内容应包括需求分析、技术选型、站点布局、配送流程、安全与合规性设计、成本效益分析等方面。

5. 成果展示与评估

实训结束后，组织成果展示会，邀请相关专家和企业代表进行点评和打分。根据方案的创新性、可行性、实用性等方面进行综合评估。

四、实训进度安排

1. 实训准备阶段：明确实训目的、内容和要求，进行分组和分工。
2. 调研与分析阶段：进行市场需求调研、技术选型与架构设计等工作。
3. 规划与设计阶段：制订无人配送站的规划与设计方案，包括站点布局、配送流程设计等。
4. 汇报与评估阶段：进行方案汇报和成果展示，组织专家进行点评和打分。

五、实训成果

1. 每组提交的无人配送站规划与设计方案报告。
2. PPT汇报材料及相关视频、图片等辅助材料。
3. 实训过程中的心得体会和总结报告。

六、实训评估

1. 过程评估

根据学生的调研计划、实地考察情况、资料收集与分析过程等进行过程评估。过程评估主要考察学生的态度、能力和团队合作精神。

2. 成果评估

根据学生提交的调研报告和PPT汇报情况进行成果评估。成果评估主要考察学生的调研深度、分析能力和表达能力。

项目三　智慧仓储作业

学习目标

▶ **知识目标**　熟悉入库准备的工作流程；
　　　　　　　掌握盘点和移库作业的流程；
　　　　　　　掌握智慧配货出库的流程；
　　　　　　　掌握智能储位的方式和智慧库存管理的方法。
▶ **能力目标**　能根据实际情况，组织进行智慧仓储入库作业的办理；
　　　　　　　能根据物品种类等因素，运用所学的知识进行智能储位分配；
　　　　　　　能运用所学的知识，进行货物保管养护及智慧库存管理；
　　　　　　　能根据实际情况，组织进行智慧仓储出库作业的办理。
▶ **素养目标**　树立客户服务意识、效率意识、成本意识、市场意识、责任意识；
　　　　　　　提升社会责任感，养成团队合作、精益求精、吃苦耐劳的职业素养；
　　　　　　　树立科技发展、创新发展意识，具备与时俱进的可持续发展能力；
　　　　　　　培养勤学善思的能力，具备统筹规划能力、数据分析能力、组织协调管理能力。

岗位认知

职业岗位	工作内容	技能要求	相关知识
仓储操作员	仓储操作员负责货物入库、储存、流通加工、补货、移库、盘点、出库、配送、退货等作业内容	1. 能进行入库作业操作 2. 能根据货物性质进行货物保管与养护 3. 能进行盘点和移库作业操作 4. 能进行出库作业操作	1. 货物接运和货物验收 2. 组织货物入库 3. 货物保管与养护 4. 盘点移库、配货出库操作
仓储管理员	负责货物出入库业务及在库作业组织管理	1. 能进行智慧仓储入库作业管理 2. 能进行智慧仓储在库作业管理 3. 能进行智慧仓储出库作业管理 4. 能进行智慧仓储系统应用管理	1. 智慧仓储入库作业管理 2. 智慧仓储在库作业管理 3. 智慧仓储出库作业管理 4. 智慧仓储系统应用管理
仓储经理	仓储的资源调度配置、客户个性化服务方案策划、仓储过程管理和质量控制以及仓储运作的相关制度建设和人力资源管理	1. 科学调度、配置资源等组织领导能力 2. 根据客户需求、仓库运作等设计个性化服务方案的能力 3. 仓储管理的质量控制、库存管理、过程控制能力	1. 智慧库存管理 2. ABC 分类法 3. 定量定期订货法 4. 智能储位分配 5. 出库异常处理

（续）

职业岗位	工作内容	技能要求	相关知识
仓储财务经理	负责仓储复盘、监盘和盘点结果处理	1. 能进行盘点统计报表填写 2. 能进行盘盈和盘亏问题追踪处理 3. 能进行仓储盘点账务处理	1. 盘点作业 2. 盘点的程序方式
仓储质控员	仓储质控主管负责检查仓储作业质量，监控仓储业务中设备的服务质量，处理仓储业务质量偏差等工作	1. 能够对照出入库流程检查员工出入库作业流程是否规范 2. 能够对智慧仓储作业进行质量控制 3. 能够对仓储作业设备进行保养和维护	1. 货物保管养护 2. 货物验收 3. 出库异常处理 4. 仓库环境监控

案例导读

长虹利用流动仓库实现"零库存管理"

智慧仓储作业流程

四川长虹电器股份有限公司是一家集彩电、空调、视听、数字网络、电源、器件、平板显示、数字媒体网络等产业研发、生产、销售的多元化、综合型跨国企业。长虹在绵阳拥有40多个原材料库房、50多个成品库房、200多个销售库房。过去的仓库管理主要由手工完成，各种原材料信息通过手工录入。虽然应用了ERP系统，但有关原材料的各种信息都记录在纸面上，而存放地点完全依靠工人记忆。在现货品入库之后，所有的数据都由手工录入到电脑中。库存信息的滞后性让总部无法做出及时和准确的决策，而且手工录入方式效率低、差错率高，在出库频率提高的情况下问题更为严重。

为了解决上述问题，长虹决定应用条码技术以及无线技术解决方案。该解决方案采用讯宝科技的条码技术，并以Symbol MC3000作为移动处理终端，配合无线网络部署，进行仓库数据的采集和管理。一个完整的入库操作包括收货、验收、上架等。长虹在全国有近200家供应商，首先要根据供应商提供的条码对入库的原材料进行识别和分类。通过条码进行标识，可以确保系统记录每个单体的信息，进行单体跟踪。长虹的仓库收货员接到供应商的送货单之后，立即利用Symbol MC3000扫描即将入库的各种原材料的条码以及货单上的条码号，通过无线局域网络传送到仓库数据中心，在系统中检索出订单，实时查询该入库产品的订单状态，确认是否可以收货，并提交给长虹的ERP系统。

收货后，长虹的ERP系统会自动记录产品的验收状态，同时将订单信息发送到收货员的手持终端上，并指导操作人员将该产品放置到系统指定的库位上。将货物放在指定库位后扫描库位条码，系统自动记录该物品存放库位并修改系统库存，记录该产品的入库时间。通过这些步骤，长虹的仓库管理人员可以在系统中追踪到每一个产品的库存状态，实现实时监控。

任务一　智慧仓储入库作业操作

◯ 任务引例

温州电商智能仓储：引领未来的物流新潮流

在数字化时代，电商行业快速发展，物流成为其中一个重要环节。温州作为我国电商之都，不仅拥有充足的制造资源，还积累了丰富的供应链经验。为了应对快速增长的物流需求，提升效率，温州电商智能仓储正逐渐成为行业的热门话题。温州电商智能仓储实现了自动化操作，减少了人工干预，提高了作业效率。首先，通过机器人技术和自动导航系统，仓库中的货物可以实现自主移动、分类储存和快速检索，大大提升了仓储效率。其次，采用先进的分拣系统，通过图像识别和物体定位技术，可以快速准确地将货物分类、分拣，实现了高效的订单处理。这种智能分拣系统可以大幅缩短处理时间，提高订单准确度，为电商企业提供了更好的用户体验。再次，温州电商智能仓储利用大数据技术进行数据化管理，实现了对仓储流程的全面监控和分析。通过对仓库的各项指标进行实时监测和数据统计，仓储管理人员可以及时获得关键数据，并做出相应调整，以提升仓储效率和质量。

思考：温州电商智能仓储的成功之处是什么？

◯ 知识准备

在智慧仓储的管理和调度中，自动化设备、无人机、智能识别等智慧化手段可以实现库存的优化和控制，提高物流链的反应速度。在智慧仓储内，应用自动化技术可超越人工的作业效率并降低差错率；无人化技术则能实现仓内各种工作区域的无障碍连接，还可以平衡订单流量不稳定带来的人工成本过剩。这些都能在仓库管理系统的调配下快速、准确地运作，且出错率低，操作权责分明，机器运作可实现24h无休运作，可以适应各种黑暗、低温的特殊环境，既可保管普通品，也能保管特殊品，不仅实现了效率的提高，还极大地提升了分拣的精确度。

智慧仓储入库是指接到商品入库申请后，经过入库准备、货物接运、货物验收、组织入库等一系列作业环节构成的工作过程（见图3-1），每个工作过程所使用的智能设备通过网络信息技术等实时采集的数据信息发送到仓库后台，后台进行入库信息的实时更新。智慧仓储入库可以通过自动化设备、信息化系统和人工智能技术，对入库作业进行完善管理，提高入库效率，减少人为错误，降低成本，提升仓储运作的整体效率。

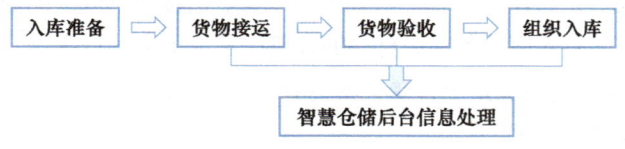

图3-1　智慧仓储入库作业流程

一、入库准备

（一）入库申请

入库申请是生成作业计划的基础和依据，即存货人（供应商）对仓储服务产生需求，并向仓储企业发出需求通知，仓储企业接到申请后，对此项业务进行评估并结合仓储企业自身业务状况做出反应，并分别传递给存货人和仓库部门，做好各项准备工作。入库申请流程如图3-2所示。

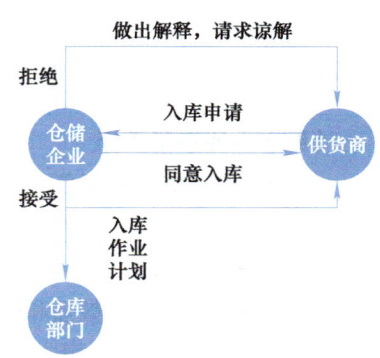

图3-2 入库申请流程

（二）入库通知单

入库通知单是存货人给仓库的一个客户委托，即存货人向仓储企业提出入库申请的书面形式。一般入库通知单是货主或货主委托方为下达入库任务，根据仓储协议，在一批货物由司机送达仓库前下达给仓库，仅仅起到预报入库信息的作用。

在智慧仓储管理活动中，仓库管理系统（WMS）根据录入的仓储保管合同和物品相关信息，系统自动编制物品入库作业计划，即物品入库数量和入库时间进度计划，主要包括入库物品的品名、种类、规格、数品、计划入库日期、所需仓容、仓储保管条件等。在WMS接收到"收货通知单"或"入库通知单"（见表3-1）时，WMS进行人工智能（AI）审单，确认单证有效且无误后，在物品送达之前，自动发送邮件与采购部门或供应商联系，了解物品入库应准备的凭证和相关技术资料，并保证录入WMS的相关信息准确无误，以便自动识别装备的数据写入。在此基础上，WMS编制具体的入库工作进度计划，并定期跟进入库计划的落实工作，随时做好物品入库的准备工作。

表3-1 入库通知单

仓库名称：						年　月　日	
批次							
订单号				到货时间			
客户指令号				订单来源			
客户名称				质量			
入库方式				入库类型			
序号	货品编号	名称	单位	包装规格（mm）	申请数量	实收数量	备注
			合计				
制单人：		送货员：			仓管员：		

（三）入库作业计划编制

入库作业计划是存货人发货和仓库部门进行入库前准备的依据，是指仓库部门在接受物品之前根据本部门和存货人等内外部实际情况，权衡存货人的需求和仓库存储的可能性，通过科学分析入库货物的品种、规格、数量、包装状态、包装体积、到货时间、物品存期、物品理化特性和保管要求以及仓库存储能力、设备条件，编制的物品作业计划，并将作业计划下达到各相应的作业人员。

入库作业计划主要内容包括：货物入库的时间、数量、包装形式、规格；计划货物所需占用的仓容大小；预测车辆到达的时间及送货车型；为了方便装卸搬运，计划车辆的停放位置；计划货物的临时存放地点；确定入库作业的相关部门。

（四）入库准备工作

做好入库前的准备工作是保证准确迅速入库的重要环节，也是防止出现差错、缩短入库时间的有效措施。入库前的准备工作，主要包括以下几项内容。

1. 合理组织人力

根据商品进出库的数量和时间，做好收货人员和搬运、堆码等劳动力的安排工作。采用机械操作的要定人、定机，事先安排作业序列，做好准备。

2. 妥善安排仓容

当接到进货单后，在确认无误时，应根据入库商品的性能、数量、类别，结合分类保管的要求，核算所需的货位面积（仓容）大小，确定存放位置以及必要的验收场地。

3. 验收及装卸搬运设备的准备

仓库理货人员根据物品情况和仓储管理制度确定验收方法，准备验收所需要的计件、检斤、开箱、装箱、丈量、移动照明等器具。同时，根据将要到达物品的特性、货位、设备条件、人员等情况，科学合理地制定卸车搬运工艺，备好相关作业设备，安排好卸货站台或者场地，保证装箱搬运作业的效率。

4. 苫垫材料的准备

货物确定后还要做好防雨、防潮、防尘、防晒准备，即准备好存储所需的苫垫材料。苫垫材料应根据货位位置和到货物品特性进行合理的选择。

选择垫垛材料要考虑到使物品避免受地坪潮气的侵蚀，并满足垛底通风的需求。其主要材料包括枕木、方木、木板、石条、水泥墩、防潮纸（布）及各种人工垫板等。

苫盖材料主要使物品免受风吹、雨打、日晒、冰冻的侵蚀，主要包括塑料布、席子、油毡纸、铁皮、苫布及各种人工苫盖瓦等。

二、货物接运

货物的接运是入库业务流程的第一道作业环节，也是仓库直接与外部发生的经济联系。做好货物接运业务管理的主要意义在于，防止把在运输过程中或运输之前已经发生的物品损害和各种差错带入仓库，减少或避免经济损失，为验收和保管、保养创造良好的条件。

（一）货物接运方式

货物接运是商品入库前的重要环节，目的是向托运人或承运人办清业务交接手续、及时将货物安全接运回库。仓库管理人员首先要了解接运产品的方式及程序，然后才能根据不同的接运方式，安排人员进行接货，并处理接货过程中出现的各种问题。

1. 专用线接货

专用线接货指仓库备有铁路专用线承担大批量的货物接运。一般铁路专用线都与公路干线联合。在这种联合运输的形式下，铁路承担长距离的货物运输，汽车承担直接面向收货方的短距离的货物运输，主要流程如图3-3所示。

图 3-3 专用线接货流程

（1）接车卸车准备。接货人员在接到车站到货的预报后，首先确定卸车的位置，力求缩短场内搬运距离，并准备好卸车所需的人力和机具，确保能够按时完成卸车作业。在接到车到站的确切报告后，接货人员要及时赶到现场，引导货车停靠在预定的位置。

（2）卸车前的检查及卸车作业。在进行卸货作业前，接货人员要先对车中的货物进行大致的检查以防止误卸，并划清物品运输事故的责任。货物检查无误后，接货人员就可以安排相关人员进行卸车作业了。

（3）卸车后的清理。检查车内货物是否已经全部卸完，然后关好车门、车窗，并通知车站取车。

（4）办理交接手续。首先填写到货台账，到货台账中应该包括到货名称、规格、数量、到货日期、货物发站、发货单位、送货车皮号、货物有无异状等信息。之后，接货人员应将到货台账及其他有关资料与收到的货物一并交给仓库管理人员，并让仓库管理人员为货物办理入库手续。

2. 车站码头提货

由外地托运单位委托铁路、水运、民航等运输部门或邮递货物到达本埠车站、码头、民航、邮局后，仓库依据货物通知单派车提运货物，主要流程如图 3-4 所示。

图 3-4 车站码头提货流程

（1）安排接运工具。了解货物特性、重量、外形尺寸等情况，选择并安排接运工具。

（2）前往承运单位。接货人员应带领接运人员前往承运单位，准备接货。

（3）出示领货凭证。应向车站出示预先收到的由发货人寄来的领货凭证。如果没有收到领货凭证，也可凭单位证明或在货票存查联上加盖单位提货专用章，将货物提回。

到码头提货的手续与车站稍有不同，接货人员要事先在收到的提货单上签名并加盖单位公章或附上单位提货证明，然后到港口货运处取得货物运单，并到指定的库房提取货物。

（4）检查货物状况。首先应根据运单和有关资料认真核对货物的名称、规格、数量、收货单位等相关信息，然后再仔细对货物进行外观检查。如果发现疑点或有与运单记载不相符合的情况，接货人员应当与承运部门当场检查确认，并让其开具文字证明。

（5）装载并运回。检查无误的货物，安排装卸人员进行装卸，并将货物运回仓库。

（6）办理交接手续。货物运到仓库后，接货人员要逐一点清，并办理相应的交接手续。

3. 自提货

自提货是指接货人员到供货单位处提货，验收与提货同时进行，流程如图 3-5 所示。

图 3-5 自提货流程

（1）提货人员在提货前要了解和掌握所提货物的品名、规格、数量及入库验收的有关要求和注意事项，准备好提货所需的机具。

当供货单位点交所提货物时，提货人员要负责查看货物的外观质量，点验件数和重量，并验看供货单位的质量合格证等有关证件。

（2）现场点交，办理签收手续。货物提运到库后，保管员、提货员、随车装卸工人要密切配合，逐件清点交接。同时核对各项凭证、资料是否齐全，最后由保管员在送货单上签字，并及时组织复验。

4．送货到库

送货到库是指供货单位或其委托的承运单位将物品直接送达仓库的一种供货方式。当物品到达后，接货及验收人员应直接与送货人员办理接货工作，当面验收并办理交接手续。

如果有差错，应该会同送货人查实，并由送货人出具书面证明、签章确认，以留作处理问题时的依据。

悦动思维 你觉得以上四种接运方式有何不同？

（二）办理交接

物品或商品到库后，仓库管理系统（WMS）进行电子审单，检查入库凭证，根据入库凭证开列的收货单位、货品名称、数量和规格等与送交的商品进行智能核对，核对无误，再进行下一道工序。货物完成卸货后，可根据货物的品种和类型进行分类，然后对其进行电子标签的粘贴。一般电子标签的粘贴以成箱物品或托盘为单位，便于后续的管理。完成电子标签的粘贴后，统一对其进行数据初始化，即货物电子标签的数据录入，这一步工作应结合商品包装二维码及供货单位提供的相关数据信息，使用固定自动识别标签读写器或者手持自动识别读写器完成。

完成电子标签的粘贴和数据录入后，为了对到货情况进行粗略的检查，可进行初步检查验收，其工作内容主要包括数量检验和包装检验。可通过质检区域固定的自动识别读写设备分批分类对货物的数量、电子标签的信息与供应商的供货数据和仓库采购数据进行核对；同时，也可以通过智能摄像头判断货物外包装情况，判断是否存在破损、污染、水湿、渗漏等异常情况，当货物数量规格、外包装等确认无误后才允许入库，如出现异常情况，则发出警报，进一步检验核对，方可入库。

入库物品经过以上几道工序后，才可以与送货人员办理交接手续。

（三）接货异常处理

在接货过程中，有可能会遇到破损、短少、变质、错到等差错。面对这些情况，仓库管理人员要先确定差错产生的原因，再要求责任单位做出合理赔偿。

1．破损

破损责任如属于生产厂商、发货单位或承运单位，提运员或接运员应向承运部门索取有关的事故记录并交给保管员，作为向供应商或承运单位进行索赔的依据。如因接运过程中装卸不当等原因造成，签收时应写明原因等，报主管处理，一般由责任方负责赔偿。

2．短少

短少分接运前和接运中两种情况。接运前短少的，提运员或接运员应进行相关记录，并向供应商核查，相关记录交给保管员，作为向供应商或承运单位进行索赔的依据。如因接运中的装卸不牢而导致物资丢失的，或无人押运被窃原因造成丢失的，在签收时应报告保卫部门进行追查处理。

3. 变质

如责任在供货方，可退货、换货或索赔。保管员签收时应说明数量和变质程度。如承运中因受污染等原因导致货物变质，责任在承运方。保管员签收时应索取有关记录，交货主处理。提运中，因货物混放、雨淋等原因造成变质的，是接货人员的责任。

4. 错到

因发运方的责任，如错发、错装等导致错到，应通知发运方处理。因提运、接运中的责任，如错卸、错装等导致错到，保管员在签收时应详细注明，并报仓库主管赴现场追查处理。因承运方责任，如错运、错送等导致错到，应索取承运方记录，交货主交涉处理。对无合同、无计划的到货，应及时通知货主查询，经批准后，才能办理入库手续。同时货主要及时将订货合同、到货计划送交仓库。

三、货物验收

货物验收入库是智慧仓储管理工作的重要一环，也是做好仓库管理工作的基础环节，所有商品在入库之前都需要进行验收，只有在验收合格后方能正式入库。验收主要任务是对入库货物的数量、品种、规格和质量进行检查，准确、及时地把好入库物料的数量关、质量关和凭证关，做到货物入库有依据。

（一）入库验收的作用

入库验收是按照验收业务作业流程，根据合同或标准的规定要求，对入库商品进行数量和质量检验的经济技术活动的总称。其作用主要表现为以下几个方面。

（1）有利于明确供需双方的数量和质量责任。在货物验收时发现不符要求的货物，责任属于供应商或承运方而非仓储方，若通过验收出现数量或质量问题，责任由仓储方承担。

（2）有利于明确进料品质状况，避免对生产造成影响。严格按照合同要求对货物进行数量和质量验收，能够确保货物的品质，减少不合格品，同时也减少了对生产的影响。

（3）有利于为支付供方货款提供依据。当验收出现问题时通常会联系供应商进行处理，并对处理后的结果进行记录，这会成为支付供应商货款的重要依据。

（4）有利于监督采购计划的执行。采购计划的执行是否到位可以由验收工作监督，如采购计划里某规格的螺丝计划在8月中旬进行采购，验收工作就能对采购计划里的商品、规格、数量、供应商等一系列内容进行督察，从而使采购工作越来越规范。

（二）入库验收作业的内容

一般来讲，每一个企业由于管理架构不同，验收的内容也不尽相同。但验收作业主要内容包括六个方面。

（1）核对供方送货单内容填写是否详细，是否已填写商品名称、商品编码、订单编号和数量等内容。

（2）核对送货单与本企业采购部门下达的订单之数量、品种和规格等是否相符。

（3）核对商品规格与送货单是否相符。

（4）抽查包装箱或容器内的商品数量是否与所贴标签一致。

（5）检验商品品质是否达到要求。

（6）合格商品入库并建立物料账。

这里所说的品质检验，通常包括内在品质和外观质量的检验。因货物内在品质检验需要较专业的技术手段，一般交给企业专门的技术部门负责检验。仓储企业的品质检验通常只负责外观质量检验。

（三）入库验收作业的程序

货物入库验收作业的程序包括接单接货验收准备、核对验收单证、进行实物验收、确定结果入库上架，具体如图3-6所示。

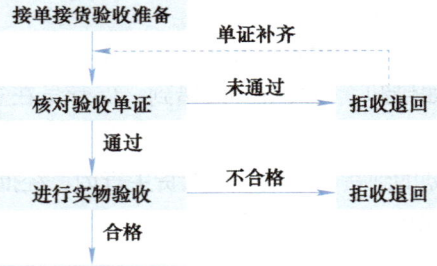

图3-6 货物入库验收作业的程序

1. 接单接货验收准备

接到供货方送货通知后，存储方核对是否有此订单，确认供货商和供货日期是否正确。如正确则开始做接货准备，包括准备货位，安排接货人员和工具，通知技术部安排检验工作计划。归纳起来，就是要做好以下五个方面的准备工作。

（1）收集、整理并熟悉各项验收凭证、资料和有关验收要求。及时收集验收资料或向供货方索取验收技术资料。

（2）准备所需的计量器具、卡量工具和检测仪器仪表等。

（3）落实入库货物的存放地点，选择合理的堆码垛形和保管方法。

（4）准备所需的苫垫堆码物料、装卸机械、操作器具和担任验收作业的人力，如为特殊性货物，还须配备相应的防护用品，采取必要的应急防范措施，以防万一。

（5）进口货物或存货单位要求对货物进行质量检验时，要预先通知商检部门或检验部门到库进行检验或质量检测。

2. 核对验收单证

供货方将物料运至仓库，就要开始核对单证，对物料进行当面验收并做好记录。若有差错，应填写记录，由相关人员签字证明，据此向有关部门提出索赔。核对单证按下列四个方面的内容进行。

（1）审核验收依据，业务主管部门或采购部门的入库通知单、订货合同或订货协议书。

（2）核对供货方提供的验收凭证是否齐全，包括发票、质量保证书、发货明细表、装箱单、磅码单、说明书和保修卡及合格证等。

（3）检查物料和包装容器上是否贴有物料标签，标签上是否注明物料品名、物料编码、生产日期、生产厂家和数量等内容。

（4）核对供货方所交物料是否是订单所列物料、品种、规格；数量是否相符，要求不能多交，也不能少交；是否有超交或不按期交货的现象。

核对凭证就是将上述凭证加以整理全面核对。入库通知单、订货合同要与供货方提供的所有凭证逐一核对，要严格做到"五不点收"：①凭证手续不全不收；②品种规格不符不收；③品质不符合要求不收；④无计划不收；⑤逾期不收。

相符后才可以进行下一步的检验工作。

3. 进行实物验收

（1）检验货物包装。对货物包装的检验是对货物质量进行检验的一个重要环节。货物包装的完整程度及干湿状况与内装货物的质量有着直接的关系。通过观察货物包装的好坏可以有效判断货物在运送过程中可能出现的损伤，并据此制定对货物的进一步检验措施。因此，在验收货物时，仓库管理人员需要首先对包装进行严格的检验，主要检查有无被撬、开缝、污染、破损、水渍等不良情况。同时，还要检查包装是否符合有关标准要求，包括选用的材料、规格、制作工艺、标志、打包方式等。另外对包装材料的干湿度也要检查，包装的含水量是影响物品保管质量的重要指标，一些包装物含水量高表明物品已经受损害，需要进一步检验。

（2）验收货物数量。数量验收是保证货物数量准确的重要步骤，是在初验的基础上，于质量验收之前做进一步的货物数量验收，即所谓的细数验收。按货物性质和包装情况，数量检验可以分为三种形式，即计件法、检尺求积法和检斤法。

1）计件法。计件是按件数供货或以件数为计量单位的货物在做数量验收时清点件数。一般情况下，计件货物应全部逐一清点。若运输包装（外包装）完好，销售包装（内包装）数量固定，一般不拆包，只清点大包装。特殊情况下可拆包抽查，若有问题可扩大抽查范围，直至全查。固定包装的小件货物如包装完好，若打开包装对保管不利则可不拆。一般情况下，国内货物只检查外包装，不拆包检查；进口货物则按合同或惯例执行。

2）检尺求积法。检尺求积是对以体积为计量单位的货物所做的数量验收，如木材、竹材、沙石等，先检尺，后求体积。

3）检斤法（重量验收）。检斤是按重量供货或以重量为计量单位的物料，对数量验收时的称重。金属材料、某些化工产品大多采用检斤法验收。按理论换算重量供应的商品，先要通过检斤，如金属材料中的板材、型材等，然后按规定的换算方法换算成重量验收。对于进口商品，原则上应全部检斤，若订货合同规定按理论换算重量交货，则应该按合同规定办理。所有检斤的物料，都应填写磅码单。需要注意的是，按理论换算的物料的外部尺寸一定不能出现缩水情况，须符合国家标准或双方约定。

（3）验收货物质量。货物质量验收就是检验货物质量指标是否符合规定，主要包括外观检验、尺寸精度检验、机械物理性能检验和化学成分检验四种形式。一般仓库只做外观检验和尺寸精度检验，后两种检验如果有必要，由仓库技术管理职能机构取样，委托专门检验机构检验。

仓库对到库货物进行质量检验需根据仓储合同约定来实施，合同没有约定的，按照货物的特性和惯例确定。对于不需要进行进一步质量检验的货物，仓管员在完成上述检验并判断货物合格后就可以办理入库手续了。对于那些需要进一步进行内在质量检验的货物，仓库管理人员应该通知质量检验部门进行质量检验，待检验合格后才能办理入库手续。

（4）填写验收记录。凡是经过检验的货物都要填写检验报告。

4. 确定结果入库上架

确定验收的结果，完成验收作业并进行入库上架。

（四）货物验收异常情况处理

在物品验收过程中，可能会发生诸如包装问题、数量不符、质量问题等情况，其中发现问题的物品应单独存放、妥善保管，防止混杂、丢失、损坏。

1. 包装问题

在清点大件时发现包装有水渍、玷污、损坏等情况，应进一步检查内部细数和质量，并由送货人开具包装异状记录或在送货单上注明，同时通知保管员单独堆放，以便处理。

2. 数量不符

经验收后发现货物的实际数量与凭证上所列的数量不一致时，应由收货人在凭证上详细做好记录，按实际数量签收，并及时通知送货人和发货方。

仓库在物品验收过程中如发现物品数量与入库凭证不符、质量不符合规定、包装出现异常情况时，必须做出详细记录。同时将有问题的物品另行堆放，并采取必要的措施，防止损失继续扩大，并立即通知业务部门或邀请有关单位到现场察看，以便及时做出处理。

3. 质量问题

若在与铁路、交通运输部门初步验收时发现质量问题，应会同承运方清查点验，并由承运方编制商务记录或出具证明书，作为索赔的依据。如确认责任不在承运方，也应做好记录，由承运者签字，以便作为向供货方联系处理的依据。在拆包进一步验收时发现质量问题，应将有问题的物品单独堆放，并在入库单上分别签收，同时通知供货方，以划清责任。凡货物质量不符合规定要求的，应及时填写退货单，向供货单位办理退货、换货手续或凭"货运记录"向相关责任单位索赔。

> **悦动思维** 货物在运输过程中出现了部分包装破损、变形，少量串货的情况，你觉得应该怎么处理？

四、组织入库

办理完货物交接和入库验收后，开始组织货物上架或进货位，具体流程如图3-7所示。使用叉车或AGV将货物搬运至指定货位进行存储，当叉车或AGV经过固定自动识别设备读写区域时，读写器自动获取货物及托盘标签信息，并将信息上传至WMS。WMS会根据系统制订的存储计划，将货位自动识别读写器获取的货位信息与货物标签信息进行匹配，若无误，WMS通过固定读写区域的读写器将货物信息写入货物及托盘标签中，以实现货位分配，同时向叉车或AGV下达入库指令。

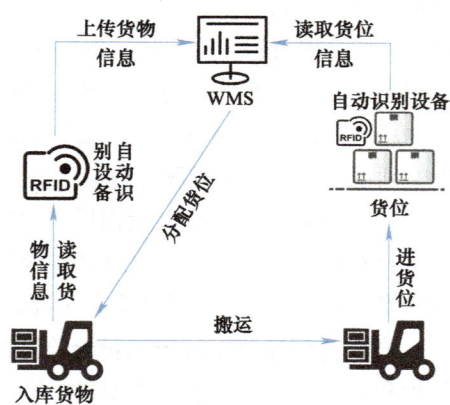

图3-7 智慧仓储货物进货位流程

叉车或AGV得到入库指令后将货物搬运至指定货位，并按照入库指令将货物放到指定货位，货位自动识别读写器将存入货位的货物信息上传到WMS，经过系统确认后，叉车或AGV退出仓库，完成入库指令。

因为不同企业智慧仓储的具体形式会有所不同，所以不同形式的智慧仓储的入库流程会有所差异，但基本均需考虑前述的四个阶段，这四个阶段中一些操作细节会因所使用的智能设施与设备及仓库的设计不同而有所不同，如自动化立体仓库与机器人无人仓在入库流程具体操作上便有所不同。

> **案例直击**
>
> **PDA 助力智能仓库，让入库更有效**
>
> 　　在物流仓储和零售场景中，手持扫码终端都能在商品入库、上架、盘点、分拣、出库、配送、收款等各个环节发挥作用。物流仓储的商品众多，需要进行高效的仓库管理，包括商品出入库、上架等。这时候使用手持扫码终端和移动数字处理 PDA、手持式仓储管理终端等智能硬件工具，就能快速对货品进行扫码识别，并自动通过智能手持扫码终端自动上传商品信息至平台，包括出入库日期、所在货架、来源地和去向等，不用人工逐一核对和输入，可以减少人为疏漏或错误带来的损失，极大提高物流仓库管理储存的效率。
>
> **思考与分析：** 移动数字处理 PDA 和手持式仓储管理终端可以解决哪些仓储问题？

🔘 任务发布

入库作业流程组织及方案制订

PR 手机制造公司在浙江设厂，主营手机制造装配业务，其成品仓库外包给浙江 W 仓配公司。2025 年 12 月 15 日，PR 手机制造公司发来一份入库申请单（见表 3-2），浙江 W 仓配公司仓储工作人员验收时发现少了 2 个包装。请以浙江 W 仓配公司仓储工作人员身份为该手机制造公司设计合理的入库流程，并以仓管员的身份对手机的入库过程进行模拟操作。

表 3-2　入库申请单

入库通知单编号：	PR2025121500079			申请日期：		2025 年 12 月 15 日			
供应商名称：	PR 手机制造公司		联系人：	张扬		联系电话：	0571-3324××××		
接运方式：	到货主单位自提货								
商品信息									
商品名称	规格型号	包装规格	单位	数量	重量	生产日期	单价	金额（万）	备注
PR 手机 4	PR-04	136×81×73	盒	800	116kg	2025.12.2	1 600	128 万元	
声明：						供应商单位：（公章）			

🔘 任务实施

（一）实施方式

1. 学生 5～6 人自主组成一个小组，根据任务内容，进行入库作业计划编制及流程组织。
2. 参考实施步骤的提示，完成手机入库作业方案。

（二）实施内容及操作步骤

步骤 1：编制入库作业计划。

步骤 2：熟悉入库准备的工作流程。

步骤 3：掌握货物接运方式。
步骤 4：核查入库凭证。
步骤 5：熟悉货物验收作业程序并记录。
步骤 6：组织入库。
步骤 7：形成智慧仓储装备选择方案。

（三）实施成果及形式

1. 总结报告：每组提交一份手机入库作业方案。
2. 小组展示：利用 PPT 现场讲解手机入库作业方案。

任务评价

任务评价表

被考评人			考评任务	智慧仓储入库作业操作		
考评步骤	考评内容及分值		自我评价（30%）	小组评议（40%）	教师评价（30%）	合计得分（100%）
步骤 1	编制入库作业计划	15 分				
步骤 2	熟悉入库准备的工作流程	10 分				
步骤 3	掌握货物接运方式	10 分				
步骤 4	核查入库凭证	10 分				
步骤 5	熟悉货物验收作业程序并记录	15 分				
步骤 6	组织入库	10 分				
步骤 7	形成智慧仓储装备选择方案	30 分				
综合评定						
考评标准	资料准备	知识掌握	语言表达	团队合作	沟通能力	合计得分
分值	20 分	30 分	20 分	15 分	15 分	
注：任务总评得分 = 考评步骤 70%+ 综合评定 30%				任务总评得分		

任务二　智慧仓储在库作业操作

任务引例

创新服务，智能创造：数字化物库管控

某智能科技有限公司数字化物库管控以资产物库管控工作为抓手，建立物库信息台账，以实现资产全生命周期线上可视化管控为目标，建成了贯穿整个供电所业务的资产管理支撑体系。实现供电所备品备件、安全工器具、工程物资以及客户档案等盘点智能化，深度融入管理、内勤、外勤三类场景，直观展示有序领用退还、无感出入仓等便捷高效物库应用，实现物资库存消耗实时统计、库存超期自动报检、超期未归还自动预警等智能监管功能，有效实现管理智能化、资产可视化、业务自动化、装备数字化。首先是生命周期管理。可对库房物品进行全寿命周期性管理，实时监控物品的状态,在物品出现异常时及时提醒相关人员进行处理,保障物品状态实时可控。其次是有效数据支撑。数字化物库能够为供电所的采购、管理等工作提供有效数据支撑,通过实时监控、分析,能够为供电所的管理提供数据支撑。最后是领用归还快速。数字化物库将人、物、工单进行有效关联,实现全过程智能匹配、深度融合、高效协同,能够保证领用、归还快速便捷。

思考:该智能科技有限公司是如何实现数字化物库管控的?

知识准备

商品在库,是指商品在入库之后、出库之前,处于保管与储存阶段。商品的保管与储存,是智慧仓储管理工作的主要职能和中心环节。物品的在库管理是伴随着物品储运全过程的技术性措施,是保证储运物品安全的重要环节。这个活动过程贯穿整个物流的各个环节。

智慧仓储在库作业主要包括智能储位分配、货物保管与养护、智慧库存管理、盘点和移库作业。

一、智能储位分配

智能储位分配是指按照货物自身的理化性质与储存要求,结合智慧仓储布局规划及 WMS,根据分库、分区、分类的原则,将入库商品固定区域与位置存放。

(一)储位的分配方式

1. 人工分配方式

人工分配方式是管理者凭借知识和经验以人工进行储位分配,它要求管理者必须熟记储位分配原则,并且灵活运用。以人工对货物进行储位分配,首先,管理者必须经过规划,编制一套本公司保存货物的特性需求规则表;其次,要求仓库管理人员必须严格遵守管理者的指示,将货物存放在指定的储位上,并且及时更新储位信息。当库存货物多时,这种分配方式效率低,且容易出现差错。

2. 计算机辅助分配方式

计算机辅助分配方式是指在物流中心的储位管理中,依靠现代信息技术和计算机来分配储位。这种分配方式先利用自动读取设备来读取资料,再通过无线电或网络,配合储位监控软件或储位管理软件来控制储位分配。它提供给储位分配者实时查询功能,差错率低,不容易受人为因素影响,因此执行效率高于人工分配方式。但这种分配方式还是由人工下达储位分配指示,所以仍需要调仓作业。

3. 计算机全自动分配方式

计算机全自动分配方式是利用一些图形监控及储位管理软件,在收集在库储位信息及其他入库指示后,由计算机运算来下达储位分配指示。由于这种分配方式是由计算机自动下达储位分配指示的,在任何时段都可以使储位处于合理分配中,所以不需要调仓作业。

在智慧仓储中,要想利用有限的仓容和产能等资源实现高出库效率,就需要精心安排货物库存分布和产能调配,智能仓储储位布局将变得尤为重要。主要依据如下:

(1)热销度。应用大数据分析技术,预测货物近期的热销程度,将热销货物(出库频率高的货物)存储于距离出库工作台近的位置,降低出库搬运总成本,同时提升出库效率。

（2）相关度。针对海量历史订单进行数据分析。不同货物被同步下单的概率存在一定的耦合性，根据这种货物之间的相关度进行分析，发现货物之间的储存规律，将相关度高的货物储存于相同货架，优化拣货路径，减少搬运次数，从而节省仓储设备资源，提高工作效率。京东通过应用机器学习算法和遗传算法等优化算法，计算出最优货物组合，即哪些货物储存在一起，使仓内货架整体内聚度（货架上货物之间的相关度）最高。

（3）分散储存。应用运筹优化等技术，追求全仓库存分散程度最大化，将相同或相似的货物进行一定程度的分散储存，从而避免由于某区域暂时拥堵影响该货物出库，这样可以随时调整储位，实时均衡各区域的储位热度。

将以上各方面制定为最优库存分布规则，一旦因素变化（如热销度变化、相关度变化）或货物库存变化，系统就会自动调整库存分布图，并对出库、入库、在库作业产生相应的最优决策指导。AGV将自动执行相应搬运指令，将对的货物（库存）送至对的位置，完成库存分布的动态调整。

（二）货物分区分类

仓库管理人员在确定货物存放的位置时，要综合考虑仓库的类型、规模、经营范围以及货物的自然属性、保养方法等。物品分类存储的划分方法主要有五种，见表3-3。

表3-3 物品分类存储的划分方法

分类方法	含义
按物品的种类和性质分类存储	大多数仓库采用的分区分类存储方法，即按照物品的种类及性质进行分类存放，便于物品的保管与养护
按物品的危险性质分类存储	主要用于存储危险品的特种仓库，即按照物品的危险性质，对易燃、易爆、易氧化、有毒害性、有腐蚀性、有放射性的物品进行分类存放，避免相互接触引发事故
按物品的归属单位分类存储	主要用于专门从事保管业务的仓库，即按照物品所属单位对其进行分区存放，从而提高物品出入库效率，减少不同客户物品管理差错的发生
按物品的运输方式分类存储	主要用于存储期短而进出量大的中转仓库或转运仓库，即按照物品的发运地及运输方式进行分类存储
按物品存储作业特点分类存储	根据物品存储作业时具体的操作方法，将物品进行分类存储，如将进出库频繁的物品严格按照"先进先出"的原则存储于车辆进出方便、装卸搬运容易、靠近库门的区域

（三）货位编号

货位编码就是对货物存放场所按照位置的排列，采用统一标记编上顺序号码，并做出明显标识。货位，即货物储存的位置。企业应做好货位布置，以便合理地存放各种物品。货位规格化就是运用科学的方法，通过周密的规划设计，进行合理分类、排列（库房号、货架号、层次号和货位号），使仓库内物品的货位排列系统化、规范化。

货位编码

1. 库房编号

对库房、货棚、货场齐备的仓库，在编号时，对库房、货棚、货场应有明显的区别，可加注"棚一""场一"等字样。无加注字样者，即库房的编号。对多层库层的编号排列，可采用"三号定位"法或"四号定位"法。"三号定位"法是用3个号码表示编号，这3个号码是仓库号、楼层号和仓间号。例如编号142，就是1号库、4层楼、2号仓间。"四号定位"法是用4个号码表示编号，这4个号码是库号、货架号、货架层号、货位号。四号定位法编码规则如图3-8所示。例如编号14-15-2-26，即为14号库、15号货架、第2层、第26号货位。

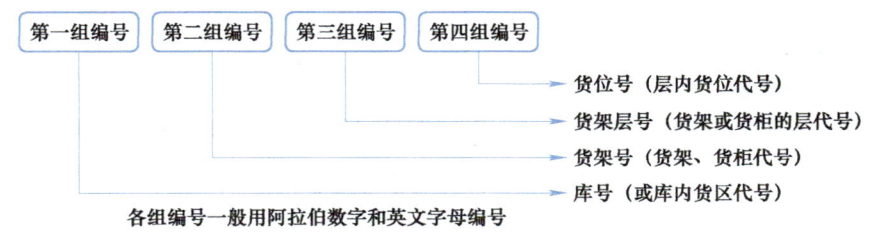

图3-8 四号定位法编码规则

2. 货场货位编号

货场货位编号一般有两种方法：一是按照货位的排列编成排号，然后在排号内顺序编号；二是不编排号，采取自左至右和自前至后的方法顺序编号。

3. 货架货位编号

在以整个货物进出的仓库中，货架的作用主要是提高库房高度的利用率。货架货位编号一般从属于段位编号，只需在段位编号末尾加注"上"字样，即可按位找货。在以拆件发零为主的仓库中，日常备货要存放在货架夹层或格眼内。三种货架货位编号方法如下：

（1）以排为单位的货架货位编号。这种编号方法是将库房内所有的货架，以进入库门的方向，自左向右按排编号，继而对每排货架的夹层或格眼，在排的范围内按自上向下、自前至后的顺序编号。

（2）以品种为单位的货架货位编号。这种编号方法是将库房内的库架，以货物的品种划分存储区后，再以品种占用存储区的大小，在分区编号的基础上进行格眼编号。

（3）以货物编号代替货架货位编号。这种编号方法对进出频繁的零星散装货物有很大的好处，它可避免两套编号的麻烦，在编号时要使货架格眼的多少、大小与存放货物的数量、体积相适应。

4. 货位编号的要求

在品种、数量很多和进出库频繁的仓库中，仓库主管必须准确地掌握每批货物的存放位置。货位编号好比货物在库的"地址"。要做好货位编号工作，应该从库房条件、货物类别和批量整零的情况出发，做好货位画线及编号秩序工作，以符合"标志明显易找，编排循规有序"的要求。

（1）标志设置。货位编号的标志设置要因地制宜，采取适当的方法，选择适当的位置。例如，仓库标志可在库房外挂牌；库房标志可写在库门上；货物货位标志可竖立标牌；多层建筑库房的走道、支道、段位的标志一般刷制在水泥或木板地坪上，但存储粉末类、大件笨重类货物的库房，其标志也可以印制在天花板上；泥土地坪的简易货棚内的货位标志，可利用柱、墙、顶、梁刷制或悬挂标牌。

（2）标志制作。目前，仓库货位编号的标志五花八门、很不规范，有的以甲、乙、丙、丁为标志，有的以A、B、C、D为标志。这样很容易造成单据串库，货物错收、错发事故。统一使用阿拉伯数字制作货位编号标志可以避免以上弊病。

(3)编号规则。仓库范围内的库房、货棚、货场,以及库房内的走道、支道、段位的编号,基本上都以进门的方向左单右双或自左而右的规则进行。

(4)段位间隔。段位间隔的大小取决于存储货物批量的大小。

(四)物品编号

1. 物品编号的要求

企业在组织仓管员进行物品编号时,一定要注意物品编号的要求,见表3-4。

表3-4 物品编号的要求

序号	要求	操作要点
1	简单	物品编号使用各种文字、符号、字母、数字表示时应尽量简单明了,不必编得太过复杂
2	分类延展	对于复杂的物品,进行大分类后还需要进行细分类;编号时所选择的数字或字母要具有延展性
3	完整	所有的物品都应有对应的物品编号,新的物品应赋予新的编号
4	一一对应	一个物品编号只能代表一项物品,不能用一个物品编号代表数项物品,或有数个物品编号代表一项物品
5	统一标准	物品编号要统一,分类要具有规律
6	具有伸缩性	物品编号要考虑未来新产品、新材料存在发展扩充的情形,要预留一定的余地,应用的新材料应有对应的唯一的编号
7	合理有序	物品编号应有组织、有顺序,以便根据物品编号查询某项物品的资料
8	有足够的数量	物品编号所采用的文字、符号、字母、数字必须有足够的数量,以便所组成的物品编号足以代表所有已出现和未出现的物品
9	便于记忆	物品编号应选择容易记忆、有规律的方法,有暗示和联想的作用,使人不必强制性记忆
10	能适应计算机管理	对各种物品的编号应结合各种物品计算机管理系统进行,要能方便在系统中查询、输入和检索

2. 物品编号的方法

在对物品进行编号时,常采用数字、字母、暗示、混合等编号方法。

(1)数字法。数字法是以阿拉伯数字为编号工具,按照属性方式、流水方式或阶层方式等进行编号的一种方法。

(2)字母法。字母法是以英文字母为编号工具,按照各种方式进行编号的一种编号方法。

(3)暗示法。暗示法是以字母或数字作为编号工具,进行物品编号的一种方法。字母或数字与物品能产生一定规律的联想,看到物品编号能联想到相应的物品。

(4)混合法。混合法是综合运用数字、字母、暗示等各种方法,是工厂最常用的一种编号方法。比如,汽车塑胶底座(20)、中价(C)、ABS材料(B)、黑色(L)、顺序号(008),其编号为"20-CBL-008"。

二、货物保管与养护

(一)货物保管的组织管理

1. 空间组织管理

空间组织管理是指确定货物保管过程在空间的运动形式,即划分作业及确定它们在一定平面上的布置,以使劳动对象在空间上运动的路线最短,避免往返运转。这就要求合理划分作业班组。作业班组主要是根据仓库的吞吐存储规模、存储物品的种类及生产过程的特点等因素来建立的。

2. 时间组织管理

时间组织管理是研究劳动对象（即存储的物品）在整个存储保管过程中所处的各个阶段，如何在时间上得到合理的安排，并保证作业连续不断地进行，尽可能地消除或减少工人和设备的停工时间。作业过程的时间组织管理与作业班组和工序的组合形式等有很大的关系，相关人员需要综合各方面的情况进行合理安排。时间组织管理形式有平行作业、顺次作业、顺次平行作业等。

（二）货物保管的任务和原则

1. 货物保管的任务

货物保管的任务是在认识和掌握各种库存货物变化规律的基础上，科学地运用这些规律，采取相应的措施和手段，根据货物性能和特点，有效地抑制内外界因素的影响，为库存货物提供适宜的保管环境和良好的保管条件，最大限度地减缓或控制有损于货物使用价值的变化，以保证库存货物数量正确，质量完好，并充分利用现有仓储设施，为经济合理地组织货物供应打下良好基础。

货物保管包含两个方面的内容：一是根据各种货物不同的性能特点，结合仓储具体条件，将货物存放在合理的场所和位置，为在库货物提供适宜的保管环境；二是对货物进行必要的保养和维护，为货物创造良好的保管条件。二者是相互联系、相互依赖、不可分割的有机体，其主要目的都在于保持仓库货物的原有使用价值，最大限度地减少货物损耗。

2. 货物保管的原则

（1）质量第一原则。货物保管的目的在于保持仓库货物原有的使用价值，因此，在保管过程中，首先要保证货物质量，最大限度地保持货物在进库前的状态，减少存储中出现的损耗，这是货物保管应遵循的第一原则。

（2）效率原则。货物保管时，仓库的作业效率和保管效率是应考虑的另一重要原则。同一物品或类似物品应放在同一地方保管，或根据出入库频率安排货物存储位置，这些因素直接影响货物出入库的时间；同时合理安排货物储位，有利于提高仓库利用率，这是提高保管效率的重要方法。

（3）科学合理原则。货物保管时，不论机械设备的选用，还是储位分配，都应遵循科学合理的原则，这一原则是维护货物质量和效率的重要保证。

（4）预防为主原则。货物保管时应注意货物安全和作业安全，而保证整个活动中安全的主要措施则是在保管时遵循预防为主的原则。

（三）货物堆码

堆码也称堆垛。堆垛就是根据商品的包装形状、重量和性能特点，结合地面负荷、储存时间，将商品分别堆码成各种垛形。商品验收入库，根据仓库储存规划确定货位后，即应进行堆垛。采用妥善的堆垛技术是商品保管和养护中的一项重要工作。

货物码放及堆码

1. 人工堆码

垛堆方式指对有包装的物品（如箱、桶、袋、箩筐、捆、扎等）或长、大件物品进行堆码。

垛堆方式能够增加货垛的高度、提高仓库利用率，能够根据货物的形状和特性和货位的实际情况，把货垛堆码成各种形式，以利于保护货物。常见的垛堆方法如下：

（1）重叠式堆码（见图3-9）。重叠式指各层码放方式相同，上下对应，层与层之间不交错堆码。优点：操作简单，工人操作速度快，适于自动化码盘，包装物四个角和边重叠垂直，承压能力大。缺点：层与层之间缺少咬合，稳定性差，容易发生塌垛事故。

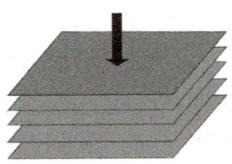

图3-9　重叠式堆码

（2）纵横交错式堆码（见图3-10）。将长短一致、宽度排列能够与长度相等的商品，一层横放，一层竖放，纵横交错堆码，形成方型垛。长短一致的管材、棒材、狭长的箱装材料等均可用这种垛形。如铸铁管、钢锭等，一头大、一头小的，要大、小头错开堆码。化工品、水泥等商品，可采用"二顶三""一顶四"等方法在同一平面内纵横交叉，然后再层层纵横交错堆码，以求牢固。

（3）仰俯相间式堆码（见图3-11）。对于钢轨、槽钢、角钢等商品，可以一层仰放、一层俯放，仰伏相间而相扣，使货码稳固。角钢和槽钢如果是露天存放，应该一头稍高，一头稍低，以利于排水。

（4）压缝式堆码（见图3-12）。将垛底层排列成正方形、长方形或环形，然后起脊压缝上码。由正方形或长方形形成的垛，其纵横断面成层脊形，适于阀门、缸、建筑卫生陶瓷等用品。

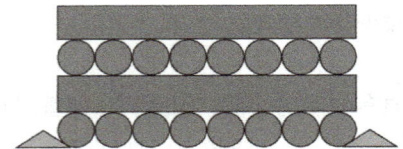　　

图3-10　纵横交错式堆码　　　图3-11　仰俯相间式堆码　　　图3-12　压缝式堆码

（5）通风式堆码（见图3-13）。物品在堆码时，任意两件相近的物品之间都留有空隙，以便通风。层与层之间采用压缝式或者纵横交错式。通风式堆码可以用于所有箱装、桶装以及裸装物品堆码，起到通风防潮、散湿散热的作用。

（6）栽柱式堆码（见图3-14）。在货垛的两旁栽上2～3根木柱或者是钢棒，然后将材料平铺在柱中，每层或间隔几层在两侧相对应的柱子上用铁丝拉紧，以防倒塌。这种堆码方式多用于金属材料中的长条形材料，如圆钢、中空钢的堆码。

　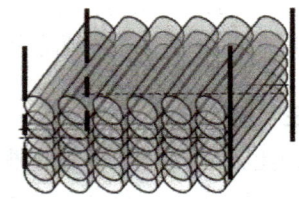

图3-13　通风式堆码　　　　　　图3-14　栽柱式堆码

（7）衬垫式堆码（见图3-15）。在每层或每间隔几层商品之间夹进衬垫物，利用衬垫物使货垛的横断面平整，商品互相牵制，以加强货垛的稳固性。衬垫物需要视商品的形状而定。这种堆码方式适用于四方整齐的裸装商品，如电动机。

（8）"五五化"堆码（见图 3-16）。"五五化"堆码就是以五为基本计算单位，堆码成各种总数为五的倍数的货垛，即大的商品堆码成五五成方，小的商品堆码成五五成包，长的商品堆码成五五成行，短的商品堆码成五五成堆，带眼的商品堆码成五五成串等。这种堆码方式清点方便，不易于出现差错，收发快、效率高，适用于按件计量的商品。

（9）托盘式堆码（见图 3-17）。托盘式堆码是商品直接在托盘上存放。商品从装卸、搬运入库，直到出库运输均不离开托盘，这就可大大提高机械作业效率。包装整齐不怕压的商品可以使用平托盘；散装或零星商品可使用箱式托盘；怕压或形状不规则的商品，为增加堆码高度，可使用立柱托盘。

图 3-15　衬垫式堆码　　　图 3-16　"五五化"堆码　　　图 3-17　托盘式堆码

2. 自动码垛

自动码垛系统是一种集成化的系统，它包括码垛机器人、控制器、编程器、动折/叠盘机、托盘输送及定位设备和码垛模式软件。它一般还配置自动称重、贴标签和检测及通信系统，与其他物流系统或生产控制系统相连接，以形成一个完整的集成化包装生产线。

作为码垛机器人的重要组成部分之一，机械手即码垛机器人的末端执行器，也称手爪或抓手，它的工作性能，包括高可靠性、结构简单新颖、质量小等参数对码垛机器人的整体工作性能具有非常重要的意义，主要有：

（1）吸附式手爪。吸附式手爪主要为气吸附，真空吸附式机械手爪主要适用于吸盘吸取的码放物，如覆膜包装盒、塑料箱、纸箱等，广泛应用于医药、食品等行业；对于导磁性介质可采用磁力吸盘。吸附式手爪如图 3-18 所示。

（2）夹板式手爪。夹板式手爪是码垛过程中最常用的一类手爪，常见的有单板式手爪和双板式手爪，主要用于整箱或规则盒码垛。夹板式手爪加持力度较吸附式手爪大，并且两侧板光滑，不会损伤码垛产品外观质量，单板式手抓与双板式手抓的侧板一般都会有可旋转爪钩。此类手爪主要用于整箱或规则盒装包装物品的码放，可用于各种行业，可以一次码一箱（盒）或多箱（盒）。夹板式手爪如图 3-19 所示。

（3）抓取式手爪。抓取式手爪可灵活适应不同形状货物和包装袋的抓取。抓取式手爪主要用于袋装物的码放，如面粉、饲料、水泥、化肥等。抓取式手爪如图 3-20 所示。

图 3-18　吸附式手爪　　　图 3-19　夹板式手爪　　　图 3-20　抓取式手爪

（4）组合式手爪。组合式手爪是通过组合获得各单组手爪优势的一种手爪，灵活性较大，各单组手爪之间既可单独使用又可配合使用。如组合式码垛机器人可用抓取式手爪抓取托盘、用吸附式机械手爪抓取层垫，用夹板式手爪抓取货品，不仅具备高度的灵活性，又可同时满足多个工位的码垛。

（四）货物的养护

存储过程中对货物进行的保养和维护工作，称为货物养护。其目的是针对货物不同特性积极创造适宜的存储条件，采取适当措施，以保证货物储运的安全，保证货物质量和品质，减少货物损耗，节约费用开支，为企业创造经济效益和社会效益。

1. 货物养护的基本措施

（1）严格验收入库货物。货物入库前可能已有受潮、沾污、锈蚀、生霉、损坏等现象，所以要防止货物在存储期间发生各种不应有的变化，在入库时要严格验收，弄清货物及其包装的质量状况。

（2）合理安排存储场所。由于不同货物性能不同，对存储场所、保管条件的要求也不同，安排得不合理就会使货物出现货损变质，甚至报废，所以必须根据货物本身的性能特点选择存放场所。

（3）妥善进行入库堆垛。入库货物应根据其性质、包装条件、安全要求采用适当的堆垛方式，达到安全牢固、便于堆垛且节约仓容的目的。

（4）坚持在库货物检查。货物在存储期间受到各种因素的影响，质量可能会发生变化，如未能及时发现，可能造成损失，因此需根据其性能、存储条件、存储时间及季节气候变化分别确定检查周期、检查比例、检查内容，分别按期进行检查或进行巡回检查。

（5）搞好仓库清洁卫生。存储环境不清洁，易引起微生物和虫类寄生繁殖，危害货物，因此，应经常清扫仓库，彻底铲除仓库周围的杂草及垃圾等，必要时使用药剂杀灭微生物和潜伏的仓储害虫。

2. 仓库温湿度的调节与控制

（1）密封。密封是指在库外高温高湿条件下，使商品库房严密封闭、减少温湿度对商品的影响以达到安全存储的目的。密封是温湿度管理的基础，它的原理是利用一些不透气、能隔热隔潮的材料，把商品严密地封闭起来，以隔绝空气，降低或减少空气温湿度变化对商品的影响。密封形式可分为单件密封、整箱密封、货垛密封、小室密封和整库密封等。

（2）通风。通风是指在库外温湿度较低的条件下利用空气流通的规律使库内外空气交换，以达到降温降湿的目的。通风的方法有：①自然通风，即利用风压和热压的作用，开启库房门窗和通风洞，使库内外空气产生自然对流；②机械通风，即利用通风机械产生的正压力或负压力，使库内外空气形成压力差，从而强迫库内空气发生循环、交换，达到通风的目的。机械通风可分为排出式通风、吸入式通风和混合式通风。

（3）吸湿和加湿。在不能采用通风来调节湿度或需要迅速改变湿度的情况下，可采用吸湿剂、空气去湿机或用洒水、加湿机等方法吸湿或增湿。在仓储中多数日用商品和纺织品要降低湿度，多数生鲜商品和鲜活商品需要增加湿度。加湿可分为人工加湿和机械加湿。

（4）升温和降温。在不能用通风来调节温度时，可用暖气设备来提高库房温度，也可用空调设备来升温或降温。

三、智慧库存管理

库存管理是根据外界对库存的要求及企业订货的特点，预测、计划和执行一种补充库存的行为，并对这种行为进行控制，重点在于如何订货、何时订货、订购多少货等。智慧仓储中，库存货物种类和数量繁多，实行库存管理有利于资金周转，促进企业高效运转。常见的库存管理方法有 ABC 分类法、经济订货批量（EOQ）、定量及定期订货法等，企业应根据实际情况选择合适的库存管理方法。

（一）ABC 分类法

1. ABC 分类法含义

ABC 分类法又称帕累托分析法，是项目管理中常用的一种方法。它是根据实物在技术或经济方面的主要特征，进行分类排队，分清重点和一般，从而有区别地确定管理方式的一种分析方法。

2. ABC 分类法的基本原理

ABC 分类法作为库存管理的方法，是依据"对应价值大小的投入努力"来获得有效管理的技巧。ABC 分类法将库存物品按所占资金进行分类，分别采取不同的管理办法，尤其对重点物品实行重点管理原则，取得了很高成效。

仓库所保管的货物品种繁多，有些货物的价值较高，对地区经济发展影响较大，或者对保管的要求较高，而多数被保管的货物价值较低，要求不是很高。如果对每一种货物采用相同的保管管理方法，则可能投入的人力、资金很多，而效果则事倍功半。如何在管理中突出重点，做到事半功倍，是应用 ABC 分类法的目的。

ABC 分类法的基本原理是对企业库存（物料、在制品、产成品）按其重要程度、价值高低、资金占用或消耗数量等分类、排序，以分清主次、抓重点，并分别采用不同的控制方法。其要点是从中找出关键的少数（A 类）和次要的多数（B 类和 C 类），并对关键的少数进行重点管理。应用 ABC 分类法进行库存控制，采用的是"补充库存"的控制模式，通过对内部库存规模的适当控制，来保证外界的随机需求。

3. ABC 分类的一般步骤

（1）收集数据。收集数据是指确定构成某一管理问题的因素，收集相应的特征数据，以库存控制涉及的各种物资为例，如拟对库存物品的销售额进行分析，则应收集年销售量、物品单价等数据。

（2）资料的整理和排序。将所搜集的货物资料按价值（或重要性、保管难度等）进行排序。当货物种类较少时，以每一种库存货物为单元统计货物的价值，当种类较多时，可将库存货物种类采用按价值大小逐步递增的方法分类，分别计算出各范围内所包含的库存数量和价值。

（3）将上面计算出的资料整理成表格形式，求出累计百分数。例如，经资料整理和统计后，制成表格，见表 3-5。

表 3-5　库存货物数量与价值统计表

序号	货物单价（元）	数量	数量比率（%）	数量累计比率（%）	价值（万元）	价值比率（%）	价值累计比率（%）
1	10 000 以上	10	5.0	5.0	12	23.1	23.1
2	5 001～10 000	17	8.5	13.5	13	25.0	48.1
3	4 001～5 000	15	7.5	21.0	6.5	12.5	60.6
4	3 001～4 000	22	11.0	32.0	7	13.5	74.0
5	2 001～3 000	27	13.5	45.5	6.5	12.5	86.5
6	1 001～2 000	45	22.5	68.0	5	9.6	96.2
7	0～1 000	64	30.0	100	2	3.8	100
合计		200			52		100

（4）根据一定的分类标准（见表 3-6），进行 ABC 分类。列出 ABC 分析表后，各类因素的划分标准，并无严格规定。习惯上常把价值累计比率为 65%～80%、数量累计比率为 15%～20% 的货物划为 A 类；将价值累计比率为 15%～20%、数量累计比率为 30%～40% 的货物划为 B 类；将价值累计比率为 5%～15%、数量累计比率为 40%～55% 的货物划为 C 类。

表 3-6　ABC 分类标准

级别	物资特点	数量累计比率（占库存总数量的百分比）	价值累计比率（占库存总价值的百分比）
A	价值高，数量少	15%～20%	65%～80%
B	价值中，数量中	30%～40%	15%～20%
C	价值低，数量多	40%～55%	5%～15%

（5）绘制 ABC 分类管理图。以累计因素百分比数为横坐标，累计主要特征值百分比数为纵坐标，按 ABC 分析表所列求的对应关系，在坐标图上取点，并联结个点成曲线，即绘制成 ABC 分类管理图，如图 3-21 所示。

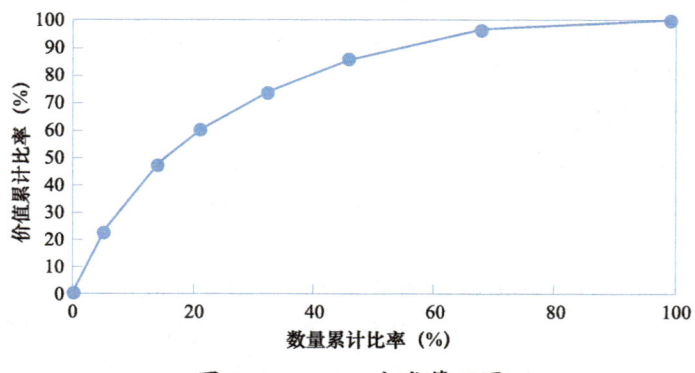

图 3-21　ABC 分类管理图

（6）根据 ABC 分类的结果，制定相应管理标准。权衡管理力量与经济效果，制订 ABC 分类管理标准表，对三类对象进行有区别的管理，见表 3-7。

表 3-7　各类货品存储策略

存货类别	库存控制策略
A	不设安全库存或少设安全库存，严格管理，连续检查盘点
B	设一定比例的安全库存，一般控制，定期检查盘点
C	设置较多的安全库存，批量进货，隔较长时间检查一次库存

4. ABC 分类管理的措施

A 类货物作为库存管理的重点对象，应采用定期订货的方式，定期盘点库存，尽量减少安全库存，必要时可紧急补货。B 类货物应采取适当简单的管理措施，以定量订货法为主，辅以定期订货法，适当提高安全库存，也可采用三堆法等简单的管理措施。C 类货物应采用简化的管理方式，采用较高的安全库存，减少订货次数，采用双堆法等简单的管理措施。ABC 分类管理的措施见表 3-8。

表 3-8　ABC 分类管理的措施

类别	A 类	B 类	C 类
价值	高	中	低
管理重点	1. 准确的需求预测和详细的采购计划 2. 严格的库存控制 3. 严格的物流控制和后勤保障 4. 对突发事件的准备 5. 供应商的合作	1. 供应商选择 2. 建立采购优势 3. 目标价格管理 4. 订购批量优化 5. 最小库存 6. 供应商的竞争与合作	1. 物品标准化 2. 订购批量优化 3. 库存优化 4. 业务效率 5. 供应商的竞争与合作
订货量	少	较多	多
订货方式	定期定量按经济批量订货	定量订货	按经验订货，可采用订货双堆法管理库存
检查方式	经常检查和盘存	一般检查和盘存	按年度或季度检查盘存
记录	最准确、最完整	正常记录	简单记录
统计方法	详细统计，按品种规格等细项统计	按大类进行统计	按金额统计
保险储备量	低	较高	高

（二）经济订货批量（EOQ）

库存控制研究的是在什么时间、以什么数量、从什么来源补充库存，可以使库存和补充采购的总成本最小。经济订货批量通过费用分析可求得库存总成本最小时的订货批量，用以解决独立需求的库存控制问题。

1. 库存总成本

库存控制模型中的库存总成本，主要包括订货成本、保管成本、购进成本。①订货成本，指每进行一次订货时所发生的费用，主要包括差旅费、通信费、检验费等。订货成本与每次订货量多少无关，在年需求一定的情况订货次数越多，则每次订货量越小，全年订货成本越高。②保管成本，指保管存储物品而产生的费用，主要包括存储设施的成本、搬运费、保险费、折旧费、税金以及物品变质损坏等支出的费用。显然，这些费用随库存量的增加而增加。③购进成本，是指购置物品需要支出的成本。

2. 基本经济订货批量（Economic Order Quantity，EOQ）

基本经济订货批量是一种简单、理想的状态。通常订货点的确定主要取决于需要量和订货交纳周期这两个因素。在需要是固定均匀、订货交纳周期不变的情况下，不需要设安全库存，这时订货点：

$$R = LT \times D/365 \tag{3.1}$$

式中，R 是订货点的库存量；LT 是交纳周期，即从发出订单至该批货物入库间隔的时间；D 是该商品的年需求量。

但在实际工作中，常常会遇到各种波动的情况，如需要量发生变化，交纳周期因某种原因而延长等，这时必须要设置安全库存 S，这时订货点则应用下式确定：

$$R = LT \times D/365 + S \tag{3.2}$$

式中，S 是安全库存量。

订货批量 Q 依据经济订货批量（EOQ）的方法来确定，即总库存成本最小时的每次订货数量。通常，年总库存成本的计算公式为：

年总库存成本 = 年购置成本 + 年订货成本 + 年保管成本 + 缺货成本

假设不允许缺货的条件下，年总库存成本 = 年购置成本 + 年订货成本 + 年保管成本，即：

$$TC = DP + DC/Q + QK/2 \tag{3.3}$$

式中，TC 是年总库存成本；D 是年需求总量；P 是单位商品的购置成本；C 是每次订货成本（元/次）；K 是单位商品年保管成本（元/年）（$K=PF$，F 为年仓储保管费用率）；Q 是批量或订货量。

经济订货批量就是使库存总成本达到最低的订货数量，它是通过平衡订货成本和保管成本两方面得到。其计算公式为：

$$EOQ = \sqrt{2CD/PF} \tag{3.4}$$

此时的最低年总库存成本 TC=$DP+K$（EOQ）；年订货次数 $N=D/$EOQ；平均订货间隔周期 $T=365/N$。

> **例 3-1** 甲仓库 A 商品年需求量为 8 000 件，单位商品的购买价格为 100 元，每次订货成本为 30 元，单位商品的年保管费为 3 元/件。求：最优的订货数量、每年订货次数和每次订货时间间隔各为多少（每年按 360 天计算）；以经济订货批量订货，年度库存总成本为多少元。
>
> 解：经济批量 EOQ=$\sqrt{2CD/PF}$=400（件）；
>
> 　　每年的订货次数 N=8 000/400=20（次）；
>
> 　　平均订货间隔周期 T=360/20=18（天）；
>
> 　　每年总库存成本 TC=8 000×30/400+400×3/2+8 000×100=801 200（元）。
>
> 即每次订货批量为 400 件时，年库存总成本最小，最小费用为 801 200 元。

3. 有折扣的经济订货批量

为鼓励大批量购买，供应商往往在订货数量超过一定量时提供优惠的价格。这种情况下，买方应进行计算和比较，以确定是否需要增加订货量去获得折扣。其判断准则是：若接受折扣所产生的年度总成本小于经济订货批量所产生的年度总成本，则应接受折扣；反之，应按不考虑折扣计算的经济订货批量购买。

> **例 3-2** 在例 3-1 中，供应商给出的数量折扣条件是：若一次订货量小于 600 件时，每件价格是 100 元；若一次订货量大于或等于 600 件时，每件价格是 80 元。若其他条件不变，每次应采购多少？
>
> 解：根据供应商给出的条件，分析如下：
>
> （1）计算按照享受折扣价格的批量即 600 件采购的年度总成本。
>
> 此时 D=8 000 件，C=30 元/次，K=3 元/件，P=80 元/件，Q=600 件。
>
> 年总库存成本 TC=8 000×30/600+600×3/2+8 000×80=641 300（元）。
>
> （2）按照折扣价格计算经济订货批量 EOQ。
>
> 此时 D=8 000 件，C=30 元/次，K=3 元/件，P=80 元/件，Q=600 件。
>
> 经济批量 EOQ=$\sqrt{2CD/PF}$=400（件）。
>
> （3）分析判断。
>
> 根据（2）中计算结果可知，按 80 元/件计算的经济订货批量是 400 件，它小于享受折扣价格条件规定的数量（一次性不小于 600 件），这表明每次订购 400 件是不能享受折扣价格的，这时只能按照 100 元/件计算年度总成本。根据例 3-2 计算结果可知，这种情况的年度总成本是 801 200 元。
>
> 再根据（1）计算结果判断，若按享受折扣价格时的批量即 600 件采购，年度总成本为 641 300 元，小于按不享受折扣价格时的批量即 400 件采购的年度总成本 801 200 元。因此，每次应采购 600 件。

（三）定量及定期订货法

1. 定量订货法基本概念

定量订货法是指当库存量下降到预定的最低库存量（订货点）时，按规定进行订货补充的一种库存控制方法。当库存量下降到订货点时，即按预先确定的订货量发出订单，经过订货期、提前期、交货周期后，库存量继续下降，到达安全库存量时收到订货，库存水平回升。采用定量订货方式必须预先确定订货点和订货量。

（1）订货点。订货点是指发出订货信息时某种货物的实际库存量，又称订货点库存量，用 R 表示。

（2）提前期。提前期是从发出订单到收到货物的时间间隔，用 L 表示。

安全库存也称安全库存量（或保险库存），是指为防止不确定因素（如交货期突然延期、临时用量增加等）而预设的保险储备量，用 S 表示。

2. 控制参数

（1）订货点。在定量订货法中，订货点直接影响库存水平。影响订货点的因素有三个：订货提前期、平均需求量和安全库存。

1）在需求确定、订货提前期不变的情况下，不存在突发需求，所以不需要设置安全库存，可以根据需求量和订货提前期直接求出订货点。计算公式为：

$$订货点 = 订货提前期 \times (全年需求量 /360) \tag{3.5}$$

2）在需求和订货提前期都不确定的情况下，安全库存的作用是满足需求变动和提前期变动所导致的库存需求量的增加。计算公式为：

$$订货点 = 订货提前期的平均需求量 + 安全库存 \quad (3.6)$$

（2）订货批量。订货批量就是一次订货的数量。订货批量直接影响库存量的高低和物料供应的满足程度。在定量订货法中，每一个品种每次的订货批量都是相同的，通常是以经济批量作为订货批量，当然，批量的确定还应考虑其他因素，运用经济订货批量的一次性进行适当调整。

悦动思维 如何根据仓库库存物资情况，通过数据搜集和再计算确定库存控制策略？

3. 定量订货法的优缺点

（1）定量订货法的优点。

1）控制参数确定，实际操作比较简单。

2）物品的验收、订货、出入库业务可以利用现有规格化量具和计算方式，有效地节约搬运、包装等方面的作业量。

3）充分发挥经济批量的作用，可降低库存成本、节约费用，提高经济效益。

（2）定量订货法的缺点。

1）要随时掌握库存动态，就要经常对库存进行详细检查和盘点，工作量大且需要花费大量时间，从而增加了库存保管持有成本。

2）订货模式过于机械，缺乏灵活性。

3）订货时间不能预先确定，对于人员、资金、工作业务的计划安排不利。

4）受单一订货的限制，每个品种单独进行订货作业会增加成本。

4. 定期订货法基本概念

定期订货法是指根据预先确定的订货间隔期按期订购物品，以补充库存的一种库存控制方法。通俗地说，每隔一个订货周期就要检查库存，发出订货，每次订货量的大小都促使订货后的名义库存量达到最高库存量。

定期订货法每两次订货的间隔时间总是相等的。订货周期的长短直接决定库存量的大小，进而也决定了库存成本的多少。所以订货周期太长，会增加库存成本；订货周期太短会增加订货次数，使得订货费用增加，进而增加库存总成本。从费用上看，要使总成本达到最低，可以用经济订货批量的计算公式，确定使库存成本经济订货周期。

5. 定期订货法的应用

（1）定期订货法适合直接用于单一品种订货，但稍加处理也可用于多个品种联合订货。

（2）定期订货法适用于随机型需求，也适用于确定型需求。对于不同的需求类型，可以导出具体的应用形式，但它们的应用原理都是相同的。

（3）定期订货法一般适用于品种数量多、占用资金较少的C类库存和B类库存。

6. 两种库存控制方法的比较

定量订货法和定期订货法在运行机制上有所不同。定量订货法是"事件驱动"，而定期订货法是"时间驱动"。也就是说，定量订货法在达到规定的再订货水平后就进行订货，主要取决于对库存的需求情况。相比而言，定期订货法只限于在预定的期末进行盘点和订货，是由时间驱动的。具体而言，两种订货方法在以下几个方面有所区别：

（1）提出订货请求的时点标准不同。定量订货法在库存量降到预订的订货点时，提出订货请求；定期订货法在到达预先规定的订货间隔周期时，提出订货请求。

（2）请求订货的物品批量不同。定量订货法每次订购物品的批量相同，都是事先确定的经济批量；定期订货法每到规定的请求订货期，订购的物品批量都不相同，是根据实际库存量经过计算以后确定的。

（3）库存物品管理控制的程度不同。定量订货法要求仓库作业人员进行严格的库存控制，经常检查、详细记录、认真盘点，随时掌握库存的余量；定期订货法只要按周期进行一般的管理，定期盘点即可。

四、盘点和移库作业

盘点是指定期或临时对库存货物实际数量进行清查、清点的作业，即对仓库现有物的实际数量与保管账上记录的数量相核对，检查有无残缺和质量问题，以便准确掌握货物保管数量，进而核对金额。盘点是保证储存货物达到账、物、卡相符的重要措施之一。只有使库存货物经常保证数量准确和质量完好，仓储部门才能更有效地为生产、流通提供可靠的供应保证。因此，在库作业管理必须十分重视盘点工作。

（一）盘点的目的和内容

1. 盘点的目的

（1）查清账面库存数量与实际库存数量。理论上，账目的数字和实际数字应该是一致的，但在实际作业活动中会因出入库作业频繁而出现计量计数的误差，如错记、漏记或误记、错放、混放、丢失、损耗等情况，致使出现账、物、卡不符的情况。盘点可以查清实际库存数量，并通过盈亏调整使账面上的库存数量与实际库存数量一致。

（2）确认企业损益。对于货主企业，库存货物总金额直接反映企业流动资产的使用情况，库存量过高，流动资金的正常运转将受到威胁。通过盘点，能够准确计算企业实际损益。

（3）发现仓库管理中存在的问题。通过盘点可以查明亏盈的原因，发现作业与管理中存在的问题，并通过解决问题来改善作业流程和作业方式，提高人员素质和企业的管理水平。

2. 盘点的内容

（1）查数量。通过点数查明在库物品实际数量，核对账目资料与实际库存数量是否一致。

（2）查质量。检查在库货物质量有无变化、有无超过有效期和保质期、有无长期积压等现象，必要时还需对物品进行技术检验。

（3）查保管条件。检查各种安全措施和消防设备、器材是否符合安全要求、建筑物和设备是否处于安全状态。

悦动思维 想一想，如果一个企业长时间不进行库存盘点，会有什么后果？

（二）盘点的方式

1. 按照账或物分

（1）账面盘点。账面盘点又称为永续盘点，就是把每天入库及出库货物的数量及单价记录在电脑或账簿上，而后不断地累计加总，计算账面上的库存量及库存金额。

（2）现货盘点。又称为实地盘点（或实盘），是指实际去点数调查仓库内的库存数，再依货物单价计算出实际库存金额的方法。依照盘点时间频度的不同又可分为期末盘点及循环盘点（见表3-9）。

表3-9 期末盘点与循环盘点的差异比较

比较项目	期末盘点	循环盘点
盘点时间	期末、每年仅数次	平常、每天或每周一次
所需时间	长	短
所需人员	全体动员（或临时雇用）	专门人员
盘差情况	多且发现得晚	少且发现得早
对营运的影响	须停止作业数天	无
对品项的管理	平等	A类重要货品：仔细管理 C类不重要货品：稍微管理
盘差原因追究	不易	容易

2. 按照盘点周期分

（1）定期盘点。每次盘点间隔时间相同，一般是每季、每半年或年终财务结算前进行一次全面的盘点。由货主派人会同仓库管理员、会计人员一起进行盘点对账。定期盘点需关闭仓库，全面清理，可避免盘点中的疏漏，使得盘点结构清晰直观。

（2）不定期盘点。也称为临时盘点，一般是当仓库发生货物损失事故或保管员更换，或仓库与货主认为有必要进行盘点时，确定盘点的内容与规范方法，进行一次局部性或者全面的盘点。

（三）盘点的方法

1. "人—机"盘点

"人—机"盘点通常是在自动化立体仓库和自动分拣线上进行，凭借仓库管理系统（WMS）中的盘点系统，利用电子标签和RF手持终端进行人机配合盘点。

2. 人工盘点

人工盘点作业常用三人小组法。三人小组法的操作要领和作业细节如下：①盘点人员要熟知企业盘点制度。②选择盘点人员，每组3人，根据工作量和时间要求组成若干小组。③提供盘点货位配置图。④接受盘点作业任务。⑤每组分工后，1人按配置图进行每一物品盘点，并将盘点结果记入盘点表，1人对前面所完成的作业进行复盘，1人负责核查前两人的盘点数据，如结果一致则将盘点结果记入盘点调整表的盘点数栏，如不一致则由第3人再一次将结果与前两人的盘点结果对照，如一致则将结果记入盘点调整表。⑥盘点时有可能出现盘盈或盘亏，不论盘盈或是盘亏都要认真查找原因，有时可能会出现混货和错货，应认真核对并进行调整。⑦根据盘点结果填制盘点盈亏汇总表。⑧根据盘点盈亏汇总表，制作盘点卡。

3. 无人机智能盘点

无人机智能盘点是一种利用无人机搭载先进传感器、摄像头、激光雷达等设备，结合人工智能（AI）、计算机视觉、物联网（IoT）等技术，实现对仓库、库存、资产等目标的自动化、智能化盘点的解决方案。工作流程主要包括以下四个方面。

（1）前期准备。在进行盘点前，需要对仓库的布局进行建模，规划无人机的飞行路径。同时，将仓库管理系统中的货物信息与无人机的识别系统进行对接，确保数据的一致性。

（2）数据采集。无人机按照预设的飞行路径在仓库内飞行，通过摄像头拍摄货物的图像，并利用图像识别技术提取货物的相关信息。同时，传感器会实时记录无人机的位置和姿态信息。

（3）数据处理与分析。采集到的数据会实时传输到后台服务器，进行处理和分析。系统会自动将识别到的货物信息与库存记录进行比对，发现差异及时进行标记。

（4）结果反馈。盘点完成后，系统会生成详细的盘点报告，包括货物的实际数量、位置以及与库存记录的差异等信息。工作人员可以根据报告进行相应的处理，如调整库存记录、查找差异原因等。

（四）盘点的程序

货物盘点作业一般根据以下几个步骤进行：盘点前准备、确定盘点时间、确定盘点方法、盘点人员组织与培训、清理盘点现场、盘点、盘点差异分析、盘点结果处理，如图3-22所示。

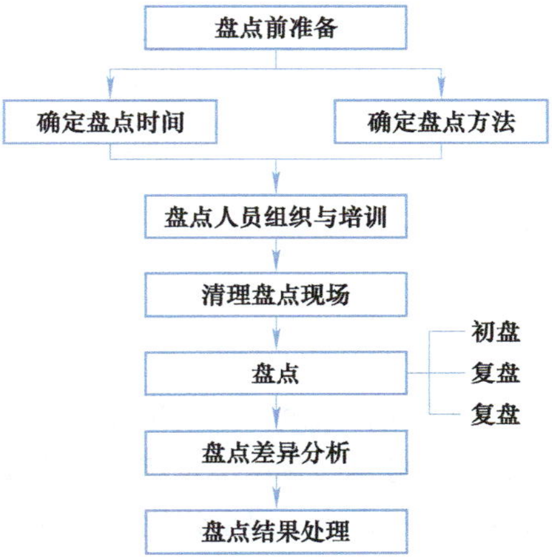

1. 盘点前准备

盘点准备工作主要包括明确盘点的具体方法和作业程序，配合财务会计做好准备，设计印刷相关盘点单据，准备盘点所用的工具。

2. 确定盘点时间

图3-22 货物盘点的基本程序

一般性物品就货账相符的目标而言，盘点次数越多越好，但因为每次盘点必须投入人力、机力，使成本增加，所以把盘点次数控制在合理水平上。要防止过久盘点对企业造成的损失，又要考虑资源的有限性，因而最好根据仓库内物品性质不同确定不同的盘点时间。

3. 确定盘点方法

因为不同现场对盘点的要求不同，盘点的方法也会有差异。为尽可能快速准确地完成盘点作业，必须根据实际需要确定盘点方法。

4. 盘点人员组织与培训

初盘时，应由管理该类物品的人员来实施盘点，由后勤人员及部门主管进行交叉的复盘及抽盘工作。对于各部门增援的人员必须施以短期训练，培训内容如下：①针对所有人员进行盘点方法训练。只有对盘点的程序、表格的填写充分了解，工作才能得心应手。②针对复盘与监盘人员进行认识物品的训练。因为复盘与监盘人员对物品大多并不熟悉，故而应加强物品的认识，以便于盘点工作的进行。

5. 清理盘点现场

（1）储存场所在关闭前应通知各部门预先领取需要的物品。

（2）储存场所整理整顿完成，以便计数盘点。

（3）预先鉴定呆料、废品、不良品，以便盘点时的鉴定。
（4）账卡、单据、资料均应整理后加以结清。
（5）储存场所的管理人员在盘点前应自行预盘，以便提早发现问题并加以预防。

6. 盘点

货物盘点是智慧仓储管理的核心工作之一，在货物盘点流程中可以通过固定式自动识别读写设备和手持自动识别读写设备来实现对全库的整体盘点和单货位的盘点，如图3-23所示。

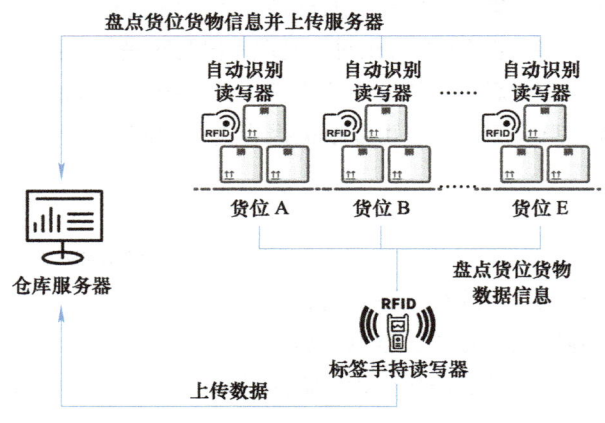

图 3-23　智慧仓储货物盘点流程

一方面，通过固定式读写设备进行全库和单货位盘点。仓库在得到货物盘点任务后，通过仓库服务器向货位固定读写设备发送盘点指令，根据盘点任务来实现单货位盘点、多货位盘点和全库盘点。自动识别读写设备接收到盘点指令后会对货位的数据信息进行读取，同时将读取到的信息上传至仓库服务器，通过与原始数据库及出入库情况核对来实现货物的盘点工作。

另一方面，通过手持标签自动识别设备进行货位盘点。标签手持读写器的优点在于其可移动性，主要针对小面积或者单货位盘点。仓库在得到货物盘点任务后，仓库工作人员可以使用标签手持读写器来对需要盘点的物品或者货位来实现盘点，同时通过仓库的无线设备将数据上传至仓库服务器，通过与原始数据库及出入库情况核对来实现货物的盘点工作。

7. 盘点差异分析

在盘点时，如果发生盘点所得实际数量与库存账面数量不符，原因可能是仓库管理人员出现差错，也有可能是盘点人员在盘点时技术有误，需要分析其产生的原因。盘点差异产生的原因是多方面的。

8. 盘点结果处理

出现实存数大于账面结存数或有物无账的情况即发生了盘盈；出现实存数小于账面结存数或有账无物的现象即发生了盘亏。

（1）上报盘点结果。盘点分析后，仓库管理人员应该向上级部门及时报告盘点结果，并对在盘点中产生的盈亏进行处理。为使主管部门及时了解库存情况，仓库管理人员应该根据盘点结果，分析差异产生原因并制定对策，填写"盘点盈亏表"，见表3-10，请主管部门就盘点差异的处理方法进行批示。

表 3-10 盘点盈亏表

盘点日期:									页数		
序号	货物编码	品名	规格	单位	实盘数量	账目数量	差异数量	单价	差异金额	差异原因
主要事项说明:										
制表:						审核:				

（2）调整账面存量。根据盘点后的结果，仓库管理人员要办理库存账目、保管卡的更改手续，以保证、物、卡重新相符。账目调整包括库存账目的调整与保管卡的调整。

1）调整库存账目。整库存账目时，仓库管理人员应该根据盘点结果，在库存账页中将盘亏数量作发出处理，盘盈数量作收入处理，并在摘要中注明盘盈（亏）。

2）调整保管卡。库管理人员调整保管卡时，也应该在收发记录中填写数量的变更。

（五）移库的目的和原因

货物移库是指货物存放地点的变动。某些货物由于业务需要或自身特性需要变更存储场所，从一个仓库转移至另一个仓库时，必须根据有关部门开具的移库单来组织货物出库。移库应根据具体要求，同时满足多种移库规则。例如，同属性货物相邻存放、货物存放货架层数要求、按出入库量大小优先安排同层存放顺序、靠近托盘货架区出入口等条件。

1. 移库的目的

一是优化储位，根据货物属性或指标，进行 ABC 分析，对货物进行储位的移动，以优化库存结构；二是提高仓储效率，对不满一个托盘的货物进行拼盘作业，以提高储位的仓储效率。

2. 移库的原因

（1）进行盘点作业时发现货物损坏或质量下降，要求移库，以对货物分类管理。

（2）盘点时发现货物放错地方，需要重新调整。

（3）入库时，因托盘不够用而产生拼托，等托盘充足了再进行移库。

（4）货物大部分出库后，剩余的部分暂时存放在某处，有新货物入库后要进行重新调整。

（5）原先有瑕疵的货物经过简单加工后恢复正常，可以移到正常货物的仓库。

（6）原先因为库存紧张，将货物放在别的仓库，现在仓库有充足的储位，将货物移到预想进入的仓库，以方便管理。

（7）目前的仓库储量小，而别的仓库仍有充足储位，移库可以方便管理，而且可以节约照明、恒温等资源。

（六）移库作业流程

1. 接收移库任务

仓管员接到主管的移库指令后，需要在系统内完成移库信息的处理，包括新增移库作业单、移库预处理操作、生成移库作业，并将作业指令传递至下一个环节，完成仓库内货品的移作业。

2. 执行移库作业

仓管员完成仓储系统内的移库信息处理后，拿着移库单进入作业区进行移库作业操作。仓管员需要先取出移库相关设备，然后到指定原库位进行货物下架操作，最后将货物搬运至指定库位进行上架操作。

3. 移库反馈

仓管员完成移库作业后，将操作完毕的移库作业信息反馈到信息系统，然后向仓库主管汇报移库情况，并由仓库主管在移库单上签字确认。

（七）常见的移库异常情况处理

1. 货位数量不符

（1）立即停止作业并反馈异常情况：一旦发现异常，须第一时间上报主管人员。

（2）查询库位作业记录，寻找原因：调查需依据系统中的账、货卡、进出库异常登记、退货返库、差异库位交易记录、拣货文件等作业记录进行分析。

2. 货位外包装破损

（1）立即停止作业并反馈异常情况：一旦发现异常，须第一时间上报主管人员。

（2）及时移出问题货品，判别损坏程度：是否是外包装轻度磨损，但质量未受损的轻微破损货品；是否是内外包装均已破损，但质检证实未影响产品质量的一般破损货品；是否是直接影响产品质量的严重破损货品。

（3）根据指令，对问题货品区别处理：对于轻微受损的货品，应采取补救措施；对于一般破损的货品，进行包装更换；对于严重破损的货品，执行不合格品程序。

3. 货物质量异常

立即停止作业并反馈异常情况。一旦发现异常，须第一时间上报主管人员。

● 任务发布

智慧仓储在库作业流程分析与总结

根据本任务所讲述的内容，结合智慧仓储在库作业程序，网络或实地调研智慧仓配企业，选择一种货物，进行智慧仓储在库作业流程分析与总结汇总，并形成智慧仓储在库作业方案。

● 任务实施

（一）实施方式

1. 学生5～6人自主组成一个小组，进行智慧仓储在库作业流程分析与总结。
2. 参考实施步骤的提示，完成智慧仓储在库作业方案。

（二）实施内容及操作步骤

步骤1：进行货物的智能储位分配。

步骤2：进行货物保管与养护。

步骤3：掌握智慧库存管理方法。

步骤4：进行货物盘点和移库作业。

步骤5：形成智慧仓储在库作业方案。

（三）实施成果及形式

1. 总结报告：每组提交一份智慧仓储在库作业方案。

2. 小组展示：利用 PPT 现场讲解智慧仓储在库作业方案。

任务评价

任务评价表

被考评人			考评任务	智慧仓储在库作业操作		
考评步骤	考评内容及分值		自我评价（30%）	小组评议（40%）	教师评价（30%）	合计得分（100%）
步骤1	进行货物的智能储位分配	15分				
步骤2	进行货物保管与养护	15分				
步骤3	掌握智慧库存管理方法	20分				
步骤4	进行货物盘点和移库作业	15分				
步骤5	形成智慧仓储在库作业方案	35分				
综合评定						
考评标准	资料准备	知识掌握	语言表达	团队合作	沟通能力	合计得分
分值	20分	30分	20分	15分	15分	
注：任务总评得分 = 考评步骤 70%+ 综合评定 30%				任务总评得分		

任务三　智慧仓储出库作业操作

任务引例

西安吉利汽车引领汽车行业智慧仓储出入库新变革

吉利汽车西安制造基地的 RDC（区域配送中心）仓库占地10万 m^2，负责400余家供应商、7 000多种零部件的存储工作，也兼顾了厂内物流全流程业务。与京东物流、极智嘉强强联合，率先引入极智嘉 SkyPick 智能上存下拣解决方案，进行入库上架、存储、拣选作业。"上存"指立库区的2～5层，由 X1200 四向车搭配智能高速提升机负责整托物料的自动出入库。"下拣"指在立库区一层，由 P800 拣选机器人负责整托、整箱物料的搬运和智能拣选。该方案将密集存储与货到人高效拣选合二为一，实现从入库、存储、补货到拣选出库的全流程自动化，另一方面立库区一层拣选区替代汽车行业传统的物料超市区域，为仓库节省面积，节省设备及人员投入，实现降本增效。

思考：吉利汽车西安制造基地的 RDC 仓库智慧出库的亮点和优势有哪些？

知识准备

智能仓储出库作业是指仓库根据业务部门或存货单位开出的货物出库凭证（提货单、调拨单），按其所列货物编号、名称、规格、型号、数量等项目，利用智慧仓储系统，从对出库凭证审核开始，进行拣货、分货、发货检查、包装，直到把货物交给存货单位或发运部门的一系列智能作业过程。货物出库是智慧仓储作业管理的最后一个环节，它使仓储作业与运输部门、物品使用单位直接发生联系。因此，做好出库作业对改善仓储经营管理，降低作业费用，提高服务质量有重要的作用。

一、货物出库准备

（一）货物出库的基本要求及方式

1. 货物出库的基本要求

（1）出库凭证和手续必须符合要求。出库业务必须依据正式的出库凭证进行。为防止出现工作失误，在进行出库作业时，必须严格履行规定的出库业务工作程序，使出库业务有序进行。

（2）严格遵守出库的各项规章制度。一般情况下，由于仓库储存商品品种较多，发货时间比较集中，业务比较繁忙，为做到出库商品准确无误，必须加强复核工作，要从审核出库凭证开始直到商品交接为止，每一环节都要进行复核。严格遵守出库的各项规章制度，按照商品出库凭证所列的商品编号、品名、规格、等级、单位、数量等，做到准确无误地出库。

（3）严格贯彻"先进先出，后进后出"的原则。为避免货物长期在库存放而超过其储存期限或增加自然损耗，因此必须坚持"先进先出，后进后出"的原则。

（4）提高出库效率和服务品质。办理出库手续，应在明确经济责任的前提下，力求手续简便，提高发货效率。一方面要求作业人员具有较高的业务素质，全面掌握商品流向动态，合理组织出库业务；另一方面，还要加强与业务单位的联系，提前做好出库准备，以达到迅速、及时完成出库业务的目的。

（5）贯彻"三不""三核""五检查"的原则。所谓"三不"是指未接单据不翻账、未经审单不备库、未经复核不出库；"三核"指在发货时，核实凭证、核对账卡、核对实物；"五检查"是指对单据和实物要进行品名检查、规格检查、包装检查、件数检查、重量检查。在出库时，严格贯彻"三不""三核""五检查"的原则。

2. 货物出库的方式

出库方式是指仓库用什么样的方式将货物交付收货人。货物出库的方式有以下几种。

（1）送货。仓库根据货物委托运输部门（铁路、水运等）运到车站、码头、机场，用户自行提取或仓库使用自有车辆直接将货物送达收货地点。这种发货形式就是通常所称的送货制。

（2）自提。收货人或其代理人自派车辆和人员，持货物调拨通知单直接到仓库提货，仓库凭单发货，这种发货形式就是仓库通常所称的提货制。为划清交接责任，仓库发货人与提货人在仓库现场，对出库货物当面交接清楚并办理签收手续。

（3）过户。过户是一种就地划拨的形式。货物虽未出库，但是所有权已从原存货户转移到新存货户。仓库必须根据原存货单位开出的正式过户凭证办理过户手续，而仓库管理人员只需要进行单据交割更换户名即可，无须进行实物转移。

（4）转仓。存货单位为了业务方便或改变储存条件，需要将库存的货物从甲库移到乙库，这就是转仓的发货形式。因为出库量大，是以整批的方式出库的，所以要求仓库必须根据货主单位开出的正式转仓单办理转仓手续。

（5）取样。存货单位出于对货物质量检验、样品陈列等的需要，到仓库提取货样（一般都要开封拆包、分割，出库量小），仓库也必须根据正式取样凭证才能发出样品，并做好账务记载。

（二）货物出库准备工作

要货单位一般会提前一天将提货通知发给仓库，仓库在接到提货通知后，需要制订出库作业计划，做好出库前的准备工作，其流程如图 3-24 所示。

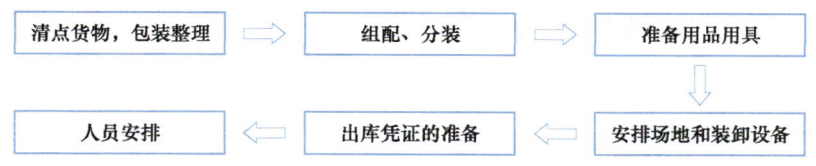

图 3-24　货物出库准备工作流程

1. 清点货物，包装整理

货物经过运输、装卸、搬运、堆码、倒垛、拆检等作业，部分包装会出现受损、标识脱落等现象，在出库前，应检查货物包装的状态是否良好，若有受损、不适宜运输的，应进行加固或者更换包装。

2. 组配、分装

根据要货单位的需求，有些货物可能需要拆零后出库，仓库应事先做好相应的准备，备足零散货物，以免临时拆零影响出库发货时间；有些货物可能需要在出库前进行拼箱，仓库应事先做好拣选、分类、整理和组配等工作。

3. 准备用品用具

有装箱、拼箱或改装业务的仓库，在发货前要根据储存货物的性质及运输要求，准备好包装材料、衬垫物、刷写包装标识用的器具、标签、颜料、封箱用的胶带、箱钉、剪刀、打包带等。

4. 安排场地和装卸设备

在出库货物从办理托运到出库的付运过程中，仓库需要安排一定的仓容或站台等理货场所，进行出库货物的包装、组配、拼箱、周转等。

出库作业需要调配必要的装卸机具，如叉车、托盘、货架、纸箱固定设备，便于运输人员提货发运，及时装卸货物，加快发货速度。

5. 出库凭证的准备

要货单位凭盖有财务专用章和有关部门签章的领料单等出库凭证（一式四联，一联存领用部门，一联交财务，一联交仓库作为出库依据，一联留存统计）办理货物出库手续。仓库管理人员在发货时，应根据领料单填写货物出库单。

6. 人员安排

由于出库作业比较细致、复杂，工作量也大，仓库应事先对出库作业合理组织，安排好作业接运人员、验收人员、包装人员、检验人员、远程管理人员等专业人员，将各个环节紧密衔接，确保按时发货，减少错发或串货等现象。

二、出库流程组织

货物出库业务流程的组织上，不同仓库在货物出库的操作程序上会有所不同，操作人员的分工也有粗有细，但就整个发货作业的过程而言，一般都是跟随货物在库内的流向，或出库单的流转而构成各工种的衔接。以 WMS 出库为例，其流程如图 3-25 所示。

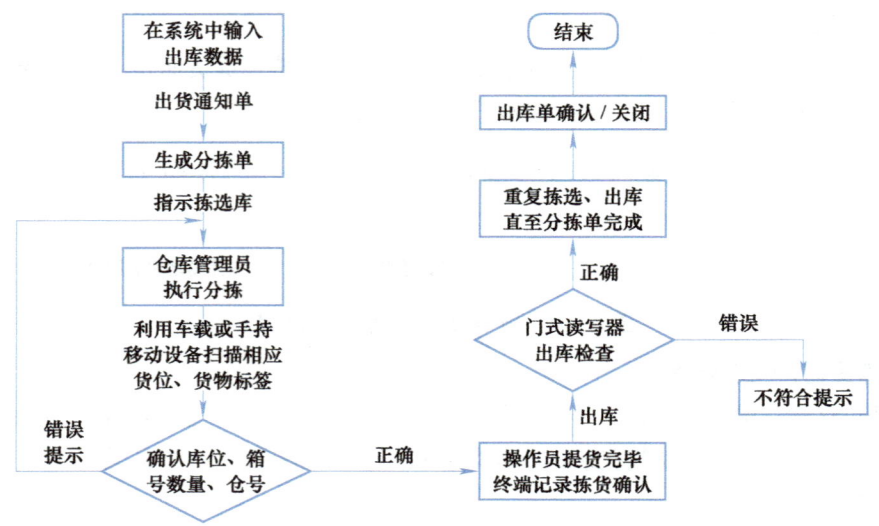

图 3-25 货物出库流程

（一）接收出库指令

仓库工作人员接到出库指令，在 WMS 中输入出库数据，签发出库单，并进行出库凭证审核。

1. 出库单

出库单一般作为销售或第三方物流仓库的出库凭证，通常包括货物的编号、品名、规格、数量等内容，出库单见表 3-11。

表 3-11 出库单

提货单位：		出库日期	年	月	日	出货仓库：	
产品编号	品名	规格	单位	批次	储位	计划数量	实发数量
备注							
审批：		提货人：			仓管员：		

本单一式三联，第一联：仓库联，第二联：财务联，第三联：提货人

2. 出库凭证审核

（1）审核内容。接到货物出库单后，仓库保管人员应对以下内容进行认真审核：①出库单所列的发货仓库名称、提单联字样有无错误。②出库单上印鉴是否齐全。③物品的品名、规格、等级、型号、单价等是否与库存物品相符。④凭证字迹是否清楚，有无涂改现象。⑤提货日期是否逾期。

（2）问题处理。①发现出库单有假冒、复制或有涂改痕迹的，应及时与保卫部门及领导联系，请其妥善处理。②发现出库单有疑点或与库存货物不符的，应立即同制票人员取得联系，及时查明或更正。③发现超过提货期限的，应请客户重新办理提货手续。④如客户将出货单遗失，其应持单位证明先到制票人员处挂失，再到仓库保管人员处挂失，将原凭证作废，补办手续后再安排发货。

（二）拣货和配货作业

1. 拣货作业

拣货作业是根据出库信息或订单，将客户订购的货物从保管区或拣货区取出或直接在进货过程中取出，并运至配货区的作业过程。拣选作业的方法主要有单一拣选和批量拣选。

（1）单一拣选，又称按订单拣选、摘果式拣选，即针对每一张订单，拣货人员巡回于存储场所，将客户所订购的每一种商品挑选出来集中在一起，将配齐的商品放置到发货场所指定的货位，即可开始处理下一张订单。

（2）批量拣选，又称播种式拣选，即将每批订单的同种商品累加起来，从存储仓位上取出，集中搬运到理货场，并按每张订单要求的数量投入对应的分拣箱，分拣完成后分放到待运区域，直至配货完毕。

2. 配货作业

分拣作业完成以后，接着是配货作业。首先，根据用户或配送路线进行分类，把物品集中放置在缓冲区。然后，进行配货检查，保证发运前的货物品种、数量、质量无误。最后，对配送货物进行重新包装、打捆，以保护货物，提高运输效率，便于配送到户时客户能够快速、准确地识别各自的货物等。

配货作业通常有单一配货和集中配货两种形式。①单一配货作业是指每次只为一个客户进行配货服务，因此单一配货作业的主要内容是对物品进行组配和包装。②集中配货作业是同时为多个客户进行配货服务，通常比单一配货多拆箱、分类的程序。

3. 加工作业

加工作业是在货物由生产领域向消费领域流动的运输过程中，为提高物流效率和运输实载率而对货物进行的流通加工。

（三）货物出库复核

通过货物复核，可以保证出库货物数量准确、质量完好、包装完整，杜绝差错的发生。

1. 复核出库单据

复核出库单据主要是审查货物出库凭证有无伪造编造、是否合乎规定手续、各项目填写是否齐全等，具体内容如下：①凭证有无涂改、过期。②凭证中各栏项目填写是否正确、完整等。③凭证中的字迹是否清楚。④印鉴及签字是否正确、真实、齐全。⑤出库物品应附的技术证件和各种凭证是否齐全。

2. 复核实物

（1）核对货物的品种、规格、牌号、单位、数量与凭证是否相符。
（2）核对货物的包装是否完好，外观质量是否合格。

3. 复核账、货结存情况

复核时，仓库保管人员还应对配货时取货的货垛、货架上货物的结存数进行核对。检查数量、规格等与出库凭证上标明的账面结存数是否相符，并要核对货物的货位、货卡有无问题，以做到账、物、卡相符。

4. 做好复核记录

复核完成后，仓库保管人员应该根据实际情况做好复核记录，并填写出库复核记录。

（四）待发物品刷唛

刷唛指印刷唛头，唛头通常由图形、字母、数字及简单的文字组成，其作用在于使货物在装卸、运输、保管过程中容易被有关人员识别，以防错发、错运。唛头的内容繁简不一，由买卖双方根据货物特点和具体要求商定，其主要内容一般包括收货人代号、发货人代号、目的港（地）名称、件数、批号，有的还包括原产地、合同号、许可证号、体积和重量等内容。对于包装好的货物，仓库保管人员应在其外包装上印刷或标打唛头，并根据需要在相应的位置印刷或粘贴条形码。这些工作完毕后就可以向接货人交货了。

（五）清点交接

向接货人员发货时，仓库保管人员应按照出库凭证逐笔向接货人员清点，然后将货物交给接货人员。交清后，仓库保管人员须在出库凭证上签名，并加盖"物品付讫"日戳，同时给接货人员开具出门证，以便门卫放行。

（六）登账记录

（1）整理并统一保管出库凭证，然后根据出库凭证填写物品库存账。

（2）复核物品保管卡，确保账、物、卡相符。

（3）整理物品档案，并依据物品出入库的情况、保管方法和损耗数量，总结保管经验。

（七）装载上车

装载上车是指车辆的配载，即根据不同配送要求，在选择合适的车辆的基础上对车辆进行配载，以达到提高车辆利用率的目的。

由于货物品种、特性各异，为提高配送效率、确保质量，首先必须对特性差异大的货物进行分类，并分别确定不同的运送方式和运输工具。

由于配送货物有轻重缓急之分，须预先确定哪些货物可配于同一辆车、哪些不能配于同一辆车，以做好车辆的初步配载工作。

在具体装车时，装车顺序或运送批次的先后一般按用户的要求时间先后进行，同一车辆要将货物依"后送先装"的顺序装车。

（八）现场清理

仓库保管人员应在物品出库后对仓库进行清理，具体工作主要有以下几个方面：①清理现场，根据储存规划要求对货物进行并垛、挪位，腾出新货位，以备新来货物存放。②清扫发货现场，保持清洁、整齐。回收用过的苫垫材料并妥善保管，以使其能够循环利用。③清发货设备和工具有无丢失、损坏。④发货完毕后，应整理出入库、保管保养及盈亏数据等情况，并记入档案，妥保管以备查用。

三、智慧配货出库

出库时，可以采用无人叉车出库、输送机出库、AGV 机器人出库，也可采用穿梭车出库。如某药品仓库，首次采用穿梭车出库，货物在装车之前先进入穿梭车库进行暂存，这样不仅可以大大节省月台空间，而且可以实现自动排车，提高装车效率。

货物出库时，在出库口经过自动识别设备的读写区域，读写器会自动读取货物电子标签信息,同时将数据上传至仓库服务器,仓库服务器通过核对订单和数据信息,确认无误后出库。同时仓库服务器会根据出库情况自动变更货物库存量。

货物出库后会有一个电子标签的回收程序,通过专人回收电子标签,回收、登记、核对数量、初始化,检查无误后货物装车。经过上面的一系列程序,货物装车运输到达各地的分销商,具体操作如图3-26所示。通过自动识别技术的应用大大降低了仓库在人力、物力上的投入,在现代化的大型仓储建设中具有重要的作用。

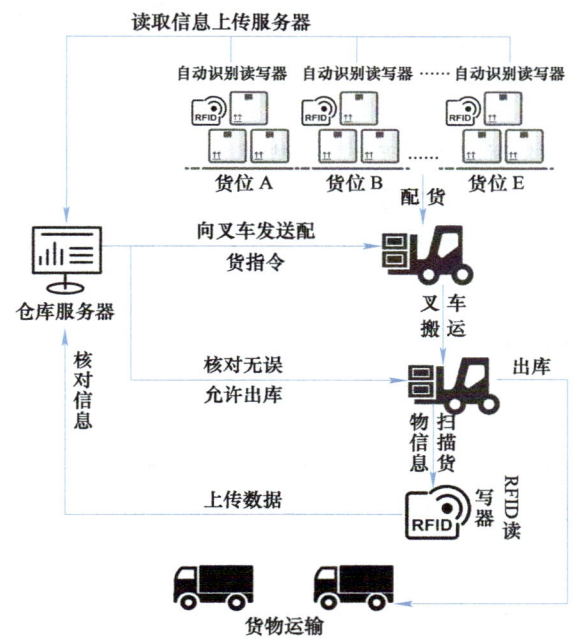

图3-26 智慧配货出库流程

案例直击

出库自识别,构筑仓储管理新模式

华为南方仓库的货物日存储量高达1 100万,而需求量的日益激增,对出库速度提出了新要求。华为云IoT,将RFID网络与物联网技术融合,为南方仓库配置出库自动识别系统,不依赖于人力校验,实现出库异常实时感知,减少单车装车时长50%,提升每天装车量30%,大幅提升发货效率。

思考与分析: 华为南方仓库出库自识别包括哪些?

四、出库异常处理

(一)出库凭证问题

当出库凭证有假冒、复制、涂改、疑点,或者情况不清楚时,应及时与仓库保卫部门和出具出库单的单位或部门联系,妥善处理。出库凭证有效期超过提货期限,客户前来提取货物,必须先办理手续,按规定缴足逾期的仓储保管费用后,方可发货,决不能凭无效凭证发货。提货时,若客户发现规格开错,保管员不得自行调换规格发货,必须通过制票员重新开票方可发货。如客户遗失提货凭证,必须由客户单位出具证明,到仓储部门制票员处挂失,由原制票员签字作为旁证,然后到仓库出库业务员处报案挂失。如果挂失时,货物已被提走,仓储部门不承担责任,但有义务协助调查;如果货物没有被提走,经业务员查实后,凭上述证明,做好挂失登记,将原凭证作废,缓期发货。

(二)串发货和错发货问题

串发货和错发货主要是指发货人员在对货物种类、规格不熟悉的情况下,或者由于工作中的疏漏,把错误规格、数量的货物发出库的情况。仓库收到客户投诉,发现串发货或错发货后,应及时逐步排查,查明情况并予以解决。

(三)包装问题

包装问题一般是指在发货过程中,因商品包装破损,造成货物渗漏、裸露等问题。仓储部门在发货时,凡原包装经挤压、装卸搬运不慎造成的破损、污损都需重新整理或更换包装,才能出库。出现此类客户投诉,一般是因为在运输途中,因碰撞、挤压或装卸搬运造成的,发货人应与运输部门协商,由运输部门(物流公司)解决此问题。

(四)漏记账和错记账问题

漏记账是指在商品出库作业中,没有及时核销商品明细账,造成账面数量大于或少于实存数量的现象。错记账是指在商品出库后核销明细账时没有按实际发货出库的商品名称、数量等登记,从而造成账物不相符的情况。不论漏记还是错记,一经发现,除及时向有关领导如实汇报情况外,应根据原始出库凭证查找原因、调整账目,使账货相符。

(五)退货问题

凡属商品内在质量问题,客户要求退货和换货时,应由质检部门出具质量检查证明、试验记录等书面文件,经主管部门同意后,方可退货或换货。

案例直击

"智慧茶仓"赋能茶产业发展

"智慧茶仓"温湿度监测设备在茶叶储存过程中拥有三大优势。第一,精准度高。"智慧茶仓"的温湿度监测设备专注于储运环境,符合茶叶经营质量管理规范,精准度高,质量可靠。第二,智能化记录报警。"智慧茶仓"温湿度监测终端拥有多种自动报警方式,可以实现短信报警、声光报警、微信报警等,自动记录历史数据,同时可以让茶商有效掌握仓库的温湿度数据变化。第三,使用方式灵活。"智慧茶仓"温湿度监测系统可以一个终端单独使用,也可以多种设备分级组网。通过物联网、大数据等技术对茶叶的生产源头溯源、仓储环境进行智能化管理,既把茶叶产好存好,又提升市场价值,有效帮助茶农增收。

思考与分析:"智慧茶仓"为仓储管理提供了哪些便利?

● 任务发布

智慧仓储出库作业方案制订

根据本任务所讲述的内容,结合智慧仓储出库作业程序,网络或实地调研智慧仓配企业,选择一种货物,进行智慧仓储出库作业流程分析与总结汇总,并形成出库作业方案。

任务实施

（一）实施方式

1. 学生5～6人自主组成一个小组，进行智慧仓储出库作业流程分析与总结。
2. 参考实施步骤的提示，完成智慧仓储出库作业方案。

（二）实施内容及操作步骤

步骤1：进行货物出库准备。
步骤2：进行出库流程组织。
步骤3：进行智慧配货出库。
步骤4：掌握出库异常处理方法。
步骤5：形成智慧仓储出库作业方案。

（三）实施成果及形式

1. 总结报告：每组提交一份智慧仓储出库作业方案。
2. 小组展示：利用PPT现场讲解智慧仓储出库作业方案。

任务评价

任务评价表

被考评人			考评任务	智慧仓储出库作业操作		
考评步骤	考评内容及分值		自我评价（30%）	小组评议（40%）	教师评价（30%）	合计得分（100%）
步骤1	进行货物出库准备	15分				
步骤2	进行出库流程组织	15分				
步骤3	进行智慧配货出库	20分				
步骤4	掌握出库异常处理方法	15分				
步骤5	形成智慧仓储出库作业方案	35分				
综合评定						
考评标准	资料准备	知识掌握	语言表达	团队合作	沟通能力	合计得分
分值	20分	30分	20分	15分	15分	
注：任务总评得分＝考评步骤70%+综合评定30%				任务总评得分		

任务四　智慧仓储信息系统操作

任务引例

智慧仓储数字孪生系统

在当今科技日新月异的时代背景下，智慧仓储已经悄然成为物流行业的一股新势力，更是一种以数字化技术为驱动的革命性转变。智慧仓储数字孪生系统如同一面魔镜，将现实世界的仓储设施与虚拟环境无缝对接,构建出一个高度模拟、实时交互的数字化场景。运用物联网、大数据和人工智能等技术,实现实体仓库数字化虚拟运营,实时反映仓库状态,优化库存布局,提升仓储效率,降低运营成本,并可通过模拟演练进行风险预判和应急处理,推动物流行业革新升级。智慧仓储数字孪生系统如同仓储领域的"黑科技",它正在引领仓储行业步入一个全新的智能时代,推动着物流行业的革新升级,为未来的供应链管理提供无限可能。

思考:智慧仓储数字孪生系统是如何高效运作的?

知识准备

智慧仓储信息系统,即智慧仓库管理系统(Smart WMS),由软件和流程组成,允许组织控制和管理从货物或材料入库到出库的全过程。WMS通过入库业务、出库业务、仓库调拨、库存调拨和虚仓管理等功能,对批次管理、物料对应、库存盘点、质检管理、虚仓管理和即时库存管理等功能综合运用的管理系统,有效控制并跟踪仓库业务的物流和成本管理全过程,实现或完善企业的仓储信息管理。该系统可以独立执行库存操作,也可与其他系统的单据和凭证等结合使用,可为企业提供更为完整企业物流管理流程和财务管理信息。

一、入库系统操作

货物贴标签操作如图3-27所示,货物入库系统操作如图3-28所示,仓位自动分配操作如图3-29所示。

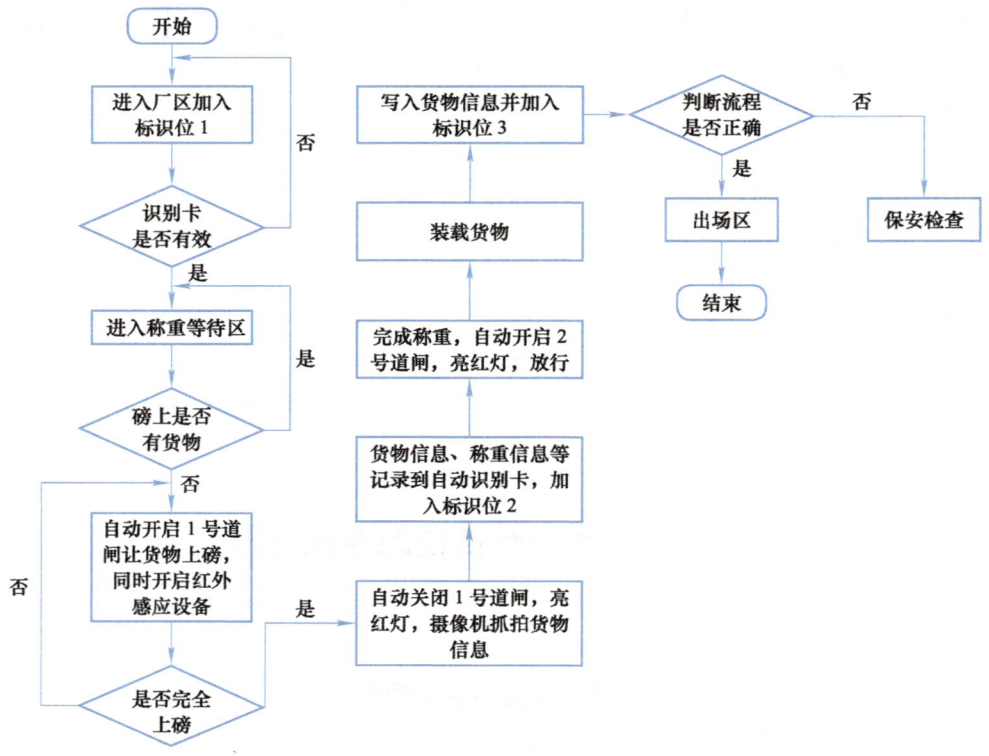

图 3-27 货物贴标签操作

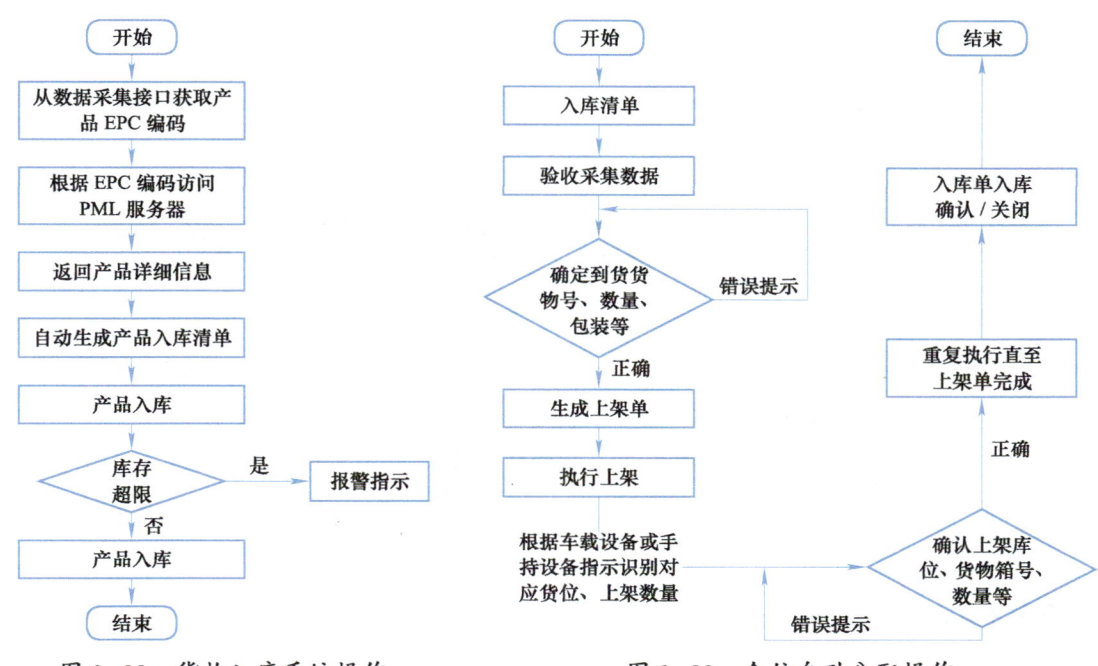

图 3-28　货物入库系统操作　　　图 3-29　仓位自动分配操作

二、出库系统操作

货物出库系统操作如图 3-30 所示。

三、货物盘点操作

货物盘点操作如图 3-31 所示。

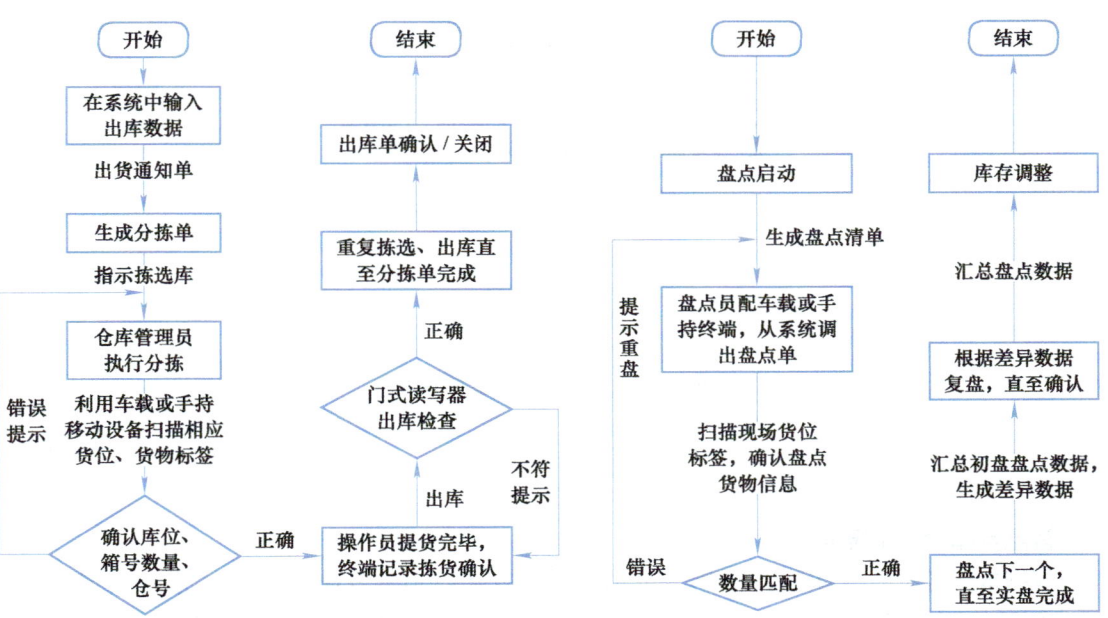

图 3-30　货物出库系统操作　　　图 3-31　货物盘点操作

四、货物补货操作

货物补货操作如图 3-32 所示。

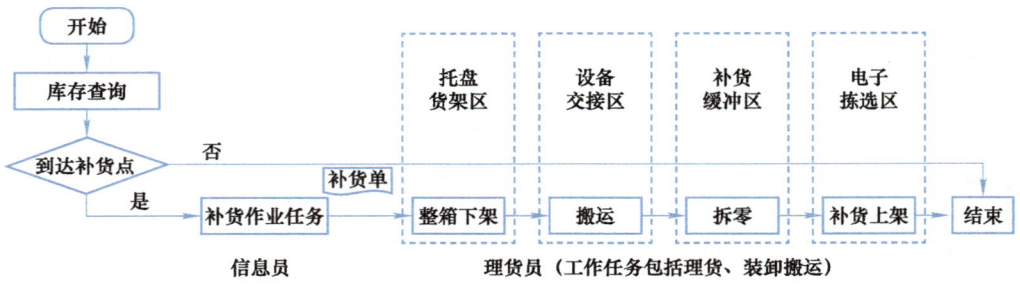

图 3-32 货物补货操作

五、仓库环境监控操作

仓库环境监控操作如图 3-33 所示。

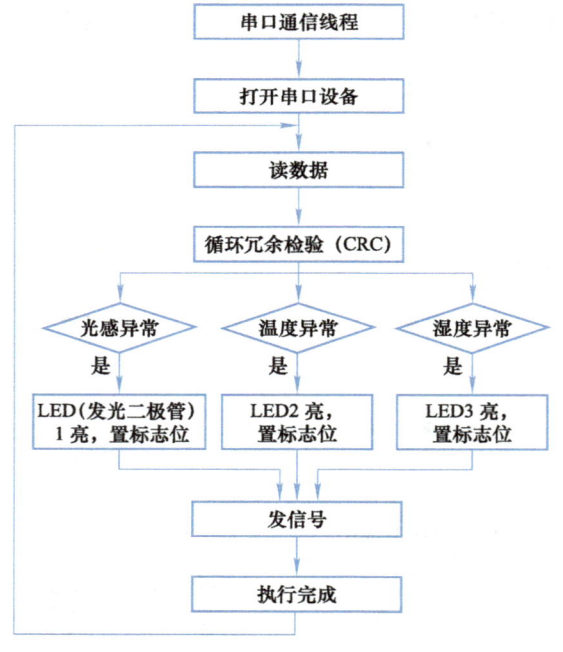

图 3-33 仓库环境监控操作

● **任务发布**

智慧仓库管理系统操作

根据本任务所讲述的内容,在物流实训室结合 WMS(仓库管理系统),选择一种或几种货物,进行智慧仓库管理系统操作,并进行总结,形成智慧仓库管理系统操作实训报告。

任务实施

（一）实施方式

1. 学生5～6人自主组成一个小组，进行智慧仓库系统软件操作。
2. 参考实施步骤的提示，完成智慧仓库管理系统操作实训报告。

（二）实施内容及操作步骤

步骤1：进行入库系统操作。

步骤2：进行出库系统操作。

步骤3：进行货物盘点操作。

步骤4：进行货物补货操作。

步骤5：进行仓库环境监控操作。

步骤6：形成智慧仓库管理系统操作实训报告。

（三）实施成果及形式

1. 总结报告：每组提交一份智慧仓库管理系统操作实训报告。
2. 小组展示：利用PPT现场展示智慧仓库管理系统操作实训内容。

任务评价

任务评价表

被考评人			考评任务	智慧仓储信息系统操作		
考评步骤	考评内容及分值		自我评价（30%）	小组评议（40%）	教师评价（30%）	合计得分（100%）
步骤1	进行入库系统操作	20分				
步骤2	进行出库系统操作	20分				
步骤3	进行货物盘点操作	15分				
步骤4	进行货物补货操作	15分				
步骤5	进行仓库环境监控操作	10分				
步骤6	形成智慧仓库管理系统操作实训报告	20分				
综合评定						
考评标准	资料准备	知识掌握	语言表达	团队合作	沟通能力	合计得分
分值	20分	30分	20分	15分	15分	
注：任务总评得分 = 考评步骤70% + 综合评定30%				任务总评得分		

德技并修

[主题] 技术先锋　国际视野　创造革新　责任担当

2023年仓储技术先锋人物奖 | 安歌科技CEO 姜跃君

——引领智能仓储行业发展新篇章

2023年5月，中国物流与采购联合会举办"首届中物联仓储技术年会"，会议现场公布了"2023年仓储技术先锋人物奖"名单，安歌科技的创始人姜跃君凭借在智能仓储领域的卓越贡献和引领行业发展的领导力获此殊荣。

安歌科技凭借过硬的技术实力和卓越的产品表现，成功自主研发和生产了堆垛机、AGV、RGV、WMS/WCS 等智能仓储核心软硬件，并率先将人工智能、数字孪生等新兴技术应用于智能仓储领域。安歌科技凭借 70 项软著、158 项发明专利和总计 490 项专利的强大创新能力，成为行业中备受瞩目的领军企业。安歌科技不仅在国内市场取得了显著成绩，还积极拓展海外市场，具备了海外业务发展的优势。在海外市场拥有广泛的合作伙伴网络和销售渠道，业务遍布亚洲、欧洲、北美、非洲等地区，在北美、新加坡建立了全资子公司，通过与国际合作伙伴的紧密合作，深入了解不同国家和地区的物流需求、法律法规，为出海企业客户提供一站式定制化的交钥匙工程解决方案，在拓展海外市场的客户中赢得了良好的声誉和市场份额。安歌科技的卓越表现得到了行业的广泛认可，曾多次荣获各类奖项，也证明了安歌科技在智能仓储领域的地位和影响力。

同步练习

一、单项选择题

1. （　　）是存货人对仓储服务产生需求，并向智慧仓储企业发出需求通知。
   A. 入库申请　　B. 入库计划　　C. 入库准备　　D. 货物装卸
2. 下列物品入库质量检验适合于抽验的是（　　）。
   A. 珠宝等贵重物品　B. 机械设备　C. 袋装牛奶　D. 都不是
3. 为便于检查和盘点，能使保管人员过目成数，在物品堆码时，垛、行、层、包等数量力求整数，每垛有固定数量。以下属于最常采用的方式是（　　）。
   A. 三三堆码　　B. 四四堆码　　C. 五五堆码　　D. 十十堆码
4. 甲仓库 A 商品年需求量为 3 000 个，单位商品的购买价格为 20 元，每次订货成本为 24 元，单位商品的年保管费为 10 元，该商品的经济订购批量为（　　）。
   A. 12　　B. 120　　C. 1 200　　D. 12 000

二、多项选择题

1. 在智慧出库环节，应严格贯彻"三不""三核""五检查"的原则，"三核"即在发货时，要核对（　　）。
   A. 包装　　B. 凭证　　C. 账单　　D. 实物
2. 常见的移库异常情况处理正确的有（　　）。
   A. 货位数量不符　B. 货位外包装破损　C. 货物质量异常　D. 货物体积超大
3. 控制与调节温湿度的方法很多，以下描述正确的有（　　）。
   A. 密封　　B. 通风　　C. 吸湿和加湿　　D. 升温和降温
4. 盘点工作进行中加强指导与监督非常重要，盘点工作可分为（　　）。
   A. 初盘　　B. 复盘　　C. 抽盘　　D. 全盘
5. 在接货过程中，有可能会遇到（　　）等差错。面对这些情况，仓库管理人员要先确定差错产生的原因，再要求责任单位做出合理赔偿。

A. 破损　　　　　B. 短少　　　　　C. 变质　　　　　D. 错到

三、简答题

1. 入库前的具体准备工作有哪些？
2. 货物验收的方法有哪些？
3. 货物发生质量变化的因素有哪些？
4. 货物盘点的内容是什么？
5. 货物出库的基本要求是什么？

实训应用　智慧仓储业务运作调研分析

一、实训目的

通过本次实训，学生将能够全面掌握智慧仓储的体系构成和业务运作流程，具备分析智慧仓储业务运作效率的能力，并能够为智慧仓储的改进和优化提供有价值的建议。同时，学生还将提升数据收集、处理和分析的能力，以及团队协作和沟通的能力。

二、实训内容

1. 智慧仓储硬件系统调研

调研自动化立体仓库、堆垛机、穿梭车等设备的类型、数量、性能参数及使用情况；AGV、RGV 等智能搬运设备的配置、运行及智能分拣系统配置、分拣效率等。

2. 智慧仓储软件系统调研

调研 WMS 的功能模块、数据处理能力、用户界面及与其他系统的集成情况等。

3. 业务运作流程调研

调研入库流程、存储管理、出库流程、盘点与异常处理等。

三、调研方法

1. 文献调研：查阅相关书籍等文献资料，了解智慧仓储的最新发展动态。
2. 实地调研：选择代表性的智慧仓储企业进行实地调研，总结业务运作流程。
3. 访谈调研：与企业管理人员、技术人员及一线操作人员进行访谈。
4. 数据分析：收集整理调研数据，运用统计分析、数据挖掘等方法对进行处理和分析。

四、实训要求

1. 认真调研：确保调研数据的真实性和准确性，避免主观臆断和片面性。
2. 深入分析：对调研数据进行深入分析，挖掘出智慧仓储业务运作中的问题和不足。
3. 提出建议：针对发现的问题和不足，提出切实可行的改进建议和优化方案。
4. 撰写报告：根据调研结果和分析结论，撰写详细的调研报告，包括调研背景、调研内容、调研方法、数据分析及改进建议等部分。

五、实训成果

1. 每组提交一份智慧仓储业务运作调研分析报告。
2. PPT 汇报材料及相关视频、图片等辅助材料。
3. 实训过程中的心得体会和总结报告。

六、实训评估

1. 过程评估

根据学生的调研计划、实地考察情况、资料收集与分析过程等进行过程评估。过程评估主要考察学生的态度、能力和团队合作精神。

2. 成果评估

根据学生提交的调研报告和 PPT 汇报情况进行成果评估。成果评估主要考察学生的调研深度、分析能力和表达能力。

项目四　智慧配送作业

学习目标

▶ **知识目标**　掌握订单处理的流程和订单管理方法；
　　　　　　　掌握智慧拣货的作业流程和智慧拣货策略；
　　　　　　　熟悉配货送货作业要求和作业流程；
　　　　　　　熟悉智慧补货的技术及智慧补货作业和流程。

▶ **能力目标**　能根据配送订单内容，进行有效订单处理，并进行订单处理作业管理；
　　　　　　　能根据拣货流程，合理选择智慧拣货作业方式和策略，高效完成拣货任务；
　　　　　　　能根据客户需求与企业实际，进行配货送货作业，并进行配货送货作业管理；
　　　　　　　能根据退货作业流程，选择合适的处理方法，妥善处理退货。

▶ **素养目标**　树立服务意识、效率意识、成本意识、责任意识；
　　　　　　　提升社会责任感，养成团队合作、精益求精的职业素养；
　　　　　　　培养严谨细致、规范做事的职业习惯，具备客观公正、实事求是的工作态度；
　　　　　　　提升整体规划能力和数据分析能力，具备组织协调和管理能力；
　　　　　　　培养与时俱进的可持续发展能力。

岗位认知

职业岗位	工作内容	技能要求	相关知识
接单员	将客户的订单进行确认和分类，并进行订单处理，建立用户订单档案等	1. 能准确核实订单 2. 能建立客户资料档案 3. 能根据实际情况准确分配存货	1. 订单处理定义与步骤 2. 订单处理应遵循的原则 3. 订单处理的基本流程
拣货员	使用拣货设备进行拣货操作，根据配送要求对货物进行分类和集中	1. 能接收拣选信息，确认拣选作业计划 2. 能根据拣选方式，执行人工方式、自动方式或复合方式的拣货作业 3. 能根据配送要求对配送货物进行分类和集中录入拣选信息	1. 拣货作业流程 2. 拣货作业原则 3. 拣货单位 4. 智慧拣货方式
补货员	确定所需补充的货物，进行采购或从储存区移动至拣货区，做好准备工作，补货上架	1. 能确定现有存货水平 2. 能确定订货点 3. 能确定订货数量 4. 能进行补货作业	1. 补货作业认知 2. 订货点的计算 3. 补货方式 4. 补货时机

（续）

职业岗位	工作内容	技能要求	相关知识
配送员	明确配装要求，制订装配方案，进行装车准备，按要求完成配装，合理选择配送方式，将物品配送到客户手中	1. 能接收客户要货信息，确认发货作业计划 2. 能接收、核对、填写发货和配送单证 3. 能根据配载要求、送货顺序进行装车作业 4. 能执行配送签收作业	1. 发货和装车作业的知识和流程 2. 发货和装车作业的单证知识 3. 送货作业的实施和流程 4. 配送签收的知识
仓管员	负责接收退货信息，确认退货作业计划，进行退货分析与退货处理	1. 能执行退货验货、分类、接收等作业 2. 能对退货货物执行检查、清点、签收、包装作业 3. 能对退货货物执行入库签收作业	1. 退货作业流程 2. 退货理赔 3. 退货处理方法
配送经理	积极配合相关物流服务部门，制订配送方案并进行组织实施，对配送作业服务进行质量管理、人员管理等	1. 能够制订智慧配送作业的业务计划 2. 能够制订智慧配送方案 3. 做好智慧配送作业等作业过程管理的监督、指挥工作	1. 订单处理作业管理 2. 智慧拣货作业管理 3. 配货送货作业管理 4. 补货退货作业管理

案例导读

浙江连落三座"亚洲一号"，时效和体验双升级

京东物流在国家级物流枢纽城市义乌和温州，接连落成的两座"亚洲一号"（以下简称"亚一"）智能物流园区正式投入使用，加上此前已经投用的杭州"亚洲一号"，浙江率先成为京东物流在同一省内三座城市投用的唯一省份。义乌"亚一"的"地狼仓"中，一百多台京东物流自主研发的"地狼"AGV，采用京东物流自主研发的二维码+惯性导航方式，用"货找人"颠覆了传统"人找货"的拣选模式，相比于传统方式，效率提高了三倍。温州"亚一"作为集成大件、中小件仓储、分拣中心、转运等功能于一体的综合性物流园区，后续也将配备高速矩阵分拣系统、交叉带分拣系统、阁楼货架、皮带输送系统等自动化物流设备。随着仓拣一体的"亚一"园区落地，消费者下单购买的商品，从货架拣出、包装及贴好配送地址面单后，能够以极快的速度分配到对应运输车辆，并通过丰富的运输网络，第一时间配送到消费者手中。

据了解，"亚一"投用了AMR（自主移动机器人）、料箱拣货机器人等智能硬设备，还在服饰仓应用了京东物流自研的自动化仓储生产与管理体系——北斗新仓生产模式，将传统的人工静态的拣货任务分配变为全自动动态任务分配，大幅缩短了拣货员走动距离，拣选效率提升三倍以上。

两座"亚一"投用后，将进一步提升浙江乃至长三角地区的物流服务时效和消费体验，浙江省内京东自营订单当日达或次日达的比例将达95%，而且浙江省每年家庭使用的约六成食用油及笔记本电脑都将从京东物流仓群发出。

任务一 订单处理作业操作

任务引例

万家超市智慧电子订单处理系统

万家超市是有名的连锁型便利超市集团。由于每家店铺的大部分空间主要用于销售,因此货架上的产品必须频繁补货,这样才能使店铺经营的商品对客户来说方便可得。为应对如此大批量的店铺群集补货,万家超市的做法是使每家店铺都能得到一份针对该店铺存货的清单和订货指南。店铺补货人员在每天规定的时间内采用便携电子订单录入器,读取货架上的商品余量信息,对照库存清单和订货指南,键入所需每种商品的数量信息。这一补货信息传输到区域配送中心后,配送中心的电子订单处理系统马上将这一补货信息转换成发货指令,从而较好地完成频繁补货作业活动。正是万家超市拥有如此先进的电子订单处理系统,才使得这家以连锁便利为业态特点的零售业巨头在行业中长期立于不败之地。

思考:如何有效处理因多样、少量、高频率订货所引发的多量、繁杂的订货资料?

知识准备

从接到客户订单开始到着手拣货之间的作业过程,称为订单处理。通常是配送中心收到客户订货信息后,经核查确认其真实性和内容,传达出拣货和出货信息的过程。订单处理既是配送中心作业的开端,也是整个信息流作业的起点。订单处理过程可以由人工或信息系统来完成,在智慧仓配模式下,订单的处理往往通过辅助软件完成,以实现高效率、低成本的大规模订单处理。

一、订单处理的内容、特点及原则

(一)订单处理的内容

订单的内容和格式没有统一标准,往往根据交易双方的要求或实际情况来设计。订单内容一般可分为两个部分,即订单表头内容和商品资料。①订单表头内容包含订单号、订货日期、客户名称、采购单号等。②商品资料包含的内容:货品编码、货品名称、规格、批次、单价、数量、金额等。商品资料对订单涉及的商品进行了详细的描述,是订单的主体部分。订单内容样例见表4-1。

表4-1 订单内容样例

订单号:				订货日期:			
客户名称:				采购单号:			
订单来源:				紧急程度:			
订单类型:				送达时间:			
状态:				执行状态:			
订单优先级:							
货品编码	货品名称	规格	批次	单价	数量	金额	备注

（二）订单处理的特点

1. 订单处理是配送中心物流作业组织的开端

客户需要在规定时点之前将订货单或要货单传送给配送中心，由配送中心将这些订单汇总，并以此来进一步确定需要配送货物的种类、数量以及配送时间。这些数据是配送中心其他子系统运作的依据，如补货系统发出需要补充的货物的品种和数量，并组织采购。所以订单处理是配送中心物流作业组织的开端。

2. 订单处理的作业范围超越了配送中心的内部作业范围

订单来自于客户，订单处理的许多环节都是直接与客户打交道，配送中心订单处理作业不是配送中心单方面的内部系统作业，也不是单独配送中心即可完成的，而是配送中心与客户双方之间相关系统的一体化活动。订单处理水平的高低直接决定了物流服务水平。

3. 订单处理的作业活动伴随配送活动的全过程

订单处理的作业流程起始于接单，经由接单所取得的订货信息，经过处理和输出，终止于配送中心出货的物流活动。但在配送时可能出现一些订单异常变动，如客户拒收、配送错误等，则需要等这些异常处理完毕，确定了实际的配送内容，整个订单处理才算结束。

4. 订单处理的电子化要求高

由于订单处理每天要面对大量的用户订单，为提高订单处理效率，减少差错，需提升订单处理的电子化水平。实际上，配送中心采用大量的电子化技术，如电子订货系统、联机输入、计算机自动生成存货分配、订单处理输出数据等大幅提高了订单处理系统的效率。

悦动思维 请谈谈订单处理电子化对于企业的意义。

（三）订单处理的原则

（1）合理分配订单处理的先后顺序。按照订单接收到的先后顺序进行处理，似乎对所有的客户更加公平，但将所有的客户同等对待的做法可能延长订单的平均处理时间。

（2）提高订单处理的准确度。如果能够准确无误地完成客户订单的处理，那么订单处理的时间就会较短，因此要尽量减少出错率。

（3）尽量减少缺货现象。缺货是影响客户服务水平的关键因素，减少缺货有利于客户保持连续订货。

（4）尽量缩短订货提前期。订货周期是指从发出订单到收到货物所需的全部时间，订货周期的长短取决于订单传递的时间、订单处理的时间以及货物的运输时间。

（5）提供紧急订货服务。在目前以客户需求为导向的市场机制下，强调为客户服务，在紧要关头提供急需的服务，是与客户建立长远关系的重要手段。

（6）重视大客户但不忽略小客户。客户的分类管理有助于提高客户管理效率，一般情况下大客户在订单规模、合作年限、忠诚度方面表现较好，享有订单处理的优先权。

（7）与客户及时沟通订单情况。在订单处理过程中，应及时与客户沟通订单情况，使客户能够随时了解配货发运的进程，以便预计何时到货，便于安排使用或销售。特别是有异常情况时，如暂时缺货等，应主动及时地告知客户有关情况，以减少客户的焦虑和不满。

二、订单处理的基本流程

无论是传统的手工处理还是应用现代信息处理技术，订单处理的作业流程基本一致。订单处理的基本流程如图 4-1 所示。

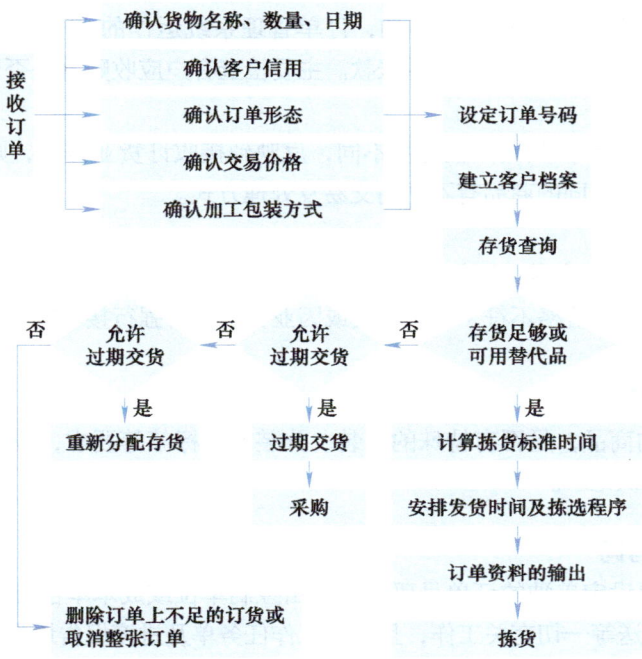

图 4-1　订单处理的基本流程

（一）接收订单

接收订单是订单处理的第一步。接收订单的形式包括传统订货方式和电子订货方式。

1. 传统订货方式

传统订货方式有厂商补货、厂商巡货隔日送货、电话口头订货、传真订货、邮寄订单、客户自行取货、业务员跑单接单等形式。

2. 电子订货方式

电子订货方式是指通过电子传递方式，取代传统人工书写、输入、传送的订货方式。即将订货资料转为电子资料形式，再由通信网络传送，此系统即称为电子订货系统（Electronic Order System，EOS），其订货方式可分为三种：订货簿或货架标签配合手持终端机及扫描器、POS（Point Of Sale，销售终端）系统和订货应用系统。

（二）确认订单内容

接到客户订单后，需对订单的各项内容进行确认，以防出现错误或产生损失。订单确认的内容包括货物名称、数量、日期，客户信用，交易价格，加工包装方式等。

1. 确认货物名称、数量、日期

这项内容是对订货资料项目的基本检查，即检查货物名称、数量、日期等是否有遗漏、笔

误或者不符合要求的情况。尤其当要求送货时间有误或出货时间已延的时候,更需要再次与客户确认订单内容或更正期望运送时间。同样,若采用电子订货方式接单,也须对接收订货资料加以检查确认,对于错误下单资料需传回给客户修改再重新传送回来。

2. 确认客户信用

不论订单是由何种方式传送至公司的,订单管理系统运作的第一步是核查客户的财务状况,以确定其是否有能力支付该笔订单的账款。主要检查客户应收账款是否已超过其信用额度。

3. 确认订单形态

由于客户的不同需求,其做法也有所不同,反映到接收订货业务上,则具有多种订单交易形态,即不同的客户或不同的商品有不同的交易及处理方式。

4. 确认交易价格

不同的客户(大盘、中盘、零售)、不同的订购量,可能对应不同的售价,输入价格时系统应加以核对。若输入的价格不符(输入错误或因业务员降价强行接单等),系统应加以锁定,以便主管审核。

5. 确认加工包装方式

客户对于订购的商品,是否有特殊的包装、分装或贴标签等要求,或相关赠品的包装等资料都需要详细加以确认记录。

(三)设定订单号码

每一张订单都要设定单独的订单号码,号码由控制单位或成本单位指定,除便于计算成本外,可用于制造、配送等一切有关工作,且所有工作任务单及进度报告均应附此号码。

(四)建立客户档案

为实现对客户信息的准确、有效的管理与分析,建立一套实用、完整的客户档案资料不失为一条有效的途径。详细而完整的客户档案的建立,可以为企业对市场预测做出正确的分析,同时也能更好地处理经营过程中遇到的各种问题。

(五)存货查询与分配

1. 存货查询

确认是否有库存能够满足客户需求,通常称为"事先拣货"。存货资料一般包括货品名称、代码、产品描述、库存量、已分配存货、有效存货及其进货时间。输入客户订货商品的名称、代码时,系统即开始查询存货档案的相关资料,查验此商品是否缺货,若缺货则应提供商品资料或者此缺货商品是否已经采购但未入库等信息,便于接单人员与客户协调可否改订其他替代品或者允许延后出货等权宜办法,以提高接单率及接单处理效率。

2. 存货分配

订单资料输入系统并确认无误后,需要将大量的订货资料进行有效的汇总分类并进行库存调拨,以便后续的物流作业能有效地进行。存货的分配模式可分为单一订单分配及批次分配两种。

(1)单一订单分配。单一订单分配多为线上即时分配,即在输入订单资料时,就将存货分配给该订单。

（2）批次分配。订单资料输入后累计汇总，一次分配库存。配送中心因订单数量、客户类型等级多，且多为每天固定配送次数，通常采用批次分配以确保库存分配做到最佳。采用批次分配时，要注意订单的分配原则，即批次的划分方法。订单分配原则见表 4-2。

表 4-2　订单分配原则

分配原则	说明
按接单时序	将整个接单时段划分为几个区域，将订单按接单先后顺序分为几个批次处理
按配送区域路径	将同一配送区域路径的订单汇总一起处理
按流通加工要求	将有加工需求的订单汇总一起处理
按车辆需求	如果配送商品要用特殊的配送车辆（如低温车、冷冻车、冷藏车）或客户所在地、订货有特殊要求，这时可以汇总合并处理

3. 客户订购的优先性原则

如果根据批次分配选定参与分配的订单后，这些订单的某商品总出货量大于可分配的库存量，则需要依据一些原则来决定客户订购的优先级。

（1）具有特殊优先权者先分配。对于一些例外的订单如缺货补货订单、延迟交货订单、紧急订单或远期订单，客户提前预约或紧急需求的订单，应有优先取得存货的权利。因此，当存货已补充或交货期满时，这些订单应具有优先的分配权。

（2）依照客户优先权来取舍，将客户重要性程度高的进行优先分配。常见的客户优先权的确定方法如 ABC 分类法、加权平均法等。

（3）依照订单交易量或交易金额来取舍，将对公司贡献度大的订单做优先处理。

（4）依照客户信用状况将信用较好的客户订单做优先处理。

悦动思维　分析客户优先权采用的指标有哪些？

（六）分配后存货不足的处理

如果现有存货数量无法满足客户需求时，客户又不愿意接收替代品，则应按照客户意愿与公司政策来决定应对方式。处理方式大致有如下几种。

1. 重新调整

若客户不允许过期交货，而公司也不愿失去此客户订单，则有必要重新调整分配订单。

2. 补送交货

若客户允许等待不足额的订货有货时再予以补送，且公司政策亦允许采取"补送"方式。若客户允许不足额的订货或整张订单留待下一次订单一同配送，则采取"补送"方式。

3. 删除不足额订单

若客户允许不足额订单可等待有货时再予以补送，但公司不希望分批出货，则只好删除不足额订单。若客户不允许过期交货，且公司无法重新调拨，则可考虑删除不足的订单。

4. 延迟交货

有时限延迟交货，即客户允许一段时间的过期交货，且希望所有订单一同配送。无时限延迟交货，即不论需要等待多久客户皆允许过期交货，且希望所有订货一同送达，则等待所有订货到达后再出货。

5. 取消订单

若客户希望所有订单一同送达,且不允许过期交货,而公司也无法重新调整时,则只有将整张订单取消。存货不足的处理方式有多种,但一定要注意必须是事先约定好或者协调一致,并将订单变动做好记录存档,尽量减少或避免客户的损失。

(七)订单资料处理输出

1. 计算拣取的标准时间

为了有计划地安排出货,订单处理人员要事先掌握每一个订单或每批订单可能花费的拣取时间,因此,在订单处理时就要计算订单拣取的标准时间。

2. 编制单据

(1)拣货单(出库单)的制作。拣货单据的产生,是为了提供商品出库指示资料,并作为拣货的依据。拣货资料的形式需配合配送中心的拣货策略及拣货作业方式来加以设计,以提供详细且有效率的拣货信息,便于拣货的进行。

(2)送货单的制作。送货单主要是给客户签收、确认的出货资料,其准确性及目的性很重要。要确保送货单上的资料与寄送或资料相符,除了出货前的清点外,出货单据的打印时间及修改时间也必须确保无误。送货单见表4-3。

表4-3 送货单

收货单位			送货人员	
送达地点			送货时间	
发运物品详细内容				
货物名称	型号	规格	单位	数量	单价	总额	备注
有关说明							
收货方验收情况	验收人员		收货方负责人签字		负责人		(公章)
	日期				日期		

3. 缺货资料

库存分配后,对缺货商品或缺货订单资料,系统应提供查询或报表打印功能,以便人员处理。库存缺货商品,提供依据商品类别或供应商类别进行查询缺货商品资料,以提醒采购人员紧急采购。缺货订单,提供依据客户类别查询缺货订单资料,以便相关人员处理。

三、订单处理的作业管理

(一)分析订单有效性

接到客户订单后,应当对客户订单的有效性进行分析,分析包括如下几个方面:

(1)核对货物数量及日期。接受订单后,需对货物数量及日期进行确认,包括检查品名、数量、送货日期等是否有遗漏、笔误或者有不符合公司要求的情形。尤其当送货时间有问题或出货时间已延迟时,更需与客户再次确认订单内容或更正运送时间。

（2）确认客户信用。检查客户的应收账款是否已超过其信用额度，具体可采用以下两种方法核查：①系统核查客户的信用状况，若客户应收账款已超过其信用额度，则应决策是否录入其订货资料，或拒绝其订单。②如客户此次订货的订购金额加上其累计应收账款额超过其信用额度，则应将客户订单交予上级主管部门审核，如审核通过，则进入下一步处理过程。

（3）确认订单形态。在接受订单业务上，表型为具有多种订单的交易形态，所以配送中心应对不同的订单形态采用不同的交易及处理方式。①一般交易：接到一般交易订单后，按正常订单处理程序处理，资料处理完毕后进行拣货、出货、发送、收款等作业。②间接交易：接到间接交易订单，将客户的出货资料发给供应商，由其代配。③合约式交易：接到合约式订单，应在约定的送货期间，将配送资料录入，以便配送。或在输入订货资料后，依照订单内容，设定各批次送货时间，在约定时间完成配货。④寄库式交易：接到寄库式交易订单，应确认客户确实有此项寄存商品，若有，则出货，若没有，则拒绝订单。

（4）确认订单价格。不同的客户、不同订货量有不同的价格，若价格与实际不符，应加以审核。

例 4-1 现有启真超市与时代超市两个订单以传真方式到达配送中心，请分析这两份订单是否有效。判断依据：累计应收账款超过信用额度的 15%，则为无效订单。

资料如下：

（1）两个订单的基本信息分别见表 4-4 和表 4-5。

表 4-4　启真超市采购订单

序号	商品名称	单位	单价（元）	订购数量	金额（元）
1	康师傅矿物质水	箱	24	10	240
2	好娃娃薯片	箱	196	6	1 176
3	诚诚油炸花生仁	箱	172	5	860
4	旺旺饼干	箱	486	2	972
5	可口可乐	箱	30	10	300
6	心相印（优选）面巾纸	盒	5	14	70
	合计				3 618

表 4-5　时代超市采购订单

序号	商品名称	单位	单价（元）	订购数量	金额（元）
1	旺旺饼干	箱	486	5	2430
2	联想台式电脑	箱	3 800	6	22 800
3	可口可乐	箱	30	10	300
	合计				25 530

（2）客户的累计应收账款和信用额度。

查找这两个客户的档案资料，启真超市的累计应收账款（不含此次订单的应收账款）为 125 万元，其信用额度为 120 万元；时代超市的累计应收账款（不含此次订单的应收账款）为 9.8 万元，其信用额度为 10 万元。

第一步，确认订单的基本信息（品名、价格、金额等）无误。

第二步,分析客户的财务状况。

分析两家超市的累计应收账款,启真超市的累计应收账款抵减信用额度后的余额未超过信用额度的 15%,而时代超市的累计应收账款抵减信用额度后的余额超过信用额度的 15%,具体过程见表 4-6。

表 4-6 订单有效性分析的过程

客户名称	启真超市	时代超市
应收账款(元)	125 万	9.8 万
订单货款(元)	0.361 8 万	2.553 万
信用额度(元)	120 万	10 万
累计应收账款(元)	125.36 万	12.353 万
累计应收账款超过信用额度的比例	(125.36−120)/120×100%=4.47%	(12.353−10)/10×100%=23.53%
订单有效性	有效	无效,超过信用额度的 15%

(二)订单状态的跟踪和处理

1. 订单状态的跟踪

订单在物流过程中的执行情况如何,必须实时跟踪。随着物流过程的不断进行,订单状态也随之而变化。变化状态如下:

(1)已输入订单。把用户订单输入系统中,其内容有商品项、数量、单价和交易配送条件等。此订单也是发货依据。

(2)已分配订单。经过输入确定的订单可进行库存分配作业,并进一步确认订单是否如数拣货。发生缺货时应及时处理。

(3)已拣货订单。经过库存分配产生的发货指标书,是实际的拣货基础。

(4)已发货订单。已拣货订单经过分类、装车、发货后,变成已发货订单。

(5)已收款订单。已发货订单经过用户的确认验收后,便是实际发货的资料。得到款项的发货订单就是收款订单。

(6)已结案订单。已收款订单经过内部确认后变成已结案订单。已结案订单表示和客户的交易活动已经结束。已结案订单就成为了历史交易档案。

2. 异常订单处理方法

(1)客户取消订单。客户取消订单常常会造成许多损失,因此在业务处理上需要与客户就此问题进行协商。若目前订单处于已分配未出库状态,则应从已分配未出库销售资料里找出此订单,将其删除,并恢复相关品项的库存资料(库存量/出库量);若此订单处于已拣货状态,则应从已拣货未出库销售资料里找出此笔订单,将其删除,并恢复相关品项的库存资料(库存量/出库量),且将已拣取的物品按拣货的相反顺序放回拣货区。

(2)客户增订。如果客户在出货前临时增加订购,那么作业人员要先查询客户的订单目前处于何种状态,是否还未出货,是否还有时间再去拣货。若接受增订,则应追加此笔增订资料;若客户订单处于已分配状态,则应修改已分配未出库销售资料文件里的这笔订单资料,并更改物品库存档案资料(库存量/出库量)。

（3）拣货时发生缺货。拣货时发现仓库缺货，则应从已拣货未出库销售资料里找出这笔缺货订单资料，加以修改。若此时出货单据已打印，就必须重新打印。

（4）配送前发生缺货。当配送前装车清点时才发现缺货，则应从已拣货未出库销售资料里找出此笔缺货订单资料，加以修改。若此时出货单据已打印，就必须重新打印。

（5）送货时客户拒收/短缺。配送人员送货时，若客户对送货品项、数目有异议予以拒收，或是发生少送或多送，则回库时应从在途销售资料里找出此客户的订单资料加以修改，以反映实际出货资料。

3. 订单处理作业的常用指标

订单处理作业的常用指标，其评估要素包括评估订单效益和客户服务品质。评估订单效益的指标项目包括：平均每日来单数、平均客单数、平均客单价等。评估客户服务品质的指标包括订单延迟率、退货率、订单满足率、缺货率等。订单处理作业的常用指标及计算公式见表4-7。

表4-7 订单处理作业的常用指标及计算公式

指标	计算公式	应用目的
平均每日来单数	订单数量/工作天数	观察每天订单变化情形，以判断客户管理策略及业务发展状况
平均客单数	订单数量/下单客户数	
平均每订单包含货品个数	出货量/订单数量	
平均客单价	销售额/订单数量	
订单延迟率	延迟交货量/出货量×100%	反映交货的延迟情况
订单速交率	12h内的发货订单/订单数量×100%	观察公司接单到发货的处理时间，及紧急插单的处理情况
退货率	退货数/出货量×100% 或客户退货金额/销售额×100%	监测公司货品退货的情况
订单满足率	实际交货数量/订单货物需求数量×100%	反映存货控制策略是否合适，是否应调整安全库存等
缺货率	出货品短缺量/出货量×100% 或1-订单满足率或缺货数量/订单货物需求数量×100%	

例4-2 某配送中心在2025年的11月收到订单800份，总出货量为1.8万t，其中按订单要求发货时间的交货有624份，由于种种原因延迟发货量950t。客户为解决货物的短缺，又要求该中心补充紧急订单50份，中心组织人力，在12h内发出了36份。现对该中心的订单处理进行评价，请计算订单延迟率、订单货件延迟率和紧急订单速交率；并提出提高紧急订单响应率的主要措施。

解：订单延迟率=（800-624）/800×100%=22%；

订单货件延迟率=950/18 000×100%=5.28%；

紧急订单速交率=36/50×100%=72%；

提高紧急订单响应率的主要措施：提高备货保证程度（与客户、供应商信息沟通及时）；提高订单处理效率；改变拣货策略；调整仓储区与拣货区的布局；合理安排人员、车辆等。

任务发布

订单处理作业管理

C 配送中心收到订单 1 400 份，总出货量为 2 万 t，其中按订单要求发货时间交货有 870 份，由于种种原因延迟发货量 950t。根据本任务所讲述的内容，进行订单处理作业，并进行流程归纳总结，形成订单处理作业方案。

任务实施

（一）实施方式

1. 学生 5~6 人自主组成一个小组，根据任务发布内容，进行订单处理作业。
2. 参考实施步骤的提示，完成订单处理作业方案。

（二）实施内容及操作步骤

步骤 1：认识订单处理的内容及步骤。
步骤 2：熟悉订单处理的基本流程。
步骤 3：进行订单处理作业管理。
步骤 4：形成订单处理作业方案。

（三）实施成果及形式

1. 总结报告：每组提交一份订单处理作业方案。
2. 小组展示：利用 PPT 现场讲解订单处理作业方案。

任务评价

任务评价表

被考评人			考评任务	订单处理作业操作		
考评步骤	考评内容及分值		自我评价（30%）	小组评议（40%）	教师评价（30%）	合计得分（100%）
步骤 1	认识订单处理的内容及步骤	20 分				
步骤 2	熟悉订单处理的基本流程	15 分				
步骤 3	进行订单处理作业管理	30 分				
步骤 4	形成订单处理作业方案	35 分				
综合评定						
考评标准	资料准备	知识掌握	语言表达	团队合作	沟通能力	合计得分
分值	20 分	30 分	20 分	15 分	15 分	
注：任务总评得分 = 考评步骤 70%+ 综合评定 30%				任务总评得分		

任务二　智慧拣货作业操作

任务引例

京东物流"地狼"AGV 货到人拣选

京东物流长沙"亚洲一号"智能物流园区（以下简称"长沙亚一"）内，百余台应用 5G 技术的"地狼"AGV投入使用，标志着行业首次实现上百台5G"地狼"AGV的大规模并发作业。"地狼"AGV是京东物流自主研发并具有自主知识产权的搬运机器人。长沙亚一有京东物流单仓货物操作量最大的一个"地狼"智能仓库，在5G加持下，"地狼"AGV作业效率得到大幅提升，长沙亚一仅"地狼仓"的单日峰值拣货件数就超过11万件。京东物流采用5G本地局域网方案、增加5G局域网设备，及从工程上标准化改造存量"地狼"AGV实现5G融合等举措，率先投用上百个5G"地狼"AGV，推动园区运营管理综合效率大幅提升。

京东物流"地狼"AGV货到人拣选方案让园区的坪效提升了100%，搬运效率提升200%。解决了以前因网络延迟导致小车出现异常的问题，极大地确保了地狼运营的平稳性，提升了效率，更好地保障峰值订单处理能力。

思考：该公司物流配送中心是如何实施智慧配送的？

知识准备

随着商品经济逐步发展，社会需求呈现出向小批量、多品种方向发展的趋势，配送商品的种类和数量急剧增加，这使得拣货作业在配送中心作业的比重越来越大，而客户对配送服务和质量的要求也越来越高。拣货是使配送不同于一般形式的送货以及其他物流形式的重要支持性工作，是配送中心作业系统的核心。

一、拣货作业

拣货作业是配送作业的中心环节，有人称之为物流配送的"心脏"。拣货也是配送不同于一般送货形式的重要标志，拣货作业的目的是迅速、准确地集中顾客所订购的商品。

（一）拣货作业定义

拣货作业是按订单或出库单的要求，从储存场所拣出物品，并放置在指定地点的作业。具体是指依据客户的订货要求或配送中心的送货计划，迅速、准确地将商品从其储位或其他区域拣取出来，并按一定的方式进行分类、集中，等待配装送货的作业过程。

（二）拣货作业原则

拣货作业除了少数自动化设备逐渐被开发应用外，大多是靠人工的劳力密集作业。拣货作业应遵循以下原则：存放时应考虑易于出库和拣货；提高保管效率，充分利用存储空间；减少拣货错误；作业应力求平衡化，避免忙闲不均的现象；事务处理和作业环节要协调配合；拣货作业的安排要和配送路线的顺序一致；缩短配送车辆如货车等运输设备的滞留时间。

> **小贴士**
>
> **拣货作业预期目标**
>
> ①少等待——尽可能缩短闲置时间；②少拿取——尽可能采用输送设备或搬运设备，减少人工搬运；③少走动——做好拣货路线设计，尽可能缩短行走路径；④少思考——尽可能做到操作简单化；⑤少寻找——通过储位管理或电子标签等辅助拣选设备，尽可能缩短寻找货物的时间；⑥少书写——尽可能不用纸制单据进行拣货，不但能够提高拣货效率，还能降低出错率；⑦少检查——尽可能利用条码设备进行货品检查，减少人工目视检查。

(三)拣货作业流程

拣货作业开展中,关键的环节是根据配送的业务范围和服务特点,也就是根据顾客订单所反映的商品特性、数量多少、服务要求、送货区域等信息,对拣货作业系统进行科学的规划与设计,并制定合理高效的作业流程。在此基础上确定拣货作业方式,设计拣货信息传递的单据,安排拣货作业路径和人员,将所订不同种类和数量的商品从储位或其他作业区域拣出,然后分区集中,完成拣货作业。拣货作业流程如图4-2所示。

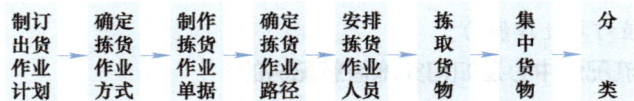

图 4-2 拣货作业流程

1. 制订出货作业计划

配送中心接到订货信息后需要对订单的资料进行确认,进行存货查询和单据处理,根据客户的送货要求制订出货日程,最后编制出货计划。

2. 确定拣货作业方式

拣货通常有按单拣货、批量拣货和按流程拣货等方式。

3. 制作拣货作业单据

配送中心将客户订单资料进行计算机处理,生成并打印拣货单(见表4-8)。拣货单上标明储位,并按位顺序来排列货物编号,作业人员据此拣货可以缩短拣货路径,提高拣货作业效率。多数配送中心一般先将订单等原始拣货信息经过处理后,转换成"拣货单"或电子拣货信号,指导拣货人员或自动拣取设备进行拣货作业,以提高作业效率和作业准确性。

表 4-8 拣货单

拣货单编号		客户订单编号	
客户名称			
出货日期		出货货位号	
拣货时间		拣货人	
核查时间		核查人	

序号	储位	商品编码	商品名称	规格型号	包装单位			数量	备注
					箱	整托盘	单件		

制单人:	制单时间:

4. 确定拣货作业路径及人员

配送中心根据拣货单所指示的商品编码、储位编号等信息,能够明确商品所处的位置,确定合理的拣货路线,安排拣货人员进行拣货作业。

5. 拣取货物

拣取的过程可以由人工或机械辅助作业或自动化设备完成。无论是人工或机械拣取货物，都必须首先确认被拣货物的品名、规格、数量等内容是否与拣货信息传递的指示一致。这种确认既可以通过人目视读取信息，也可以利用无线传输终端机读取条码由计算机进行对比。拣货信息被确认后，拣取的过程可以由人工或自动化设备完成。

6. 集中货物及分类

配送中心在收到多个客户的订单后，可以形成批量拣取，然后再根据不同的客户或送货路线分类集中，有些需要进行流通加工的商品还需根据加工方法进行分类，加工完毕后再按一定方式分类出货。多品种分货的工艺过程较复杂，难度也大，容易发生错误，必须在统筹安排形成规模效应的基础上，提高作业的精确性。

二、智慧拣货

（一）拣货单位

拣货单位是指拣货作业中拣取货物的包装单位。拣货单位是根据客户订单分析出来的结果而做出的决定。订货单位合理化主要是避免过小单位出现在订单中，减少作业量与差错。如订货的最小单位是箱，但并不以单品为拣货单位。通常用PCB分析法（储运单位分析法）来确定拣货包装单位：①托盘（P）。由箱堆码在托盘上集合而成，经托盘装载后加固。拣货时以整托盘为拣取单位。②箱（C）。由单件装箱而成，拣货过程以箱为拣取单位。③单品（B）。单件商品包装成独立单元，以该单元为拣取单位，是拣货的最小单位。④特殊品。指体积过大、形状特殊，或必须在特殊情况下作业的货物，如桶装液体、袋装颗粒、冷冻食品等，拣货时以特定包装形式和包装单位为准。

拣货单位还需要与库存单位结合起来考虑，拣货出库模式见表4-9。

表4-9 拣货出库模式

模式	存储单位	拣货单位	记录
I	托盘	托盘	P→P
II	托盘	托盘+箱	P→P+C
III	托盘	箱	P→C
IV	箱	箱	C→C
V	箱	箱+单品	C→C+B
VI	箱	单品	C→B
VII	单品	单品	B→B

（二）拣货信息的传递方式

客户的订单通过处理变成拣货信息，指示如何进行拣货作业，这样，拣货人员就可以在既定的拣货方式下准确而及时地完成拣货作业。由此可见，拣货信息的传递方式尤其重要（见表4-10）。目前除使用纸质单据来传递信息外，计算机、条码及一些自动传输的无纸化系统使用越来越普遍，未来将通过信息来保证整个拣货系统的准确、快速、高效。

表 4-10　拣货信息的传递方式

传递方式	定义	优点	缺点	适用情况
订单传递	直接利用客户的订单或以配送中心送货单来作为拣货指示凭证	简单方便	订单易受到污损，可能导致作业过程发生错误；订单上未标明货物储放的位置，靠作业人员的记忆拣货	订单订购品种比较少、批量较小的情况
拣货单传递	把原始的客户订单输入计算机，进行拣货信息处理后生成并打印出拣货单	可标明储位，并按储位顺序来排列货物编号，缩短了拣货路径	需要一定的成本，且拣货单据也可能出现误差	都适用
显示器传递	货架上安装灯号或安装液晶显示器，来显示通过数位控制系统传递过来的拣货信息	可以配合人工拣货，防止拣货错误，增加拣货人员的反应速度	成本较高，对于配送系统要求也较高	尤其适合订单订购品种比较多的情况
无线通信传递	在叉车上安装无线通信设备，通过这套设备把应从哪个储位拣何种商品及拣取数量等信息指示给叉车上的司机以拣取货物	可以配合人工拣货，防止拣货错误，增加拣货人员的反应速度	成本较高，对于配送系统要求也较高	适应于大批量出货时的拣货作业
计算机随行指示	指在叉车或台车上设置辅助拣货的计算机终端机，拣取前先将拣货信息输入计算机或软件，拣货人员依据叉车或台车上计算机屏幕的指示，到正确位置拣取货物	可以配合人工拣货，防止拣货错误，增加拣货人员的反应速度	成本较高，对于配送系统要求也较高	适应于大批量出货时的拣货作业
自动拣货系统传递	全部由自动控制系统完成	只需要较少的系统操作人员，准时、高效	成本最高，对于配送系统要求也较高	适应于大批量出货时的拣货作业，也是未来发展的方向

（三）智慧拣货方式

随着科学技术的发展，拣货作业方式也在不断地演变，拣货作业的种类也越来越多，拣货方式可以从不同角度分类：按订单的组合可以分为按单拣选和批量拣选，按人员组合可以分为单独拣选和接力拣选，按运动方式可分为人到货前拣选和货到人前拣选，按拣选信息可分为分拣单分拣、标签分拣、电子标签分拣、RF 分拣、IC 卡分拣等。

> **小贴士**
>
> SKU（Stock Keeping Unit）是指最小存货单位，即库存进出计量的基本单位，可以是件、盒、箱、托盘等为单位。商品品种数量也称 SKU 数量。例如，根据仓储规模的不同，一箱 12 瓶的饮料是一个 SKU，单独一瓶的饮料也是一个 SKU。

配送中心常用的拣货方式主要有三种：按单拣货、批量拣货和按流程拣货。其中按单拣货（Order Picking）也称"摘果式"拣选，批量拣货（Batch Picking）也称"播种式"拣选。除此之外，还有波次订单拣选、集群订单拣选等方式。

1. "摘果式"拣选

"摘果式"拣选是针对每一份订单（即每个客户），分拣人员或分拣设备巡回于各个储存点并将所需货物取出，完成配货任务。其作业原理是拣货人员或拣货工具来回于各个储存点，按订单所列商品及数量，将客户所订购的商品逐一由仓库储位或其他作业区中取出，然后集中在一起的一种拣货方式。由于此种拣货方式的储位相对固定，而拣选人员或工具相对运动，故又称作"摘果式"，如图4-3所示。

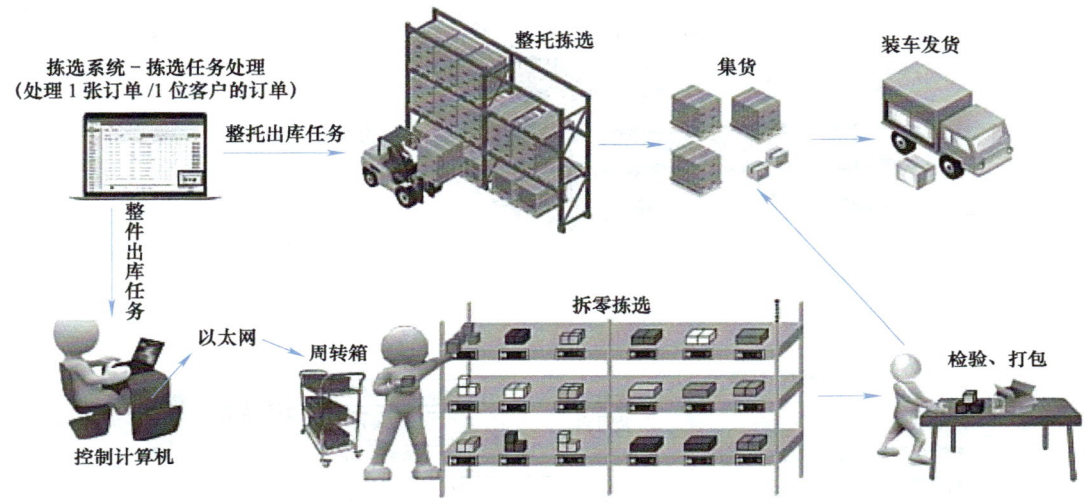

图 4-3 "摘果式"拣选

2. "播种式"拣选

"播种式"拣选是将多份订单（多个客户的订货需求）集合成一批，分拣人员或分拣设备从储存点集中取出客户共同需要的货物，然后巡回于各客户相应的货位之间，将货物按订单需求量分放在各客户的货位上，再取出下一种共同需求的商品，如此反复进行直至按客户需求将全部货物取出并分放完毕，同时也完成各个客户的分拣配货工作。这种分拣方法类似播种，因此形象地称之为"播种式"，如图4-4所示。

"播种式"拣选是集中取出众多客户共同需要的货物，再将货物分放到事先规划好的配货货位上。这就需要若干客户，有共同需求，形成共同的批量之后，再对客户共同需求进行统计，同时规划好各客户的配货货位进行集中取出、分放配货的操作。所以，这种分拣方法难度较大，计划性较强，容易发生错误。"播种式"拣选有利于车辆的合理调配，合理使用配送路线，便于综合考虑，统筹安排，发挥规模效益。

在实际操作中，"摘果式"拣选准确程度较高，一般较少发生货差等错误，并且机动灵活，每人每次只处理一份订单或一个客户。可以直接打印拣选单，辅助以RF、DPS、语音等技术，完成拣选。对于多箱情形，也可以事先计算好箱数，完成组箱运算，然后分区拣选。在大型配送中心里，输送系统是必不可少的辅助设备之一。"播种式"拣选的分拣过程可以在拣选作业完成后，对整个批次的商品集中按照订单进行分拣；也可以在拣选过程中边拣选边分拣，同时完成。"摘果式"拣选和"播种式"拣选的区别见表4-11。

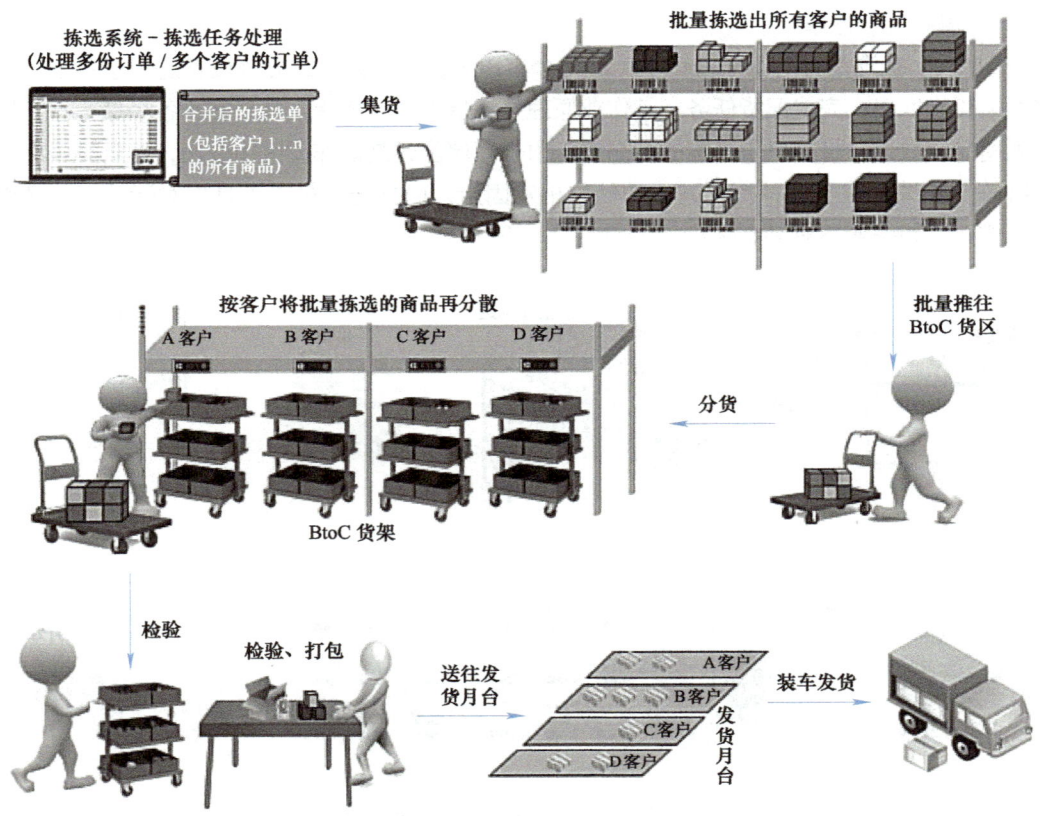

图 4-4 "播种式"拣选

表 4-11 "摘果式"拣选和"播种式"拣选的区别

拣货方式	优点	缺点
"摘果式"拣选	① 作业方法简单 ② 作业前置时间短 ③ 作业人员责任明确，易于安排人力 ④ 拣货后不用进行分类作业，适用于配送批量大的订单的处理 ⑤ 导入容易，作业弹性大	① 商品品类多时，拣货行走路径加长，拣货效率降低 ② 拣货区域大时，搬运系统设计困难 ③ 少量多次拣取时造成拣货路径重复，效率降低
"播种式"拣选	① 提高计划规模，降低计划成本 ② 可以缩短拣货时间的行走时间，增加单位时间的拣货量 ③ 节省人力，减少与其他作业的冲突	① 对紧急订单无法做及时的处理 ② 积累订单数量时，延长停滞时间 ③ 增加分货作业 ④ 必须全部作业完成后才能发货

3. 按流程拣货

按流程拣货可以视为"播种式"拣选的衍生拓展。"播种式"拣选是一次拣选完成若干确定订单数量的拣选作业，而按流程拣货是一次拣选完成所有当前可以处理的全部订单的拣选作业。按流程拣货在拣选开始后，拣选任务还在随着新增加的订单而不断发生变化，确保拣选作业通过的区域内，所有需要被执行的拣选任务一次性被全部完成。

三种主要拣货方式的适用场景和应用局限可以参考表 4-12。

表 4-12　三种主要拣货方式的适用场景和应用局限

拣货方式	适用场景	应用局限
"摘果式"拣选	适合于拣选面积小、SKU 种类少、订单特别多、订单处理周期非常短的作业场景	对于订单行比较少的情况，会明显存在拣选密度（拣选商品次数除以拣选运动距离）低的弊端，进而导致拣选效率低下
"播种式"拣选	适合于 SKU 种类多，订单行少、订单量又比较大的作业场景	增加了分拣的流程，所以只有在增加拣选密度后节省的拣选时间大于该批次商品分拣时间的情况下，才比"摘果式"拣选有明显的经济效益
按流程拣货	适合于 SKU 百万级以上、订单行少、日订单量超过 10 万、拣选区域超过 4 万 m^2 的作业场景	对仓储运营中心内的计算机系统和网络，以及自动化设备和控制程序的要求更加高

智慧拣选作业时，大部分都配套使用"货到人"拣选系统，一般来说，采用"播种式"拣选优势较为明显，不仅可以有效节约人工成本，也可有效降低作业难度，提高作业效率。主要有以下优势：

（1）拣选高效。首先，采用"播种式"拣选作业的效率一般是人工拣选的 8～15 倍。其次，采用"播种式"拣选具有极高的准确性，系统通过配合电子标签、RFID、拣选站台、称重系统等辅助拣选系统，有效地降低拣选的出错率，准确率一般在 99.5%～99.9%。同时，通过拣选站台系统、称重系统等辅助复核，减少了人工复核的强度。

（2）存储高效。"播种式"拣选通过密集存储或移动货架进行存储，其存储密度大大提高。其中，密集存储货架去掉多余的巷道空间，提高货架的密度，移动货架根据不同货物的包装规格设计了多种规格的货格，通过不同规格的货格组合，有效提高了货架空间的使用率。

（3）降低劳动强度。"播种式"拣选通过智能搬运设备或自动输送设备搬运货物，大幅降低作业人员的劳动强度。在多层穿梭车系统中，1 个巷道对应 1 个拣选站台，1 项拣选作业分配 1 名工作人员，整个仓库仅需少量工作人员即可实现全部拣选作业。在智能搬运机器人系统中，仓库仅需少量工作站台即可完成商品拣选，主要搬运工作均由智能机器人来完成。

4. 波次订单拣选

波次计划是提高拣货作业效率的一种方法，它将不同的订单按照某种标准合并为一个波次，指导一次拣货。更通俗地讲，波次计划就是对批量订单进行合并、分类，因此它包含了"批量"处理的概念。波次计划可以是以订单为单位进行的合并处理，也可以是对订单内物资的合并处理。

波次订单拣选方式是在一天中的特定时间在拣选间隔内拣选具有共同因素的特定订单，称为"波次"。订单根据客户位置、订单日期或截止日期等因素分组为多个波次，这些波次被安排在一天中的固定时间进行拣选。

5. 集群订单拣选

集群订单拣选涉及对多个订单进行集群并同时为它们拣选物料。此方式类似于批量和分区订单拣选，但拣货员不会专注于相似的 SKU 或位置，而是在仓库的单个旅程中从多个订单中拣选所有商品。

当使用集群拣选等方式时,订单混淆的风险会增加,要根据拣货单仔细检查拣选的物品,或在包装台安装条形码扫描仪,以便在拣货错误到达客户之前发现它们,或者采取其他方式在包装发送前复核订单。

拣货方式选择确定参考依据见表 4-13。

表 4-13　拣货方式选择确定参考依据

项目	按单拣货	批量拣货	分区拣选	拣选-传递	波次订单拣选	集群订单拣选
小型仓库	√					√
中型仓库		√	√	√	√	√
大型仓库		√	√	√	√	
少订单	√					√
多订单		√	√	√	√	
拣选准确度	√					
拣选速度		√	√	√	√	
成本	√					√

三、智慧拣货策略

拣货策略是影响分拣作业效率的重要因素。在拣货前应先考虑对不同的订单需求采取不同的分拣策略。决定拣货策略的四个主要因素包括分区、订单分割、订单分批、分类,而这四个因素之间存在互动关系,这四种主要因素交互运用可产生多种策略。

(一)分区策略

分区就是将拣取作业场地做区域划分,每一名作业员负责拣取固定区域内的商品。

1. 按货物的特性分区

根据货物原有的性质,将需要特别储存搬运或分离储存的货物进行区隔,以保证货物品质在储存期间保持不变。可按商品性质、储存要求、搬运要求等分区,如按外形尺寸及形状可分为大件区、散料堆放区、成件区;按出库频率分为快速流转品区、慢速流转品区。分区过程的原则是尽量使用共同设备,以使设备成本降低。

2. 按拣货单位分区

在同一储存区内分区时,要将储存单位与拣货单位分类统一,以便拣取与搬运作业单元化,拣取作业单纯化。如 AS/RS 及托盘货架都是以托盘为储存单位,AS/RS 以托盘为取出单位,托盘货架则以箱作为分拣单位,因此可按分拣单位的差异再作分区设计。

3. 按拣货方式分区

分拣方式除批量分拣和按单分拣外,还包括搬运、分拣机器设备等差异(见图 4-5)。如想在同一分拣单位分区之内采取不同的分拣方式或设备,就必须考虑分拣方式的分区,如电子标签货架拣选区、RF(射频)拣选区、台车拣选区等。如按照商品销售的 ABC 分类,便于作业区单纯化、一致化,以减少不必要的重复行走所耗费的时间。

4. 按工作分区

按工作分区是指由一个或一组固定的拣货人员负责拣货区域内的货物,如图 4-6 所示。可先订出工作分区的组合并预计其分拣能力,再计算出所需的工作分区数。

$$工作分区数 = 总分拣能力需求 / 单一工作分区预估分拣能力$$

优点是能减少拣货人员所需记忆的存货位置及移动距离,短时间内共同完成订单的拣取,但必须要注意工作平衡的问题。例如接力式分拣,先决定出拣货员各自分担的产品项目或料架的责任区域范围后,各个拣货员只拣取拣货单中自己所负责的部分,然后以接力的方式交给下一位拣货员。分区策略主要是做好分区工作,在设计分区之前,对储存分区进行考察、规划,才能使系统整体的配合更加完美。

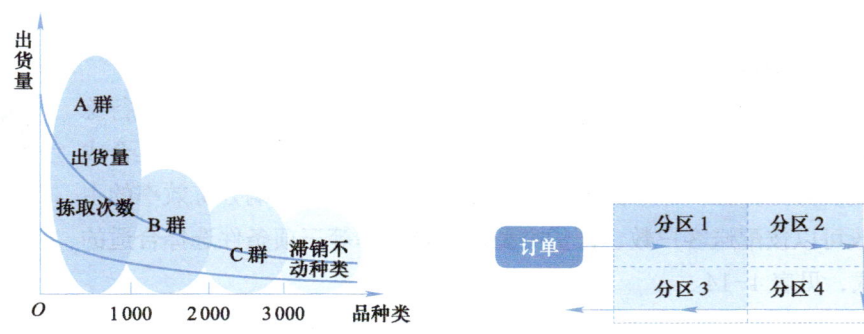

图 4-5 按拣货方式分区拣取示意图　　图 4-6 按工作分区拣取示意图

(二) 订单分割策略

当一张订单所订购的商品项目较多,或欲设计一个讲求及时快速处理的拣货系统时,为了使其能在短时间内完成拣货处理,可利用此策略将订单切分成若干子订单,交由不同的拣货人员同时进行拣货作业以加速拣货速度。

订单分割策略必须与分区策略联合运用才能有效发挥作用。订单分割的原则按分区策略而定,一般订单分割策略主要在于配合分拣分区的结果,因此在分拣单位分区、分拣方法分区及工作分区完成之后,再决定订单分割的大小范围。订单分割可以在原始订单上做分离设计,也可以在订单接受之后做分离的信息处理。下面介绍几种订单分割方法。

(1) 分拣单位分区的订单分割策略。按分拣单位分区的订单分割策略如图 4-7 所示。

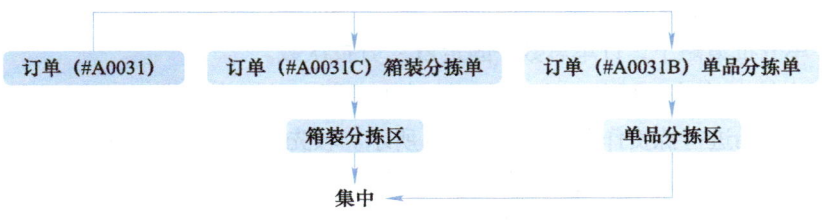

图 4-7 按分拣单位分区的订单分割策略

（2）分拣方式分区的订单分割策略。按分拣方式分区的订单分割策略如图4-8所示。

（3）工作分区的订单分割策略。按工作分区的订单分割策略如图4-9所示。

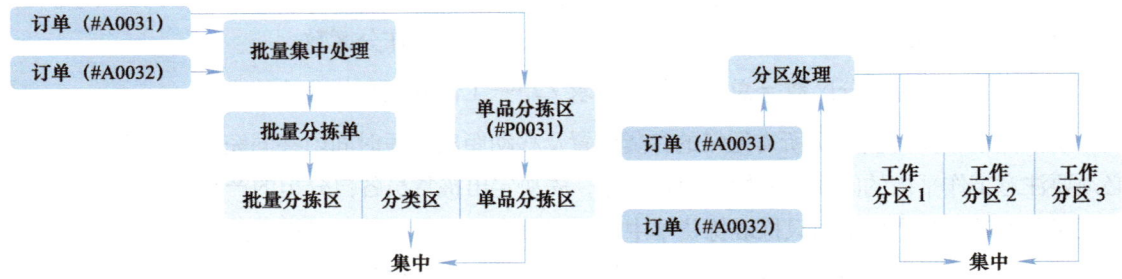

图4-8　按分拣方式分区的订单分割策略　　　图4-9　按工作分区的订单分割策略

（三）订单分批策略

订单分批是指把多张订单集合成一批，依商品类别将数目相加后再进行拣货，之后按客户订单做分类处理。为了提高分拣作业效率，把多张订单集合成一批，进行批次分拣作业。订单分批的原则和批量的大小是影响分拣效率的主要因素。一般可以按配送客户数、订货类型及需求频率等三项条件选择合适的订单分批方式，见表4-14。

表4-14　订单分批方式

	适用情况	配送客户数	订货类型	需求频率
分批方式	总合计量分批	数量较多且稳定	差异小而数量大	周期性
	固定订单量分批	数量较多且稳定	差异小且数量不大	周期性或非周期性
	时窗分批	数量多且稳定	差异小而数量小	周期性
	智能型分批	数量较多且稳定	差异较大	非即时性

1. 总合计量分批

这种分批方式较为简单，只需将所有客户需求的货物数量统计汇总，由仓库中取出各项货物需求总量，再进行分类作业即可。

优点：一次拣出商品总量，可使平均拣取路径减到最短，储存区域的储存单位单纯化。

缺点：需要功能强大的分类系统完成分类作业，订单数不可过多。

2. 固定订单量分批

在这种订单分批策略下，订单总数/固定量 = 分批次数。

采取先到先处理的基本原则，按订单到达的先后顺序做批次安排，当累计订单数到达设定的固定量时，再开始进行拣货作业，如图4-10所示。较先进的方法是利用智能分批的原则，将订货项目接近的订单同批处理，以缩短分拣移动的距离。

优点：维持稳定的拣货效率，使自动化的拣货、分类设备得以发挥最大功效。

缺点：订单的商品总量变化不宜太大，否则会造成分类作业的不经济。

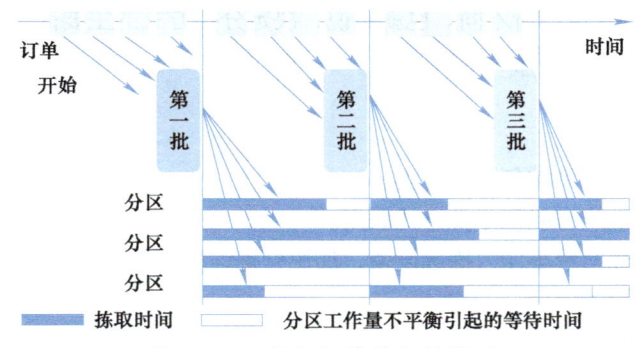

图 4-10 固定订单量分批拣选

3. 时窗分批

在这种订单分批策略下,作业总时间 / 时窗 = 分批次数。

按时间分批,固定时间称为时窗(比如 1h、30min 等)。该方式的重点在于时窗大小的确定,主要因素是客户的预期等候时间及单批订单的预期处理时间。为了适应客户的紧急需求,时窗的大小不应过长,且每批订单处理的时间在分拣系统设计中也应尽可能缩短。当订单到达且拣货完成出货所需的时间非常急迫时,可利用此策略开启短暂时段,例如 5min 或 10min,将此一时段中所到达的订单看作一批进行拣取,如图 4-11 所示。

优点:较适合密集频繁的订单,且能应付紧急插单的需求。

缺点:等待的时间不一致,可能导致工作安排的不合理以及设备的空置。

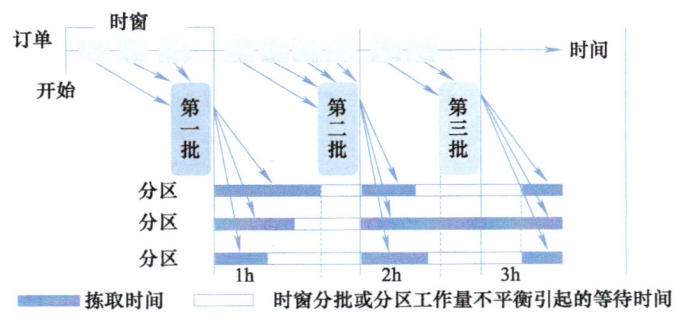

图 4-11 时窗分批拣选

4. 智能型分批

智能型分批方式是技巧性较高的一种分批方式,适合仓储面积较大、储存货物项目多的分拣区域。订单通常在前一天汇集之后,经过电脑处理,将订货项目相近或分拣路径一致的货物分为同批,求得最佳的订单分批,以缩短分拣寻找的时间及移动的距离。要做到智能型分批,最重要的是货物储放位置和货位编码相互配合,使订单输入货物编号后就可凭借货物货位编号了解货物储放位置情况,再根据分拣作业路径特性,找出订单分批法则。

优点:分批时已考虑到订单的类似性及拣货路径的顺序,使拣货效率更进一步提高。

缺点:所需软件技术层次较高不易达成,且信息处理的前置时间较长,若发生紧急插单处理,作业较为困难。

(四)分类策略

采取批量分拣作业方式时,拣选完后还必须进行分类,而且不同的订单分

批方式其分类作业的方式也有所不同。也就是说,决定分类方式的主要因素是订单分批的方式。不采取批量分拣的作业方式就不需要进行分类作业。分类方式有两种:分拣时分类与分拣后集中分类。

1. **分拣时分类**
   ① 在分拣的同时将货品按各订单分类。
   ② 常与固定量分批或智能型分批方式联用。
   ③ 需使用计算机辅助台车作为拣选设备,加快分拣速度。
   ④ 适用于少量多样的场合。

2. **分拣后集中分类**
   分拣后集中分类的一般作法:以人工作业为主,将全部货品搬运至空地上进行分发;利用分类输送系统进行集中分类。适用于整箱拣选,以及货品较重、体积较大的情况。

各种分类方式的特性见表4-15。

表4-15 各种分类方式的特性

分类方式		特性		
		处理订单数量	订购货物品项数	货物重复订购频率
分拣时分类		多	少	较低
分拣后分类	分类输送机	多	多	变化较大
	人工分类	少	少	较高

拣货策略与储存策略配合情形,见表4-16。

表4-16 拣货策略与储存策略配合情形

储存策略	拣货策略							
	单一顺序拣取		批量拣取		分类式拣取		接力式拣取	订单分割拣取
	分区	不分区	分区	不分区	分区	不分区		
定位储存	○	○	○	○	○	○	○	○
随机储存	×	×	△	×	×	×	×	○
分类储存	○	○	○	○	○	○	○	○
分类随机储存			○	○	○	△	△	○

注:○——适合;△——尚可;×——不适合。

在拣选系统中,拣货策略的选择尤为重要。拣货策略运用的组合如图4-12所示,从左至右是拣货策略运用时所考虑的一般次序,可以相互配合的策略方式用箭头连接,所以任何一条由左至右可通的组合链就表示一种可行的拣货策略。

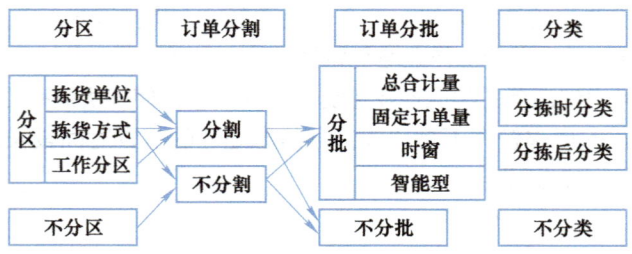

图4-12 拣货策略运用的组合

四、智能拣货作业

随着互联网、物联网、大数据、人工智能等技术的发展，拣货方式和技术也发生了实质性变化，经历原始化→半自动化（少人化）→全自动化（无人化）→智慧化（数字化辅助决策）→智能化（自主决策）逐步发展。拣货作业为仓储/配送物流中心最重要也是最占成本的环节，拣货作业的效率及正确性都大大地影响着企业的服务质量。拣选方式和技术直接影响着整个物流中心的拣选效率，关系到企业物流成本的高低。

（一）手持 RF/PDA 拣货作业

PDA 拣货是一种基于 PDA 的拣货方式，它通过 PDA 设备与仓库管理系统相连，实现对仓库中商品的快速定位、拣选和管理。PDA 拣货是现代物流管理中的一种重要技术手段，它可以提高仓库的拣货效率和准确率，降低人工操作的错误率和成本，提高仓库的管理水平和服务质量。

1. PDA 拣货的工作流程

（1）商品信息录入：将仓库中的商品信息录入到 PDA 设备中，包括商品名称、规格、数量、存放位置等信息。

（2）拣货任务分配：根据客户订单或销售计划，将拣货任务分配给相应的拣货员，包括拣货数量、拣货时间、拣货位置等信息。

（3）拣货准备：拣货员根据 PDA 设备上的拣货任务清单，到指定的货架上查找相应的商品，确认商品的数量和规格是否符合要求。

（4）拣货操作：拣货员使用 PDA 设备扫描商品的条形码或二维码，确认商品的信息和数量，将商品放入拣货车或拣货箱中。

（5）拣货完成：拣货员完成拣货任务后，将 PDA 设备上的拣货清单上传到仓库管理系统中，系统自动更新库存信息和订单状态。

2. PDA 拣货的优点

（1）提高拣货效率：PDA 拣货可以实现对仓库中商品的快速定位和拣选，减少人工查找和拣选的时间和成本，提高拣货效率和准确率。

（2）降低错误率：PDA 拣货可以避免人工操作中的错误和漏洞，减少拣货过程中的错误率和损失，提高仓库管理水平和服务质量。

（3）提高管理水平：PDA 拣货可以实现对仓库中商品实时监控和管理，包括库存信息、销售情况、订单状态等，提高仓库管理水平和决策能力。

（4）降低成本费用：PDA 拣货可以减少人工操作时间和成本，降低仓库运营成本和管理费用，提高企业竞争力和盈利能力。

（二）GTP 拣选作业（货到人）

GTP（Good To Person）货到人作业模式，替代了传统人工仓的人找货作业模式，由仓储机器人根据订单任务将要拣选的货品货架主动搬运到拣货点，拣货人员在拣货点完成拣货，机器人再将货架搬运到下一个拣货点或搬回库存区，即"货动，人不动"。

1. GTP 拣选作业流程

GTP 拣选作业流程如图 4-13 所示。

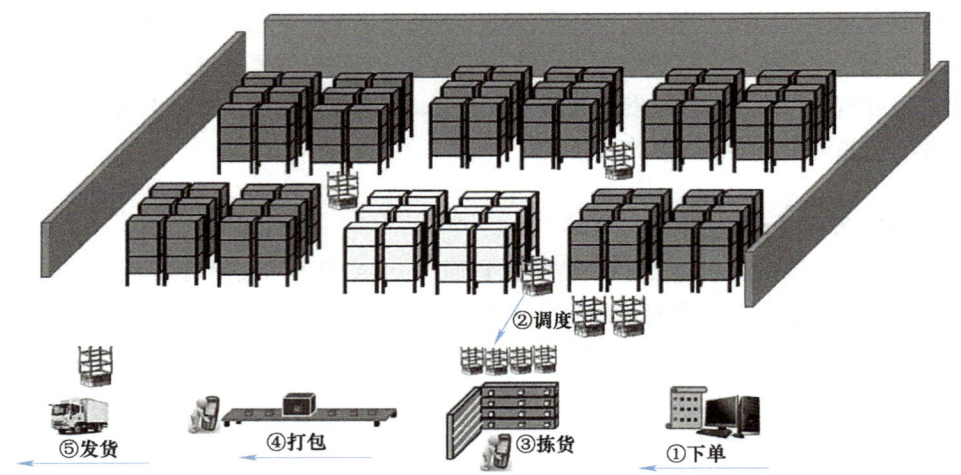

图 4-13　GTP 拣选作业流程图

（1）客户下单。

（2）仓储系统进行订单分析、合单、分拨等处理。

（3）仓储系统处理完成后将一组订单交由调度系统处理，调度系统根据订单内容将工作任务分配给多个机器人和工作站，同时进行路径规划。

（4）运营调度系统调度多台机器人，根据订单内容将需要拣选货品货架搬运到对应的一个或多个工作站。

（5）工作站拣货员完成拣选作业。

（6）经过机器人周而复始的工作实现货到人拣选，完成波次订单拣选。

（7）订单拣选完成后由打包人员完成复核和打包。

（8）打包货物后可由机器人搬运至车辆准备装货发车。

2. GTP 拣选技术

GTP 拣选系统的技术，主要在于快速存取技术和拣选工作站技术。GTP 拣选技术是当前应用较广、较流行的技术，主要包括 Miniload 堆垛机系统、KIVA 拣选系统、四向穿梭车技术、多层穿梭车系统等。

（1）Miniload 堆垛机系统。Miniload 是堆垛机的一种，用于料箱立体仓库，适用于重量小的货物，速度快，业内平均可以做到 300m/分钟水平速度。Miniload 堆垛机系统是高存储密度的料箱智能拣选解决方案，是目前应用广泛的重要"货到人"拣选解决方案之一。

（2）KIVA 拣选系统。KIVA 拣选系统是使用 AGV 完成拣选及搬运作业，AGV 根据系统指令，自动导航到商品位置停泊，通过车载显示终端告诉拣选人员被拣选商品的位置和数量。

该系统灵活性非常强，易于扩展，非常适用于 SKU 量大、商品数量多、有多品规订单的场景。电商的迅猛发展，使得此类技术在短时间里快速成为物流领域的网红技术，备受广大用户的关注和追捧。

（3）四向穿梭车技术。所谓四向穿梭车，即可以完成"前后左右"运行的穿梭车。由于其具有四个方向的移动能力，其适应场地的灵活性大大增加，有些不规则的场地也可以得到充分利用，这是多层穿梭车所无法比拟的。一方面，可以大幅度提升空间利用率；另一方面，在许多老旧仓库改造中，四向穿梭车具有更高的适应能力。

虽然四向穿梭车有很多优点，但也有缺点。如对货架的要求，四向穿梭车由于有横向轨道要求，因此对货架的精度要求更高，对安装精度的要求也更高，会导致安装工期和成本增加；又如四向穿梭车对调度系统的依赖，增加了系统实施的难度，也提高了技术门槛，增加了成本。此外，从维护角度看，由于四向穿梭车在巷道中的位置不固定，横向轨道限制了维护人员进入货架内部的道路，因此一旦出现问题，维修难度增加；反过来对总体设计提出限制要求，对小车和系统的可靠性要求大大增加，无疑限制了它的推广。

（4）多层穿梭车系统。多层穿梭车系统是由小车、行走机构、存取机构、轨道系统组成，适用于小尺寸、多规格物料的高速缓存系统，具有柔性化、集成化、网络化、高精度、高速高效、稳定可靠以及节能环保等特点。

随着多层穿梭车系统技术的不断成熟，拆零拣选作业需求的增加和作业难度的加大，近两年多层穿梭车系统得到了大量的应用，是高速存储拣选解决方案的典型代表。因此，多层穿梭车非常适用于电商等拆零拣选需求巨大的行业。

同时，多层穿梭车系统作业效率非常高，拣货效率是传统作业方式的 5～8 倍，一般可以达到 1 000 次 /h 以上，同时还可以大量节省人力成本；多层穿梭车系统最多为双伸位，高度大多为 6～18 米，是高速度的存储解决方案。

（三）OTP 拣选作业（订单到人）

OTP（Order To Person）订单到人作业模式，是指仓储机器人载有包装箱的拣选货架到各拣选站点，由区域拣选员进行拣货，在拣选站完成按订单"播种"，边拣边分。分拣完成后，机器人载包装箱到操作台直接进行复核、打包与发运。

1. OTP 拣选作业流程

OTP 拣选作业流程如图 4-14 所示。

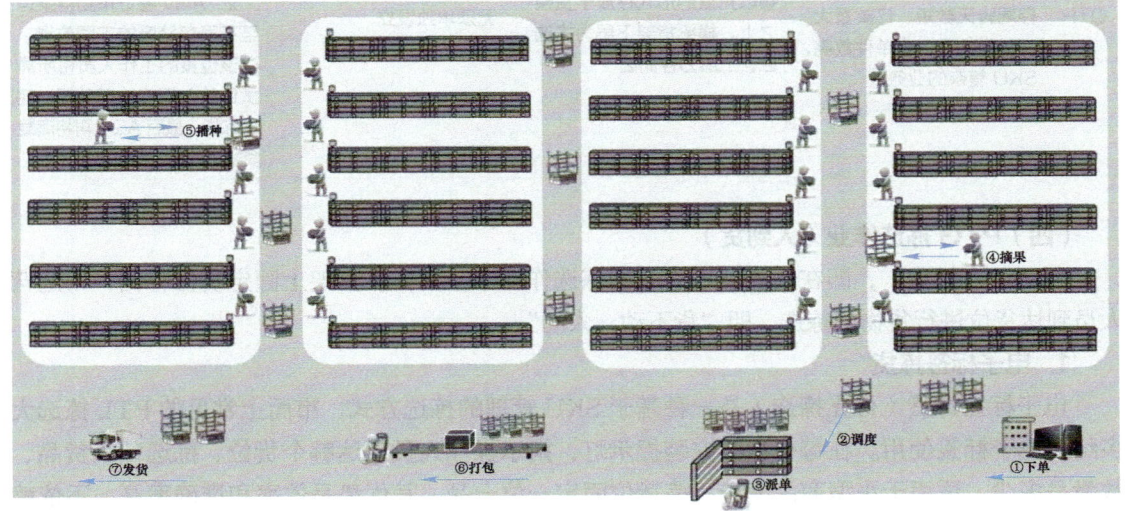

图 4-14　OTP 拣选作业流程

（1）客户下单。

（2）仓储系统进行订单分析、合单、并单、分拨等处理。

（3）仓储处理完成后将一组订单交由运营调度系统处理，运营调度系统根据订单内容将工作任务分配给多个仓储机器人和拣货台，同时进行路径规划。

（4）运营调度系统经过调度仓储机器人（带着订单任务和一个搬运货架）到不同的区域拣货点完成拣货。

（5）区域拣货点的拣货员根据当前仓储机器人的订单任务完成摘果作业和播种作业。

（6）区域拣货员完成任务后，仓储机器人会到下一个或多个拣货点继续完成拣货。

（7）直到仓储机器人完成分配的订单拣货任务，仓储机器人会自动回到包装区域。

（8）由包装员卸货完成复核、打包。

（9）打包货物后可由机器人搬运至车辆准备装货发车。

2．GTP与OTP作业场景比较

GTP与OTP作业模式应用场景比较相似，容易混淆，因此要从智能仓场景特点、智能仓存储系统、智能仓工作站和智能仓输送方式四个方面进行详细的对比分析，见表4-17。

表4-17　GTP与OTP作业场景比较

类型	智能仓场景特点	智能仓存储系统	智能仓工作站	智能仓输送方式
GTP	1．拣选区无法使用高层空间，自动化程度高 2．适用于库存量适中、库存周转天数适中、订单量适中、订单弹性低、客单件数适中、SKU适中的业务	直接采用搬运式物料架作为存储单元，每个物料架由方形多层隔板货架组成，物料架的每层都由若干个物料箱构成，每个物料箱就是一个仓位	1．设立单独的工作站，用于呼叫AGV搬运货架与分拣货物 2．设立于"货到人"区域前方，尽可能缩短AGV的搬运距离以提高工作效率	AGV直接将存储区的货架运至工作站，由工作人员进行下架与播种，再由AGV将播种完成的货物运至打包台
OTP	1．人工参与度高 2．适用于库存量大、库存周转天数短、订单量大、订单弹性高、客单件数高、SKU复杂的业务	采用传统的横梁货架，货物以托盘的形式存放于货架之上，横梁货架下层为拣选区，上层为存储区	无须单独设立	1．AGV运送的是订单物料架，其由方形多层隔板货架构成，每层都有若干个周转箱，代表不同的订单 2．AGV将订单物料架运至不同存储区的不同位置，由该位置的工作人员将所需货位放入相应的订单框，完成拣货，最后AGV再将满载货物的物料货架送至打包台

（四）PTG拣选作业（人到货）

所谓"人到货"，即在物流配送中心的拣选作业中，货物在货架上固定货位存储，由运营人员到达货位进行货物的拣选，即"货不动，人动"。

1．电子标签拣货

电子标签拣货（灯光拣选）是一种基于SKU管理的拣选方式，市面上常见的PTL拣选大多结合电子标签使用。在每个货位安装提示灯，指示操作人员到达哪个货位、拣选什么货品、数量是多少。适用于小型商品拣选，拣货位固定一位一品。其优势是效率和准确率高、不依赖员工的熟练程度，但布局建设完成后不易更改。

优势：借助视觉指示，解放双手，拣货速度快，在单个 SKU 拣取效率上更高。

缺点：一旦布局完成，无法更改；增加 SKU，需要增加相应货架、标签，费用较高。

2. 语音拣货系统

语音拣选是指语音拣选系统会将 WMS 的指令转化为语音播报给作业人员，作业人员根据语音指令到达相应的货位，拣取货品，并通过口头语音应答来确认拣选作业的完成。其最大的优点是通过耳机等可穿戴设备，解放了拣选员的双手，适合大件商品拣选、冷库环境拣选等，如电商、冷链、汽车、医药、城配等多行业。

优势：准确率高、无纸化作业，需较少的人工判断，作业速度较快。

缺点：设备投入费用较高，受地方口音影响，影响的因素较多。

语音拣货系统适合整箱、BC 类商品的拣选，必须一个 SKU 一个库位，对操作的准确性要求比较高。电子标签适合零拣，而且是 A 类商品的零拣，拣选速度快，拣选面小。

3. AR 视觉拣选

AR 即增强现实。AR 视觉拣选是利用计算机技术将虚拟信息叠加到真实世界，拣选者佩戴增强现实眼镜，由眼镜的导航功能导航至拣选货位。所有作业信息全部投影在眼镜上。AR 拣选与跟语音拣货一样，解放了拣选作业人员的双手，同时又具备条形码复核能力，保障拣选质量与库存数据同步。

优点：AR 拣选解放了拣选作业人员的双手，同时使拣选错误率大大降低。

缺点：目前硬件尚未完全成熟，如头在旋转时传感器不同步，于是左右转动会让人有眩晕的感觉；眼睛通过内置增强屏幕观看的时候会产生两个焦，这两个焦点不重合，时间过久也易产生眩晕感。

🔵 任务发布

智慧拣货方式与策略应用调研

根据地方配送中心主营业务，选取一种或几种货物，实地或网络调查某物流中心或配送中心的智慧拣货作业流程，深入了解批量拣取、复合拣取等拣货方式的特点，调研智慧拣货系统（如 RFID、自动导引车 AGV、智能分拣机器人等）的工作原理、应用场景及实际效果，分析并学习分区策略、订单分割策略、订单分批策略及分类策略等拣货策略的基本原理和应用方法，进行分析总结，重点分析智慧拣货方式和策略应用，并形成调研报告。

🔵 任务实施

（一）实施方式

1. 学生 5~6 人自主组成一个小组，进行智慧拣货方式和策略应用调研。
2. 参考实施步骤的提示，完成智慧拣货方式与策略应用调研报告。

（二）实施内容及操作步骤

步骤 1：熟悉拣货作业流程。

步骤 2：掌握智慧拣货方式。

步骤 3：掌握智能拣货策略。

步骤 4：进行智能拣货作业。
步骤 5：形成智慧拣货方式与策略应用调研报告。

（三）实施成果及形式

1. 总结报告：每组提交一份智慧拣货方式与策略应用调研报告。
2. 小组展示：利用 PPT 现场讲解智慧拣货方式与策略应用调研报告。

任务评价

任务评价表

被考评人			考评任务	智慧拣货作业操作		
考评步骤	考评内容及分值		自我评价（30%）	小组评议（40%）	教师评价（30%）	合计得分（100%）
步骤 1	熟悉拣货作业流程	10 分				
步骤 2	掌握智慧拣货方式	20 分				
步骤 3	掌握智能拣货策略	25 分				
步骤 4	进行智能拣货作业	25 分				
步骤 5	形成智慧拣货方式与策略应用调研报告	20 分				
综合评定						
考评标准	资料准备	知识掌握	语言表达	团队合作	沟通能力	合计得分
分值	20 分	30 分	20 分	15 分	15 分	
注：任务总评得分 = 考评步骤 70%+ 综合评定 30%				任务总评得分		

任务三　配货送货作业操作

任务引例

D 果蔬配送中心的配送作业

D 果蔬配送中心是一个果蔬分销企业，拥有 10 台 2t 厢式货车和 5 台 5t 车，负责 A 市主要超市和近郊的果蔬供应配送。随着订单增加，各个部门之间的协调问题越来越困难，最近配送车辆出现短缺，总有一些订单无法满足。针对这种现象，物流部门请求购买车辆以改善现状，然而财务部门发现物流成本已经过高不予同意。事实上，公司前几年也出台了对仓储、运输等部门的考核指标，但是各个部门对于指标也颇有保留意见，形成部门间的争执。无奈之下公司请来一家咨询公司对企业进行诊断。咨询人员仔细评估了企业的各项考核指标，然后咨询人员跟随送货人员进行了调研，发现如下状况：驾驶员的素质没有任何问题，总是能够巧妙避开拥挤的车流，对路况非常熟悉；尽管送货车辆一刻不停，一天下来也只跑了十几家，常常出现在一个地方、一条马路来回好几次的情况；在为客户 A 送货路上和公司另外一辆配送车擦肩而过，并且一天遇见了两次。

思考：针对以上配送状况，你觉得应该怎么做？

知识准备

一、配货送货作业流程

（一）配货作业流程

配货作业是指把拣取分类完成的货品经过配货检查过程后，装入容器和做好标示，再运到发货准备区，装车后待送的过程。主要包括分货和配装两个方面。分货是指根据出货单上的内容说明，按照出货的优先顺序、储位区域号、配送车辆趟次号、门店、先进先出等出货原则和方法，把需要出货的商品整理出来，经复核人确认无误后，放置到暂存区，准备装货上车的工作。配装是指集中不同客户的配送货物，进行搭配装载，以充分利用运能、运力的工作，作业流程如图4-15所示。

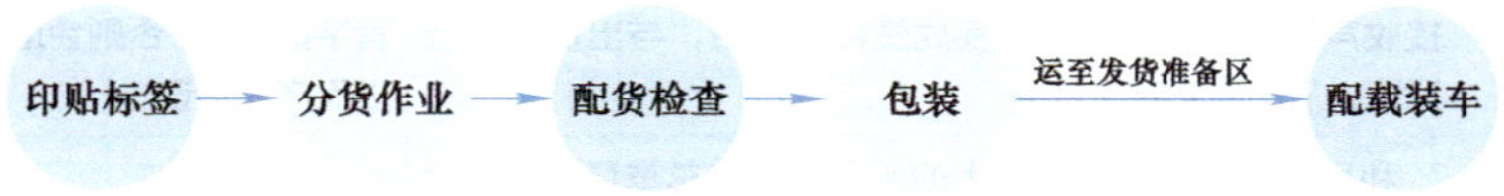

印贴标签 → 分货作业 → 配货检查 → 包装 —运至发货准备区→ 配载装车

图 4-15 配货作业流程

1. 印贴标签

标签是贴在物品上的标志及标贴，包括文字和图案。物品标签是为了区别物品出处，是专用的，而物品包装是对物品美化、装饰说明和宣传。一般标签都是附着在物品外部或物品包装容器外部，用来说明物品材料构成、产地、重量、生产日期、质量保证期、厂家联系方式、产品标准号、条形码、相关许可证、使用方法等商品重要的信息。

2. 分货作业

分货作业是在拣货作业完成之后，将所拣选的货品根据不同客户或配送路线进行分类，对其中需要经过流通加工的商品拣选集中后，先按流通加工方式分类，分别进行加工处理，再按送货要求分类出货的过程。配送人员需要根据实际情况选择，具体见表4-18。

表 4-18 常见分货方式

分货方式	分货步骤	效率分析
人工分货	指所有分货作业过程全部由人根据订单或拣货单自行完成，而不借助任何电脑或自动化的辅助设备	效率较低，适用于品种单一、规模较小的仓库
自动分类机分货	指利用自动分类机及分拣系统完成分货工作，其步骤如下： ① 将有关货物及分类信息通过信息输入装置输入自动控制系统 ② 自动识别装置对输入的货物信息进行识别 ③ 自动分类机根据识别结果将货物分类后送至不同的分类系统	用于多品种、业务繁忙的配送中心
旋转货架分货	指利用旋转货架完成分货工作，其步骤如下： ① 将旋转货架的每一格当成相应客户的出货箱 ② 作业人员在计算机中输入各客户的代号 ③ 旋转货架自动将货架转至作业人员面前	半自动化操作，节省成本

3. 配货检查

配货检查属于确认拣货作业是否产生错误的处理作业。拣取的货物经过分类、集中后，需要根据客户、车次对象等拣选货品进行产品号码及数量的核对，以及产品状态及品质的检验，以保证发运前货物的品种正确、数量无误、质量及配货状态不存在问题。

配货检查员的工作是进一步确认拣货作业是否有误，配货检查最原始的做法是纯人工进行，即将货品一个个点数并逐一核对出货单，进而查验配货的品质及状态情况。就状态及品质检验而言，纯人工方式逐项或抽样检查确有其必要性，但对于货物号码及数量核对来说，效率太低且错误率较高。配货检查的方式及作业程序和效果见表4-19。

表4-19 配货检查的方式及作业程序和效果

检查方式	作业程序	作业效果
条码检查	导入条码，让条码跟着货物。利用条码扫描器读移动着的货物条码，计算机自行统计扫描信息，并与出货单进行对比，从而检查货物数量和编号是否有误	相对于人工检查，效率高、出错率低
声音输入检查	当物流人员发声读出货物名称、代码和数量后，计算机接收声音并自动判别，转换成资料信息后，与出货单进行对比，从而判断是否有误	效率高，但要求作业人员发音准，且发音字数有限，否则会造成计算机识别困难，进而产生错误
重量计算检查	利用计算机计算出货单上的所有货物的总重量，再将计算结果与称出的货物的实际重量进行核对。利用装有重量检查系统的拣货台车拣货，则在拣取过程中就能利用此法来对拣货商品做检查，拣货人员每拣取一样货品，台车上的计重器就会自动显示其重量并做查对	可省去事后检查工作，而且效率较高

4. 包装

一般来说，捆包、包装是配货作业的最后一环。配送作业中的包装就是对配送货物按照一定的标准进行重新集中、组合和打捆的过程。配货作业中的包装主要是指运输包装，其主要作用是为了保护货物并将多个零散包装物品放入大小合适的箱子中，以实现整箱集中装卸、成组化搬运等，同时减少搬运次数，降低货损，提高配送效率。另外，包装也是产品信息的载体，通过在外包装上印贴标签或书写产品名称、原料成分、重量、生产日期、生产厂家、产品条形代码、储运说明、客户名称、订单号等，可以便于客户和配送人员识别产品，进行货物的正确装运与交接。通过扫描包装上的条形码还可以进行货物跟踪。配送的包装要求结构坚固、标志清晰、价格低廉，重点在于搬移管理、保护商品和信息传递。

5. 配载装车

配装指配送中心按存货客户的指令，根据目的地、发货数量、线路等对待发货的物品进行配车并装车的活动。详细指由于不同客户需要的货物不仅品种、规格不一，且数量差异很大（如某一个客户的商品数量过少，无法装满一车），配送中心就把同一条线路上不同客户的货物组合、配装在同一辆载货车上，或者把不同线路但同一区域的多家客户的货物混载于同一辆车上进行配送。与一般送货不同之处在于，配装不仅能充分利用载货车辆的容积和提高运输效率、降低运输成本，而且还可以减少交通流量，改变交通拥挤状况。因此，配装也是配送作业系统中的有现代特点的一个业务。

（二）送货作业流程

送货作业是利用配送车辆把客户订购的物品从制造厂、生产基地、批发商、经销商或者配送中心，送到客户手中的过程。送货作业是配送业务的最后一个环节。由于送货作业过程中会受到各种情况的影响，因此送货作业前需要进行周密安排，以保证送货作业的顺利完成。送货作业流程及影响因素如图 4-16 所示。

图 4-16　送货作业流程及影响因素

1. 划分基本配送区域

为使送货作业合理快速，应首先将客户所在地的具体位置做统计，并进行区域上的整体划分。如按行政区域或依交通条件划分不同的配送区域，在这一划分的基础上再做弹性调整来安排送货。

2. 确定配送批次

当配送中心的货品性质差异很大，有必要分开配送时，则须依据每个订单的货品特性进行优先划分，例如生鲜食品与一般食品的运送工具不同，须分批配送；还有化学物品与日常用品因其配送条件有差异，需要分开配送。

3. 暂定配送先后顺序

在考虑其他影响因素，做出确定的配送方案前，应根据客户订单要求的送货时间将配送的先后作业次序做初步排定，为后面车辆积载做好准备。预先确定基本送货顺序既可以有效地保证送货时间，又可以提高送货效率。

4. 车辆安排

选择配送车辆时，如使用自用车还是外雇车，需要从客户需求、车辆以及成本等方面来共同考虑。在成本方面，必须依自用车的成本结构及外雇车的计价方式来考虑选择何种方式比较划算；在车辆方面，要知道有哪些车辆可供调派，以及这些车辆的积载量与重量限制；在客户方面，需要考虑各客户的订货量、订货材积、重量，以及客户点的卸货特性限制。综合各方面的信息，才能做出最合理的车辆安排。

5. 确定每辆车负责的客户

做好配送车辆的安排以后，要根据车辆自身的车型、载重量、容积等特征，如果车辆是定路线的，还要考虑车辆所负责的路线，并结合货物的重量、体积、发运路线等特征，确定每辆车所负责的客户。

6. 选择配送线路

确认每辆车需负责的客户点后，如何选择配送距离短、时间短、成本低的线路，这需要根据客户点的具体位置、沿途交通状况等做出优先选择和判断。除此之外，对于有些客户或所在环境有其送达时间的限制也需要加以考虑，如有些客户不愿中午收货，或有些道路在高峰时间不准货车进入等，都必须尽量在选择路径时将之避开。

做好配送车辆安排及选择好最佳配送线路后，依据各车负责配送的具体客户的先后，即可将客户的最终配送顺序加以确定。

7. 完成车辆积载

如何将货物装车，以什么次序装车，就是车辆的积载问题。具体进行车辆积载时要注意的细节如下：①尽量把外观相近、容易混淆的货物分开装载。②重不压轻，大不压小。③不要将散发浓烈气味的货物与具有吸味性的食品混装。④尽量不将散发粉尘的货物与清洁货物混装。⑤切勿将渗水货物与易受潮货物一同存放。⑥包装不同的货物应分开装载，如板条箱货物不要与纸箱、袋装货物堆放在一起。⑦具有尖角或其他突出物的货物应和其他货物分开装载或用木板隔离，以免损伤其他货物。⑧装载易滚动的卷装、桶装货物，要垂直摆放。⑨货物与货物之间，货物与车辆之间应该留有空隙并适当衬垫，防止货损。⑩装货完毕，应在门端处采取适当的稳固措施，以防止开门卸货时，货物倾倒造成货损或人身伤亡。⑪符合国家公路运输管理的相关法规。

8. 运送与交付

货物运送到客户的指定地点后，需要组织卸货作业，卸货作业可以由送货员组织或送货员自行卸货，也可以由客户自行组织。如果客户是大型配送中心，卸货作业往往是由配送中心组织；如果客户是最终用户，卸货作业往往是由送货员组织或是由送货员自行卸货。在卸货的过程或卸货后，需要客户对货物进行清点验收，验收无误后，客户需要在送货单上签收，并留下客户联。如果验收后产品有误需要退货，还需要客户签退货单。最后由客户完成货物的入货位或上架作业。

二、配货送货作业要求

（一）配货作业的基本要求

配货作业的好坏直接影响后续送货作业的质量，在一定程度上代表了一个配送中心的实力和声誉。但另一方面，配货又是一件复杂、工作量大的工作，其基本任务就是保证配送业务中所需的商品品种、规格、数量在指定的时间内组配齐全并形成装载方案。

（1）准确程度。准确程度是对配送中心的基本要求，但现实是需要配货的品种、规格复杂且变化很大，这就需要采取适当的管理方法，例如选择有效的分货和拣选方式配货，来提高配货的准确程度。

（2）配货速度。随着准时物流概念的产生以及配送企业间竞争的加剧，配送的速度显得日益重要，已成为影响配送中心发展的关键因素。解决这个问题，主要是选择合适的设备、工艺提高分货、配装的速度。

（3）配货成本。配送中心产生的原因之一就在于它能有效节约经营成本，因此在保证配货速度、准确程度的同时更要考虑配货成本，选择适当的配货方式，在此消彼长的均衡过程中实现配送中心效益的最大化。

（二）送货作业的基本要求

送货是一种短距离、多品种、小批量、高频率的运输形式。它直接跟客户打交道，以服务为目标，以尽可能满足客户需求为宗旨。

（1）时效性。时效性是客户最重视的因素，也就是要确保能在指定的时间内交货。由于送货是从客户订货至交货各环节中的最后一个环节，也是最容易无计划地延误时程的阶段，一旦延误便无法弥补。即使内部阶段稍稍延迟，若能规划一个良好的送货计划则仍可能补救延迟的时间，因而送货作业可以说是掌控时效的关键点。

（2）可靠性。将货品完好无缺地送达目的地，是送货的目的。影响因素有货物的装卸作业、运送过程中机械振动及其他意外事故、客户地点及作业环境、送货人员素质等。

（3）沟通性。由于送货人员是将货品交到客户手中的责任人，也是客户最直接接触的人员，其表现出的态度、反应会给客户留下深刻印象，代表着物流公司的形象，因而送货人员应能与顾客有效沟通，具备良好的服务态度，以维护物流公司形象，巩固客户忠诚度。

（4）便利性。送货最主要的是要让客户觉得方便，因而对于客户点的送货计划，应采取较弹性的系统，才能够随时满足客户需求的变化，为客户提供便利的服务。

（5）经济性。满足客户服务要求，价格也是客户重视的要素。若能让送货中心本身运作有效率，成本控制得当，自然对客户的收费也能降低，也就更能以经济性来抓住客户了。

三、配货送货作业管理

（一）配送车辆调度管理

车辆调度是指根据客户的需求、配送中心的配送资源（包括车辆、司机出勤等），以及道路运输情况，综合规划调度，对配送运输作业做出合理的安排和指派，并对整个作业过程监控管理，保证高质量、高效率的运输作业管理的过程。

1. 车辆调度目标

对物流配送车辆的调度问题，可以只选用一个目标，也可以选用多个目标。调度目标如下：①配送总里程最短。配送里程与配送车辆的耗油量、磨损程度以及司机疲劳程度等直接相关，它直接决定运输的成本，对配送业务的经济效益有很大影响。由于配送里程计算简便，它是确定配送路线时用得最多的指标。②综合费用最低。降低综合费用是实现配送业务经济效益的基本要求。在物流配送中，与取、送货有关的费用包括车辆维护和行驶费用、车队管理费用、货物装卸费用、有关人员工资费用。③准时性最高。由于客户对交货时间有较严格要求，为提高配送服务质量。有时需要将准时性作为确定配送路线的目标。④运力利用最合理。该目标要求使用较少的车辆完成配送任务，并使车辆满载率提高，以充分利用车辆装载能力。⑤劳动消耗最低。即以司机人数最少、司机工作时间最短为目标。

2. 车辆调度工作要求

车辆调度工作的总体要求包括：①满足客户对货物品种、规格、数量的要求。②满足客户对货物发到时间范围的要求。③在允许通行的时间进行配送（如有时规定白天不能通行货车等）。④车辆在配送过程中的实际载货量不得超过车辆的最大允许装载量。⑤在物流中心现有运力范围内。⑥按客户对货物取（送）时间的要求。

3. 车辆调度工作内容

车辆运行调度是配送运输管理的一项重要的职能，是指挥监控配送车辆正常运行、协调配送生产过程以实现车辆运行作业计划的重要手段。

（1）编制配送车辆运行作业计划。坚持合同运输及临时运输相结合，以完成运输任务为出发点，认真编制、执行及检查车辆运行作业计划。

（2）现场调度。加强信息沟通，机动灵活地处理有关部门的问题，准确及时地发布调度命令，保证生产的连续性。

（3）随时掌握车辆运行信息，进行有效监控。车辆运行计划在组织执行过程中常会遇到一些事前难以预料的问题，例如：客户需求量变动、装卸机械发生故障、车辆运行途中发生障碍、临时性桥路阻碍等，这就需要有针对性地加以分析和解决，调度部门要随时掌握货源状况、车辆、路况、气候、驾驶员状况、行车安全等，确保运行作业计划顺利进行。

（4）检查计划执行情况。在车辆运行组织中，需经常进行一系列检查，发现薄弱环节，及时采取措施，避免运输中断。

4. 车辆调度的方法

车辆调度的方法有很多种，可根据客户所需货物、配送中心站点及交通线路的布局不同而选用不同的方法。常用方法有以下几种。

（1）图上作业法。图上作业法是在运输图上求解线性规划运输模型的方法。它是在一张运输交通图上通过一定步骤的规划和计算来完成物资调运计划的编制工作，以便使物资运行的总的吨公里数最小，以使物资运费降低，缩短运输时间。所以，在一定条件下称这样的方案为最优方案。

1）绘制交通图。根据客户所需货物汇总情况、交通线路、配送点与客户点的布局，绘制出交通示意图。

例4-3 设有 A_1、A_2、A_3 三个配送点分别有钢材40t、30t、30t，需送往四个客户点 B_1、B_2、B_3、B_4，其需求量分别为10t、20t、30t、40t，而且已知各配送点和客户点的距离（单位：km），可据此绘制出相应的交通图，如图4-17所示。

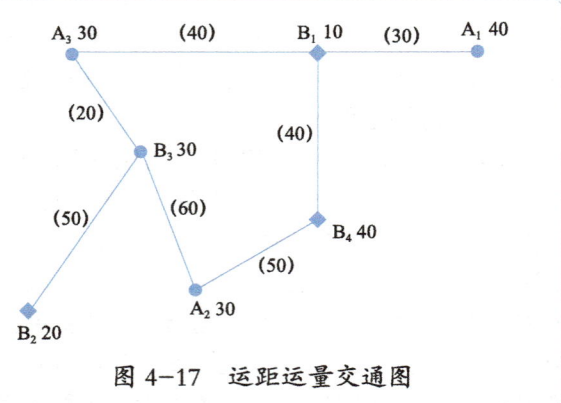

图4-17 运距运量交通图

2）将初始调运方案反映在交通图上。任何一张交通图上的线路分布形态有成圈与不成圈两类。对于不成圈的，如例4-3中 A_1 到 B_2 的运输，可按"就近调运"的原则很容易得出调运方案。其中（A_1—B_4 70km）<（A_3—B_4 80km），（A_3—B_2 70km）<（A_2—B_2 110km），先假定（A_1—B_4）（A_3—B_2）运输。对于成圈的，可采用破圈法处理，如本例中 A_2、B_3、A_3、B_1 所组成的圈，即先假定某两点（A_2 与 B_4）不通，再对货物就近调运，即（A_2—B_3）（A_2—B_4），数量不够的再从第二点调运，即可得出初始调运方案。在绘制初始方案交通图时，凡是按顺时针方向调运的货物调运线路（如 A_3—B_1、B_1—B_4、A_2—B_3），其调运箭头线都画在圈外，称为外圈；反之，其调运箭头线（如 A_3—B_3）画在圈内，称为内圈，或者两种箭头相反方向标注也可，如图 4-18 所示。

3）检查与调整。面对交通图上的初始调运方案，首先分别计算线路的全圈长、内圈长和外圈长（圈长即指里程数），如果内圈长和外圈长都分别小于全圈长的一半，则该方案即为最优方案；否则，为非最优方案，需要对其进行调整。如图 4-18 中，全圈长（A_2—A_3—B_1—B_4—A_2）为 210km，外圈（A_3—B_1 40km、B_1—B_4 40km、A_2—B_3 60km）长为 140km，大于全圈长的一半，显然，需要缩短外圈长度。调整的方法是在外圈（若内圈大于全圈长的一半，则在内圈）上先假定运量最小的线路两端点（A_3 与 B_1）之间不通，再对货物就近调运，可得到调整方案如图 4-19 所示。然后，再检查调整方案的内圈长与外圈长是否都分别小于全圈长的一半。如此反复至得出最优调运方案为止。图 4-19 中，计算可得内圈长为 70km，外圈长为 100km，均小于全圈长的一半，可见，该方案已为最优方案。

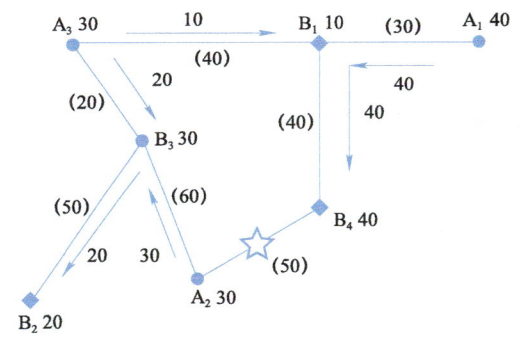
图 4-18 $A_2 \rightarrow B_4$ 破圈调运图

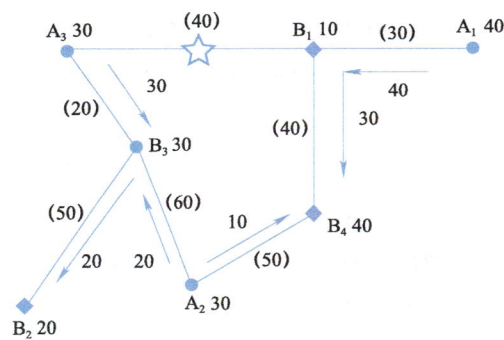
图 4-19 $A_3 \rightarrow B_1$ 破圈调运图

（2）经验调度法。在有多种车辆时，车辆使用的经验原则为尽可能使用能满载运输的车辆进行运输。在能够保证满载的情况下，优先使用大型车辆，且先载运大批量的货物。一般而言大型车辆能够保证较高的运输效率和较低的运输成本。

例 4-4 华东钢材配送中心某日需要运输钢材 580t、钢板 410t、合金板 100t。该中心有大型车 20 辆、中型车 20 辆、小型车 30 辆，各种车每日只运输一种物资。车辆运输定额见表 4-20，下面用经验调度法来解析这个问题。

表 4-20 车辆运输定额表　　　　单位：t/（日·辆）

车辆类型	运输钢材	运输钢板	运输合金板
大型车	20	17	14
中型车	18	15	12
小型车	16	13	10

步骤1：根据经验调度法，车辆安排的顺序为大型车辆—中型车辆—小型车辆，货载安排的顺序为钢材—钢板—合金板。通过下面的分析步骤将派车的情况填入表4-21中（为方便分析，将表4-21中的格子编上序号）。

步骤2：先考虑选大型车辆派送钢材，因此1里填20辆车全部派送钢材，则能配送20辆×20t/（日·辆）=400t/日。

步骤3：剩余的钢材按照车辆安排的顺序应该由中型车辆来送，则为（580t/日−400t/日）÷18t/（日·辆）=10辆，因此2里填10辆。

步骤4：此时钢材全部送完，按照货载安排的顺序该送钢板了。现在剩余的中型车辆为10辆，可用来全部配送钢材，则3填10辆，配送量为10辆×15t/（日·辆）=150t/日。

步骤5：剩余的钢板按照车辆安排的顺序应该排小型车辆来配送，则（410t/日−150t/日）÷13t/（日·辆）=20辆，因此4填20辆即可。

步骤6：钢板全部配送完，只剩下合金板用小型车辆配送，10辆×10t/（日·辆）=100t/日，则5填10辆即可。

结论：（1）先派大型车辆20辆车送400t钢材。

（2）再派中型车辆10辆送180t钢材和150t钢板。

（3）最后派小型车辆20辆送260t钢板和100t合金板。

（4）整理出派车方案（见表4-21），共完成货运量1 090t。

表4-21 经验调度派车方案

车辆类型	运输钢材	运输钢板	运输合金板	车辆总数
大型车（辆）	1 20			20
中型车（辆）	2 10	3 10		20
小型车（辆）		4 20	5 10	30
货运量（t）	580	410	100	

（3）运输定额比法。根据车辆的运输能力计算每种车运输不同货物的定额比，定额比小于1的种类不予考虑，优先安排定额比高的车辆完成运输任务。继续用例4-4来分析，步骤如下：

步骤1：根据表4-20中的车辆运输能力，利用定额比法的原理计算每种车辆运输不同货物的定额比（见表4-22），将定额比值小于1的情况忽略不计，则得出运输车辆定额比值（见表4-23）。

表4-22 运输车辆定额比过程

车辆类型	钢材/钢板	钢材/合金板	钢板/钢材	钢板/合金板	合金板/钢材	合金板/钢板
大型车（辆）	20/17	20/14	17/20	17/14	14/20	14/17
中型车（辆）	18/15	18/12	15/18	15/12	12/18	12/15
小型车（辆）	16/13	16/10	13/16	13/10	10/16	10/13

表 4-23　运输车辆定额比值

车辆类型	运钢材/运钢板	运钢板/运合金板	运钢材/运合金板
大型车（辆）	1.18	1.21	1.44
中型车（辆）	1.20	1.25	1.50
小型车（辆）	1.23	1.3	1.60

步骤 2：根据表 4-23 中数值分析得出小型车辆的定额比值普遍高，其中 1.60（运钢材/运合金板）是最高值，因此优先选派小型车辆运输钢材，接着分析表 4-23 中长方形框里面的数字 1.25 最大，则选中型车辆运输钢板，最后剩余的货物全部由大型车辆运送。即派车顺序为小型车辆运输钢材—中型车辆运输钢板—大型车辆运送剩余货物。

步骤 3：为方便分析，将表 4-24 中的格子编上序号。利用步骤 2 中的结论优先选派小型车辆运输钢材，则将小型车辆 30 辆全部派出运输钢材，因此 1 里填 30 辆。此时钢材还剩 580t/日 −30 辆 ×16t/（日·辆）=100t/日。

步骤 4：根据步骤 2 中的结论，剩余的货物全部由大型车辆运送，即剩余的钢材由大型车辆运输，则需大型车 100t/日 ÷20t/（日·辆）=5 辆，因此 2 里填 5 辆。此时钢材全部送完。

步骤 5：根据步骤 2 中的结论，由中型车辆运输钢板，即先将中型车辆 20 辆全部去送钢板，因此 3 里填 20 辆。此时钢板还剩 410t/日 −20 辆 ×15t/（日·辆）=110t/日。

步骤 6：根据步骤 2 中的结论，剩余货物全部由大型车辆运送，即剩余钢板由大型车辆运输，则需大型车 110t/日 ÷17t/（日·辆）≈7 辆，因此 4 里填 7 辆，钢板全部送完。

步骤 7：最后剩余合金板由大型车辆运输，则需大型车 100t/日 ÷14t/（日·辆）≈8 辆，因此 5 里填 8 辆。

结论：（1）先派小型车辆 30 辆车送 480t 钢材。

（2）再派中型车辆 20 辆送 300t 钢板。

（3）最后派大型车辆送 5 辆 100t 钢材、7 辆 110t 钢板和 8 辆 100t 合金板。

（4）整理出派车方案（见表 4-24），共完成货运量 1 090t。

表 4-24　运输车辆定额比派车方案

车辆类型	运输钢材		运输钢板		运输合金板		车辆总数
大型车（辆）	2	5	4	7	5	8	20
中型车（辆）			3	20			20
小型车（辆）	1	30					30
货运量（t）	580		410		100		

5. 物流配送车辆优化调度问题

车辆优化调度的问题可能是一种也可能是多种问题的综合，大多车辆调度工作比较复杂的配送中心会采用车辆管理系统进行辅助调度，车辆管理系统会根据订单上的货物重量、体积、类型、特性，自动运算给出备选的车型和车辆数，再根据车辆的忙闲状态，给出备选的车辆的车号。车辆调度员就可以根据系统给出的调度方案，同时考虑各车辆的工作量和驾驶员的劳动强度给出具体的车辆、驾驶员安排。

（二）货物配装管理

配送面对的一般是小批量多批次的送货，单个客户的配送数量往往不能达到车辆的有效载运负荷。因此，在配送作业流程中需要安排配装，即把多个客户的货物或同一客户的多种货物进行搭配装载，满载于同一车辆。合理的货物配装要能够充分利用运输工具（货车、轮船等）的载重量和容积，提高车辆利用率。

1. 配装流程

配装流程如下：①根据订单情况，制订配装作业和车辆调度计划，有效组织人力、物力和运输车辆，保证发货物品能够及时配齐并装车。②根据订单与物品类别，规定可以混装或者不可混装的物品。③装车物品的堆码、加固要求。④配送单证流程及物品转移交接程序。

在具体作业过程中，往往是首先做好物品的准备，其次是装载次序的确定。原则上，客户的配送顺序安排好后，只要按货物"后送先装"的顺序装车即可。但有时为了有效地利用空间，还应考虑货物的性质（怕震、怕压、怕湿）、形状、体积及质量等做出某些调整。如能使用这些选择恰当的装卸方法，并能合理地进行车辆积载工作，则可使货物在配送运输中货损、货差减少，既能保证货物完好和安全运输，并能使车辆的载重能力和容积得到充分的利用。要求在车辆配装时应遵循一定的原则，具体见表4-25。

表 4-25 车辆配装原则

原则	具体要求
轻重搭配	将重货置于底部，轻货置于顶部，避免重货压坏轻货，并使货物重心下移，从而保证运输安全
大小搭配	到达同一地点的同一批送货物品，其包装的外部尺寸有大有小，为了充分利用车厢的容积，可采取不同尺寸的大小货物，在同一层或上下层的合理搭配，以减少车厢内留有的空隙
性质搭配	拼装在一个车厢内的货物，其化学属性、物理属性不能相互抵触，由于在交运时，托运人已经包装好，而承运人又不得随意开封，厢内的货物因属性抵触而发生损坏，由托运人负责，由此造成承运人损失者，托运人应负赔偿责任
一次搭载	达到同一地点的适合配装的货物应尽可能一次积载
合理堆码	根据车厢的尺寸、容积、货物外包装的尺寸来确定合理的堆码
不许超限	积载时不应超过车辆的最大载重量，最大长宽度、高度
载荷均匀	积载时车辆的货物重量应分布均匀，不能出现明显的左右不均或者前后不均
防撞防污	应防止车厢内货物之间的碰撞沾污

配送车辆的载重能力和容积能否得到充分的利用，当然与货物本身的包装规格有很大关系。小包装的货物容易降低亏箱率，同类货物用纸箱比用木箱包装亏箱率要低一些。但是，亏箱率的高低还与采用的积载方法有关，所以，恰当的积载方法能使车厢内部的高度、长度、宽度都得到充分的利用。

2. 配装的方法

配装的方法要根据车辆运载特性和货物性质、包装等决定。车辆如能够按照核定吨位满载运行则说明车辆的吨位利用率较高。但在实际中往往不能够做到每辆车都是满载运行的，会因配送货物的流量、流向、配送时间和距离等因素影响而不能满载，此时应核算满载率，使配送过程中尽可能有较高的满载率，充分考虑车辆空间和核载量进行安排。

其中，吨位利用率指标的计算为：吨位利用率 = 实际载重量 / 额定载重量 ×100%。

配送运输车辆的吨位利用率尽量保持在 80% ～ 100%，但是不能超过 100%，以免造成车辆损坏。一般来讲，车辆的配装应按照运载特性，并遵从配装原则，尽可能地提高满载率。具体方法如下：①研究各类车厢的装载标准、不同货物和不同包装体积的合理装载顺序，努力提高装载技术和操作水平，力求装足车辆核定吨位。②根据客户所需的货物品种和数量，调配适宜的车型承运，要求配送中心保持合理的车型结构。③凡是可以拼装的尽可能拼装，注意做好不同客户货物的标记工作，以防差错。

需要指出的是，要使车辆配装合理，应在订单生成和分拣、包装时就有所安排，配送中心通过建立一定模型并按照模型编写出软件，利用软件进行配载计算，可取得良好效果。

小贴士

智能化配载系统

智能化配载系统往往与配载线路优化系统集成。集智能配载线路优化、智能化车辆调度和智能配载优化三大功能于一体，在较大程度上提高了配送效率，降低配送成本。

（三）送货效率提高的措施

（1）消除交错送货。消除交错送货可以提高整个配送系统的送货效率。例如，将原先直接由各工厂送至客户的零散路线利用配送中心来做整合并调配转送，可以缓解交通网路的复杂程度，且大大缩短运输距离。

（2）开展直配、直送。由于"商物分流"，订购单可通过信息网络直接传给厂商，因此，各工厂货物可从厂商的物流中心直接交货到各客户。利用这种直配、直送的方式，可以大幅简化配送层次，使中间的代理商和批发商不设存货，下游信息也能很快传达到上游。

（3）采用标准的包装器具。配送不是简单的"送货上门"，是运用科学合理方法选择配送车辆吨位、配载方式，确定配送路线，以达到"路程最短、吨公里最小"的目标。采用标准包装工具（如托盘），可提高送货中货物的搬运、装卸效率，并便于车辆配装。

（4）建立完善的信息系统。完善的信息系统能够根据交货配送时间，车辆最大积载量，客户的订货量、个数、重量来选出一个最经济的配送方法；根据货物的形状、容积、重量及车辆的能力等，由计算机自动安排车辆和装载方式，形成配车计划；在信息系统中输入客户的位置，计算机便会依最短距离找出最便捷的路径。

（5）改善运货车辆的通信。健全的车载通信设施可以把握车辆及司机的状况，传达道路信息和气象信息，掌握车辆作业状况及装载状况，传递作业指示，传达紧急信息指令，提高运行效率及安全运转。

（6）均衡配送系统的日配送量。通过与客户沟通，尽可能使客户的配送量均衡化，能有效地提高送货效率，通常采用以下方式：①对大量订货的客户给予一定折扣；②制定最低订货量；③调整交货时间，对受季节性影响的产品，应尽可能引导客户提早预约。

任务发布

配货送货作业流程分析

根据本任务所讲述的内容，调研一家配送中心，梳理其配货作业与送货作业的流程，总结其配货作业与送货作业的基本要求，形成配货送货作业流程分析报告。

任务实施

（一）实施方式

1. 学生 5～6 人自主组成一个小组，根据任务发布内容，进行配货送货作业流程分析。
2. 参考实施步骤的提示，完成配货送货作业流程分析报告。

（二）实施内容及操作步骤

步骤 1：认识配货送货作业流程。
步骤 2：熟悉配货送货作业要求。
步骤 3：进行配货送货作业管理。
步骤 4：形成配货送货作业流程分析报告。

（三）实施成果及形式

1. 总结报告：每组提交一份配货送货作业流程分析报告。
2. 小组展示：利用 PPT 现场讲解配货送货作业流程分析报告。

任务评价

任务评价表

被考评人			考评任务	配货送货作业操作		
考评步骤	考评内容及分值		自我评价（30%）	小组评议（40%）	教师评价（30%）	合计得分（100%）
步骤 1	认识配货送货作业流程	20 分				
步骤 2	熟悉配货送货作业要求	15 分				
步骤 3	进行配货送货作业管理	30 分				
步骤 4	形成配货送货作业流程分析报告	35 分				
综合评定						
考评标准	资料准备	知识掌握	语言表达	团队合作	沟通能力	合计得分
分值	20 分	30 分	20 分	15 分	15 分	
注：任务总评得分 = 考评步骤 70%+ 综合评定 30%				任务总评得分		

任务四　补货退货作业操作

任务引例

报喜鸟服装配送中心的自动补货系统

报喜鸟服装自动化物流配送中心分为两个部分：第一部分为自动化立体仓库（AS/RS），为单层结构，主要实现叠装服饰产品的托盘入库和出库以及整托盘存储和整箱拣选；第二部分为平面库区，为三层结构。一楼：主要规划了叠装、吊挂服装以及退货服装的收货区、新品拆零拣选及自动输送区等区域。其中，新品拆零拣选区规划了 3 000 多个拣选点，支持 3 000 多个服装新品的拆零拣选，采用电子标签拣货系统。二楼主要规划叠装拆零拣选及自动输送区、退货处理区等区域。拆零拣选区规划了 25 000 多个拣选点。三楼主要规划了吊挂服装存储和拣选区。该配送中心创新地采用了自动补货技术，在二楼规划了 6 个补货口，一楼规划了 2 个补货口。自动补货技术充分利用箱输送线的能力，将立体仓库里用于拣选、补货的箱子和自动收货使用的 C 类纸箱，借助已存在的箱式输送系统，并利用条码识别技术，自动将补货箱子输送到指定存储区域的补货口，再由人工完成距离很短的人工上架过程。该技术的使用，使得人工搬运的距离更短，从而提高了补货的效率。

思考： 报喜鸟服装配送中心是如何完成自动补货的？

知识准备

在配送中心，随着客户订单不断增加，拣货区货物将逐渐减少，当拣货区库存低于已设定的安全库存，或无法满足新订单要求，则需进行补货作业，将货物从储存区移动至拣货区，满足拣货需求。当储存区库存不足或低于安全库存时，则需要通过向供应商订货等方式补足库存，保证拣货区有货可捡，保证准时满足客户订单需求。

一、补货的方式和时机

补货通常是将货物从保管区移到拣货区的作业过程，保证拣货区有货可拣。补货时可以整件补到流动式货架上，供人工拣货；也可以拆开外包装零货补到自动分拣机上，保证自动分拣机有货可拣。

（一）补货方式

1. 整箱补货

储存区为货架储放，拣货区为两面开放的流动式货架。拣货员拣货之后把货物放入输送机并运到发货区，当拣货区的存货低于设定标准时，则进行补货作业。这种补货方式由作业员到货架保管区取货箱，用手推车载箱至拣货区。此补货方式较适合体积小且多品种、小批量出货的货品，如流动货架的补货，如图 4-20 所示。

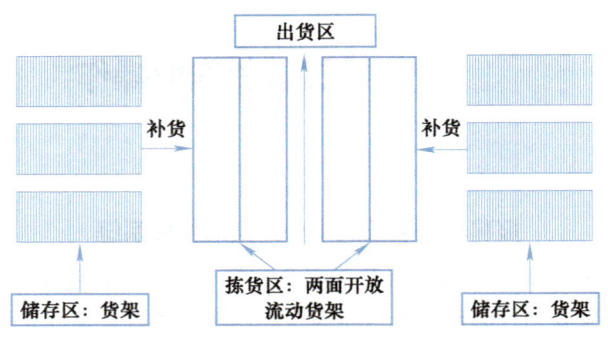

图 4-20　整箱补货示意图

2. 整托盘补货

托盘既可以以堆垛的形式堆放在地板上，也可以放置在托盘货架上，一般来讲储存区的托盘多在地板堆垛，拣货区的托盘既有在地板堆垛的形式也有放置在托盘货架上的形式。

（1）由地板堆垛储存区向地板堆垛拣货区的补货方式（见图 4-21）。储存区及拣货区均以托盘为单位在地板堆垛储放，不同之处在于储存区面积较大，货物数量多；而拣货区面积小，货物数量较少。拣货人员拣取托盘上的货物，放至中央输送设备上出货。当拣货区货量低于设定标准时，则进行补货作业。其补货方式为作业人员用叉车由托盘堆垛储存区，搬运货物至托盘堆垛拣货区。适合体积大或出货量多的货物。

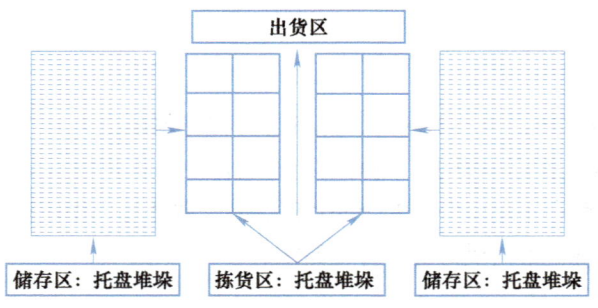

图 4-21　地板堆垛储存区向地板堆垛拣货区补货方式

（2）由地板堆垛储存区向托盘货架拣货区补货方式（见图 4-22）。储存区以托盘为单位在地板堆垛存放，拣货区以托盘为单位在托盘货架上存放。拣货人员在拣货区以拣选式叉车为工具移动拣货，再送至输送机出货。当拣货区货量低于设定标准时，则进行补货作业。其补货方式为作业人员以叉车由托盘堆垛储存区，搬运托盘至拣货区托盘货架储放。这种补货方式适合体积中等或以箱为单位的中等量出货货物。

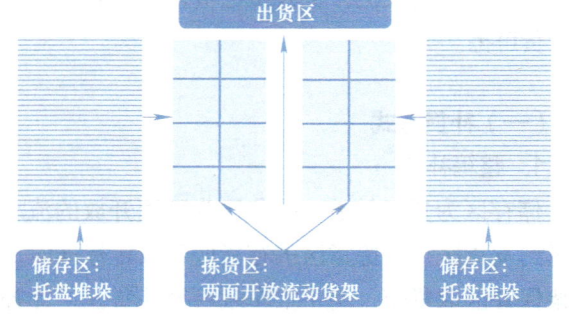

图 4-22　地板堆垛储存区向托盘货架拣货区补货方式

3. 货位补货

该补货方式是指储存区与拣货区在同一货架，也就是将同一货架上方便存取的地方（中下层）作为拣货区，而不容易存取的地方（上层）作为储存区。进货时将拣货区放不下的多余的货物放至上层储存区。在拣货区即货架中下层进行拣货。当拣货区货量低于设定标准时，则进行补货作业，利用叉车将上层储存区货物搬至下层拣货区补货。这种补货方式适合体积不大、每种货物存量较小且出货多、属中小量（以箱为单位）的货物。

4. 自动补货

在自动化仓库中，通过计算机发出指令，物品被自动从保管区送出，经过扫描物品和容器条码后，将物品装入相应的容器，然后容器经输送机被运送到旋转货架处进行补货。

（二）补货时机

是否补货、何时补货关键是看货物在拣选区或分拣机上的存量。要保证拣货区有货可拣、订单及时满足，补货时机很重要。根据配送中心不同的拣货特点和订单特点，补货时机的选择也有所差异，常见的补货时机有以下三种。

1. 批次补货

在每天或每一批次拣取之前，经计算机计算所需货品的总拣取量，同时查询拣货区的现有存货量，计算出差额并在拣货作业开始前补足货品。这种补货原则比较适合于一天内作业量变化不大、紧急追加订货不多，或是每一批次拣取量需事先掌握的情况。

2. 定时补货

将每天划分为若干个时段，补货人员在时段内检查拣货区货架上的货品存量，如果发现不足，马上予以补足。这种"定时补足"的补货时机选择，较适合分批拣货、时间固定且处理紧急追加订货的时间也固定的情况。

3. 随机补货

随机补货是一种指定专人从事补货作业的方式。补货人员随时巡视拣货区的货物存量，发现不足随时补货。这种"不定时补足"的补货原则，较适合于每批次拣取量不大、紧急追加订货较多，以至于一天内作业量不易事先掌握的情况。

悦动思维 紧急插单多的订单适合采取哪种补货方式？

（三）智慧补货技术

1. 人工视觉检测补货技术

人工视觉检测补货技术相对简单，它通过直接检查现有存货的数量决定是否补货。使用这种方法，只要对存货进行定期的视觉检查，并事先确定补货的规则，就可以进行补货了。如果补货规则规定存货箱半空或只有两盘存货时就应补货，那么在定期检查过程中首先将符合补货规则的存货种类挑出来，然后系统生成订货购置单，交给采购部门审核采购。

2. 双箱补货系统技术

双箱补货系统技术是一种固定数量的补货系统。将存货放到两个箱子（或其他形式的容器）里，其中，一个放在分拣区，另一个放到库房存储区保存起来。当分拣区的箱子空了，库房存储区的箱子就被提到前面来满足顾客需求。空箱子起到补货驱动器的作用。每箱所要求的数量是在等待补货到达期间服务于需求所必需的最小库存。

3. 定期检测补货系统

在定期检测补货系统中，每一种产品都有一个固定的检测周期，检测结束时做出下一步的产品补货订购决策。只要能够满足产品需求检测周期就可以按天、周、月或季度确定。这种方法被称作固定周期/可变订购量系统。

4. 配送需求计划 DRP 系统

DRP（即 Distribution Requirements Planning）以优先序列、时间阶段的方法，通过接触顾客并预测需求来对存货进行规划，这种技术也被称为时间阶段订购法。DRP 方法的最大优势在于能及时地将供给与预期需求相匹配，以此决定订购行为。当需求超过供给时，系统会提醒规划者根据预先确定的批量规模订购产品，并使之在预期发生缺货的时候保证够用。此外，DRP 系统运行过程中，系统将不断重新调整供给与需求的关系，为订购者提出一套新的需求订购方案。

这些技术各有特点，既可以在补充存货时单独使用，也可以将几种技术结合起来使用。只要能够适合仓库的具体情况，就能取得很好的效果。

二、补货作业

（一）补货作业环节

1. 确定现有库存水平和补货作业方式

拣选区所有商品的补货作业采用定时补货和随机补货共用的补货作业方法。定时补货是指在一般情况下仓库管理员定时对仓库中的商品库存进行查询，发现不足进行补货的作业方式；随机补货是指在作业过程中出现突发的库存量过低而触发的即时补货作业。随机补货具有一定的偶发性，补货作业以定时补货作业为主。

电商物流中心拣选区根据商品规格分为大件拣选区和小件拣选区，大件拣选区以托盘为单位存放商品，小件拣选区以单箱为单位存放商品，根据存放单位不同，大件拣选区采用托盘补货的补货作业方式，小件拣选区采用整箱补货的补货作业方式。

2. 确定补货点

补货点也称订货点，是根据现有库存水平需要发出补货需求的时点，是可以把库存降到某一个特定的水平对应的库存量。补货点的确定要考虑订货提前期内的需求量以及安全库存的需要。补货点库存水平一般用下面的公式确定：补货点库存水平＝订货提前期预计需求量＋安全库存量。从上述公式可以看出，影响补货点库存水平的因素有三个：销售速度、订货提前期和订货提前期内的销售量。

3. 制订补货计划

补货计划内容主要包括取货货位、补货站台、搬运设备、补货货位等确定。WMS 中补货计划具有"一键计划"功能，单击"一键计划"系统可自动计划补货的相关内容。

（1）接收补货任务。补货人员接收补货任务要明确补货任务的具体内容，包括需要补货的货物明细、补货区域等。登录作业系统，进行补货信息的操作。

（2）确认货物货位。仓管员在系统内处理完补货信息后，取来补货设备，登录手持终端设备的系统界面，进入相应功能模块，找到待补货下架的货位，并从货位上将待补货的货物进行下架。

（3）执行补货作业仓管员将下架的货物搬运到操作交接区之后，上架仓管员将待上架货物从交接区搬运至指定库位，并使用手持终端扫描货物及货位，确认货物补货上架后，将正确数量的货物上架到指定货位上，完成补货作业后将设备依次归位。

4. 补货

在系统中完成补货计划的制订和审核后，仓库中将进行补货作业。由于大件商品和小件商品的存储形式有所不同，因此补货方式也有所不同。

大件商品的补货过程由自动无人叉车和智能搬运机器人独立完成，无须人工介入。系统自动分配的自动无人叉车和智能搬运机器人开始作业，智能搬运机器人前往补货货位取单层托盘货架送往系统指定中转区货位，自动无人叉车将从取货货位将托盘商品取出，待单层托盘货架放置于中转区货位后，自动无人叉车将托盘商品放置于中转区的单层托盘货架上，智能搬运叉车将载有托盘商品的单层托盘货架放回原货位，至此补货任务完成。

小件商品的补货需要在补货站台依靠人工辅助补货完成。系统自动分配的自动无人叉车和智能搬运机器人开始作业，智能搬运机器人前往补货货位取移动货架，将其送往指定补货站台，自动无人叉车前往取货货位取托盘商品，将其送往指定补货站台，然后由人工补货完成后，智能搬运机器人将移动货架送回原货位，自动无人叉车将托盘商品送回原货位，至此补货任务完成。

（二）配送中心补货作业

配送中心为了保证客户订单及时满足，需要持有一定的库存，库存可以避免由于供应市场不稳定或其他因素导致的缺货，进而避免因缺货带来的紧急订货成本及失销。但是，货物在储存过程中，价值并没有增加，反而由于资金占用、货物养护等增加成本。因此，配送中心需要平衡利弊，在保证目标服务水平下，尽量减少库存。既要保持最优库存，又要保证及时满足客户订单，配送中心应该做好补货工作。做好配送中心补货，需要做好四项工作：确定现有库存水平、确定订货点、确定订货数量、发出补货的采购订单并进行补货作业。配送中心补货流程如图4-23所示。

（三）拣货区补货作业

拣货区又称动管储区。为保证拣货效率，配送中心往往采用双重处理区域，将储存区及拣货区分开。储存区是配送中心对大量库存进行储存的区域，拣货区是拣货作业区域，库存量相对较少，目的是减少多余库存障碍，缩短拣货时间，提高订单完成效率。随着订单的满足，拣货区库存量逐渐减少，为了保证拣货区有货可拣，当拣货区库存量低于所设置的存量时，需要从货物储存区向拣货区补货，以保证补货作业的需求。拣货区补货流程如图4-24所示。

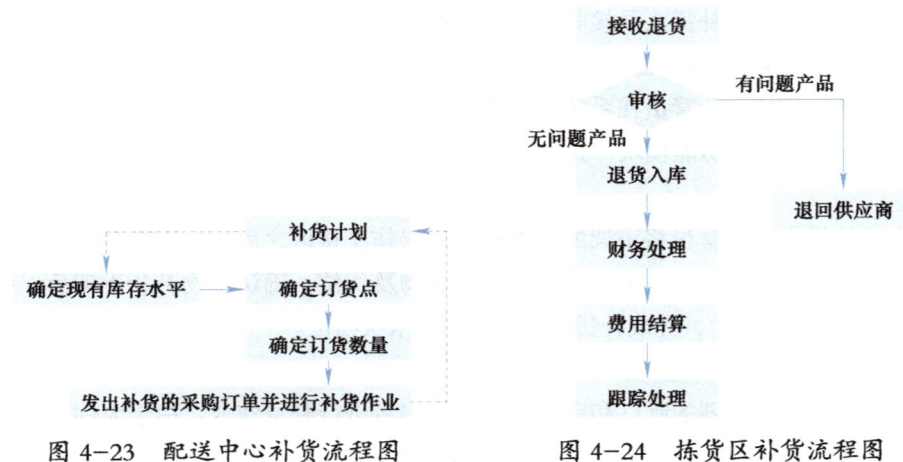

图 4-23　配送中心补货流程图　　　图 4-24　拣货区补货流程图

三、退货作业流程

配送中心在完成配送过程中，也会遇到交货中或将货物交到客户后，由于货物包装破损、商品损坏、质量、保质期快到期限或已过期、送交的商品与要求的商品不相符等问题。客户要求退货的情况。因此，配送作业企业必须制定合理的退货作业规定和退货作业流程，既保证满足客户要求，又能够尽量降低企业的损失。退货作业包括接受退货、审核、退货入库、财务处理及费用结算和跟踪处理等步骤。

1. 接受退货

退货业务部门接到客户的退货信息，或客户来办理退货业务时，首先要严格按照退货规范和标准核实能否按规定进行退货处理。当确认可以进行退货处理后，要及时将退货信息传递给相关部门，由质量部门确认退货的原因并做好记录，配送中心作业人员做好接收退货的准备，并安排取回退货的时间和路线，财务部门做好费用结算准备。批量较大的退货要经过必要的审批程序。

2. 审核

配送中心收到客户退货信息后，对退货信息进行处理、审核。如果产品质量有问题，则退回供应商处；如果产品没有质量问题，则接收货物入库。

3. 退货入库

接收退回的货物要经过配送中心审核，审核后，由于质量原因产生的退货物要存放在不合格品暂存区，以免和正常货物混淆造成二次退货作业。退回货物要经过严格的重新入库登记，及时更新管理信息系统数据，退货产生的费用及时核销，将退货信息通知供应商。

4. 财务处理及费用结算

配送中心的财务部门在退货发生时要进行退回商品货款的估价，将退货商品的数量、销货时的商品单价以及退货时的商品单价信息输入企业的信息系统，并依据销货退回单办理扣款业务。财务处理及费用的核算是退货作业中一个必要的作业处理过程，对于客户已经支付了货物费用的退货，财务部门要将相应的费用退还给客户。

5. 跟踪处理

退货发生时，要跟踪处理客户提出的意见，统计退货发生的各种费用，通知供应商退货的原因并退回生产地或履行销毁程序。与此同时，退货处理部门要冷静地接受客户抱怨，并抓住抱怨的重点，分析事情发生的原因，将相关信息反馈给有关业务部门和管理部门，以便制定改进措施。

四、退货作业管理

（一）退货理赔管理

经过经销商销售的商品，客户在退货时，往往直接退给经销商，因此配送中心必须做好对经销商的理赔退返工作。理赔退返工作流程如图 4-25 所示。

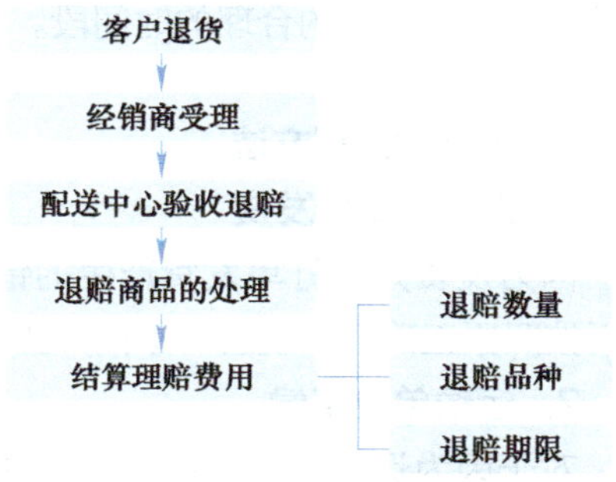

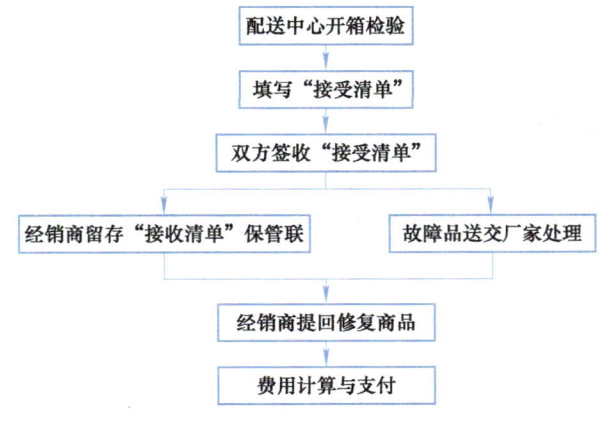

图 4-25 理赔退返工作流程

1. 验收退赔

对于经销商因商品质量缺损退回的商品，配送中心要进行验收工作。

收到经销商退返故障货品后，配送中心应组织人员对商品进行检验，并在"接收清单"上详细记录检验结果。配送中心与经销商代表在"接收清单"上签字确认后，由经销商留存"接收清单"商家保管联，配送中心将故障品交由厂家处理。故障品修复后，经销商凭"接收清单"保管联提回商品，并在备注栏注明"已归还"字样并签名。同时配送中心计算经销商应付的修理费，并列出清单，由经销商支付费用。其流程如图 4-26 所示。

图 4-26 故障品处理流程

2. 退赔商品的处理

若经销商要求退赔的商品无法修复，配送中心的销售部门要会同市场部门、财务部门及生产厂家进行审核，确认无误后，经有效审批人员签名和财务核实，按商品退货作业流程实施商品退换。仓管人员凭已审批同意的"商品退换货申请表"办理货物验收入库手续，同时填写"商品退换货验收情况表"。凡未经公司有效审批，擅自办理退换货手续者要处罚相关责任人。

3. 结算理赔费用

为了更好地与经销商合作，配送中心要定期与各经销商进行理赔费用的结算。结算理赔费用时，配送中心要与经销商依据相应的指标进行，退货结算理赔主要指标如下：①退赔数量。包括在计算期内免费维修的商品数量；超出保修期而维修的商品数量；无法维修，全部或部分退货的数量。②退赔品种。即一定时期内发生理赔退返的商品品种类别。③退赔期限。一次性退赔所有理赔金额的合理的时间段。

（二）退货处理方法

1. 无条件重新发货

因为发货人按订单发货产生的错误，则应由发货人重新调整发货方案，将错发货物调回，重新按照原正确订单发货，中间产生的所有费用应由发货人承担。

2. 运输单位赔偿

对于因为运输途中产品受到损坏而发生退货的，根据退货情况，由发货人确定所需的修理费用或赔偿金额，然后由运输单位负责赔偿。

3. 收取费用，重新发货

对于因为客户订货有误而发生退货的，所有退货费用由客户承担，退货后，再根据客户新的订货单重新发货。

4. 重新发货或发替代品

对于因为产品有缺陷，客户要求退货，配送中心接到退货指示后，营业人员应安排车辆收回退货产品，将产品集中到仓库退货处理区进行处理。一旦产品收回活动结束，生产厂家及其销售部门就应立即采取措施，用完好的同产品或替代品重新填补零售商店的货架。

● 任务发布

智慧补货与退货处理调研

根据本任务所讲述的内容，网络或实地调研配送中心，总结其补货作业流程及应用的智慧补货技术，并结合退货流程，进行分析总结，并形成智慧补货与退货处理调研报告。

● 任务实施

（一）实施方式

1. 学生5～6人自主组成一个小组，根据任务发布内容，进行智慧补货与退货处理调研。
2. 参考实施步骤的提示，完成智慧补货与退货处理调研报告。

（二）实施内容及操作步骤

步骤1：认识补货的方式和时机。
步骤2：进行补货作业。
步骤3：进行退货作业流程。
步骤4：进行退货作业管理。
步骤5：形成智慧补货与退货处理调研报告。

（三）实施成果及形式

1. 总结报告：每组提交一份智慧补货与退货处理调研报告。
2. 小组展示：利用 PPT 现场讲解智慧补货与退货处理调研报告。

任务评价

任务评价表

被考评人			考评任务	补货退货作业操作		
考评步骤	考评内容及分值		自我评价（30%）	小组评议（40%）	教师评价（30%）	合计得分（100%）
步骤1	认识补货的方式和时机	20分				
步骤2	进行补货作业	20分				
步骤3	认识退货作业流程	15分				
步骤4	进行退货作业管理	20分				
步骤5	形成智慧补货与退货处理调研报告	25分				
			综合评定			
考评标准	资料准备	知识掌握	语言表达	团队合作	沟通能力	合计得分
分值	20分	30分	20分	15分	15分	
注：任务总评得分 = 考评步骤70%+ 综合评定30%				任务总评得分		

德技并修

[主题] 劳模精神　勤学善思　顽强拼搏　家国情怀

"配送"温暖和希望·2020年全国劳模｜宋学文：奋斗创造奇迹
——把普通的事情做到极致就是不普通不平凡

走在路上的每一件快递包裹背后，都讲述着无数快递员丈量祖国大地的故事。在新时代，快递员正朝着新目标奋进。

累计配送30余万件包裹，行程超过32万km，零差评、零投诉、零安全事故；先后获得"首都劳动奖章""全国五一劳动奖章""最美快递员""全国劳动模范""全国优秀共产党员"等荣誉称号……从一名普通的快递小哥成长为基层管理者，过去11年间，京东物流快递员宋学文把每天的收寄快递做成了一门"学问"，用"有速度更有温度"的服务初心，奔跑在服务群众的"最后一公里"，赢得了所有他服务的消费者的尊重，在收获个人成长的道路上，讲述了一段段丈量祖国大地的温暖故事。他以平凡感人的事迹告诉我们：追梦的路上，奋斗创造奇迹，每一个普通人都可以当一名平凡英雄！

全国劳动模范和先进工作者五年评选表彰一次，代表着我国劳动工作者的最高荣誉。"作为一名普通的劳动者，获得全国劳动模范，我特别的激动，能代表400万快递小哥获得这项荣誉，更是特别的兴奋。虽然说我们的工作很辛苦，但是得到客户和社会的认可，我觉得是最难能可贵的，也让我们更有动力把有速度更有温度的服务传递给更多消费者，让京东物流为更多人提供优质服务。"宋学文说。

在宋学文从事快递员工作的 10 年间，我国快递员从 60 万人猛增至 400 余万人，快递员成为广大劳动群众的重要组成部分。作为一名有社会责任感的快递员，宋学文想的不仅是让自己的工作更上一层楼，他还要将自己的工作经验传递给更多的人，让更多的快递员能够更好地为客户服务，在平凡中成就伟大。

同步练习

一、单项选择题

1. 接单时订单确认的内容不包括（　　）。
   A. 确认客户信用　　　　　　　　B. 确认交易价格
   C. 确认客户级别　　　　　　　　D. 确认加工包装方法
2. 适合多品种、小批量订单场合的分拣方法是（　　）。
   A. 按单分拣　　B. 批量分拣　　C. 整合按单分拣　　D. 复核分拣
3. （　　）分批方式较适合密集频繁的订单，且较能应付紧急插单的要求。
   A. 总合计量　　B. 时窗　　C. 固定订单量　　D. 智慧型
4. 配送中心紧急订单的响应率，可通过（　　）指标来反应。
   A. 订单延误率　　B. 订单速交率　　C. 订单满足率　　D. 订单缺货率
5. （　　）是机器人根据订单将拣选货品货架主动搬运到拣货点，在拣货点完成拣货。
   A. PDA　　B. GTP　　C. OTP　　D. PTG

二、多项选择题

1. 以下属于存货不足处理方式的有（　　）。
   A. 重新调整　　B. 补送　　C. 删除不足额订单　　D. 延迟交货
2. 若某商品总出货量大于可分配库存量，分配有限库存的原则一般有（　　）。
   A. 具有特殊优先权者先分配　　　B. 依客户等级来取舍
   C. 依订单交易量或交易金额来取舍　　D. 依客户信用状况来取舍
3. 下列各项中，适合按单分拣的是（　　）。
   A. 批量大、品种少的订单　　　　B. 客户的共性需求少、需求差异大的订单
   C. 小批量、多品种的订单　　　　D. 对送货时间要求高的订单
4. 车辆配载时要遵循的原则包括（　　）。
   A. 安全性　　　　　　　　　　　B. 大小搭配，轻重搭配
   C. 一次积载　　　　　　　　　　D. 货物性质搭配
5. 配送货物在分拣结束、配货之前还需要进行（　　）等工作。
   A. 印贴标签　　B. 货物分类　　C. 配货检查　　D. 扎捆包装

三、简答题

1. 如何对订单进行有效性分析？
2. 简述摘果式和播种式的含义、特点及适用范围。
3. 简述 GTP 和 OTP 作业模式应用场景的区别。
4. 请简述智能型分批策略的优缺点。
5. 补货时机有哪几种？阐述其适用范围。

实训应用　智慧拣货方案设计

一、实训目的
通过实训，深入理解智慧拣货的概念、原理及其在现代物流体系中的重要性。掌握智慧拣货技术，结合实际需求，设计一套高效、准确的智慧拣货方案。

二、实训内容
1. 智慧拣货技术调研

调研当前市场上的智慧拣货技术，分析各技术优缺点，评估其在不同场景下的适用性。

2. 需求分析

分析目标拣货场景需求，识别拣货过程中存在的瓶颈问题，为后续方案设计提供依据。

3. 方案设计

（1）系统架构设计：设计智慧拣货系统的整体架构，包括硬件系统和软件系统。

（2）设备选型：根据需求分析结果，选择合适的拣货设备和辅助设备。

（3）流程设计：设计详细的拣货流程，包括订单接收、拣选路径规划等环节。

（4）异常处理机制：设计异常处理机制，以应对拣货过程中可能出现的设备故障等。

4. 方案评估与优化

对设计的智慧拣货方案进行初步评估，包括效率评估、成本预算、风险评估等。根据评估结果，对方案进行优化调整，确保方案的经济性、可行性和有效性。

三、实训要求
1. 团队协作：实训过程中需加强团队协作，明确分工，共同完成任务。
2. 创新思维：鼓励创新思维，结合实际情况提出新颖、实用的智慧拣货方案。
3. 数据支持：方案设计需基于充分的数据调研和分析，确保方案的合理性和科学性。
4. 文档规范：包括方案设计思路、技术选型依据、流程设计图、评估与优化过程等。

四、实训资源
1. 实训场地：物流实训室或模拟仓库环境。
2. 实训设备：拣选机器人、自动分拣线、RFID 读写器、二维码扫描枪等。
3. 软件工具：拣货管理系统、数据分析平台等（可使用模拟软件或开源工具）。

五、实训成果
1. 每组提交一份智慧拣货方案设计报告。
2. PPT 汇报材料及相关视频、图片等辅助材料。

六、实训评估
1. 过程评估

根据学生的调研计划、实地考察情况、资料收集与分析过程等进行过程评估。过程评估主要考察学生的态度、能力和团队合作精神。

2. 成果评估

根据学生提交的调研报告和 PPT 汇报情况进行成果评估。成果评估主要考察学生的调研深度、分析能力、文档撰写能力和表达能力。

项目五　智慧仓配运营

学习目标

▶ **知识目标**　熟悉智慧仓储合同、配送合同的主要条款；
　　　　　　　掌握智慧仓储 8S 管理的内容；
　　　　　　　掌握智慧配送计划管理和路线管理方法。
▶ **能力目标**　能够按照企业实际，进行仓储经营和配送服务管理；
　　　　　　　能进行仓储合同、配送合同的签订和管理；
　　　　　　　能进行智慧配送作业计划组织及配送路线管理。
▶ **素养目标**　养成良好的管理创新和改进意识、市场意识、调研意识；
　　　　　　　培养良好的人际交往能力和沟通能力，具备组织协调和策划能力；
　　　　　　　提升社会责任感，养成团队合作、精益求精的职业素养；
　　　　　　　树立科技发展、创新发展意识，具备与时俱进的可持续发展能力。

岗位认知

职业岗位	工作内容	技能要求	相关知识
仓储管理员	合理储备货物，确保货物的及时供应，加速周转，尽量减少损耗，降低成本	1. 能进行智慧仓储经营管理的方法运用 2. 能结合业务实际，进行智慧仓储"8S"管理	1. 智慧仓储经营管理 2. 智慧仓储"8S"管理
仓储经理	积极配合相关物流部门，负责仓储经营、合同、营销及仓储过程管理和人力资源管理，提升仓储商务运营质量	1. 能进行智慧仓储经营管理 2. 能进行智慧仓储合同的签订和管理 3. 能进行智慧仓储管理的质量控制、过程控制、制度建设等	1. 智慧仓储经营管理 2. 智慧仓储合同管理 3. 智慧仓储营销管理 4. 智慧仓储 8S 管理
调度管理员	货物配送受理及配送路径选择优化及配送优化实施等	1. 能制订配送计划并进行组织管理 2. 能进行配送路线优化实施和管理	1. 智慧配送计划管理 2. 智慧配送路线管理
配送经理	积极配合相关物流部门，负责配送服务、合同、计划等管理，提高配送服务运营质量	1. 根据订单情况，制订配送作业和车辆调度计划 2. 有效组织人力、物力和运输车辆，保证发货物品能够及时配齐并装车	1. 智慧配送服务管理 2. 智慧配送计划管理 3. 智慧配送路线管理 4. 智慧配送车辆管理

案例导读

贵州电网公司:"智慧仓储"以"智"提"质"

为全面落实南方电网公司供应链改革要求,贵州电网公司运用 3D 技术、仓库管理系统(WMS)、RGV 系统等数字技术,提高储备物资"共享共用、统筹调配、库存合理"水平,努力实现仓库智能化运营,驱动供应链业务数字化、智慧化转型。这是南方电网公司第一个实现全仓 3D 建模展示的仓库。在建设过程中,贵州电网公司借助 3D 建模、智能摄像头、距离传感器、巡检机器人等技术的运用,实现了仓库的全方位展示,作业过程实时监控、库存信息跟踪展示。如今,需要入库的物资,只需通过手持移动作业终端在物资的条码上扫一扫,就能立即把数据上传到仓库管理系统(WMS),且能自动识别出最佳存放区域,极大提高工作效率及仓库利用率。当物资存放妥当后,展示厅的 3D 全景,则会实时更新。同样,在商品出库过程中,只需在仓库管理系统(WMS)中,对电网管理平台发送领料申请,就能按照"先进先出"原则,自动生成相关业务数据,生成出库清单、出库任务、出库记录等业务数据,同时找出货物的具体位置,不用再去人工盲目寻找,不仅规范了操作流程,还缩短了各个步骤的操作时长。

任务一 智慧仓储商务运营

任务引例

智慧仓储实现 1 分钟极速"取件"

陕煤集团柠条塔矿业公司物资材料库前领取物资入井的车辆往来如梭,库管员不紧不慢地打开手机,输入物资代码和数量,一旁的 75kg 堆垛机随即运转,相关物资顺着传输带被送到领取台前,整个过程不到 1 分钟。原来,在库管员手机里,装着一款名叫"柠条塔云仓"的 App,后台搭载了集仓储管理系统、仓储设备管理调度系统、物资配送系统于一体的数字孪生仓库可视化综合管理平台,包含物资入库、派送、盘点、出库等六大板块,库管员只需用手机"一键操作",就可实现物资调度。

思考:实现 1 分钟极速"取件"的基础是什么?

知识准备

一、智慧仓储经营管理

智慧仓储经营管理是指在仓储管理活动中,运用先进的管理原理和科学的技术方法,对仓储经营活动进行计划、组织、指挥、协调、控制和监督,以降低仓储成本,提高仓储经营效益的过程。

智慧仓储经营管理既包括仓储企业对内部业务活动的管理,也包括对整个企业资源的经营活动的管理,即智慧仓储商务活动的管理。

（一）智慧仓储业务管理

智慧仓储业务管理是指对仓库和仓库中储存的物资进行管理。这种业务管理是仓储经营管理的基础，是各种公共仓储、营业仓储和自营仓储都必须进行的管理活动。

（1）智慧仓库选址与决策管理。企业在建立仓库选址时要依据企业生产经营的运行和发展来考虑；应保证所建仓库各种设备的有效利用，不断提高仓库的经济效益；要能保证仓储运营的安全，一方面要保证储存物资不受各种可能的自然灾害或人为破坏，另一方面要保证储存物资对企业及周围环境的安全。

（2）智慧仓库机械作业选择与配置。企业根据实际需要以及自身的实力要决定是否采用机械化、智能化设备，若要使用，就要对智能化的程度、投资规模、设备选择、安装、调试与运行维护等进行管理。

（3）智慧仓库日常业务管理。仓库日常业务管理是指对商品出入库及期间发生的储存保管和相关业务活动进行的计划、组织协调与控制。例如，如何组织物资入库前的验收，如何存放入库物资，如何对物资进行有效的保养，如何出库等。

（4）智慧仓库库存管理。库存管理包括对库存物资的分类、库存量、进货量、进货周期等的确定。

（5）智慧仓库安全管理。仓库安全管理是其他一切管理工作的基础和前提，包括仓库的警卫和保卫管理、仓库的消防管理和仓库的安全作业管理等内容。

（6）其他业务管理。除了以上的业务管理外，仓库业务考核问题、新技术和新方法在仓储管理中的运用问题等都是仓储业务管理所涉及的内容。

（二）智慧仓储商务管理

智慧仓储商务是指仓储经营人利用所具有的仓储保管能力向社会提供仓储保管产品和获得经济收益所进行的交换行为。智慧仓储商务管理则是仓储经营人对仓储商务所进行的计划、组织、指挥和控制的过程，是独立经营的仓储企业对外商务行为的内部管理，属于企业管理的一个方面。仓储商务管理的目的是仓储企业充分利用仓储资源，最大限度地获得经济收入和提高经济效益。

（1）仓储经营组织管理。包括仓储经营管理机构的设定、经营管理人员的选用和配备、经营管理制度、工作制度的制定与实施等。

（2）仓储企业经营战略管理。经营战略管理包括企业经营战略的制定、经营环境跟踪、战略调整、战略实施等内容。在制定企业经营战略时，要综合考虑企业自身的人力、财力和物力以及市场对仓储产品的需求和供给状况实现可持续发展和利润最大化为原则，合理制定企业经营发展目标和经营发展方法。

（3）市场管理。仓储企业要广泛开展市场调查和研究，对市场环境因素以及仓储服务的消费者行为进行分析，细分市场以发现和选择市场机会；向社会提供能满足客户需求的仓储服务、制定合理的价格策略；加强市场监督和管理，广泛开展市场宣传，巩固和壮大企业的客户队伍。

（4）资源管理。仓储企业需要充分利用仓储资源，为企业创造和实现更多的商业机会。因此，要合理利用仓储资源，做到物尽其用。

（5）制度管理。高效的商务管理离不开规范、合理的管理制度。仓储企业应该在资源配置、市场管理、合同管理等方面建立和健全规范的管理制度，做到权力、职责明确。

（6）成本管理。一方面，企业应该准确进行仓储成本核算、确定合适价格，提高产品或服务的竞争力；另一方面企业应该通过科学合理地组织、充分利用先进的技术来降低交易成本。

（7）合同管理。仓储企业应加强商务谈判和对合同履行管理，做到诚实守信、依约办事，创造良好商业信誉。

（8）风险管理。仓储企业通过细致的市场调研和分析、严格的合同管理，以及规范的商务责任制度，妥善处理商务纠纷和冲突，防范和减少商务风险。

（9）人员管理。商务人员的业务素质和服务态度在很大程度上影响着企业的整体形象，因此，商务管理还应该包含对商务人员的管理。仓储企业应该以人为本，重视商务人员的培训和提高，通过合理的激励机制调动商务人员的积极性和聪明才智，同时还要加强对商务人员的监督管理，创建一支高效、负责的商务队伍。

（三）智慧仓储经营管理方法

1. 保管仓储经营

保管仓储经营是指仓库经营人提供完善的仓储条件，接受存货人的仓储物资进行保管，存货人支付仓储费的一种仓储经营方法。

保管仓储经营的特点包括：第一，最大限度地保持保管物的原状，保管期满，原物返还存货人，不发生所有权的转移。第二，保管仓储活动是有偿的，保管人为存货人提供仓储服务，存货人必须支付仓储费，仓储费是保管人提供仓储服务的价值表现形式，也是仓储企业盈利的来源。第三，仓储物一般是特定的商品。第四，仓储保管经营的整个仓储过程均由保管人进行操作，仓储经营企业需要投入一定的人、财、物。掌握库存实时状态，保持物资合理储备。

2. 混藏仓储经营

混藏仓储经营是指存货人将一定品质、数量的货物交付保管人储藏，而在储存保管期限满时，保管人只需以相同种类、相同品质、相同数量的替代物返还的一种仓储经营方法。

混藏仓储经营的特点包括：一是混藏仓储的对象是种类物。混藏仓储的目的并不是完全在于原物的保管，有时寄存人仅仅需要实现物的价值的保管即可，保管人以相同种类、相同品质、相同数量的替代物返还，并不需要原物返还。二是混藏合储的保管物并不随交付而转移所有权，混藏保管人只需为寄存人提供保管服务，而保管物的转移只是物的使用权转移。

3. 消费仓储经营

消费仓储经营是指存货人不仅将一定数量品质的种类物交付仓储管理人储存保管，而且与保管人相互约定，将储存物的所有权也转移到了保管人处。在合同期届满时，保管人以相同种类、相同品质、相同数量的替代品返还的一种仓储方法。

消费仓储经营的特点包括：消费仓储是一种特殊的仓储形式，消费仓储保管的目的是对保管物的保管，主要是为保护寄存人的利益而设定的。消费仓储以种类物作为保管对象，仓储期间转移所有权于保管人。在保管物返还时，保管人只需以相同种类、相同品质、相同数量替代原物返还即可。

4. 仓库租赁经营

仓库租赁经营是指通过出租仓库、场地、出租仓库设备，由存货人自行保管货物的仓库经营方式。

仓库租赁经营的特点包括：一是仓库租赁仓储存货人自行保管货物。二是仓储租赁经营的收入主要来源于租金。

5. 仓储多种经营

仓储多种经营是指仓储企业为了实现经营目标，采用多种的经营方式。如在开展仓储业务的同时，还开展运输中介、配载配送、仓储增值服务等。

二、智慧仓储合同管理

（一）仓储合同的定义

《中华人民共和国民法典》第九百零四条指出，仓储合同是保管人储存存货人交付的仓储物，存货人支付仓储费的合同。从《中华人民共和国民法典》的界定可以看出，仓储合同是由仓储保管人提供场所，存放存货人的货物、物品，仓储人员只收取仓储费和劳务费的合同。

（二）仓储合同的特征

（1）仓储合同是一种给付劳务合同，即以保管人向他人提供仓储保管服务为合同标的，由存货人支付报酬。

（2）涉及的仓储物必须是动产。

（3）合同一方主体必须是以仓储保管业务为其主营业务的人。

（4）仓储合同是有偿合同、承诺合同。

（三）仓储合同的主要条款

仓储合同的条款是检验仓储合同的合法性、有效性，以及合同双方民事责任的重要依据。仓储合同一般应包括以下条款。

1. 当事人

仓储合同的当事人包括保管人和存货人，他们是履行仓储合同的主体。在订立仓储合同时，若保管人或存货人为企业，则应注明企业的法定代表人、注册名称和地址；若保管人或存货人为个人，则应注明个人的姓名、身份证号码、户籍地址或常住地址，必要时还应在合同中注明紧急通知人。

2. 仓储物

该条款一般应写明以下内容：①品名：仓储物的完整名称。②种类：仓储物的类别。③数量：用法定的计量单位写明仓储物的数量。④质量：仓储物具有何种标准（国家标准、行业标准、约定标准或质量检验报告显示的标准）的质量。⑤包装：仓储物采用的是何种标准（国家标准、专业标准或约定标准）的包装。⑥标记：仓储物外包装上的标志或拴挂的标签。

3. 仓储作业

仓储作业条款一般应包括以下几方面的内容：①验收期限：由双方根据需要或者仓储物的性质约定，并在合同中写明。②验收内容：写明验收的具体内容，如仓储物品名、种类、数量和质量等。③验收标准：写明验货的标准，如双方约定的标准、国家规定的相关标准等。④验收方法：由双方当事人确定并在合同中写明。

(四)仓储合同的订立

1. 要约与承诺

《中华人民共和国民法典》规定,当事人订立合同,可以采取要约、承诺方式或者其他方式。仓储合同的订立要求存货人和保管人之间依法就仓储合同的具体内容进行要约和承诺。只要双方的意思表示达成一致,仓储合同就可以订立。

2. 要约与要约邀请

要约是希望和他人订立合同的意思表示。仓储合同的要约是存货人或保管人任何一方当事人,向另一方发出订立仓储合同的意思表示,包括仓储物的名称、数量、质量、仓储时间等,并且以具体的、足以使合同成立的主要条件为内容。对方一经承诺,要约人即受该意思表示的约束。

要约邀请是希望他人向自己发出要约的意思表示。例如,寄送价目表、商业广告都属于要约邀请。依据仓储的现实情况和仓储合同的特点,要约邀请最好是书面形式的。

3. 承诺

承诺是受要约人同意要约的意思表示。仓储合同的承诺与要约的内容完全一致。但存货人或保管人作为受要约人,对要约内容的任何扩充、限制或其他变更,如仓储物、仓储费用、保管期限、交付时间等的变更,都只能构成一项新要约,而非有效承诺。

4. 合同的订立

仓储合同是不以仓储物的交付为条件的,这也是其与普通保管合同的区别。因此,仓储合同一旦订立,双方当事人的权利和义务也就确定了。仓储物的交付是存货人的一项重要义务,存货人若不及时交付仓储物应负违约责任,但不影响合同订立。

(五)仓储合同的生效和无效

1. 仓储合同的生效

仓储合同是诺成合同,在订立后立即生效。

仓储合同生效的常见情形有以下几种:①双方签署合同书。②将受要约人的承诺送达要约人。③将合同确认书送达对方。④存货人将货物交付给保管人,保管人在行动上接受货物并表示确认。⑤保管人签发格式合同或仓单等。

在仓储合同生效后,存货人和保管人便开始受其约束。若存货人拒绝交付货物、保管人拒绝接收货物,或某一方违反合同约定的条款,则违约方应承担违约责任。

2. 仓储合同的无效

仓储合同的无效是指已经订立的仓储合同因违反了法律规定而被认定无效。

若存货人和保管人在订立仓储合同时存在以下情形之一,则可认定仓储合同无效。情形如下:①一方以欺诈、胁迫手段订立合同,损害国家利益的。②恶意串通,损害国家、集体或第三人利益的。③以合法形式掩盖非法目的的。④损害社会公共利益的。⑤违反法律、行政法规的强制性规定的。

三、智慧仓储营销管理

(一)仓储营销的概念

仓储营销是指仓储企业为了客户的仓储需求而系统地提出服务概念、服务方案、服务行为并为客户创造利益和价值的过程。仓储营销是物流必不可少的环节，是市场营销在物流领域的应用与发展。仓储营销包括仓储市场调研、仓储市场细分、仓储服务设计、目标客户开发、营销计划制订、服务质量控制、营销绩效评估等环节，需要完成相应的调查报告或计划制订、方案设计（见表5-1）。

表5-1 仓储营销系统

序号	环节	成果体现形式
1	仓储市场调研	仓储环境调研报告、仓储市场调研报告
2	仓储市场细分	目标客户选择和定位报告
3	仓储服务设计	仓储服务设计方案
4	目标客户开发	客户开发计划
5	营销计划制订	仓储营销策略组合方案
6	服务质量控制	仓储客户服务总结报告
7	营销绩效评估	仓储营销绩效评估方案、评估报告

一个仓储企业只有进行了成功的营销，才能抓住客户，拿到订单，进而开始仓储、保管、库存商品的维护保养、仓储增值服务或配送等相关服务。可以说，仓储营销是带动仓储企业持续发展的火车头。

（二）仓储营销的特征

仓储营销最基本的特征就是发现客户并为需要仓储服务的客户提供有效的仓储服务。仓储营销的独特性表现在以下几个方面。

1. 仓储营销对象的广泛性和差异性

仓储营销的对象非常广泛，差异很大，既有团体客户又有个体消费者，既有国内客户又有国际客户，既有大客户又有小客户，既有一次性客户又有长久性客户，既有单项服务客户也有综合服务客户。

2. 仓储营销的服务增值性

仓储营销和仓储服务不仅能支持生产经营活动价值的顺利实现，而且能够依靠创意策划、先进设备、便捷的信息传输、配套的资金融通能力、强大的供应链整合能力，产生巨大的新增价值，降低社会仓储成本，提高社会仓储效率，创造巨大的经济价值和社会价值。

3. 仓储营销的功能独立性

现代仓储营销活动是独立于仓储企业内部功能活动（如人事、财务、后勤及行政等）的业务单元，具有独特功能——通过市场调研、方案评估、服务项目开发与设计、营销网点与渠道选择、广告宣传与公共关系、客户咨询与关系管理、信息处理等为客户服务，同时促进仓储企业本身适应环境变化，抓住市场机会，扩大市场占有率，在竞争中获得优势。

4. 仓储营销的竞争协作性

现代仓储企业通过完善的仓储管理系统来合理配置仓储资源，提高仓储服务能力和服务效率，创造更多的仓储价值。但是，大多数现代仓储企业的资源和能力相对庞大的仓储需求来说仍然有限，因此，现代仓储企业在参与市场竞争活动时就必然需要通过协作来参与竞争。

（三）仓储营销的策略——4PS 在仓储企业营销中的应用

4PS 营销理论在营销界简称为 4P 营销理论，"4P"指的是 Product（产品）、Price（价格）、Place（渠道）、Promotion（促销）。其定义可以用一个公式表达：

$$品牌价值 = \frac{产品 + 渠道 + 促销}{价格} \tag{5.1}$$

4PS 是市场营销的经典理论，对市场营销理论和实践的发展产生了深刻的影响，即使在今天，它仍是市场营销的基本手段。

1. 产品策略

仓储企业属服务业，它的产出是无形的服务，对购买者来说，这种服务不容易识别，质量较难考核和控制。针对这样的产品，仓储企业在营销过程中要注意不宜过多介绍服务的属性，而应帮助购买者理解这类产品可带来的好处、可产生的利益。仓储企业应通过一些媒介，进行有形展示，例如通过现代化的仓储设施和设备、训练有素的服务人员、知名的企业品牌、各种详细的服务细则与程序等，来打消产品的无形性带给消费者购买时的风险感受，让无形的服务变得有形。

2. 价格策略

价格策略是 4PS 中最重要、最独具特色的一个要素，仓储企业灵活科学地使用价格策略直接关系到仓储产品的市场占有率、需求量的变化、企业的利润等企业经营的直接成果。

仓储企业为了应对竞争和实现经营战略的需要，在实际操作中可以采取多种多样的价格策略。例如根据客户的存储数量实施价格折扣，根据客户的存储时间长短或存储淡旺季实施时间折扣。仓储企业为了更好地占领市场，也可采用针对竞争对手的价格策略，例如与竞争者对峙，进行价格比拼；或直接降价，实现促销，以快速占领市场等。

3. 渠道策略

营销渠道就是指某种货物或劳务从生产者向消费者转移时取得这种货物或劳务的所有权的所有组织和个人。仓储产品由于其本身的性质基本是直接渠道，也就是由仓储企业直接提供给货主。然而，随着仓储市场环境的变化，竞争状态的加剧，仓储企业也可以考虑间接的销售渠道，利用货代企业、第四方物流企业或通过与运输、配送等其他物流企业合作的形式，争取更广泛的货源。

4. 促销策略

促销可以激发客户的购买欲望，影响他们的消费行为，扩大产品的销售，强化企业的形象，巩固其市场地位。然而目前仓储企业很少进行市场促销活动，坐等客户者居多，因而由于缺乏与客户的有效沟通，而丧失了机会。

仓储企业应通过报纸、杂志、广播电视、广告牌等传播媒体向目标客户传递有关仓库的规模、便捷的地理位置、仓储的设施条件以及仓储服务项目等，以吸引货主与仓库进行业务联系。人员推销业也是仓储企业可以广泛采用的一种促销手段，其中指派专业人员到货主单位进行登门拜访，面对面地单独磋商，可以取得较好的效果。另外，仓储企业还可以发起组织各种推介会议，邀请客户或潜在客户参加，在会议上推出自己的产品和服务，组织货主参观先进的设施与设备，使货主直观了解仓储企业的能力，以实力赢得客户信任。

四、智慧仓储 8S 管理

智慧仓储 8S 管理包括智慧仓储的整理、整顿、清扫、清洁、安全、节约、素养、学习等 8 项内容。

1. 整理——区分必要物与不必要物

整理的核心内容是区分必要物和不必要物,并对不必要物进行及时处理。整理是永无止境的过程,时时刻刻都要进行,不能在开展活动时为了应付检查而突击整理,活动过后又恢复原样,这样就失去了整理的意义。

(1) 8S 整理的步骤。第一,工作场所(范围)全面检查,包括看得见的和看不见的。第二,制定"必要"和"不必要"的判别基准。第三,"不必要"的物品清除。第四,调查"必要"物品的使用频率,决定日常用量。第五,每日自我检查。

(2) 8S 整理的核心是正确区分和处理"必要"和"不必要"。"必要"的物品是必需品,是指经常使用的物品,如果没有它,就必须购入替代品,否则会影响正常工作,如必要的物品、设备、作业工具等。"不必要"的物品是非必需品,可分为两种:一是使用周期较长的物品,如 1 个月、3 个月甚至半年才使用一次的物品,如设备的润滑油等;二是对生产无作用,需要报废的物品,如报废的工具或过期的物品等。

2. 整顿——整齐放置,清晰标识

整顿的内涵是将"必要"的东西依规定位、定量摆放整齐,明确标识。通过 8S 整顿,企业要实现的就是任何人马上就能拿到"必要"的东西,减少寻找物品的时间。整顿的关键是要做到定位、定容、定量。抓住了上述三个要点,就可以制作看板,做到目视化管理,再提炼出适合本企业物品的放置方法,使该方法标准化。

3. 清扫——让工作场所与作业设备干净明亮

清扫就是使工作现场处于没有垃圾、没有脏污的状态,虽然已经整理、整顿过,"必要"的东西马上就能取到,但是被取出的东西要处于能被正常使用的状态才行。达成这样的状态就是清扫的第一目的,尤其在目前强调高品质、高附加价值产品的制造情况下,更不允许有垃圾或灰尘污染产品。

清扫的重点是自觉保持工作场所干净、整洁,并防止污染的发生。企业在进行 8S 清扫工作时,必须按照企业具体情况决定清扫对象、清扫人员、清扫方法、清扫器具,实施清扫步骤,方能真正起到作用。

4. 清洁——用制度化带动常态化

清洁就是将前面 3S 的实施制度化、规范化,从而维持前 3S 管理的实施效果,并通过持续优化达到更好的效果。具体而言,清洁仓库的要点主要有以下三个环节。

(1) 制订清洁手册。整理、整顿、清扫的最终结果是形成清洁的作业环境。要做到这一点,动员全体员工参加整理、整顿是非常重要的,所有的人都要清楚应该干些什么,在此基础上将大家都认可的各项应做工作和应保持的状态汇集成文,形成专门的手册,从而达到确认的目的。

(2) 明确清洁状态。清洁状态包含三个要素,即干净、高效、安全。在开始时,要对清洁度进行检查,制定详细的检查表,以明确清洁状态,其内容主要包括以下几项:地面、窗户和墙壁、操作台上、工具和工装、货架和放置物资的场所的清洁状态。只有明确了清洁的状态后,才可以进行清洁检查。

（3）定期检查。比保持清洁更重要的是保持场地高效率作业。为此，不仅要在日常的工作中进行检查，还要定期进行检查。检查时要求现场的图表和指示牌设置位置合适；提示的内容合适；安置的位置和方法有利于现场高效率运作；现场的物品数量合适，没有不需要的物品。

5. 安全——消除隐患，预防事故

安全也是生产力。安全第一，预防为主。培养员工的安全意识，强化对各种不安全的人为因素、物为因素的预知、预防，并彻底消除各种不安全因素，创造一个安全、健康、舒适的工作环境，能够增加客户对企业的信心。8S安全是指消除各种隐患，排除各种险情，预防各种事故的发生，保障员工的人身安全，保证安全生产，减少意外事故造成的财产损失。安全对所有行业都非常重要，只有保证安全，才能保证项目的实施，才能为企业创造效益。安全的核心内涵是人身不受伤害，环境没有危险。

6. 节约——降低成本，减少浪费

节约就是对时间、空间、资源等方面合理利用，以发挥它们的最大效能，从而创造一个高效率的、物尽其用的工作场所。节约活动主要是减少企业的人力、成本、空间、时间、库存、物品消耗等。开展节约活动的目的是使员工养成降低成本习惯，加强作业人员减少浪费意识教育。以自己就是主人的心态对待企业的资源，秉承勤俭节约的原则，建设资源节约型企业。

开展节约活动就是要消除一切无效劳动和浪费，这也是精益生产的核心。在生产活动中，不增加价值的活动是浪费；尽管是增加价值的活动，所用的资源超过了"最少"的界限，也是浪费。

7. 素养——形成习惯并持续改善

素养是8S管理的最高层次，也是8S管理的追求的目标。企业开展素养活动的本意是让员工依规定行事，养成良好的工作习惯。在实施过程中，通过持续教育，引导员工养成良好的工作习惯。开展素养活动的目的是提升"人的品质"，培养对任何工作都认真、负责的人。素养不仅是8S管理的"最终结果"，也是企业经营者和各级主管期望的"最终目的"。在开展仓库人员素养活动时，主要进行以下六个方面的内容：①建立共同遵守的规章制度。②将各种规章制度目视化。③实施各种教育培训。④及时纠正下属的违规行为。⑤改正错误行为。⑥开展各种精神向上的活动。

8. 学习——学习长处，提升素质

学习主要是指进行系统思考，加强团队学习。学习的实质是建设学习型团队，让每个员工都自觉养成学习、思考的习惯。通过多种渠道的学习和培训，员工能够不断提高职业技能，团队能够不断提升整体竞争力。

悦动思维 你认为企业推行8S管理的意义是什么？

● 任务发布

智慧仓储商务运营管理分析

根据本任务所讲述的内容，实地或网络调查仓储企业商务运营管理的流程及成功经验，并进行总结归纳，形成智慧仓储商务运营管理分析报告。

任务实施

（一）实施方式

1. 学生 5～6 人自主组成一个小组，根据任务发布内容，进行智慧仓储商务运营管理调研分析。
2. 参考实施步骤的提示，完成智慧仓储商务运营管理分析报告。

（二）实施内容及操作步骤

步骤 1：认识智慧仓储经营管理。
步骤 2：掌握智慧仓储合同管理。
步骤 3：进行智慧仓储营销管理。
步骤 4：熟悉智慧仓储 8S 管理。
步骤 5：形成智慧仓储商务运营管理分析报告。

（三）实施成果及形式

1. 总结报告：每组提交一份智慧仓储商务运营管理分析报告。
2. 小组展示：利用 PPT 现场讲解智慧仓储商务运营管理分析报告。

任务评价

任务评价表

被考评人			考评任务	智慧仓储商务运营		
考评步骤	考评内容及分值		自我评价（30%）	小组评议（40%）	教师评价（30%）	合计得分（100%）
步骤 1	认识智慧仓储经营管理	15 分				
步骤 2	掌握智慧仓储合同管理	20 分				
步骤 3	进行智慧仓储营销管理	15 分				
步骤 4	熟悉智慧仓储 8S 管理	15 分				
步骤 5	形成智慧仓储商务运营管理分析报告	35 分				
综合评定						
考评标准	资料准备	知识掌握	语言表达	团队合作	沟通能力	合计得分
分值	20 分	30 分	20 分	15 分	15 分	
注：任务总评得分 = 考评步骤 70%+ 综合评定 30%				任务总评得分		

任务二　智慧配送服务运营

任务引例

智慧配送打通快递"最后一公里"

自主识别红绿灯、主动避让行人、保持靠右行驶……快递员将快递扫码录入信息后放入智能快递车的快递柜，再输入目的地，智能快递车就出发了。京东物流智能快递车，在非机动车道靠右平稳行驶，遇到行人、车辆准确识别后及时避让，到配送目的地后缓缓停住，在智能快递车到达目的地前，客户就能收到短信提醒，有包裹准备送到，只要在车身上的屏幕输入取件码后打开快递柜柜门，就能顺利取走快递，送货及时，取件操作简便，为市民提供"最后一公里"基础运力服务。京东物流智能快递车可根据社区需求随时配送，全天候运营。智能快递车每次可搭载约 200kg 货物，续航里程达 100km，集成了高精度定位、融合感知、行为预测等十大核心技术，实现了 L4 级别的自动驾驶，市民可以体验到提前预约投递、准点配送上门、自主扫码取件等便利性服务，让更多社区居民享受到智慧配送带来的便捷服务。

思考：智慧快递车如何打通快递"最后一公里"？

知识准备

一、智慧配送服务管理

（一）配送服务内容

配送服务就是物流配送过程中为满足客户需求所实施的一系列配送活动过程及其产生的结果。配送服务包括配送业务活动密切相连的基本服务和针对客户需要提供的其他服务。它是有效连接供应商、制造商、批发商和零售商的重要手段。

物流配送活动是对客户商品利用可能性的物流保证，因此配送服务包括三项最基本内容：备货保证，即拥有客户所期望的商品；配送保证，即在客户希望的时间内配送商品；品质保证，即符合客户所期望的质量。具体如图 5-1 所示。

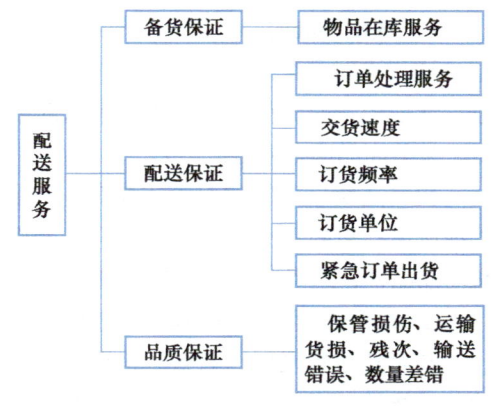

图 5-1 配送服务内容

（二）配送服务质量

时间、可靠性、方便性和信息的沟通是决定配送服务质量的最基本要素，这些要素也是制定配送服务质量标准的基础。表 5-2 是配送服务质量要素及其度量。

表 5-2 配送服务质量要素及其度量

因素	含义	典型的度量单位
产品的可得性	客户服务最常用的度量，一般为以百分比表示存货	百分比
备货时间	下达订单到收到货物的时间，一般产品的可得性与备货时间结合成一个标准，如 95% 的订单在 10 天到达	速度
配送系统的灵活性	系统对特殊及未预料的客户需求的反应能力，包括加速和替代的能力	对特殊要求的反应时间
配送系统信息	配送信息系统对客户信息需求反馈的及时性与准确性	对客户的反应速度、准确性和详细性
配送系统的纠错能力	配送系统出错恢复的程序，以及效率与时间	应答与需要的恢复时间
配送服务后的支持	交货后对配送服务支持的效率，包括客户配送方案和配送服务信息的修订与改进	应答时间与应答质量

表 5-2 中所反映的服务质量的度量通常从服务提供方的角度表示，如订单的准时、完整发

送和订单的准备时间等。然而，现在人们更加重视从客户角度对配送服务质量进行度量。因为如果服务提供方以传统的度量方法衡量与考虑配送服务，客户可能并不满意。如果问题发生在交货过程中，客户可能并不知道。因此，越来越多的企业会采用更加关注客户的度量方法。

（三）配送服务异常处理

1. 送货速度不能达到客户要求

作为物流系统的最终环节，配送的效率往往对客户产生较大的影响。客户一般会对到货期限给出明确的规定，如果企业配送服务时间太长，可能造成客户损失或引发客户抱怨。

造成送货速度慢、时间长的可能原因：集货的时间太长；送货路程太远；运输工具速度太慢；物流、配送作业环节过多；送货路线不合理；承诺送货时间过短等。

改变送货速度慢的对策主要有：重新规划送货路线；调整配送作业流程；选择小型送货车辆；考虑共同配送。

2. 送货不准时

送货准时是配送服务质量好的重要标志。造成送货不准时的可能原因：配送作业流程不规范；计划送货时间估计不准确；配送时限管理不严；配送车辆维护差；配送人员业务素质不稳定；某些商品库存量过低等。

提高送货准时性的对策主要有：制定合理的配送管理规章制度和作业规范并严格执行配送管理制度；重新测算送货所需时间；严格配送车辆的检修和保养制度；加强配送人员培训；调整商品品种，适当增加某些经常缺货货物的库存量。

3. 服务过程中缺乏与客户有效沟通的途径

与客户进行及时、有效地沟通是解决配送服务质量问题的重要手段。特别是在电子商务环境下的物流配送服务过程中，客户在订货后都希望能了解送货的具体信息，在出现问题后都希望知道以何种方式向谁反映。

造成与客户缺乏沟通的可能原因有缺乏配送跟踪信息系统、缺乏规范的查询系统、配送系统岗位责任划分不清等。

以下手段有助于加强与客户之间的沟通，提高客户满意程度。第一，在主页上提供查询系统界面，并向客户公布查询的标准信息。第二，在主页上公布客户服务电话、人员名单及投诉处理程序。第三，建立覆盖整个物流、配送的信息网络，并实时更新物流、配送信息。第四，严格配送系统岗位责任制，并加强对配送人员的管理。

4. 配送物品的品质问题

配送物品在配送服务过程中有可能出现品质问题，其主要原因：保管、运送过程中的品质劣化、物理性损伤及数量短少；发货错误导致的物品种类或数量不对等。

解决上述问题的主要途径有：严格配送系统岗位责任制；严格执行配送作业规范并加强对配送人员的培训；对配送物品进行严格检查，以保证其适宜配送。

二、智慧配送合同管理

（一）配送服务合同的概念

配送合同是配送经营人与配送委托人确定配送服务的权利和义务的协议；或者说，是配送经营人收取费用，将委托人委托的配送物品，在约定的时间和地点交付给收货人而订立的合同。委托人可以是收货人、发货人、贸易经营人、商品出售人、商品购买人、物流经营人、生产企业等配送的所有人或占有人，还可以是企业、组织或者个人。

（二）配送服务合同的性质

1. 配送服务合同为诺成性合同

诺成性合同表示合同成立即可生效。配送服务合同的当事人对配送关系达成合意合同就成立。合同成立后，配送经营人需要为履行合同进行人力、物力的准备，因此配送服务合同必须是诺成性合同，只有这样，才能防止委托人在达成合意后随意反悔或不履行义务而给经营人造成损失。当然，合同双方可以在合同中确定合同开始履行的时间或条件，时间未到或条件未成熟时虽然合同未开始履行，但并不意味着合同未生效。

2. 配送服务合同为有偿合同

配送服务合同的双方在合同法律关系中均享有权利、承担义务。配送经营人需要投入相应的成本才能实现配送服务，并在配送经营中获得利益回报。配送委托人需要为接受配送服务支付等价的报酬。

3. 配送服务合同为非要式合同

法律对配送服务合同的签订形式和程序没有做出特别规定，故配送服务合同为非要式合同。配送服务合同可以采用口头形式、书面形式或其他形式。但由于配送活动具有相对长期性，配送过程一般需要持续一段时期，以便开展有计划、小批量、不间断的配送，因此为了便于双方履行合同、利用合同解决争议，采用完整的书面合同更为合适。

（三）配送服务合同的订立

配送服务合同是双方对委托配送经协商达成一致意见的结果。一方向另一方提出要约，另一方予以承诺，配送服务合同成立。作为一项有效的要约，必须具有明确的订立合同的愿望和完整的交易条件。要约人在要约生效后，承担遵守要约的责任。承诺是对要约无条件地接受，任何对要约实质性的变动都不是承诺，而是反要约。承诺到达要约人时生效，承诺人即受承诺的约束。

一方向另一方发出不明确的交易愿望的行为为要约邀请，要约邀请不具有约束力，如广告、推销宣传等。但是，广告等具有明显交易条件和交易愿望，且明示有约束力的，则成为要约。

（四）配送服务合同的主要条款

配送合同的主要条款可以归纳为以下几个方面，以确保合同的合法性和有效性，并维护双方的合法权益。

1. 合同双方的基本信息

合同当事人，明确记载配送服务合同的双方当事人，即配送方（承运人）和委托方（托运人）的名称、地址等基本信息。这是合同的责任主体，也是所有合同都须明确表达的项目。

2. 配送服务的标的与要求

（1）配送服务的标的。明确配送服务的具体内容，即将配送物品有计划地在确定的时间和确定的地点交付给收货人。配送服务合同的标的是一种行为，因此配送服务合同是行为合同。

（2）配送服务要求。详细规定配送所要达到的标准，包括配送方法（如定量配送、定时配送、即时配送等）、配送时间、配送地点、货物装卸的具体要求等。这些要求应根据委托方的需要和配送方的能力协商确定，并在合同中明确。

3. 双方的权利与义务

（1）配送方的权利与义务。①权利：要求委托方按照合同约定支付配送费用；在委托方不履行合同时，有权要求其承担违约责任。②义务：按照合同约定提供配送服务，确保货物按时、按质、按量送达指定地点；在运输过程中妥善保管货物，防止货物损坏或丢失；及时通知委托方货物的运输情况和到达时间等。

（2）委托方的权利与义务。①权利：要求配送方按照合同约定提供配送服务；在配送方不履行合同时，有权要求其承担违约责任。②义务：提供准确的配送信息和货物资料；按照合同约定支付配送费用；及时受领货物并配合验收；在货物装卸过程中提供必要的协助和配合等。

4. 费用与支付

明确配送费用的计费标准和计费方法，或者总费用，以及费用支付的时间、方式和条件等。费用应合理、明确，并符合相关法律法规的规定。

5. 违约责任

明确双方在违反合同约定时应承担的责任。这包括违约金的计算方法和标准、违约造成对方损失的赔偿责任及赔偿方法等。违约责任的约定应公平、合理，并符合相关法律法规的规定。

6. 合同变更与解除

明确合同变更和解除的具体条件、程序和后续处理事宜。这包括合同变更的书面通知要求、提前解除合同的通知期限以及双方协商一致的解除条件等。

7. 争议解决

约定双方在合同履行过程中发生争议时的解决方式。这可以包括协商、调解、仲裁或诉讼等解决途径。同时，应明确具体的仲裁机构或法院等争议解决机构的名称和地址。

8. 其他条款

（1）保密条款。如涉及商业秘密或敏感信息，应明确双方的保密义务和保密期限等。

（2）通知条款。明确双方的通知方式和通知地址等，以便在合同履行过程中及时沟通信息。

（3）附则。包括合同的生效条件、有效期、份数以及双方签字盖章等要求。

综上所述，配送合同的主要条款应涵盖合同双方的基本信息、配送服务的标的与要求、双方的权利与义务、费用与支付、违约责任、合同变更与解除、争议解决以及其他相关条款等方面内容。在签订配送合同时，双方应认真审查并明确这些条款以确保合同的合法性和有效性。

三、智慧配送计划管理

（一）配送计划种类

配送计划是在配送过程中关于配送活动的周密计划。制订配送计划的目的是实现配送管理的合理化，提高设备设施、运输工具和人力的使用效率，从而削减配送费用。配送计划一般包括配送主计划、每日配送计划和特殊配送计划。

1. 配送主计划

配送主计划是指针对未来一定时期内已知的客户需求进行前期的配送规划，便于对车辆、人员及支出等做统筹安排，以满足客户的需要。例如，为迎接家电行业 3～7 月空调销售旺季的到来，某公司于年初根据各个零售店往年销售情况加上相应系数预测配送需求量，提前安排车辆及人员等，制订配送主计划，保证销售任务完成。配送主计划见表 5-3。

表 5-3 配送主计划

序号	客户名称	预计订购商品	3月	4月	5月	6月	7月	累计销售额	备注
合计									

2. 每日配送计划

每日配送计划是针对上述配送主计划逐日进行实际配送作业的调度计划。例如，订单增减、订单取消、配送任务细分、时间安排及车辆调度等。制订每日配送计划的目的是使配送作业有章可循，成为例行事务，实现忙中有序，责任到人。每日配送计划见表 5-4。

表 5-4 每日配送计划

配送点（或部门）：

年 月 日

序号	客户名称	订购商品品名	商品规格	配送数量	配送时间	运输工具及数量

3. 特殊配送计划

特殊配送计划是指针对突发事件或者不在主计划和每日计划规划范围内的配送业务，或者不影响正常每日配送业务所做的计划。它是配送主计划和每日配送计划的必要补充。例如，在商场进行空调促销活动，可能会导致配送需求量突然增加，或者配送时效性增强，这都需要制订特殊配送计划，增强配送业务的柔性，提高服务水平。

（二）配送计划制订依据

1. 客户订单

一般客户订单对配送商品的品种、规格、数量、送货时间、送达地点、收货方式等都有要求。因此，客户订单是制订配送计划最基本的依据。

2. 客户分布、运输距离

客户分布是指客户的地理位置分布。客户位置离配送站点的距离影响配送的路径选择，直接影响到输送成本。

3. 配送货物的体积、形状、重量、性能、运输要求

配送货物的体积、形状、重量、性能、运输要求是决定运输方式、车辆种类、载重、容积及装卸设备的制约因素。

4. 运输、装卸条件

运输道路的交通状况、运达地点及其作业地理环境、装卸货时间、天气气候等对输送作业

的效率也起相当大的约束作用。

（三）配送计划内容
1. 配送地点、数量与配送任务分配
在配送作业中，地点、数量与配送任务分配有密切关系。地点是指配送的起点和终点。由于每一个地点的配送量、周边环境及自有资源不同，应有针对性地综合考虑车辆数量及送货地点的特征、距离及路线，将配送任务合理分配，并且逐步摸索规律，使配送业务达到配送路线最短、所用车辆最少、总成本最低、服务水平最高。

2. 确定车辆数量
车辆数量在很大程度上影响配送时效。拥有较多的配送车辆可以同时进行不同路线的配送，提高配送时效性；配送车辆数量不足，往往会造成不断往返装运，造成配送延迟。但是数量庞大的车队会增加购置费用、养护费用、人工费用及管理费用等各项支出，这与提高客户服务水平存在很大的矛盾。

3. 确定车队构成及车辆组合
配送车队一般应根据配送量、货物特征、配送路线及配送成本分析进行自有车辆组合。必要时也可考虑通过适当地选用外来车辆组建配送车队。自有车辆与外来车辆的比例适宜，可以适应客户需求变化，有效地调度车辆，降低运营成本。

4. 控制车辆最长行驶里程
在制订人员配置计划时，应尽量避免司机疲劳驾驶造成的交通隐患，全面保证人员及货物安全。通常通过核定行驶里程和行驶时间评估司机的工作量，有效避免超负荷作业。

5. 车辆容积、载重限制
选定配送车辆需要根据车辆本身的容积、载重限制并结合货物自身的体积、重量考虑最大装载量，以便车辆的有限空间不被浪费，降低配送成本。

6. 路网结构的选择
通常情况下，配送中心辐射范围为60km，即以配送中心所在地为圆心，半径60km以内的配送地点均属于配送中心服务范围。这些配送地点之间可以形成很多区域网络，所有的配送方案都应该满足这些区域网络内的各个配送地点的要求。在配送路网设计中采取直线式往返配送路线较为简单，通常只需要考虑路线上的流量。

7. 时间范围的确定
客户通常根据自身需要指定配送时间，这些特定的时间段往往在特定路段与上下班高峰期重合。因此，在制订配送计划时应对交通流量等影响因素予以充分考虑，或者与客户协商，尽量选择夜间配送、凌晨配送及假日配送等方式。

8. 与客户作业层面的衔接
制订配送计划时应该对客户作业层面有所考虑，如货物装卸搬运作业是否托盘标准化和一贯化、是否容器化、有无装卸搬运辅助设备，客户方面是否有作业配合、是否提供随到随装条件，是否需要搬运装卸等候、停车地点距货物存放地点远近等。

9. 达到最佳化目标
物流配送的最佳化目标是指按"四最"（配送路线最短、所用车辆最少、作业总成本最低

及服务水平最高）的标准，在客户指定时间内，按客户需求将货物送达指定地点。

（四）配送计划制订步骤

1. 确定配送计划的目的

物流业务的经营运作是以满足客户需求为导向，并且需要与企业自身拥有的资源和运作能力相匹配。企业往往由于受到自身的能力和资源的限制，对满足多变复杂的客户需求有一定难度。这就要求企业在制订配送计划时须考虑制订配送计划的目的。

2. 收集相关资料

只有了解客户需求，才能满足客户需要，因此，收集、整理服务对象的相关数据资料是提高配送服务水平的关键。配送活动的主要标的物是货物，如原材料、零部件、半成品及产成品等。对长期固定的客户而言，对该货物近年来的需求量，以及淡季和旺季的需求量变化等的相关统计数据是制订配送计划必不可少的第一手数据资料。另外，了解当年销售计划、生产计划、流通渠道的规模及变化情况，配送中心的数量、规模、运输费用、仓储费用及管理费用等数据也是十分必要的。因此，收集相关数据资料并做相应的分析是制订配送计划的关键，也是提高配送服务质量的关键。

3. 整合配送七要素

配送七要素是指货物、客户、车辆、人员、路线、地点及时间，也称配送的功能要素。在制订配送计划时应对此七项要素深入了解并加以分析整理。货物是指配送标的物的种类、形状、重量、包装、材质及装运要求等。客户是指委托人和收货人。车辆是指配送工具，要根据货物的特征、数量、配送地点，以及车辆容积和载重量等决定选用什么样的车辆配送。人员是指司机或配送业务员。路线是指配送的路线，要按照一定的原则来制定。地点是指配送的起点和终点，主要了解这些地点的数目、距离、周边环境、装车卸货空间大小及相关设施等。时间是指在途时间和装卸搬运时间。

4. 制订初步配送计划

在完成以上步骤之后，结合自身能力及客户需求，便可以初步确定配送计划。初步配送计划应该包括配送路线的确定原则、每日最大配送量、配送业务的起止时间（可以 24h 不间断作业）及使用车辆的种类等；并且可以有针对性地解决客户现存的问题，如果客户需要，甚至可以精确到达每一个配送地点的时间、具体路线的选择，以及货运量突然发生变化时的应急办法等方面。

5. 与客户沟通协调

制订配送计划的主要目的是让客户了解在充分利用有限资源的前提下，客户所能得到的服务水平。因此，在制订了初步的配送计划之后，一定要与客户进行沟通，请客户充分参与并提出意见，共同完善配送计划，并且应该让客户了解其现有的各项作业环节在未来操作时可能出现的各种变化情况，以免客户的期望与具体操作产生比较大的落差。

6. 确定配送计划

经过与客户几次协调沟通之后，初步配送计划经过反复修改最终确定。已经确定的配送计划应该成为配送合同中的重要组成部分，并且应该让执行此配送计划的双方或者多方人员全面了解，确保具体配送业务顺利进行并保证配送服务质量。

（五）配送计划实施

配送计划的实施主要包括配送计划的下达、组织进货、下达配送指令、配货发运、送达和费用结算等环节。

1. 配送计划的下达

配送计划确定后，可以以计算机网络或表格的形式及时下达到客户、配送点或储存仓库、装卸搬运及运输等部门，客户按计划做好接货准备，配送点按计划所规定的时间、品种、规格、数量做好理货、分拣、加工、配货、包装等准备，装卸搬运及运输部门做好设备、运力及人员等作业准备。

2. 组织进货

接到配送计划后，各配送点审核商品库存是否能保证配送计划的完成，当数量不足或目前商品不符合配送计划要求时，要根据配送计划积极组织进货。

3. 下达配送指令

配送点向其运输部门、仓储部门、分货包装部门、财务部门下达配送指令，各部门根据指令做好配送准备。

4. 配货发运

理货部门按配送计划将客户所需的商品进行分货、加工、配货，进行适当的运输包装，并详细标明客户名称、地址、配送时间等，按计划将各客户的商品配载、装车，并按配送计划进行发运。

5. 送达

将客户需要的商品按照配送中心所选择的运输工具和运输路线安全、经济及高效地送达客户处，并由客户在回执单上签字，一次配送活动就此完成。

6. 费用结算

商品出库时，销售部门依据出库数据制作应收账单，并将账单转入财务部门作为收款凭证。当货物送达后，通知财务部门结算，具体结算方式及结算时间由双方协议约定。

四、智慧配送路线管理

配送路线是否合理，直接影响配送效率和配送效益。在配送路线选择的各种方法中，都要考虑配送要达到的目标，以及为实现配送目标的各种限制条件等，即在一定约束条件下，选择最佳的方案。

（一）确定配送路线的目标和约束条件

1. 确定送货路线的目标

目标的选择主要根据配送的具体要求、配送中心的实力及客观条件来确定，一般有以下几种：①以效益最高为目标，计算时以利润最大为目标。②以成本最低为目标，实际上也是选择了以效益为目标。③以路程最短为目标。④以吨公里最小为目标。在节约里程法的计算中，主要采用这个目标。⑤以准确性最高为目标。它是配送中心重要的服务指标。⑥还可以以运力利用最合理、劳动消耗最低等为目标。

2. 确定送货路线的约束条件

一般配送的约束条件如下：①满足所有收货人对货物品种、规格、数量的要求。②满足收货人对货物送达时间范围的要求。③在允许通行的时间内进行配送。④各配送路线的货物量不得超过车辆容积和载重量的限制。⑤在配送中心现有运力允许的范围内。

（二）确定配送路线的方法

1. 经验判断法

经验判断法是指利用行车人员的经验来选择配送路线的一种主观判断方法。一般以司机习惯行驶路线和道路行驶规定等为基本标准，拟订出几个不同方案，通过倾听有经验的司机和送货人员意见，或直接由配送管理人员凭经验作出判断。这种方法的质量取决于决策者对运输车辆、客户的地理位置与交通路线情况的掌握程度和决策者的分析判断能力与经验。尽管缺乏科学性，易受掌握信息的详尽程度限制，但运作方式简单、快速、方便。经验判断法通常在配送路线的影响因素较多，难以用某种确定的数学关系表达或难以以某种单项依据评定时采用。

2. 综合评分法

综合评分法是指能够拟订出多种配送路线方案，并且评价指标明确，只是部分指标难以量化，或对某一项指标有突出的强调与要求，而采用加权评分的方式来确定配送路线。步骤如下：①拟订配送路线方案。②确定评价指标。③对方案进行综合评分。

3. 数学计算法

如果配送路线的影响因素可用某种确定的数学关系表达，则采用数学计算法对配送路线方案进行优化。解决这类问题的方法很多，见表 5-5。

表 5-5 配送路线规划问题类型及解法说明

问题类型	解法
配送货物由一个配送点直送某一个客户	破圈法、标号法、位势法、动态法等
配送货物由一个配送点配送多个客户	节约里程法、中国邮递员问题解法
由多个配送点向多个客户送货	线性规划中的表上作业法

以下主要介绍节约里程法。

当一个配送中心向多个客户进行共同送货，在一条线路上的所有客户的需求量总和不大于一辆车的额定载重量时，由这一辆车配装着所有客户需求的货物，按照一条预先设计的最佳路线依次将货物送到每一客户手中。这样可保证按需将货物及时送交，又能节约行驶里程，缩短整个送货时间，节约费用。节约里程法正是用来解决这类问题的成熟方法。

用节约里程法确定配送路线的思路是：根据配送中心的运输能力及其到各客户之间的距离和各客户之间的相对距离，制订使总的配送车辆吨公里数达到或接近最小的配送方案。

节约里程法的基本思路如图 5-2 所示，P 为配送中心所在地，A 和 B 为客户所在地，相互之间道路距离分别为 a、b、c。最简单的配送方法是利用两辆车分别为 A、B 客户配送，此时车辆运行距离为 2a+2b。然而，如果改用一辆车巡回配送，运行距离为 a+b+c。如果道路没有特殊情况，可以节省的车辆运行距离为（2a+2b）−（a+b+c）=a+b−c>0，这个节约量"a+b−c"被称为节约里程。

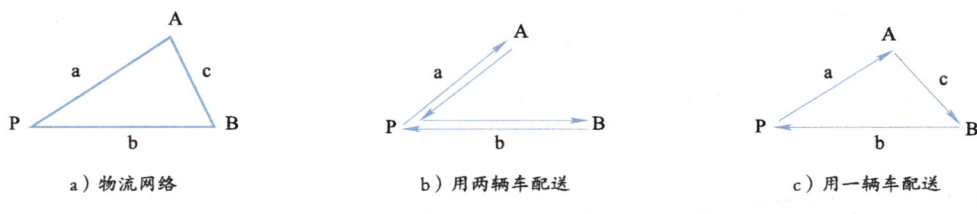

图 5-2 节约里程法的基础思路

实际上,如果给数十家、数百家客户配送,应首先计算包括配送中心在内的相互之间的最短距离,然后计算各客户之间的可节约的运行距离,按照节约运行距离的大小顺序联结各配送地并设计出配送路线。

例 5-1 配送中心 A 向 7 个客户(分别用 P_1,P_2,…P_7 表示)配送货物,其配送路线网络、配送中心与客户的距离以及客户之间的距离如图 5-3 所示,图中括号内的数字表示客户的需求量(单位:t),线路上的数字表示两结点之间的距离(单位:km)。现配送中心有 2 台 4t 货车和 2 台 6t 货车两种车辆可供使用。用节约里程法确定最优的配送方案。

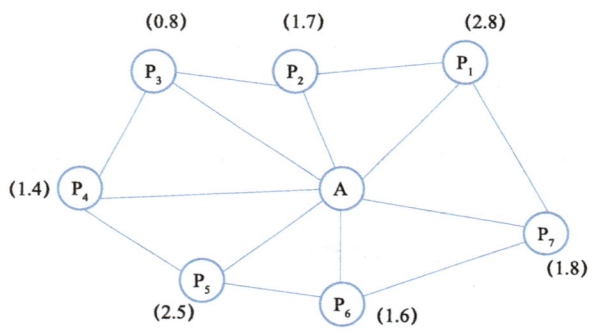

图 5-3 配送中心和各客户之间的距离

解:第一步,计算相互之间的最短距离,根据图 5-3 配送中心至各用户之间,用户与用户之间的距离,得出配送路线最短的距离矩阵,如图 5-4 所示。

需要量	A						
2.8	8	P_1					
1.7	4	5	P_2				
0.8	11	9	4	P_3			
1.4	12	16	11	7	P_4		
2.5	5	13	9	13	10	P_5	
1.6	15	22	18	22	19	9	P_6
1.8	19	27	23	30	30	20	11	P_7

图 5-4 最短配送路线距离矩阵

第二步,根据运输里程表,按节约里程公式,求出相应的节约里程。例如,计算 P_1—P_2 的节约距离:P_1—A 的距离为 a=8,P_2—A 的距离为 b=4,P_1—P_2 的距离为 c=5,a+b−c=7。配送路线节约里程如图 5-5 所示。

需要量	A						
2.8	8	P_1					
1.7	4	7	P_2				
0.8	11	10	11	P_3			
1.4	12	4	5	16	P_4		
2.5	5	0	0	3	7	P_5	
1.6	15	1	1	4	8	11	P_6
1.8	19	0	0	0	1	4	23	P_7

图 5-5　配送路线节约里程

第三步，对节约行程按大小顺序进行排列，如图 5-6 所示。

序号	路线	节约里程（km）	序号	路线	节约里程（km）	序号	路线	节约里程（km）
1	P_6P_7	23	7	P_4P_5	7	13	P_3P_5	3
2	P_3P_4	16	8	P_1P_2	7	14	P_1P_6	1
3	P_2P_3	11	9	P_2P_4	5	15	P_2P_6	1
4	P_5P_6	11	10	P_3P_6	4	16	P_4P_7	1
5	P_1P_3	10	11	P_1P_4	4			
6	P_4P_6	8	12	P_5P_7	4			

图 5-6　配送路线节约行程排序

第四步，按照节约行程排列顺序表，组合成配送路线图。明确配送路线，计算节约总里程数，如图 5-7 所示。

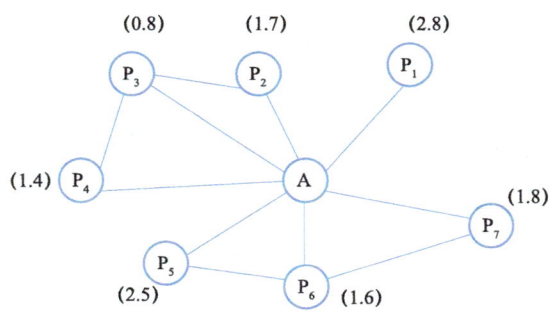

图 5-7　配送路线图

配送路线有以下 3 条：

① P_5—P_6—P_7 组成共同配送，节约里程 11+23=34km，配送重量（2.5+1.6+1.8）=5.9t，使用一辆 6t 车；

② P_4—P_3—P_2 组成共同配送，节约里程 16+11=27km，配送重量 1.4+0.8+1.7=3.9t，使用一辆 4t 车。

③ P_1 单独送货，配送重量为 2.8t，使用一台 4t 货车配送。

优化后的配送线路，共节约里程为 34+27=61km。

● 任务发布

智慧配送服务运营管理分析

根据本任务所讲述的内容，实地或网络调查配送企业或配送中心配送服务运营管理的成功之处，并进行总结归纳，形成智慧配送服务运营管理分析报告。

● 任务实施

（一）实施方式

1. 学生5～6人自主组成一个小组，根据任务发布内容，进行智慧配送服务运营管理分析。
2. 参考实施步骤的提示，完成智慧配送服务运营管理分析报告。

（二）实施内容及操作步骤

步骤1：认识智慧配送服务管理。
步骤2：掌握智慧配送合同管理。
步骤3：进行智慧配送计划管理。
步骤4：掌握智慧配送路线管理。
步骤5：形成智慧配送服务运营管理分析报告。

（三）实施成果及形式

1. 总结报告：每组提交一份智慧配送服务运营管理分析报告。
2. 小组展示：利用PPT现场讲解智慧配送服务运营管理分析报告。

● 任务评价

任务评价表

被考评人			考评任务	智慧配送服务运营		
考评步骤	考评内容及分值		自我评价（30%）	小组评议（40%）	教师评价（30%）	合计得分（100%）
步骤1	认识智慧配送服务管理	10分				
步骤2	掌握智慧配送合同管理	20分				
步骤3	进行智慧配送计划管理	10分				
步骤4	掌握智慧配送路线管理	25分				
步骤5	形成智慧配送服务运营管理分析报告	35分				
综合评定						
考评标准	资料准备	知识掌握	语言表达	团队合作	沟通能力	合计得分
分值	20分	30分	20分	15分	15分	
注：任务总评得分 = 考评步骤70%+ 综合评定30%				任务总评得分		

● 德技并修

[主题] 诚实守信　爱岗敬业　创新意识　服务意识

2020 年全国物流行业劳动模范 | 中泰集团：刘金国

刘金国自 2011 年起，先后任新疆蓝天石油化学物流有限责任公司党委书记、常务副总经理，新疆新铁中泰物流股份有限公司党委书记、董事长，新疆新粮油脂有限责任公司党委书记、董事长。多年来，他努力把自己摆在公司大局的高度，主动谋划工作、主动承担任务，做好参谋员、战斗员。他坚持想基层之所想，急基层之所急，身处一线，时刻发挥自己在各项工作中的带头作用，用实际言行践行入党誓言，成为群众榜样。

刘金国同志自担任蓝天物流及新铁中泰主要领导后，带领物流行业干部员工取得了自治区级和国家级十余项荣誉。刘金国同志作为企业的主要负责人，能够坚定理想信念，时刻保持政治清醒，坚持把学习作为一种政治责任、一种精神追求、一种日常习惯，不断丰富自己的思想内涵和精神境界。坚守公道正派，坚决抛弃等靠要思想，努力把自己摆在公司大局的高度，主动谋划工作、主动承担任务，做好参谋员、战斗员。坚持想基层之所想，急基层之所急，身处一线，时刻发挥自己在各项工作中的带头作用，用正能量影响周围的人，在攻坚克难、争难险重面前敢于亮剑，体现担当，用实际言行践行入党誓言，成为群众榜样。在他的带领下，蓝天物流、新铁中泰先后取得了全国物流行业"先进集体"、中国化工物流 30 强企业、全国危险品物流安全管理先进企业 20 强荣誉称号等荣誉二十余项。

不忘初心，方得始终。刘金国同志在"守初心"上做表率，在"担使命"上见行动，在"改作风"上做榜样，带头担责任，带头说实话，办实事、求实效，以强烈的使命感和责任担当，团结带领全体干部员工，为物流行业的健康发展而不懈奋斗。

同步练习

一、单项选择题

1. （　　）是指存货人将一定品质、数量的货物交付保管人储藏，而在储存保管期限满时，保管人只需以相同种类、相同品质、相同数量的替代物返还的一种仓储经营方法。
   A. 混藏仓储经营　　　　　　　　B. 消费仓储经营
   C. 仓库租赁仓储经营　　　　　　D. 保管仓储经营

2. 仓储营销包括（　　）、仓储市场细分、仓储服务设计、目标客户开发、营销计划制订、服务质量控制、营销绩效评估等环节。
   A. 仓储现状分析　　　　　　　　B. 仓储问题归结
   C. 仓储市场调研　　　　　　　　D. 分析营销环境

3. 仓库租赁经营的收益主要来自（　　）。
   A. 租金　　　B. 仓储费　　　C. 消费收入　　　D. 流通加工收入

4. （　　）是 8S 管理的"最终结果"，也是企业经营者和各级主管期望的"最终目的"。
   A. 节约成本　　　B. 素养　　　C. 学习　　　D. 提高安全

5. 以下不是仓储保管人的义务的是（　　）。
   A. 合适的储存条件　　　　　　　B. 验收货物
   C. 使用仓储物　　　　　　　　　D. 发生危险时通知存货人

二、多项选择题

1. 配送合同的性质是（　　　）。
   A. 无名合同　　　　B. 有偿合同　　　　C. 诺成合同　　　　D. 长期合同
2. 仓储合同是（　　　）。
   A. 诺成合同　　　　B. 有偿合同　　　　C. 要式合同　　　　D. 不要式合同
3. 制订配送计划的主要依据有（　　　）。
   A. 客户订单　　　　　　　　　　　　　B. 客户分布、运输距离
   C. 配送货物体积、重量、运输要求等　　D. 运输、装卸条件
4. 配送路线确定的原则有（　　　）。
   A. 效率最高　　　　B. 成本最低　　　　C. 准确性最高　　　D. 路程最短
5. 确定配送路线的方法包括（　　　）。
   A. 经验判断法　　　B. 综合评分法　　　C. 数学计算法　　　D. 路径优化法

三、简答题

1. 仓储合同有哪些种类？合同标的是什么？
2. 8S 管理的主要内容是什么？
3. 车辆积载应遵循的基本原则有哪些？
4. 在实际的配送运输中，应如何避免不合理运输的发生？
5. 常见的车辆调度方法有哪些？

实训应用　派车与配送路线规划

一、实训目的

掌握配送派车技术，熟悉并掌握智慧配送派车所涉及的关键技术，如智能调度系统、车辆跟踪与定位技术等。规划优化配送路线，学习并掌握配送路线规划的原则与方法，利用大数据、人工智能等技术实现配送运输路线的智能优化。提升实践能力，通过实际操作，提升学生的物流运输组织与管理能力，为未来的职业发展打下基础。

二、实训内容

1. 智慧配送派车系统调研

调研当前市场上主流的智慧配送派车系统，了解其功能特点、技术架构及应用案例。

2. 案例分析与模拟操作

选取典型配送案例，利用智慧配送派车系统和运输路线规划工具进行模拟操作。分析案例中的配送需求、车辆资源、路况信息等，制订合理的配送计划和运输路线。进行模拟配送操作，观察并记录系统调度结果、运输时间、成本等关键指标。

3. 方案优化与评估

根据模拟操作结果，对配送计划和运输路线进行优化调整，提高配送效率和降低成本。制定评估标准，对优化后的方案进行综合评价，分析改进效果及存在的问题。

三、实训要求

1. 团队协作：实训过程中需加强团队协作，明确分工，共同完成任务。
2. 创新思维：结合实际情况提出新颖、实用的配送派车与运输路线规划方案。
3. 数据支持：方案设计需基于充分的数据调研和分析，确保方案的合理性和科学性。
4. 报告撰写：撰写详细的实训报告，包括方案设计思路、操作步骤、优化建议等内容。

四、实训资源

1. 软件工具：智慧配送派车系统、配送运输路线规划软件。
2. 硬件设备：计算机、网络设备、通信设备等。
3. 实训场地：物流实训室或模拟仓库环境（如条件允许）。

五、实训成果

1. 每组提交一份派车与配送路线规划报告。
2. PPT汇报材料及相关视频、图片等辅助材料。
3. 实训过程中的心得体会和总结报告。

六、实训评估

1. 过程评估

根据学生的调研计划、实地考察情况、资料收集与分析过程等进行过程评估。过程评估主要考察学生的态度、能力和团队合作精神。

2. 成果评估

根据学生提交的调研报告和PPT汇报情况进行成果评估。成果评估主要考察学生的调研深度、分析能力、文档撰写能力和表达能力。

项目六　智慧仓配管理

学习目标

▶ **知识目标**　掌握智慧仓配送成本构成；
　　　　　　　掌握智慧仓配成本的核算及控制方法；
　　　　　　　掌握智慧仓储、智慧配送绩效评价方法。

▶ **能力目标**　能正确核算智慧仓储及配送成本；
　　　　　　　能进行有效控制管理仓储及配送成本；
　　　　　　　能够采取适当方法进行仓储及配送绩效评价。

▶ **素养目标**　培养学生的责任意识和成本意识，养成勤俭节约的好习惯；
　　　　　　　培养岗位素养及职业判断能力，养成严谨细致、规范管理的工作态度；
　　　　　　　培养统筹规划能力、理论联系实际能力，树立绩效管理意识。

岗位认知

职业岗位	工作内容	技能要求	相关知识
仓储配送经理	高效利用仓库，保证物资安全；积极配合相关物流服务部门，进行仓配成本核损，提高物流服务质量	1. 能有效控制管理仓配成本 2. 能制定仓储配送绩效指标体系 3. 能制订绩效评价方案	1. 智慧仓储成本构成 2. 智慧配送成本构成 3. 智慧仓配成本控制管理
仓配质控员	仓配质控主管负责检查仓配作业质量，监控业务中设备的服务质量，处理业务质量偏差等工作	1. 能够进行仓储绩效考核评价 2. 能够进行配送绩效考核评价 3. 能制定仓储配送绩效指标体系	1. 智慧仓储绩效评价指标 2. 智慧配送绩效评价指标 3. 智慧仓配绩效评价方法
仓配财务经理	仓配财务经理主持财务审计工作，负责组织仓储中心财务分析（成本利润分析、货物流通费用分析等）	1. 能够核算仓储成本和配送成本 2. 能够对仓储作业进行成本控制 3. 能够对配送作业进行成本控制	1. 智慧仓配成本构成 2. 智慧仓配成本核算方法
仓配绩效考核员	负责仓配绩效考核评价工作	1. 能够进行仓储绩效核算 2. 能够进行配送绩效核算 3. 能制定仓储配送绩效指标	1. 智慧仓储配送绩效指标 2. 智慧仓储配送绩效评价方法

案例导读

京东商城仓储成本及其管理

京东商城是我国自营电商市场的领军企业,京东仓储成本主要由以下几部分构成:一是建造、购买或租赁仓库等设备(仓库建筑物、货架等)所带来的成本,这部分成本构成京东仓储成本的主体。京东在全国范围内建立了7大物流中心,256个大型仓库,6 906个配送站和自提点,覆盖全国2 655个区县。亚洲一号仓库是全国最大的物流中心之一,占地300亩,共20万m^2,是投资巨额成本建造的。二是员工工资及福利。员工除有五险一金的保障外,还享有38项其他福利,诸如餐补、工龄补贴等。三是各类仓储作业带来的成本,如装卸搬运成本、流通加工成本等。此外,低值易耗品的耗费、设备维修折旧费、装卸搬运费、管理费等间接费用构成了与仓储有关的作业成本。

京东仓储成本管理具有以下优势:一是缩短了供应链,从长远来看,成本较低。京东有一半的第三方物流,单同城配送,使用第三方物流每单成本12元,京东自营成本仅7.44元,每单可节约5元的成本。二是配送速度快,有利于提高用户体验,增加用户量。三是方便员工管理,在与第三方物流合作中有较大话语权。

任务一　智慧仓配成本管理

● 任务引例

月山啤酒集团的仓配成本管理

月山啤酒集团借鉴国内外物流公司的先进经验,结合自身的优势,制订仓储物流改革方案。第一,成立仓储调度中心,重新规划全国市场区域的仓储活动,对产品的仓储、转库实行统一管理和控制。仓储调度成为销售过程中降低成本、增加效益的重要一环。第二,以原运输公司为基础,注册成立具有独立法人资格的物流公司,并完全按照市场机制运作。第三,筹建了月山啤酒集团技术中心,将物流、信息流、资金流全面统一在计算机网络的智能化管理之下,建立起快速信息通道,及时掌握各地最新的市场库存、货物和资金流动。

通过一系列改革,月山啤酒集团获得了很大的直接经济效益和间接经济效益。首先,集团的仓库面积由原来的70 000m^2下降到不足30 000m^2,产成品平均库存量由12 000t降到6 000t。其次,产品物流链实现了环环相扣,销售部门根据各地销售网络的订货计划和市场预测,制订销售计划;仓储部门根据销售计划和库存及时向生产企业传递要货信息;生产企业有针对性地组织生产;物流公司则及时地调度运力,确保交货质量和交货期。最后,销售代理商在有了稳定的货源供应后,可以从人、财、物等方面进一步降低销售成本,增加效益。经过一年多的运转,月山啤酒集团物流中心取得了阶段性成果。

思考:月山啤酒集团是怎样通过控制仓储配送成本,获得经济效益的?

● 知识准备

一、智慧仓储成本核算

仓储成本是企业仓储作业过程中而发生的活劳动和物化劳动总和的货币表现。根据国家标准 GB/T 20523—2006《企业物流成本构成与计算》，仓储成本的定义为：仓储成本是指在一定时期内，企业为了完成货物存储业务而发生的全部费用，包括仓储作业人员费用、仓储设施的折旧费、维修保养费、水电费、燃料和动力消耗等。

悦动思维 在智慧仓储运营中，仓储成本管理发挥的作用有哪些？

（一）智慧仓储成本的构成

广义的仓储成本包含库存成本、保管成本等，而狭义的仓储成本主要是指保管成本，即为了物品保管而产生的固定成本和变动成本。对于第三方仓储企业而言，保管成本是其关注的重点；对于生产型、销售型企业而言，库存成本也是其仓储成本的重要组成部分，是影响其仓储管理决策的重要因素。具体而言，企业的仓储成本由以下几部分构成。

1. 库存成本

库存成本指存储一定数量的物资所需成本，主要由库存持有成本、库存获得成本、缺货成本三部分构成，由货物存储数量决定，即进行库存成本分析和决策时，仅与存储数量有关，不涉及仓储技术和仓储条件等因素。

2. 折旧费

对仓储设备设施等固定资产按年度计提折旧费，主要指库房、货场等基础设施折旧和仓储机械设备的折旧。通常情况下，基础设施的折旧年限为 30 年，仓储设备的折旧年限为 5～20 年。

3. 员工薪酬

企业员工的薪酬一般可以分为工资和福利费两部分。工资包括固定工资、奖金、津贴和生活补贴等。福利费包括医疗保险费、养老保险费、失业保险费、工伤保险费、生育保险费等保险费用，以及住房公积金等。

4. 修理费

修理费主要是指用于仓储设施、设备的大修基金以及设备设施的日常维修费用，其中大修基金一般可按照维修对象投资额的 3%～5% 提取。

5. 装卸搬运费

该部分费用主要是指货物出入库、组托、上架、理货、补货等环节所产生的装卸搬运作业费用，一般由设备运行费用和搬运工人的人工成本两部分组成。

6. 管理费

管理费用主要是指仓储企业或者部门为管理仓储活动或者开展仓储业务而发生的各种间接费用，如办公费、人员培训费、差旅费、招待费、营销费、水电费、设备保险费等。

7. 货损费

货损费主要是在保管过程中因为货物损坏而导致赔偿费、退货费等。

（二）智慧仓储成本核算方法

作业成本法是一种通过对所有作业活动进行追踪动态反映，计量作业和作业对象的成本，评估作业业绩和资源利用情况的成本计算和管理方法。

基本思想如下：物流作业成本计算通过物流作业动因将物流资源分配到各个物流作业，形成作业成本库；再根据物流作业动因，建立物流作业与物流成本对象之间的因果关系，把物流作业成本库中的成本分配到成本对象，计算出成本对象的总成本和单位成本。

例6-1 某智慧仓储企业A同时服务于甲乙两个客户（甲客户自营业务，乙客户为第三方卖家），月末时其物流总成本、资源成本、员工总工作时间、甲乙客户订单数及占用资源、作业动因见表6-1～表6-5。

表6-1 物流总成本

支付形态	支付明细	相关费用（元）
维护费	固定资产折旧	80 000
人工费	单证处理人员（3人）	7 500
	货物验收人员（3人）	6 000
	货物进出库作业人员（4人）	10 000
	仓库管理人员（3人）	6 000
材料费	办公费	10 000
一般经费	辅助材料费	5 000
	合计	124 500

表6-2 资源成本

费用	订单处理（元）	货物验收（元）	仓储管理（元）	货物进出库（元）	合计（元）
人工费	7 500	6 000	6 000	10 000	29 500
折旧费	7 000	7 000	29 000	37 000	80 000
办公费	3 000	1 000	3 000	3 000	10 000
水电费	600	600	1 200	2 600	5 000
合计	18 100	14 600	39 200	52 600	124 500

表6-3 员工总工作时间

员工类别	总工作时间（h/月）
单证处理人员（3人）	500
货物验收人员（3人）	500
货物进出库作业人员（4人）	800
仓库管理人员（3人）	500

表6-4 甲乙客户订单数及占用资源

项目（单位）	甲客户	乙客户	合计
月订单总数（份）	200	120	320
占用托盘总数（个）	700	300	1 000
货物进出库总工时（h）	500	300	800
租赁仓库面积（m²）	10 000	6 000	16 000

表6-5 作业动因

作业	成本动因
订单处理	订单数
货物验收	托盘数
货物进出库	人工工时
仓储管理	租赁仓库面积

作业成本法的计算步骤如下：

（1）确定作业内容。本案例包括订单处理、货物验收、货物进出库和仓储管理四项作业。

（2）确定资源成本库。本案例的已知资源成本见表6-2。

（3）确定作业动因。注意作业动因必须是可量化的，如人工工时、距离、时间、次数等，本案例的作业动因见表6-5。

（4）计算作业成本。首先计算作业分配系数，再根据作业分配系数求出计算对象的某一项作业成本，然后求和得到计算对象的作业成本：

$$作业分配系数 = 作业成本 \div 作业量 \tag{6.1}$$

$$某一项作业成本 = 作业分配系数 \times 作业动因数 \tag{6.2}$$

根据案例数据，可求出作业分配系数，见表6-6。

表6-6 作业分配系数

作业	订单处理	货物验收	货物进出库	仓储管理	合计
作业成本（A）	18 100元	14 600元	52 600元	39 200元	124 500元
作业量（B）	320份（订单数）	1 000个（托盘数）	800h（人工工时）	16 000m^2（租赁仓库面积）	…
作业分配系数（A/B）	56.562 5	14.60	65.75	2.45	…

作业量是根据表6-3的员工总工作时间、表6-4的甲乙客户订单数及占用资源和表6-5的作业动因共同确定的。由表6-5可知，订单处理作业量的作业动因是订单数，因此，只需计算甲乙客户的订单总数即可。

根据表6-6的作业分配系数，即可求得甲乙客户的实际服务成本，见表6-7。

表6-7 甲乙客户的实际服务成本

作业	作业分配系数	实际耗用成本动因数		实际成本（元）	
		甲	乙	甲	乙
订单处理（订单数）	56.562 5	200	120	11 312.5	6 787.5
货物验收（托盘数）	14.60	700	300	10 220	4 380
货物进出库（人工工时）	65.75	500	300	32 875	19 725
仓储管理（租赁仓库面积）	2.45	10 000	6 000	24 500	14 700
合计				78 907.5	45 592.5
总计				124 500	

二、智慧仓储成本控制

（一）仓储成本控制的原则

1. 政策性原则

在仓储成本控制过程中，要重视成本控制与质量的关系，不能片面追求降低仓储成本，而忽视储存物资的保管要求和保管质量。

2. 经济性原则

注重成本效益平衡，即因仓储成本控制而发生的成本费用支出，不应超过因缺少控制而丧失的收益。为建立严格的仓储成本控制制度而发生的人力物力支出不应超过其所节约的成本。企业应在仓储活动的重要领域和环节上对关键的因素加以控制，而不是对所有成本项目都进行同样周密的控制。仓储成本控制要起到降低成本、纠正偏差的作用，并具有实用、方便、易于操作的特点。在仓储成本控制中要贯彻"例外原则"，对正常储存成本费用的支出可以从简控制，而需要格外关注各种例外情况。

3. 分级归口管理原则

企业的仓储成本控制目标，应层层分解，落实到各环节、各小组甚至个人，形成一个仓储成本控制系统。

4. 权、责、利相结合原则

仓储成本控制不仅要落实责任，制定与控制者责任大小、控制范围相一致的目标，而且要充分调动他们的积极性，将仓储成本控制的好坏与奖励的大小结合起来。

（二）仓储成本控制的措施

1. 强化成本管理意识，实施仓储成本目标管理

进行成本控制先要制定成本控制标准。标准成本是成本控制标准中最常见的一种。物流企业仓储成本控制不仅是企业管理人员的事，也是仓储工作全体人员的责任。物流企业要重视成本控制，对仓储成本实施目标管理。企业可以根据市场和企业自身的实际情况，制定仓储成本总目标，然后根据仓储工作的不同部门、岗位进行成本目标分解，让每个岗位、每个仓储员工都有明确的成本控制目标和责任。另外，在进行成本目标分解时，要注意目标的科学合理，要让绝大多数仓储员工接受分解目标，使大多数仓储工作人员通过努力能达到成本目标，以实现激励员工重视成本控制这一目标。

2. 建立健全仓储制度，提高仓储作业的效率

在仓储的各个工作环节中，由于实际功效不一，所耗费的劳力、机械设备损耗、燃料费也是不同的，为了提高各环节的效率，必须制定出一套相互协调、相互验证的仓储制度，对仓储作业的各个环节进行引导和监督，并对仓储成本进行控制，以提高各环节的工作效率，从整体上降低仓储成本。

3. 运用现代化的储存保管技术，降低保管成本

储存货物的质量完好、数量准确，在一定程度上反映了仓储的质量。但由于货物的品种多、数量大、货物特性不同，产生损耗的原因和具体情况也不同。为了避免和降低货物的损耗，仓储管理时应了解损耗发生的原因，认真做好商品在库检查工作，采取有效的措施，采用现代化的储存保养技术，以降低保管过程中的货损率，降低保管成本。

4. 遵循货物的"先进先出"原则，避免存货过期

先进先出原则指在库存管理中，按照物品入库的时间顺序整理好，在出库时按照先入库的物品先出库的原则进行操作，以避免仓库内的物资的储存期过长，减少存货成本。它是一种有效的货物出入库管理方式，也是储存管理的准则之一。实现先进先出的主要方法如下：一是采用计算机存取系统。采用计算机管理系统，根据物品入库时的时间，依靠按时间排序的软件，可以自动排列出货的顺序，从而实现"先进先出"。二是在仓储中采用适当的仓储设备以实现"先进先出"。例如在仓库中流利式货架系统，既可提高仓库利用率，能使仓库管理实现机械

化、自动化，又能够提高拣货出口作业的效率，降低拣货成本。

5. 采用有效的仓储质量成本管理方法

所谓仓储质量成本，指物流企业为确保仓储物资质量而发生的费用支出，以及由于未能保证仓储物资的质量而造成的损失。仓储质量成本管理的最优决策就是使仓储工作在满足客户对仓储物资质量要求的前提下，最大限度地降低仓储物资成本中质量成本。

控制仓储质量成本，一方面，要在仓储工作中加强质量管理，如防止装卸搬运时货物损坏，防止保管期间货物质量发生质变。另一方面，在满足客户服务质量要求的前提下，要避免过度地追求仓储服务质量，以免增加不必要的仓储质量成本。

6. 提高仓容利用率，降低空间成本

仓储货物的保管成本与库场面积利用率、货物储存量密切相关。提高库房、货场的空间利用率，降低仓储管理过程中的土地使用成本，是降低仓储成本的重要内容。在进行仓储设施设备规划设计时，采取高垛的方法，增加储存的高度；缩小库内通道宽度以增加储存有效面积；采用侧侧插式叉车、前移式叉车进行装卸搬运，以减少叉车转弯所需的宽度；减少库内通道数量和宽度，以增加储存的有效面积。

7. 提高仓储信息化水平，降低交易成本

高效信息管理能力是削减成本、提升利润的关键，仓储企业在日常管理中，应该重视仓储信息化建设，努力使商流、物流、信息流、资金流运作协调统一，增强管理的有效性，避免信息流通不畅，降低信息传递和处理成本。充分利用电子商务下仓储管理信息化、网络化、智能化的优势，有效地对仓储作业系统进行管理，仓储企业的商流、物流、资金流、信息流能够与外部合作企业相联相通，降低仓储企业的交易成本，提高仓储服务的效率。

8. 重视对仓储成本中的隐性成本的控制

隐性成本是一种隐藏于企业总成本中，游离于财务审计、监督之外的成本，是由于企业或员工的行为有意或无意造成的具有一定隐蔽性的将来成本和转移成本，是成本的将来时态和转嫁的成本形态的总和。在仓储工作中，由于错收、错发而造成的时间、人力及机会成本的损失及仓储管理工作失误，造成货物存放地点不合理、装卸搬运量增加、设备利用率低、库容利用率低等，以上都是仓储成本中的隐性成本，在仓储作业过程中时有发生。

三、智慧配送成本构成

智慧配送成本是指在智慧配送活动的备货、储存、分拣、配货、送货、送达服务及配送加工等环节所发生的各项费用的总和，是配送过程中所消耗的各种活劳动和物化劳动的货币表现。配送成本包括配送运输费用、分拣费用、配装费用及流通加工费用等。

1. 配送运输费用

配送运输费用，是指将配送车辆在配送生产过程中所发生的费用，按照规定的配送对象和成本项目，计入配送对象的运输成本项目。配送运输费用主要包括在配送运输过程中产生的车辆费用和营运间接费用，可分为直接费用和间接费用。

（1）直接费用。直接费用包括工资、职工福利费、燃料费、轮胎费、修理费、大修费、折旧费、养路费及运输管理费、车船使用税费、行车事故损失费及其他费用。

（2）间接费用。间接费用包括管理人员的工资及福利费，配送运输部门为组织运输生产活动所产生的管理费用及业务费用，配送运输部门使用固定资产的折旧费、修理的费用和其他费用。

2. 分拣费用

分拣费用是指分拣过程中所产生的费用，分拣费用主要包括在配送分拣过程中产生的分拣人工费用及分拣设备费用。

3. 配装费用

配装费用是指完成配装货物过程中所产生的各种费用，主要包括配装环节产生的材料费用、人工费用等。

4. 流通加工费用

流通加工费用主要包括流通加工环节产生的直接材料费用、直接人工费用、制造费用及一些其他费用。

（1）直接材料费用。流通加工的直接材料费用是指流通加工产品加工进程中直接消耗的材料、辅助材料、包装材料，以及燃料和动力等费用。与工业企业相比，在流通加工过程中的直接材料费用，占流通加工成本的比例不大。

（2）直接人工费用。流通加工成本中的直接人工费用，是指直接进行加工生产的生产工人的工资总额和按工资总额提取的职工福利费用。

四、智慧配送成本控制

配送成本控制是指在配送经营过程中，按照规定的标准分析影响成本的各项因素，使配送各环节的生产耗费控制在预定的范围内。配送企业可以通过合理的方式降低配送过程的成本费用，与客户共同分享因节约带来的利润，与此同时增强企业的竞争力。因此，进行配送成本控制显得尤为重要。

（一）配送成本控制的策略

1. 混合策略

混合策略是指配送业务一部分由企业自身完成，另一部分由第三方物流完成。

2. 差异化策略

差异化策略是指针对企业拥有的多种商品，根据商品特点和销售水平，设置不同的库存，采取不同的运输方式，选取不同的储存地点。

3. 合并策略

合并策略包括两方面的内容：一是配送方式上的合并，二是共同配送。配送方式上的合并是指企业在安排车辆完成配送任务时，充分利用车辆的容积和载重量，做到满载满装。共同配送是指多个企业联合起来，在配送中心的统一指挥和统一调度下联合行动，在较大的地域内协调运作，提供系统化的配送服务。

4. 延迟策略

延迟策略是指对产品的外观、形状及其生产、组装、配送尽可能推迟到接收客户订单后再确定。

5. 标准化策略

标准化策略是指尽量减少因品种多变而导致的附加配送成本，尽可能多地采用标准零部件和模块化产品。

（二）配送成本控制的措施

1. 加强配送的计划性

针对商品的特性，制订不同的配送申请计划和配送制度。

2. 确定合理的配送路线

根据使用的车辆数、驾驶员数、油量、行车的难易度、装卸车的难易度及送货的准时性等，采用科学的方法确定合理的配送路线。

3. 进行合理的车辆配载

企业销售的商品不仅包装形态和储运性质不同，而且密度差别较大。密度大的商品往往达到了车辆的载重量，但是体积空余较大；密度小的商品虽然达到了车辆的最大体积，但是达不到载重量。因此需要实行轻重配装，这样既能使车辆满载，又能充分利用车辆的有效体积，从而达到减少配送费用的效果。

4. 建立计算机管理系统

在拣货和配货中运用计算机管理系统，应用条码技术，提高拣货的速度和准确性，提高配货效率，从而提高生产效率，节省劳动力，降低配送成本。

5. 制定配送成本标准

将配送流程标准化，制定系列具体可行标准，尽量减少不增值流程，降低配送成本。

6. 监督配送成本的形成

根据配送成本控制标准对配送成本的各个项目进行检查、评比和监督，既要检查指标本身的执行情况，也要检查和监督影响指标的各项条件。

7. 及时纠正偏差

成本控制标准制定后要及时与实际费用比较，对配送成本差异发生的原因，查明责任者，查清情况，提出改进措施，并加以贯彻执行。

任务发布

智慧仓配成本管理分析

根据本任务所讲述的内容，调研仓配企业，罗列统计智慧仓配成本的构成，结合企业实际情况，提出成本控制建议，并进行总结归纳，形成智慧仓配成本管理分析报告。

任务实施

（一）实施方式

1. 学生5～6人自主组成一个小组，根据任务发布内容，进行智慧仓配成本管理分析。
2. 参考实施步骤的提示，完成智慧仓配成本管理分析报告。

（二）实施内容及操作步骤

步骤1：认识智慧仓储成本构成。

步骤2：控制管理智慧仓储成本。
步骤3：认识智慧配送成本构成。
步骤4：控制管理智慧配送成本。
步骤5：形成智慧仓配成本管理分析报告。

（三）实施成果及形式

1. 总结报告：每组提交一份智慧仓配成本管理分析报告。
2. 小组展示：利用PPT现场讲解智慧仓配成本管理分析报告。

任务评价

任务评价表

被考评人			考评任务	智慧仓配成本管理		
考评步骤	考评内容及分值		自我评价（30%）	小组评议（40%）	教师评价（30%）	合计得分（100%）
步骤1	认识智慧仓储成本构成	10分				
步骤2	控制管理智慧仓储成本	20分				
步骤3	认识智慧配送成本构成	10分				
步骤4	控制管理智慧配送成本	25分				
步骤5	形成智慧仓配成本管理分析报告	35分				
综合评定						
考评标准	资料准备	知识掌握	语言表达	团队合作	沟通能力	合计得分
分值	20分	30分	20分	15分	15分	
注：任务总评得分 = 考评步骤70% + 综合评定30%				任务总评得分		

任务二　智慧仓配绩效管理

任务引例

凯乐士智慧仓储高效运营绩效管理

凯乐士科技经过对企业出库量与销售频次的深度分析，采用"货架、智能穿梭车、高速提升机"等模块配置的托盘AS/RS解决方案，利用托盘穿梭车在超高空间内快速存取货物，配合提升机系统实现托盘货物的出入库作业。软件系统则包括WMS与各子系统WCS，调度系统可与提升机、电子标签等自动化设备无缝对接，实现灵活配置任务、复杂路段交通管制、异常告警、实时监控设备运行等，最大限度地达成了设备效率、人员效率与业务需求的完美结合。首先，提升空间利用率。通过建设四向穿梭车立体库与横梁货架存储区结合托盘货位，极大提高了空间利用率，实现了密集存储，空间利用率较传统立库提升30%～40%。其次，节约人工成本。通过托盘式立库系统，集自动入库、仓储、分拣、出库于一体，大大减少了人工装卸，降低作业强度，释放人力资源占用。最后，打通信息孤岛，优化厂内物流可视化运营数据。

贯穿厂内作业环节，从模块化生产、智能化检测到物流入库存取，作业动态管理实现了信息与制造的深度融合。

思考：凯乐士智慧仓储高效运营绩效管理的主要举措是什么？

配送中心绩效评价的内容

● 知识准备

一、智慧仓储绩效评价指标

智慧仓储绩效管理是指在智慧物流背景下各级管理者和员工为了达到组织目标共同参与的绩效计划制订、绩效辅导沟通、绩效考核评价、绩效结果应用、绩效目标提升的持续循环过程。智慧仓储绩效管理目的包括持续提升个人、部门和组织的绩效，还包括智慧设备的使用情况。采用科学合理的智慧仓储绩效管理方法，对于智慧仓储管理来说意义重大。

通过绩效评价，可以对仓储管理各项功能业绩和效率进行事前的控制和指导以及事后的评估和度量，从而可以正确判断在仓储管理中是否完成了预定的任务、完成任务的水平、取得的效益和付出的代价等。首先，通过绩效评价可以把企业仓储管理中的战略使命转化为具体的目标和评价指标，使企业决策者能够综合、全面了解企业的现状和未来，为企业的经营决策指明方向。其次，仓储绩效评价有利于促进企业激励和约束机制的建立，不仅能够引导企业的仓储管理决策行为，提升综合竞争力，而且有利于仓储资源的合理利用。再次，通过绩效评价体系，可以使企业经营者从众多的指标中找出能够影响企业仓储管理短期效益和长期发展能力的关键因素，为企业仓储管理短期目标和长期目标的平衡提供指导依据。最后，仓库生产绩效考核指标体系中的每一项指标都反映某部分工作或全部工作的一个侧面，通过对指标的分析，能发现仓储作业中存在的问题，从而为计划的制订、修改，以及仓储作业环节的控制提供依据。

仓储绩效评估指标是仓储管理成果的集中反映，是衡量仓储管理水平高低的尺度，也是考核、评估仓库各方面工作和各作业环节工作成绩的重要手段。根据各项指标的属性及其相互关系，仓储绩效指标分为财务绩效指标、管理绩效指标和作业绩效指标等三级指标，每级指标对应若干具体指标，具体见表6-8。财务绩效是最终绩效，是管理与作业绩效的综合反映；作业绩效在一定程度上决定管理绩效，管理绩效直接决定财务绩效。

表6-8 仓储绩效评估指标

指标类别	具体指标
财务绩效指标	①仓储收入利润率
	②企业净资产收益率
	③人均仓储收入
	④单位面积产值
	⑤利润增长率
管理绩效指标	①仓库面积（容积、货位）利用率
	②库存周转次数
	③机械化作业率
	④加工包装率
	⑤配送率
	⑥单位面积能耗

(续)

指标类别	具体指标
作业绩效指标	①人均日分拣量
	②人均日加工量
	③人均小时订单录入量
	④人均吞吐量

1. 财务绩效指标

（1）仓储收入利润率。收入利润率指仓储型物流企业的利润与收入的比率。用以反映企业收入与利润之间的关系。其计算公式为：

$$收入利润率 = (年利润总额 \div 年仓储总收入) \times 100\% \quad (6.3)$$

式中，仓储总收入包含仓库租金以及出入库、装卸、搬运、加工包装、质押监管、配送、信息咨询等与仓储相关的所有服务性收入，但不含仓储企业兼营的商品贸易收入、与仓储货物没有连带关系的运输收入。利润总额的口径与总收入的口径相同。

例 6-2 B 仓储有限公司总面积 6 000 余 m^2，其中仓库面积为 4 000m^2。现公司拥有员工 84 人，其中仓储作业人员 32 人，在该年度，公司仓储业务共完成货物吞吐量 24 万箱，实现总收入 1 600 万元，利润 200 万元，试求该公司的收入利润率。

解：该公司的收入利润率为（200÷1 600）×100%=12.5%。

（2）企业净资产收益率。净资产收益率指净利润与平均所有者权益（净资产）的百分比，是公司税后利润除以净资产得到的百分比率，用以衡量公司运用自有资本的效率。其计算公式为：

$$净资产收益率 = (净利润 \div 平均所有者权益) \times 100\% \quad (6.4)$$

（3）人均仓储收入。人均仓储收入是指仓储从业人员的人均仓储收入，一般按年度评估。其计算公式为：

$$人均仓储收入（人均产值）= 年仓储总收入 \div 年仓储从业人员平均人数 \quad (6.5)$$

例 6-3 参考例 6-2 中的数据，试求 B 仓储有限公司的人均收入。

解：该公司的人均仓储收入为 1 600÷32=50（万元/人）。

（4）单位面积产值。单位面积产值指每万平方米仓储面积年总收入。其计算公式为：

$$单位面积产值 = 年仓储总收入 \div 仓储总面积 \quad (6.6)$$

例 6-4 参考例 6-2 中的数据，试求博远仓储有限公司的单位面积产值。

解：该公司的单位面积产值为 1 600÷0.4=4 000（万元/万 m^2）。

（5）利润增长率。利润增长率是指利润增长额与上年利润总额的比值，用以衡量利润增长速度。其计算公式为：

$$利润增长率 = (当年利润总额 - 上年利润总额) \div 上年利润总额 \times 100\% \quad (6.7)$$

2. 管理绩效指标

（1）仓库面积（容积、货位）利用率。仓库面积（容积、货位）利用率指实际使用仓储面积

（容积、货位）占仓储总面积（容积、货位）的比例。其计算公式为：

$$仓库面积（容积、货位）利用率 = 实际使用面积（容积、货位） \div 仓储可使用总面积（容积、货位） \times 100\% \tag{6.8}$$

> **例6-5** B仓储有限公司近期有7 200件贵重货品到库，单件货品外形尺寸为60cm×60cm×60cm，重20kg，货品外包装显示堆码极限标志为6，仓管员小陈将该批货物单独存放在使用面积为650m²的贵重物品仓库中，请问小陈需要为该批货品准备多大的面积的货位？单独存放该批货物时，该贵重物品库的面积利用率是多少？
>
> **解**：每层堆放的货品件数为：7 200÷6=1 200（件）；
>
> 存储货品所使用的面积为：1 200×（0.6×0.6）=432（m²）；
>
> 仓库的面积利用率为：432÷650×100%=66.5%。

（2）库存周转次数。库存周转次数指年发货总量与年平均储存量比值。库存周转次数越多，表明仓储企业的效率与效益越高，也表明货主企业的资金周转越快、资金使用成本越低。其计算公式为：

$$库存周转次数 = 年总发货量 \div 年平均储存量 \tag{6.9}$$

（3）机械化作业率。机械化作业率指使用机械作业总量占货物吞吐总量的比例。其计算公式为：

$$机械化作业率 = （使用机械作业总量 \div 货物吞吐总量） \times 100\% \tag{6.10}$$

（4）加工包装率。加工包装率指年加工包装总量占年储存总量的比率。其计算公式为：

$$加工包装率 = （年加工包装总量 \div 年储存总量） \times 100\% \tag{6.11}$$

（5）配送率。配送率指仓储型物流企业年配送总量占年出库总量的比例。其计算公式为：

$$配送率 = （年配送总量 \div 年出库总量） \times 100\% \tag{6.12}$$

式中，配送量既包括仓储型物流企业自有车辆配送量，也包括利用社会车辆组织的配送量，但不含货主企业自提的货量。

（6）单位面积能耗。单位面积能耗指单位面积年消耗的能源量（水、电、油）。其计算公式为：

$$单位面积能耗（水、电、油） = 年能耗总量（水、电、油） \div 仓储总面积 \times 100\% \tag{6.13}$$

式中，仓储总面积以万平方米为单位。

3. 作业绩效指标

（1）人均日分拣量。人均日分拣量指仓储型物流企业人均日分拣总量，即叉车拣货量、人工整件拣货量、人工拆零拣货量。每台叉车日均拣货量，可按吨、立方米、托盘计算，其计算公式为：

$$每台叉车日均拣货量 = 年叉车拣货总量（吨、立方米、托盘） \div （叉车台数 \times 年工作日） \tag{6.14}$$

$$人均日整件拣货量 = 年整件拣货总量 \div （作业人员总人数 \times 年工作日） \tag{6.15}$$

$$人均日拆零拣选量 = 年拆零拣选总量 \div （作业人员总人数 \times 年工作日） \tag{6.16}$$

（2）人均日加工量。人均日加工量指仓储型物流企业人均日加工包装量。其计算公式为：

$$人均日加工量 = 年加工总量 \div （作业人员总人数 \times 年工作日） \tag{6.17}$$

（3）人均小时订单录入量。

$$人均小时订单录入量 = 年订单录入总量 \div (作业人员总人数 \times 年总工作小时数) \quad (6.18)$$

（4）人均吞吐量。人均吞吐量指仓储从业人员年平均吞吐量，通常以平均每人所完成的工作量或创造的利润额来表示。人均吞吐量是反映仓储企业经营管理水平的重要指标，企业的管理水平、员工的工作状态、作业分工的合理程度、作业的机械化、自动化程度都是影响该指标的重要因素。其计算公式为：

$$人均吞吐量 = 货物吞吐总量 \div 年仓储从业人员平均数 \quad (6.19)$$

> **例 6-6** 参考例 6-2 中的数据，试求 B 仓储有限公司的人均吞吐量。
> 解：该公司的人均吞吐量为 24÷30=0.75（万箱/人）。

二、智慧仓储绩效评价方法

（一）对比分析法

对比分析法是财务报表分析的基本方法之一，是通过某项财务指标与性质相同的指标评价标准进行对比，揭示企业财务状况、经营情况和现金流量情况的一种分析方法。

对比分析法通常是把两个相互联系的指标数据进行比较，从数量上展示和说明研究对象规模的大小，水平的高低，速度的快慢，以及各种关系是否协调。在对比分析中，选择合适的对比标准是十分关键的步骤，选择合适，才能做出客观的评价，选择不合适，评价可能得出错误的结论。

（二）因素分析法

因素分析法是用来分析影响仓储绩效评估指标变化的各个因素以及它们对仓储绩效评估指标各自的影响程度。因素分析法的基本做法是，假定影响指标变化的诸多因素之中，在分析某一因素变动对总指标变动的影响时，只有这个因素在变动，而其余因素都必须是同度量因素（即固定因素），然后逐个进行替代某一项因素单独变化，从而得到每项因素对该指标的影响程度。

在采用因素分析法时，应注意各因素按合理的顺序排列，并注意前后因素按合乎逻辑的衔接原则处理。如果顺序改变，各因素变动影响程度之积（或之和）虽然等于总指标的变动数，但各因素的影响值就会发生变化，得出不同的答案。

在进行两项因素分析时，一般是数量因素在前，质量因素在后。在分析数量指标时，另一质量指标的同度量因素固定在基期（或计划）指标；在分析质量指标时，另一数量指标的同度量因素固定在报告期（或实际）指标。在进行多因素分析时，同度量因素的选择要按顺序依次进行，即当分析第一个因素时，其他因素均以基期（或计划）指标作为同度量因素；而在分析第二个因素时，则是在第一个因素已经改变的基础上进行，即第一个因素以报告期（或实际）指标作为同度量因素。以此类推。

悦动思维 智慧仓储绩效管理的重点是什么？

三、智慧配送绩效评价指标

配送作业包括集货、分拣、配货、装卸、调度、运输、流通加工、送达服务等环节。配送绩效管理是为了保证和提高配送效率所进行的一系列管理活动。其作用如下：提出和追踪配送运作目标及完成情况，并进行不同层次和角度的分析与评价，实现对配送活动的事前控制。判断配送运作目标的可行性和完成程度，进而调整配送目标。提升配送绩效。是企业内部监控的有效工具和方法。分析与评估配送运作的资源素质与能力，确定配送企业的发展战略。

配送活动涉及的作业环节多，绩效评估指标体系较为复杂，不同的评估方法，其指标体系也有所不同。例如，对于作业分类评价法，指标体系根据作业来分类；对于综合评价法，指标体系则按照整体来分类。作为物流一级管理人员，重点是熟悉按照作业分类评价法的指标体系。

1. 进出货作业

在进出货作业方面，主要考虑进出货作业人员的工作量安排情况，进出货装卸设备率，站台停车泊位利用率，供应商进货时间集中控制制度，客户要求交货的时间集中控制度。其效率化评估指标主要包括站台使用率、站台高峰率、每人每小时处理进货量、每人每小时处理出货量、进货时间率、出货时间率、每台进出货设备每天装卸量，计算公式分别为：

$$站台使用率 = 进出货车次装卸停留总时间 \div (站台泊位数 \times 工作天数 \times 每天工作时间) \tag{6.20}$$

$$站台高峰率 = 高峰车次 \div 站台泊位数 \tag{6.21}$$

$$每人每小时处理进货量 = 进货量 \div (进货人员数 \times 每日进货时间 \times 工作天数) \tag{6.22}$$

$$每人每小时处理出货量 = 出货量 \div (进货人员数 \times 每日出货时间 \times 工作天数) \tag{6.23}$$

$$进货时间率 = 每日进货时间 \div 每日工作时间 \tag{6.24}$$

$$出货时间率 = 每日出货时间 \div 每日工作时间 \tag{6.25}$$

$$每台进出货设备每天装卸量 = (出货量 + 进货量) \div (装卸设备数 \times 工作天数) \tag{6.26}$$

2. 储存作业

储存作业的评估指标包括单位面积保管量、平均每品项所占储位数、库存周转率、库存管理费率以及报废货品率，计算公式分别为：

$$单位面积保管量 = 平均库存量 \div 可用保管面积 \tag{6.27}$$

$$平均每品项所占储位数 = 货架储位数 \div 总品项数 \tag{6.28}$$

$$库存周转率 = 出货量 \div 平均库存量 = 营业额 \div 平均库存金额 \tag{6.29}$$

$$库存管理费率 = 库存管理费用 \div 库存费用总量 \tag{6.30}$$

库存管理费用包括仓库租金、仓库管理费用（货物出库验收、盘点等人事费，警卫费，仓库照明费，温度调控费，设施设备器具的维修费）、保险费、损耗费变质、破损、盘损等费用）、货品淘汰费用和资金费用。

$$报废货品率 = 报废货品件数 \div 平均库存量 = 报废货品金额 \div 平均库存金额 \tag{6.31}$$

3. 盘点作业

盘点作业的评估指标包括盘点数量误差率、盘点品项误差率、平均每件盘差品金额，计算公式分别为：

$$盘点数量误差率=(盘点误差量÷盘点总量)×100\% \quad (6.32)$$
$$盘点品项误差率=(盘点误差品项数÷盘点品项数)×100\% \quad (6.33)$$
$$平均每件盘差品金额=盘点误差金额÷盘点误差量 \quad (6.34)$$

4. 订单处理作业

订单处理作业的评估指标包括日均受理订单数、每订单平均订货数量、日均商品单价、订单货件延迟率、紧急订单响应率、缺货率和短缺率,计算公式分别为:

$$日均受理订单数=订单总量÷工作天数 \quad (6.35)$$
$$每订单平均订货数量=出货量÷订单数量 \quad (6.36)$$
$$日均商品单价=营业额÷订单数量 \quad (6.37)$$
$$订单货件延迟率=延迟交货量÷出货量 \quad (6.38)$$
$$紧急订单响应率=未超过12小时的出货订单÷订单数量 \quad (6.39)$$
$$缺货率=接单缺货率÷出货量 \quad (6.40)$$
$$短缺率=出货短缺率÷出货量 \quad (6.41)$$

5. 拣货作业

拣货作业的评估指标包括人均每小时拣货品项数、批量拣货时间、误投率,计算公式分别为:

$$人均每小时拣货品项数=订单总数量÷(拣货人员数×每天拣货时数×工作天数) \quad (6.42)$$
$$批量拣货时间=(每天拣货时数×工作天数)÷拣货分批次数 \quad (6.43)$$
$$误投率=拣货错误数量÷订单总数量 \quad (6.44)$$

6. 配送作业

配送作业的评估指标包括人均配送量、平均每辆车的配送量、空驶率、平均每车次配送吨千米数、外车比例、配送成本比值、每车次配送成本、配送延迟率,计算公式分别为:

$$人均配送量=出货量÷配送人员数量 \quad (6.45)$$
$$平均每辆车的配送量=配送总件数÷(自车数量+外车数量) \quad (6.46)$$
$$空驶率=空车行驶时间÷配送总距离 \quad (6.47)$$
$$平均每车次配送吨公里数=(配送总距离×配送总重量)÷配送总车次 \quad (6.48)$$
$$外车比例=自车数量÷(自车数量+外车数量) \quad (6.49)$$
$$配送成本比值=(自车配送成本+外车配送成本)÷配车总费用 \quad (6.50)$$
$$每车次配送成本=(自车配送成本+外车配送成本)÷配车总车次 \quad (6.51)$$
$$配送延迟率=配送延误车次÷配送总车次 \quad (6.52)$$

7. 采购作业

采购作业的评估指标包括出货品成本占营业额比值、进货数量误差率、进货次品率,计算公式分别为:

$$出货品成本占营业额比值=出货品采购成本÷营业额 \quad (6.53)$$
$$进货数量误差率=进出货数量误差率÷进货量 \quad (6.54)$$
$$进货次品率=进出不合格品数量÷进货量 \quad (6.55)$$

四、智慧配送绩效评价方法

配送绩效评估方法旨在进行配送服务绩效评估指标要素的分析,确定各要素对配送绩效的影响。通过对配送服务绩效评估指标要素的比较和优化，依据企业发展配送服务的实际需要，形成一个完善的由多种评估方法构成的体系。

配送绩效评估的主要方法有：全方位绩效评估方法；以客户定位、员工驱动、数据为基础的原则绩效评估方法；综合平衡记分卡方法；标杆瞄准评估方法以及关键业绩指标评估法。

1. 全方位绩效评估方法

将绩效评估确定为一套完整的管理过程，把企业的策略实施方案转变为有条理的绩效评估方式。这种方法主要有五个步骤：预备、访问记录、研讨会、完成、收进。

2. 以客户定位、员工驱动、数据为基础的原则绩效评估方法

该配送绩效评估的方法包括以下要素：确定各环节原则、进行设计、质量和工作改进、人力资源整合等。

3. 综合平衡记分卡方法

综合平衡记分卡法的优点是强调了绩效管理与企业战略之间的紧密关系，设计出了一套具体的指标框架体系。综合平衡记分卡方法包括四个要素：学习与成长性、内部管理性、客户价值、财务性。这四种要素的内在关系是：学习与成长主要解决企业长期生命力的问题，它是提高企业内部管理的素质与能力的基础；企业通过内部管理能力的提高为客户提供更大的价值；客户的满意度使得企业获得良好的财务效益。一般认为财务性指标是结果性指标，而非财务性指标则是决定结果性指标的驱动指标，强调指标的确定性必须包含财务性和非财务性。

4. 标杆瞄准评估方法

以行业内的物流服务绩效为标杆进行评估。

5. 关键业绩指标评估法

关键业绩指标评估法的精髓是指出企业服务业绩指标的设置必须与企业的战略挂钩，其"关键"两字的含义是指在某一阶段，某一企业在战略上要解决的最主要的问题，绩效评估管理体系则相应地针对这些问题的解决设计管理指标。

● 任务发布

智慧仓配考核体系设计

根据本任务所讲述的内容，调研仓配企业，收集整理绩效评价指标考核内容，分析仓配绩效的评价方法和流程，完成仓配绩效评价的核算，形成智慧仓配考核体系设计方案。

● 任务实施

（一）实施方式

1. 学生5～6人自主组成一个小组，进行智慧仓配考核体系分析设计。
2. 参考实施步骤的提示，完成智慧仓配考核体系设计方案。

（二）实施内容及操作步骤

步骤1：熟悉智慧仓储绩效评价指标。
步骤2：掌握智慧仓储绩效评价方法。
步骤3：熟悉智慧配送绩效评价指标。

步骤4：掌握智慧配送绩效评价方法。
步骤5：形成智慧仓配考核体系设计方案。

（三）实施成果及形式

1. 总结报告：每组提交一份智慧仓配考核体系设计方案。
2. 小组展示：利用PPT现场讲解智慧仓配考核体系设计方案。

任务评价

任务评价表

被考评人			考评任务	智慧仓配绩效管理		
考评步骤	考评内容及分值		自我评价（30%）	小组评议（40%）	教师评价（30%）	合计得分（100%）
步骤1	熟悉智慧仓储绩效评价指标	10分				
步骤2	掌握智慧仓储绩效评价方法	20分				
步骤3	熟悉智慧配送绩效评价指标	10分				
步骤4	掌握智慧配送绩效评价方法	20分				
步骤5	形成智慧仓配考核体系设计方案	40分				
综合评定						
考评标准	资料准备	知识掌握	语言表达	团队合作	沟通能力	合计得分
分值	20分	30分	20分	15分	15分	
注：任务总评得分=考评步骤70%+综合评定30%				任务总评得分		

德技并修

[主题] 民族自信　使命担当　成本意识　勤俭节约

"物流大国"走向"物流强国"

商流决定物流，物流驱动商流。两者双向流动，就能助推全球供应链"动起来"。为了满足我国消费者的需求，让众多海外品牌通过无处不达的物流系统感受到14亿人的消费能量，同时加速国内好货走出去，菜鸟的全球智能物流骨干网络在"双11"期间实现重点市场海外仓发货半日达、跨境直送次日达，我国许多物流企业的速度给世界带来了惊喜。作为生产消费的桥梁，国内物流与国际物流的频繁流动，为全球经济提高了稳定性，证明了中国制造已经成为全球产业链供应链的重要组成部分，更证明了中国市场是世界的市场、共享的市场。

多年来，我国快递业在世界上被视作"不可思议的神话"，不仅因为其罕见的规模，也是由于日均2亿多件包裹的处理效率。这背后是我国物流行业的数字化、智能化转型。层出不穷的高科技，正助力物流行业从容应对快递"高峰"的挑战。在无人仓库，机器人自动拣货、组装包裹，在流水线上匆匆"赶路"，这样的场景在我国物流行业已愈发常态化；在广袤农村，无人机夹着包裹穿田过河飞到农户手上。从商家至网点的"首公里"，到社区至消费者的"最后100米"，以菜鸟网络为代表的产业互联网公司正在推动物流产业链数字化升级，让中国快递行驶在高质量发展的道路上。

打通"大动脉"，畅通"微循环"，经济发展才能充满活力。面向新发展阶段，物流人还需努力建立和完善现代流通体系，培育壮大具有国际竞争力的现代物流企业。由"物流大国"迈向"物流强国"，中国未来可期。

同步练习

一、单项选择题

1. 企业净资产收益率是指净利润与净资产的比值,用以衡量企业运用(　　)的效率,一般按年度评估。
   A. 第三方资本　　B. 收入资本　　C. 自有资本　　D. 借贷资本
2. (　　)是仓储管理成果的集中反映,是衡量仓储管理水平高低的尺度。
   A. 仓储绩效评估指标　　　　　　B. 财务绩效指标
   C. 管理绩效指标　　　　　　　　D. 作业绩效指标
3. 行政办公费、公司经费、工会经费、职工教育费、排污费、咨询审计费等属于(　　)。
   A. 福利和工资　　B. 维修费用　　C. 管理费用　　D. 流通加工费
4. 仓储成本是指按仓储收入同口径计算的仓储活动(　　)。
   A. 间接成本　　B. 直接成本　　C. 核算成本　　D. 作业成本
5. 库存周转次数是指年发货量与(　　)的比值。
   A. 年平均配送量　　B. 年平均运输量　　C. 年平均收货量　　D. 年平均储存量

二、多项选择题

1. 物流企业的标准成本范围主要包括(　　)。
   A. 直接材料费用　　　　　　B. 直接人工费用
   C. 物流间接费用　　　　　　D. 直接服务费用
2. 智慧仓储成本控制的方法有(　　)。
   A. 标准成本法　　B. 目标成本法　　C. 混合成本法　　D. 差异成本法
3. 仓储绩效评估指标中财务绩效指标包括(　　)。
   A. 仓储收入利润率　　　　　　B. 企业净资产收益率
   C. 利润增长率　　　　　　　　D. 机械化作业率
4. 智慧仓储绩效评价方法有(　　)。
   A. 对比分析法　　B. 经验判断法　　C. 因素分析法　　D. 差异值法
5. 以客户定位、员工驱动、数据为基础的原则绩效评估方法包括(　　)等要素。
   A. 确定各环节原则　　　　　　B. 进行设计
   C. 质量和工作改进　　　　　　D. 人力资源整合

三、简答题

1. 简述智慧仓储成本控制的原则。
2. 配送成本控制的主要措施有哪些?
3. 简述智慧仓储绩效管理的意义。
4. 对比分析法主要有几种分析方法?
5. 简述智慧配送绩效管理的意义。

实训应用　智慧仓配成本及绩效分析

一、实训目的

1. 成本分析：通过实训，深入了解智慧仓储与配送环节的成本构成，包括租金及设施费用、库存成本、订单处理成本、配送成本、人力成本等，为优化成本结构提供数据支持。

2. 绩效分析：评估智慧仓储与配送系统的运作效率和服务质量，包括订单处理速度、货物周转率、准确率、时效性、客户满意度等，为提升系统绩效提供方向。

通过以上实训实施，可以全面深入地了解智慧仓储与配送系统的成本构成和运作效率，为企业的成本控制和绩效提升提供有力支持。

二、实训内容

1. 成本分析

（1）数据收集：收集智慧仓储与配送系统的各项成本数据，包括但不限于仓库租金、设备折旧、维护费用、库存占用资金、订单处理费用、配送人员薪酬、车辆运营费用等。

（2）成本分类：将收集到的成本数据按照不同类别进行分类，如固定成本（租金、折旧等）、变动成本（库存成本、人力成本等）、直接成本（与具体业务直接相关的成本）和间接成本（管理费用、销售费用等）。

（3）成本分析：运用成本分析方法（如价值分析法、作业成本法等）对各项成本进行深入分析，找出成本高的原因和可优化的环节。

2. 绩效分析

（1）绩效指标设定：根据智慧仓储与配送系统的特点，设定合理的绩效指标，如订单处理速度、货物周转率、准确率、时效性、客户满意度等。

（2）数据收集：收集与绩效指标相关的数据，如订单处理时间、货物出入库记录等。

（3）绩效评估：运用绩效评估方法对系统绩效进行评估，分析表现情况。

三、实训要求

（1）团队协作：加强团队协作，确保实训任务按时完成，并取得预期成果。

（2）数据准确性：确保收集到的数据准确无误，避免因数据错误导致分析结果偏差。

（3）方法适用性：选择合适的成本分析方法和绩效评估方法。

（4）报告撰写：详细分析智慧仓储与配送系统的成本构成和成本高的原因，提出成本降低措施。评估智慧仓储与配送系统的运作效率和服务质量，提出绩效提升策略。

四、实训步骤

1. 准备阶段

确定实训目标、内容和要求。组建实训小组，明确各成员职责。收集相关资料和数据，为实训做好准备。

2. 数据收集与分析阶段

按照实训内容要求，收集智慧仓储与配送系统的成本数据和绩效数据。对收集到的数据进行分类、整理和分析，找出成本高的原因和绩效低的问题。

3. 优化方案设计阶段

根据成本分析和绩效分析的结果，设计优化方案，包括成本降低措施和绩效提升策略。对优化方案进行可行性评估，确保方案具有可操作性和实效性。

4. 实施与评估阶段

按照优化方案实施，记录实施过程中的问题和改进措施。对实施效果进行评估，验证优化方案的有效性。

五、实训成果

1. 每组提交一份智慧仓配成本及绩效分析报告。
2. PPT汇报材料及相关视频、图片等辅助材料。
3. 实训过程中的心得体会和总结报告。

六、实训评估

1. 过程评估

根据学生的调研计划、实地考察情况、资料收集与分析过程等进行过程评估。过程评估主要考察学生的态度、能力和团队合作精神。

2. 成果评估

根据学生提交的调研报告和PPT汇报情况进行成果评估。成果评估主要考察学生的调研深度、分析能力、文档撰写能力和表达能力。

项目七　智慧仓配业务创新

学习目标

▶ **知识目标**　熟悉仓单质押融资、库存质押融资的业务流程；
　　　　　　　熟悉低空物流配送的内涵及主要业务流程；
　　　　　　　掌握冷链智慧仓配一体化的内涵及冷链配送的模式。

▶ **能力目标**　能进行仓单质押融资、库存质押融资的业务办理；
　　　　　　　能进行低空物流配送业务发展应用及流程分析；
　　　　　　　能运用所学的知识能进行冷链配送模式的选择。

▶ **素养目标**　培养开拓意识、探索求知和创新创业精神；
　　　　　　　提升社会责任感，养成团队合作、精益求精的职业素养；
　　　　　　　树立科技发展、创新发展意识，具备与时俱进的可持续创新能力。

岗位认知

职业岗位	工作内容	技能要求	相关知识
仓储业务员	仓储业务员负责仓储金融、虚拟仓储管理的业务服务及办理	1. 利用仓储金融的理念来指导物流企业的仓储业务创新 2. 利用虚拟仓库的应用来解决企业仓储管理中的问题	1. 仓储金融的定义、意义及分类 2. 仓储金融的主要业务 3. 虚拟仓库的运作
冷链配送员	负责冷链智慧仓配一体化业务的仓库配装、配送运输等工作	1. 能进行冷链智慧仓配一体化作业组织与操作 2. 能正确选用冷链配送模式	1. 冷链智慧仓配一体化的内涵 2. 冷链智慧仓配一体化的特点 3. 冷链配送的模式及选择
运营调度员	统筹安排低空物流配送的各项资源，包括无人机调度、订单分配、飞行计划制订等	1. 能根据订单需求等，合理规划无人机配送任务，提高运营效率 2. 能根据实际需求，进行订单分配及落实处理，确保货物按时、准确送达	1. 低空物流的概念与价值 2. 低空物流配送的内涵 3. 低空物流配送的业务流程 4. 低空物流配送的主要应用
仓储质控员	仓储质控负责检查仓储作业质量，监控仓储业务服务质量，处理仓储业务质量偏差等工作	1. 能够对照仓库的业务流程进行质量评价分析 2. 能够对虚拟仓库、仓储金融业务等进行质量控制	1. 仓储金融的主要业务 2. 虚拟仓库的运作

（续）

职业岗位	工作内容	技能要求	相关知识
仓储配送经理	积极配合相关物流服务部门，提高仓储金融、虚拟仓储管理的业务等物流服务质量	1. 能够制订仓储金融、虚拟仓储管理、冷链智慧仓配一体化的业务计划 2. 监督、指挥业务员做好冷链配送货物的养护，严格控制库内温度、湿度，注重货物防潮、防霉、防腐蚀等安全养护	1. 仓储金融主要业务 2. 虚拟仓库的运作 3. 冷链智慧仓配一体化

案例导读

零售店智慧仓配一体化业务运营

过去零售店仓配一体化，往往会把问题点定位在运营主体上。由于"仓"和"配"不是同一家物流供应商负责，导致运营配合上出现问题。尤其是对于大型的零售企业，考虑到市场需求的波动，很少会完全自建车队，大部分的企业还是会采用合同方式采购一些较为灵活的运力，这就不可避免地出现不同运营主体之间的店仓配协同的问题。一个真正智慧化的供应链体系，是端到端、面向需求驱动的、可动态调节的供应链体系。智慧供应链体系需要能够根据需求的变化对系统进行动态调整，实施以店驱配、以配驱仓的一体化运作模式。

以店驱配、动态路由：结合每家门店的补货商品、补货量、补货频次，配送车辆的装载量、配送时效、配送成本模型等进行全网运筹优化，计算出配送车辆最优配送路径。根据最优配送路径提前预约车辆上门时间，给门店收货预留出足够的时间来调配人力。

以配驱仓、前置调度：仓内根据车辆的配送路径提前生成车次号，提前对车辆进行调度，同时根据车次号和门店发货顺序进行波次生产。仓内生产完成，车辆已经就绪等待装载发货。装载顺序根据门店发货顺序先进后出，以提高配送效率。

通过以店驱配、以配驱仓的一体化运作模式，实现了零售店仓配端到端，面向需求驱动，每日动态调整的智慧供应链体系的搭建。当然，这个体系还是相对比较狭隘的，如果要做到更加全面的协同，还需要进一步将上游生产商、品牌商、经销商的供应链网络考虑进来。

任务一　仓储金融业务办理

任务引例

嘉宝信金融仓储

嘉宝信金融仓储有限公司以动产质押监管为主营业务，注册资金1亿元人民币，主要业务范围为：动产质押融资仓储监管、标准仓单质押融资仓储监管、金融仓储融资咨询服务、投资担保监管合作、动产管理服务（含库房出租和代保管及物流配送等）。

公司按照市场化、商业化的原则运作，积极探索银行、企业、仓储三者之间互相支持协作机制,努力以专业尽职的金融仓储服务激活企业动产资源,拓宽自偿性仓储融资领域,助推仓储金融,支持中小企业发展。公司开发标准仓单综合业务系统,构建严密的动产监管流程,以独特的监管体系和专业化服务功能,打造了良好的企业形象和声誉。

思考: 嘉宝信金融仓储有限公司是如何开展仓储金融业务的?

知识准备

仓储金融业务是金融机构与物流仓储企业等通过合作创新,主要以仓储物资或仓单等担保品为依托,针对仓储运营过程中的客户尤其是中小企业提供的融资及配套的结算,保险等服务的业务。

一、仓储金融的分类及意义

(一)仓储金融的分类

仓储金融是指专业服务于金融业,为金融机构动产抵(质)押贷款提供第三方管理的专业仓储服务,是金融与仓储的交叉创新,除具备一般仓储存放、配送、保管、维护等基本功能外,还具有融资抵(质)押品发现、抵质押价值维护与价值变现等融资服务功能。

仓储金融主要包括动产抵(质)押监管和办理与金融仓单相关的业务。

动产抵(质)押监管是指企业以现有库存的原材料、半成品、产成品等动产作为抵(质)押物,向金融机构申请贷款,由专业的第三方监管商代表金融机构对抵(质)押物进行监督管理,确保抵(质)押物安全、足值的监管业务。

金融仓单业务是指为满足企业融资需求和金融机构管理需要,提供专业仓储、监管等服务,开立和办理仓单质押等业务。

(二)仓储金融的意义

仓储金融是现代经济条件下,企业经营活动与银行融资活动有机融合、多方获益的一种融资模式。

1. 对企业的作用

(1)有利于解决流动资金不足的问题。通过盘活企业的存货,让动产动起来,将资产变资本,释放存量资金,有利于解决流动资金不足的问题。

(2)有利于提高企业的资本收益率。通过以原材料、半成品、成品等存货抵(质)押获得贷款,增加企业扩大再生产的能力,提高资本收益率。

(3)有利于节约财务成本。通过自身的动产质押取得融资,减少中间环节,降低融资成本,节约财务成本。

(4)有利于控制生产成本,平衡大宗原材料价格波动。仓储企业随时监控仓储物的价格波动情况,并将监控情况及时报告银行和货主企业,有利于企业控制生产成本,也可以有效平衡大宗原材料的价格波动。

2. 对金融机构的作用

(1)有利于降低操作风险。由专业公司和专业人员为金融机构提供贷款抵质押物监管服务,降低金融机构的操作风险。

（2）有利于规避关联担保的风险。企业之间关联担保取得融资的方式隐藏着巨大风险，金融仓储为金融机构抵（质）押权利的实现提供了保障，降低贷款风险。

（3）有利于业务的拓展。通过抵（质）押物的发现，有助于金融机构进一步拓展中小企业信贷业务市场，培育新的利润增长点。

（4）有利于节约成本。由专业的公司进行专业的监管服务，释放金融机构的人力资源，降低信贷管理成本。

3. 对仓储企业的作用

（1）拓展仓储企业的业务范围，增加业务量。仓储企业传统的业务模式单一、利润率低，通过开展仓储金融，可拓展仓储企业业务范围，增加业务量，提高仓储企业的利润率。

（2）能够增进仓储公司与服务企业的合作关系，增加仓储公司的客户数量。开展仓储金融业务，对于中小企业、银行、仓储公司都具有重要作用，有助于提高企业资金使用效率，也能够有效地解决中小企业担保难、抵押难的贷款问题，提高银行的资源分配效率。

二、仓单质押融资业务办理

（一）标准仓单质押融资

标准仓单是指指定交割仓库在完成入库商品验收、确认合格并签发"货物存储证明"后，按统一格式制定并经交易所注册可以在交易所流通的实物所有权凭证。交易所通过计算机办理标准仓单的注册登记、交割、交易、质押、注销等业务。

> **小贴士**
>
> **仓单**
>
> 仓单是指货物保管人在收到仓储货物时向存货人签发的表示收到一定数量仓储物的存单。仓单作为仓储保管的法律凭证，即使提取寄存货物的证明文件，也是一种有价证券，代表了存货人对寄存物的所有权。其具有以下特点：①仓单是保管人向存货人出具的货物收据。②仓单是仓储合同存在的证明。③仓单是货物所有权的凭证。④仓单是提取仓储物的凭证。

1. 标准仓单质押融资的表现形式

标准仓单的表现形式为"标准仓单持有凭证"（是交易所开具的代表标准仓单所有权的有效凭证，是在交易所办理标准仓单交割、交易、转让、质押、注销的凭证，受法律保护），交易所依据"货物存储证明"代为开具。标准仓单持有人可选择一个或多个交割仓库不同等级的交割商品提取货物。

2. 标准仓单质押模式

商业银行开展的标准仓单质押贷款业务的模式：我国最早的标准仓单质押贷款业务是在2000年，由交通银行推出，随后中国建设银行、广东发展银行、中国光大银行、中国招商银行等股份制银行也纷纷尝试开展了此项业务。

（1）银行、借款企业、期货公司、交割仓库签订四方协议。这种模式适用于有纸化标准仓单，仓单与仓库、货物一一对应，仓单可以背书转让。基本做法是：①银行与借款人、期货经纪公司、交割仓库签订四方协议，明确四方权利与义务。②企业将纸质标准仓单交给银行，银行实现占有权。③银行和借款企业共同到交割仓库办理质押登记，注明该仓单不得挂失、注销。④银行发放贷款。⑤质押期结束时收回贷款本息，如借款企业无法按时还款，银行将委托期货经纪公司处理标准仓单偿还贷款。

（2）银行、期货经纪公司、借款企业签订三方协议。这类做法主要适用于无纸化的标准仓单。标准仓单持有人可以自主地选择仓库提货，标准仓单与指定交割仓库不存在一一对应关系。基本做法如下：①银行、期货公司、借款企业三方签订协议，明确三方的权利与义务。②借款企业将标准仓单质押于期货经纪公司在交易所的席位下，并在期货经纪公司的协助下，到交易所进行质押权利凭证的登记，同时签署"已质押"字样，期货经纪公司负责监督标准仓单在贷款期间不得交割、挂失和注销。③借款企业将交易所冻结证明及标准仓单持有凭证移至银行。④银行发放贷款。⑤质押期结束时收回贷款本息或通过期货公司处置仓单。

（3）银行、借款企业、期货公司、回购担保企业签订四方协议。一些银行为了保证贷款的按时、顺利收回，在第二种模式的基础上添加回购担保企业作为第四方，回购担保企业与银行签订保证协议，保证在借款企业不能按时、足额归还贷款时，按照贷款本息回购所质押标准仓单，在保证银行及时收回贷款本息的基础上，再向出质人进行追索。回购担保方的存在，为商业银行贷款安全加上了一道保险，但是增加了借款人的融资成本，使借款企业很难找到符合条件的回购担保方，实际业务操作性较差。

（4）银行自行处置标准仓单模式。前述三种模式都是在银行不是交易所会员的情况下使用的。自行处置标准仓单的模式为：银行向交易所申请会员席位，成为会员以后，在办理标准仓单质押融资时，把借款人持有的标准仓单的所有权过户到自己在交易所的席位下，如果借款人到期不能偿还贷款本息，则银行利用自己拥有的席位及时处置标准仓单，从而弥补或减少自己的贷款损失。

（二）非标准仓单质押融资
1. 非标准仓单质押融资的定义
非标准仓单质押融资是指制造企业或者流通企业把商品存储在第三方物流提供商仓库、本企业仓库或公共仓库中，由仓储监管方向银行开具仓单，银行根据仓单向申请人提供一定比例的贷款，仓储监管代为监管商品。通常都是授信申请人以自己持有的仓单作为质押。

2. 非标准仓单的质押融资行为的内涵
（1）非标准仓单质押融资需求大。主要表现如下：其一，商品交易所交易商品品种严格受限，标准化仓单仅涵盖大豆、铜、铝等少数品种产品，多数产品无法做成标准仓单的形式，因而无法通过仓单质押方式来融资。其二，非标准仓单持有者的融资需求强于标准仓单持有者。因为标准仓单持有者可参与期货交易融资，非标准仓单持有者缺乏类似融资渠道。

（2）非标准仓单涉及两项主要风险。一是货物风险。为防控风险，必须对非标准仓单质押项下货物的品质提出严格要求。该质押货物必须是品名规格明确、质量价格稳定、不易损耗、不易贬值、易于长期存储的货物。任何如易腐烂的果蔬食品、易燃易爆的危险物品等质量、品质、价格不稳定的货物不可质押。二是信用风险。为防范出质人设置仓储陷阱，恶意质押套现的行为，质权人必须严格审查出质人的资质、信誉，并设置严格风险控制程序，提高出质人违约的交易成本。为防范意外风险，质权人可以要求出质人及相关人在办理质押手续时提供质押标的的保险证明，借助保险公司的力量对货物的价值做第三方审核与监督。

（3）非标准仓单质押涉及关键三方当事人。非标准仓单质押涉及关键三方当事人是出质人、质权人、物流中心。出质人为货物所有人，质权人为资本所有人，物流中心为第三方货物委托保管监护人。

> **小贴士**
>
> **仓单应用的要点及权利**
>
> 在实践中，仓单应用的要点如下：仓单之外，常见的"入库单"和"存货单"都属于不能代表物权的凭证；仓单只能由存货保管人来签发，不能由其他人来签发，包括出质人、电商公司、交易所等都没有签发仓单的权利，不能充当物权凭证；仓储保管人收到仓储物和交付验收后，才能签付仓单；没有收货就签收仓单是违法行为，并且会面临被起诉为犯罪行为的风险；仓储保管人没有义务辨认存货的来源，持单人代表首先在仓库存货的人但持单人不一定是所有权人；仓单质押的生效条件是质押合同成立，在凭证交付时质权即可生效。而存货质押融资要求指示交付并办理登记公示才生效。仓单质押的便利性明显优于存货质押。
>
> 根据《中华人民共和国民法典》第九百一十条，仓单是提取仓储物的凭证。存货人或者仓单持有人在仓单上背书并经保管人签名或者盖章的，可以转让提取仓储物的权利。这意味着背书和转让必须经过保管人的同意，并按照仓单上注明的程序进行。

三、库存质押融资业务办理

（一）静态质押融资模式及基本流程

静态质押融资是指客户以自有或第三人合法拥有的动产为抵质押物的授信融资业务。银行委托第三方物流公司对客户提供的抵质押的商品实行监管，抵质押物不允许以货易货，客户必须打款赎货。静态抵质押授信适用于除了存货以外没有其他合适的抵质押物的客户，而且客户的购销模式为批量进货、分次销售。静态质押授信是货押业务中对客户要求较苛刻的一种，更多的适用于贸易型客户。利用该产品，客户得以将原本积压在存货上的资金盘活，扩大经营规模。同时，该产品的保证金派生效应最为明显，因为只允许保证金赎货，不允许以货易货，故赎货后所释放的授信敞口可被重新使用。

静态质押融资的基本流程如图7-1所示。

（1）需要融资的企业向银行提出静态质押融资申请。

（2）企业把库存货物转交给银行指定的第三方物流，作为融资的质押物，同时向银行缴纳一定的保证金。

（3）第三方物流向银行发出收货通知。

（4）银行得到第三方物流的收货通知并且收到企业的保证金后，向企业提供融资。

（5）如果企业在运营的过程中需要提取质押的货物，就要向银行追加保证金。

（6）银行在收到追加保证金后，向第三方物流发出发货指令。

（7）物流收到指令后，向企业放货。

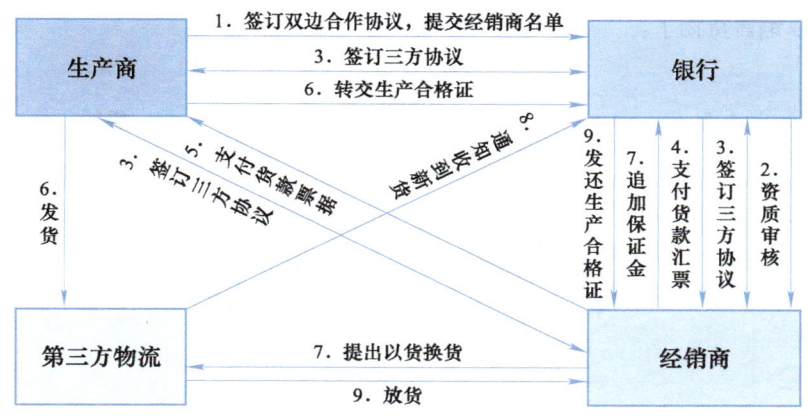

图 7-1　静态质押融资的基本流程

在这个业务流程中，企业可以质押库存获得流动资金；银行在这过程中赚取利息、差价、手续费；第三方物流提供库存管理服务，向银行收取服务费。当然，这些费用都会包含在企业的融资成本里。但要注意，企业如果需要质押货物，必须要追加保证金把货赎出来，不可以拿别的货物来换。

（二）动态质押融资模式及基本流程

动态质押融资是延伸产品，银行对于客户抵质押的商品价值设定最低限额，允许在限额以上的商品出库，客户可以以货易货，这适用于库存稳定、货物品类较为一致、抵质押物的价值核定较为容易的客户。同时，对于一些客户的存货进出频繁，难以采用静态抵质押授信的情况，也可运用该产品。对于客户而言，由于可以以货易货，因此抵质押设定对于生产经营活动的影响相对较小。特别对于库存稳定的客户而言，在合理设定抵质押价值底线的前提下，授信期间几乎无须启动追加保证金赎货的流程，因此对盘活存货的作用非常明显。对银行而言，该产品的保证金效应相对小于静态抵质押授信，但是操作成本明显小于后者。因为以货易货的操作可以授权第三方物流企业进行。

动态质押融资业务的基本流程如图 7-2 所示。

（1）生产商跟银行签订双边合作协议，生产商要对它的若干个经销商严格审核，列出可支持的经销商名单。

（2）银行对这些经销商企业加以审核。

（3）银行与生产商和经销商签订一份三方合作的融资协议。

（4）银行以汇票的形式为其下游经销商融资。

（5）经销商收到汇票后，将汇票转让给生产商，从生产商那里进货。

（6）生产商一方面要将货物送到经销商所在地的第三方物流那里（第三方物流由银行指定）；另一方面要把生产合格证送到银行那里。

（7）如果经销商要销售多少货物，就要向银行归还相应的融资款项（或追加保证金），也可以在一定限额之内向第三方物流提出以货换货。

（8）银行收到还款或者收到物流公司收到新货的消息。

（9）银行指示第三方物流向经销商放货，同时向经销商发还生产合格证，经销商在拿到合格证后，就可以销售货物了。

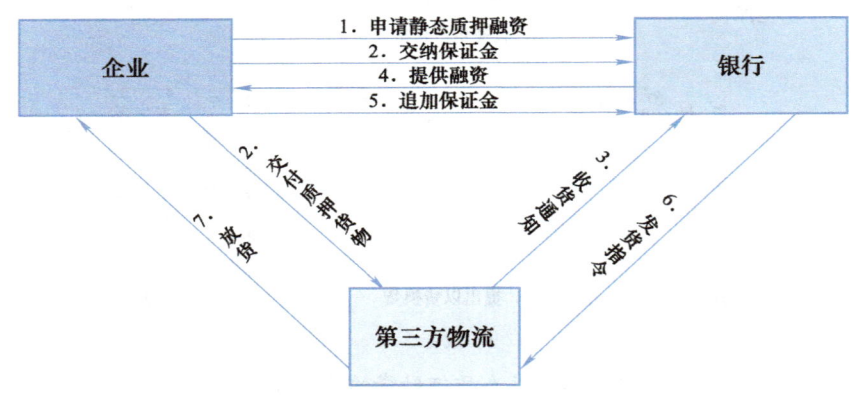

图 7-2　动态质押融资业务的基本流程

在这个过程中，生产商和银行会在事前对经销商的信用资质严格审核，并且对经销商的销售情况密切监控。很多时候，生产商还要跟银行签订回购协议，确保一旦形成库存积压，银行借出去的钱还能收得回来。因为动态质押融资时库存可以流动，所以动态质押融资更适合库存量稳定、库存品类一致、库存价值容易估算或者库存进出频繁的货物，成品经销商一般比较符合这个特征。相比之下，很多 B2B 的供应商出售的是半成品，为了生产需要储存很多不同的原材料，这些半成品的买家可能只有几个甚至一个，价值很难估算，库存量也不稳定，所以这些供应商还是更加适合静态质押融资。

任务发布

库存质押融资业务分析

根据本任务所讲述的内容，结合仓储金融业务，选取仓单质押融资或库存质押融资一种，进行实地或网络调查，总结归纳业务流程，分析形成库存质押融资业务分析报告。

任务实施

（一）实施方式

1. 学生 5～6 人自主组成一个小组，根据任务发布内容，进行库存质押融资业务分析。
2. 参考实施步骤的提示，完成库存质押融资业务分析报告。

（二）实施内容及操作步骤

步骤 1：认识仓储金融的定义及分类。
步骤 2：进行仓单质押融资业务办理。
步骤 3：进行库存质押融资业务办理。
步骤 4：形成库存质押融资业务分析报告。

（三）实施成果及形式

1. 总结报告：每组提交一份库存质押融资业务分析报告。
2. 小组展示：利用 PPT 现场讲解库存质押融资业务分析报告。

任务评价

任务评价表

被考评人			考评任务		仓储金融业务办理	
考评步骤	考评内容及分值		自我评价（30%）	小组评议（40%）	教师评价（30%）	合计得分（100%）
步骤1	认识仓储金融的定义及分类	15分				
步骤2	进行仓单质押融资业务办理	25分				
步骤3	进行库存质押融资业务办理	25分				
步骤4	形成库存质押融资业务分析报告	35分				
综合评定						
考评标准	资料准备	知识掌握	语言表达	团队合作	沟通能力	合计得分
分值	20分	30分	20分	15分	15分	
注：任务总评得分 = 考评步骤70% + 综合评定30%				任务总评得分		

任务二　虚拟仓库的运作

任务引例

虚拟海外仓服务

　　唯客路供应链物流有限公司，以跨境电商物流为主打项目，定位为成长性电商客户群体服务商，为全球客户提供跨境头程及配送本地化物流服务体系。在全球设立了多个海外仓，服务网络遍布澳大利亚、美国、欧洲等主要跨境贸易市场。虚拟海外仓服务，区别传统意义上的海外仓备货，国内打印好终端派送面单，提供目的国当地配送跟踪号，货物到仓不需要上架，到仓即派，整个流程卖家可把控，跟踪轨迹可查，发货地址为目的国家。对于小件价值高的货物来讲，虚拟海外仓是节省时效和成本的最优方案。

　　思考：虚拟海外仓服务的流程是什么？

知识准备

一、虚拟仓库的内涵及特点

（一）虚拟仓库的内涵

　　虚拟仓库（Virtual Warehouse）又叫电子仓库、数字仓库等，目前对它的定义有狭义和广义之分。

1. 狭义的虚拟仓库

　　所谓"狭义"的虚拟仓库是指利用虚拟现实（Virtual Reality，VR）技术，以仿真的方式给用户创造一个实时反映实体仓库变化与相互作用的三维世界，并通过各种传感设备，提供给用户一个观测与该虚拟世界交互的三维界面，使用户可以直接参与并探索实体仓库在所处环境中的作用与变化，产生沉浸感。

2. 广义的虚拟仓库

所谓"广义"的虚拟仓库定义来源于虚拟企业，它是以核心企业为龙头，为实现某种市场机会，将拥有实现该机会所需资源的若干企业集结而成的一种网络化的动态组织，当市场机会不存在时，虚拟企业则自行解体。比较典型的虚拟仓库定义如下：

定义1：虚拟仓库是在（产品数据管理）系统中实现某种特定数据存储机制的元数据（描述数据的数据）库及其管理系统，它保存所有与产品相关的物理数据和文件的元数据，以及指向物理数据和文件的指针。

定义2：虚拟仓库是企业按照企业资源计划（ERP）的管理思想，对企业物资流、资金流、信息流进行优化统筹而建立的一种组织形态，借以提高物流效率与效益。

综上所述，虚拟仓库是指建立在计算机和网络通信技术基础上，进行物品储存、保管和远程控制的物流设施，可实现不同状态、空间、时间、货主的有效调度和统一管理。

由此可以归纳出，虚拟仓库是与传统实体仓库在概念上是完全不同的仓库形态，是为满足一定目标下物资储存和供应需求，应用计算机、网络通信、供应链管理等技术，将部分实体仓库以及运输单位、生产单位、供应单位等进行连接，构成具有统一目标、统一任务、统一流程的暂时性物资存储与控制组织。

（二）虚拟仓库的特点

虚拟仓库是一种新的组织形式和管理模式，它最大的特点在于突破了传统实体组织的有形界限，强调通过对实体组织外部资源的整合来迎合某一快速出现的事件或机遇。具体说来，虚拟仓库特点如下：

1. 成员目标共同化

虚拟仓库的形成、存在、重构，都是基于一定的用户需求或物资保障任务而发生的，并且在虚拟仓库的运作过程中，用户的需求拉动是虚拟仓库中物流、信息流和资金流运作的驱动源。无论何种形式的虚拟仓库，其存在前提是某种任务或需求的存在，这种需求作为虚拟仓库的驱动力，促进其成员的结盟、分工与合作，拉动信息、物资、资金的流动和交换，在为用户提供高质量服务的同时实现价值的不断增值。

2. 组织形式松散化

虚拟仓库是一种扁平式的松散结构，具有很高的灵敏度。虚拟仓库类似于信息交换处理中心，在协议的约束下将多个实体仓库和其他组织通过网络连接起来，它只是针对业务负责协调各实体仓库和其他组织的业务运作，各实体组织仍然各自进行内部管理。虚拟仓库是一个在业务范围内的中心，在行政上只是一个形式上的名称而已。

3. 组织结构精简化

主要的管理协调由计算机完成，人主要对系统进行监督和维护。虚拟仓抛弃了传统组织结构中的庞大管理机构和错综复杂的管理层次，利用虚拟化思想来进行构架。各成员在保持各实体仓库优势的同时，和运输、供应等组织结成同盟，在各自领域内提供核心能力进行优势互补，以达到精简组织结构和管理层次的目的，利于提高整体管理效率。

4. 组合关系动态化

虚拟仓库随需求机遇或保障任务而产生，随需求机遇满足和任务完成而解散，是为响应快速多变的物资保障需求而实现不同企业核心能力的组合。借助于互联网，这种组合可以是跨地域甚至是跨国界的，组合时间可长可短，是以相互信任和相互依赖为基础而建立的，各个成员组织间没有任何隶属关系，相互间是平等关系。组合中的各成员可能同时或先后参加若干个不同的虚拟仓库，今天的成员企业可能成为明天的竞争对手。

5. 管理与协调自动化

虚拟仓库建立的基础是现代网络技术，各成员之间通过网络来交换信息和协调工作。虚拟仓库通过其信息处理中心对需求机会或保障任务信息进行分解，根据各实体组织的核心能力进行组合，列出各种方案，然后根据系统中伙伴选择与优化算法从中选择出最佳方案付诸实施，整个控制和管理过程可以全部通过网络和计算机进行。

6. 反应敏捷化

借助 Internet 技术的支持，当某种需求机遇或保障任务出现时，具有相关核心能力的实体组织能快速进行资源整合，组合成虚拟仓库，在短时间内形成较强的竞争力，实现对需求机会或保障任务的敏捷响应，达到共赢并避免了重复投资。而传统实体仓库则需要经过长时间逐步积累才能具备相关能力。

7. 风险共担和利益共享化

由于虚拟仓库是由多个实体仓库或其他成员组织所组成，这些单位结成了利益共同体，各成员组织在具体合作项目上就必须分担义务并共享权益。因此，在物资保障中的受打击风险、技术开发和应用风险必须共同承担。同时收益也由各加盟成员共同分享。

悦动思维 结合日常实际，谈谈你对虚拟仓库的理解。

二、虚拟仓库的运作原理、要点和优势

（一）虚拟仓库的运作原理

（1）仓库架构。虚拟仓库的架构主要包括库存信息管理系统、物联网设备和配送系统三个部分。库存信息管理系统负责实时更新、共享库存信息，物联网设备负责监控库存位置和状态，配送系统负责物流配送。

（2）操作流程。虚拟仓库的操作流程主要包括以下几个步骤：客户下单→库存查询→订单处理→物流配送→售后服务，通过信息化手段实现全流程的智能化管理。

（3）技术支持。虚拟仓库依托于先进的计算机技术和物联网技术，因此需要建立完善的技术支持体系，包括服务器、网络设备、软件系统等。

（二）虚拟仓库的运作要点

（1）互信关系。公司的生产信息以及产品库存量一直和公司策略有关，也是公司致力保护的要件。然而，为了要将供货商生产计划和库存量透明化，来降低买卖双方整体库存量，双方必须要有良好的合作关系，只有在互信的层次上，才能发挥虚拟仓库的效能。

（2）信息正确性。面对瞬息万变的全球化市场，信息的更新必须要有效率，在虚拟仓库中

关于存货的数量以及种类的信息也是同样重要，信息稍有错误，将会给双方造成相当大的损失，可谓"失之毫厘，谬以千里"。

（3）价格协议。因为物料的价格是变动不定的，双方必须定义各个物料在不同时间的价格。当要从供货商端取得存货时，他们必须要由物料的价格及数量，计算出该批存货的价格。

（三）虚拟仓库的运作优势

1. 有利于降低企业的仓储成本

虚拟仓库可以将物资以信息的形式存储在自动化指挥系统之中，一个企业可以根据货物要求、进货与配送地点在市里其他地方还以契约的方式临时租用仓库，这些仓库有的是长期用，有的是定期定时用，从传统上看这些企业没有仓库，从现代物流管理来讲，他们有一个仓库群，进得来、放得好、管得住、出得去。这样企业就可以避免了建设仓库而带来的成本增加，同时为物资的快速合理调拨提供条件。

2. 有利于避免物资流动过程中造成的不合理运输

通过网络中心，可以根据需求者的各种要求选择出最优化的物资流动路径，减少在时间和空间上造成的迂回物流和仓储费用的增加。

3. 有利于企业对仓库进行监控

通过查询、检索，可以实现对各个仓库、各类物资的种类数量和质量的监控，便于做好仓储计划。

4. 有利于提高物流效率与效益

建立虚拟仓库，运用电子商务进行在线代购，可以大大简化企业采购流程，采购部门在短时间内就可得到必需的资料信息. 而且这些信息比以往更广泛、更全面、更快捷、更准确、更经济。

任务发布

虚拟仓库运作分析

根据本任务所讲述的内容，根据虚拟仓库的运作要点，选取一家或几家公司进行实地或网络调查，总结归纳虚拟仓库的层次结构及其运作特点，分析形成虚拟仓库运作分析报告。

任务实施

（一）实施方式

1. 学生5～6人自主组成一个小组，根据任务发布内容，进行虚拟仓库运作分析。
2. 参考实施步骤的提示，完成虚拟仓库运作分析报告。

（二）实施内容及操作步骤

步骤1：熟悉虚拟仓库的内涵及特点。
步骤2：掌握虚拟仓库的运作。
步骤3：了解虚拟仓库的层次结构。
步骤4：形成虚拟仓库运作分析报告。

（三）实施成果及形式

1. 总结报告：每组提交一份虚拟仓库运作分析报告。
2. 小组展示：利用PPT现场讲解虚拟仓库运作分析报告。

任务评价

任务评价表

被考评人			考评任务	虚拟仓库的运作		
考评步骤	考评内容及分值		自我评价（30%）	小组评议（40%）	教师评价（30%）	合计得分（100%）
步骤1	熟悉虚拟仓库的内涵及特点	15分				
步骤2	掌握虚拟仓库的运作	25分				
步骤3	了解虚拟仓库的层次结构	25分				
步骤4	形成虚拟仓库运作分析报告	35分				
综合评定						
考评标准	资料准备	知识掌握	语言表达	团队合作	沟通能力	合计得分
分值	20分	30分	20分	15分	15分	
注：任务总评得分＝考评步骤70%+综合评定30%				任务总评得分		

任务三　低空物流配送业务办理

任务引例

美团"即时配送"模式

美团无人机外卖配送服务的运营模式采用了航线规划、自助充电、自主着陆等现代化技术。采用专注于城市外卖配送场景的全新多旋翼无人机新机型，可载重2.5kg，最大飞行重量达9.5kg，满载最大配送半径（往返）为5km，满载最大配送距离达10km。美团无人机在深圳、上海等城市商圈、多条航线已实现常态化运营，完成订单量高，配送效率提升150%。

思考：美团"即时配送"模式的优势是什么？

知识准备

低空经济被誉为未来经济增长的重要引擎，而低空物流作为低空经济的重要驱动之一，孕育着巨大的市场空间。以无人机技术为依托的低空物流配送，改善了传统物流配送模式中人工成本高、效率低、覆盖面有限的痛点，借由立体化的配送网络提供更快速、高效的"门到门"配送服务，有助于打通城市物流"最后一公里"。

一、低空物流的概念与价值

（一）低空物流的概念

低空一般指距离正下方地平面垂直距离在1 000m以内的空域，根据各地区自身特点可延伸至3 000m以内的空域。低空经济的发展载体是各种有人驾驶和无人驾驶航空器的低空飞行活动，以此带动相关领域融合发展的综合性经济形态。低空物流作为一种新兴物流模式，尚未形成标准化定义。现阶段，低空物流的主要形式为以无人驾驶航空器（又称无人机）作为核心载具的物流活动。因此，低空物流定义为借助无人机、大数据、人工智能等技术所进行的物流运输与配送活动。当前低空物流的应用领域比较广泛，如医疗领域的无人机应急配送服务、无人机快递服务、无人机送餐服务等。低空物流的内涵构成如图7-3所示。

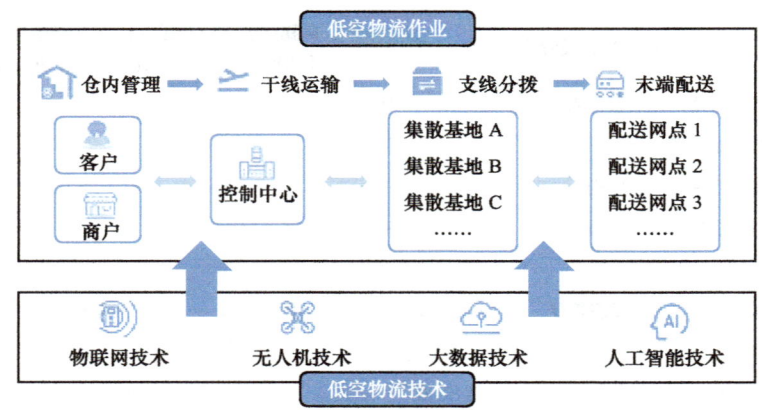

图7-3　低空物流的内涵构成

（二）低空物流的价值

1. 高效便捷、受时空限制小

相比于由城市道路构成的运输网络，低空物流最大的优势在于"立体"。依托三维空间发展的物流模式为低空物流容纳更高的运输吞吐量提供了支撑。无人机运输模式具有方便高效、节约土地资源和基础设施的优点。

2. 成本低、调度灵活

低空物流所应用的无人机运输，相比于一般的航空运输和直升机运输，具有成本低、调度灵活等优势，其无人驾驶的特点能使机场在建设和营运管理上实现全要素的集约化发展，弥补了传统航空在短距离配送和门到门服务中的不足。无人机运输采用了性价比最高的方式提高物流效率、提升灵活度。

3. 推动产能协同和运力优化

在对低空物流进行科学规划的基础上，综合利用"互联网+无人机"、人工智能等技术和方式，能实现产能协同和运力优化。将无人机在盘点、运输和配送等环节中合理的开发利用，衔接配合好其他作业方式，从而发挥协同优势，助力物流行业降本增效。

二、低空物流配送的内涵

（一）低空物流配送的概念

低空物流配送是一种新兴的物流配送模式，低空物流配送指的是利用低空（通常指距离地面1 000m以下的空域，在部分国家和地区划分标准可能有所差异）作为运输空间，借助无人机等低空飞行器，按照预定的航线和程序，将货物从起始点运输至目的地的一种物流配送方式。这种配送模式能够避开地面交通拥堵，实现快速、高效的点对点货物运输，在一些特定场景下具有不可替代的优势。

（二）低空物流配送的核心内涵

1. 空间维度

聚焦于低空空域，与传统依赖公路、铁路等地面运输以及高空航空货运形成空间上的差异化分工，充分利用低空资源开辟新的物流通道。

2. 技术依托

以先进的航空器技术（如无人机、轻型直升机等）为核心支撑，结合物联网、大数据、人工智能、导航定位等技术，实现货物的自动化、智能化运输与配送。

3. 业务范畴

涵盖货物的揽收、运输、分拣、配送等一系列物流环节，通过低空飞行方式完成货物在不同地点之间的空间转移，确保货物能够快速、准确地送达目的地。

（三）低空物流配送的关键要素

1. 航空器

航空器是低空物流配送的执行主体，不同类型的航空器适用于不同的配送场景和货物类型。例如，小型多旋翼无人机适合短距离、小批量、对时效性要求高的货物配送；大型固定翼无人机或直升机则可用于长距离、大重量货物的运输。

2. 飞行控制系统

确保航空器按照预定航线安全、稳定飞行，实现精准的起降、悬停和货物投放。该系统集成了导航、通信、避障等多种功能，能够实时监测航空器的飞行状态，并根据环境变化自动调整飞行参数。

3. 物流信息平台

作为低空物流配送的"大脑"，负责整合订单信息、货物信息、航空器信息以及配送路线等数据，实现物流全流程的可视化、智能化管理。通过该平台，物流企业可以实时跟踪货物位置、掌握配送进度、优化配送方案，提高运营效率

三、低空物流配送的业务流程

1. 订单接收与任务规划

①订单接收：客户通过平台（App或网站）提交配送需求（货物信息、取送地址、时间要求等）。②智能调度：系统基于算法优化配送路径，考虑天气、空域限制、电池续航等因素，分配无人机/无人车任务。

2. 货物预处理与装载

①分拣打包：仓库按订单分拣货物，确保包装符合航空安全标准（重量、尺寸、防震等）。②载具匹配：根据货物体积、重量选择适配的无人机（多旋翼、垂直起降固定翼等）或无人车。③安全校验：检查电池电量、传感器状态、通信链路，确保设备适航。

3. 起飞/出发与空中配送

①空域申请：通过UTM（无人机交通管理）系统获取实时空域许可，避开禁飞区。②自主飞行：无人机按预设航线飞行，通过GPS、视觉导航或5G网络实时避障；无人车通过路侧单元（RSU）协同通行。③动态监控：后台实时追踪位置、风速、电量等数据，异常时触发应急方案

（如备降点着陆）。

4. 末端交付与签收

①精准降落：无人机通过视觉识别或二维码定位，降落在客户指定区域（屋顶、驿站等）；无人车通过短信或 App 通知取货。②身份验证：客户通过扫码、人脸识别或 OTP（一次性密码）完成身份核验。③货物交接：自动货舱开锁或机械臂投递，全程录像存档。

5. 返航与数据闭环

①自动返航：无人机或无人车返回基地或下一任务点，进行充电或换电维护。②数据回传：上传飞行日志、能耗数据、客户反馈至云端，优化算法模型。③异常处理：针对配送失败情况（如拒收、天气突变），启动人工干预或二次派送。

四、低空物流配送的主要应用

低空物流末端配送的空中直线距离一般在 10km 以内（对应地面路程可能达到 20～30km，受具体地形地貌的影响），载重在 5～20kg，单程飞行时间在 15～20 分钟（受天气等因素影响），快递配送和外卖配送为低空物流目前城市末端配送中商业应用最广泛的场景。

1. 快递配送

航线和时刻固定，配送场景为固定航线、不固定时刻，配送货品种类包括网购生活用品、餐饮、药品、试剂样本等，在短期呈爆发式增长。顺丰集团旗下丰翼科技已在深圳常态化运营部分路线，重点聚集快递件及包括疫苗、血清等医疗物资，实现中转场和单元区域之间、医院与检测中心直飞。

2. 外卖配送

航线时刻均不固定，目前体量较小，以即时物流配送、外卖的形式为主，配送货品种类包括餐饮、药品、电子消费品等物资。针对外卖配送场景，美团以核心商圈为中心，开通由商场至周边社区的航线，在深圳、上海常态化运营多条航线，累计完成单量达十万级。现阶段，美团外卖无人机配送流程如图 7-4 所示。

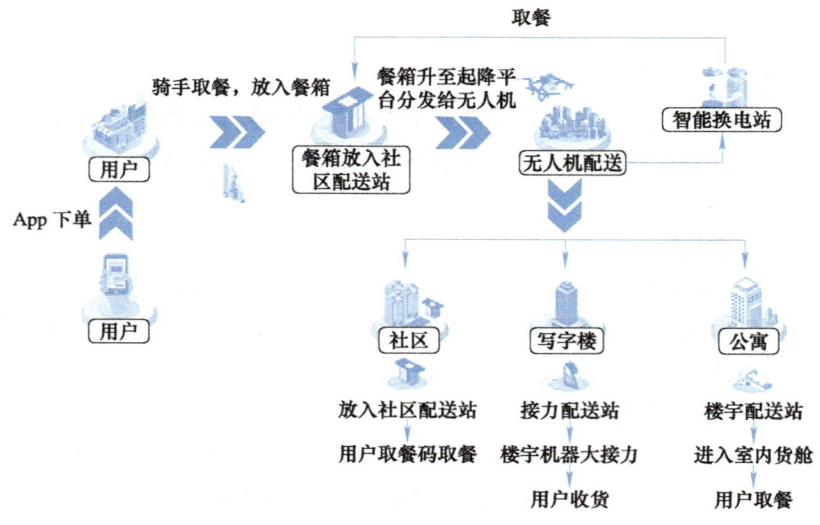

图 7-4 美团外卖无人机配送流程

3. 紧急物资配送

在自然灾害（如地震、洪水、火灾等）发生时，地面交通往往受到严重破坏，传统物流配送方式难以发挥作用。此时，低空物流配送可以迅速将救援物资、医疗设备、食品药品等紧急物资送达灾区，为救灾工作提供有力支持。

4. 偏远地区配送

我国地域辽阔，存在大量偏远山区、海岛等地区，这些地区交通不便，物流配送成本高、效率低。低空物流配送能够有效解决这些地区的物流难题，为当地居民提供便捷的商品配送服务，促进区域经济的均衡发展。

5. 生鲜冷链配送

生鲜产品对运输时间和温度控制要求极高。低空物流配送的快速、高效特点能够确保生鲜产品在运输过程中保持新鲜度，减少损耗。例如，通过无人机将新鲜采摘的水果、蔬菜等从产地直接运往城市周边的配送中心或超市，实现从田间到餐桌的快速直达。

6. 城市即时配送

随着电商和外卖行业的快速发展，城市居民对即时配送的需求日益增长。低空物流配送可以为城市即时配送提供一种新的解决方案，特别是在高峰时段或交通拥堵区域，无人机能够快速穿越城市街道，将商品及时送达消费者手中，提升用户体验。

任务发布

低空物流配送发展业务分析

根据本任务所讲述的内容，结合低空物流配送发展业务，进行实地或网络调查，总结归纳业务流程，分析形成低空物流配送发展业务分析报告。

任务实施

（一）实施方式

1. 学生5～6人自主组成一个小组，根据任务内容，进行低空物流配送发展业务分析。
2. 参考实施步骤的提示，完成低空物流配送发展业务分析报告。

（二）实施内容及操作步骤

步骤1：认识低空物流的概念与价值。
步骤2：掌握低空物流配送的内涵。
步骤3：掌握低空物流配送业务流程。
步骤4：熟悉低空物流配送的主要应用。
步骤5：形成低空物流配送发展业务分析报告。

（三）实施成果及形式

1. 总结报告：每组提交一份低空物流配送发展业务分析报告。
2. 小组展示：利用PPT现场讲解低空物流配送发展业务分析报告。

任务评价

任务评价表

被考评人			考评任务	低空物流配送业务办理		
考评步骤	考评内容及分值		自我评价（30%）	小组评议（40%）	教师评价（30%）	合计得分（100%）
步骤1	认识低空物流的概念与价值	15分				
步骤2	掌握低空物流配送的内涵	25分				
步骤3	掌握低空物流配送业务流程	25分				
步骤4	熟悉低空物流配送的主要应用	35分				
步骤5	形成低空物流配送发展业务分析报告	35分				
综合评定						
考评标准	资料准备	知识掌握	语言表达	团队合作	沟通能力	合计得分
分值	20分	30分	20分	15分	15分	
注：任务总评得分 = 考评步骤70%+ 综合评定30%				任务总评得分		

任务四 冷链智慧仓配一体化模式运作

任务引例

顺丰冷运一路领"鲜"

顺丰冷运依托于强大的运输网络、领先的仓储服务、智能的分仓解决方案、专业的温控技术和先进的系统管理，为客户提供专业、安全、定制、高效的全程可控冷链服务。仓库总面积超24万m^2，其据有先进的自动化制冷降温设备、进口计算机温度监控系统、标准专业的操作管理。冷运干线164条，专业冷藏车超13 000辆，包装技术超200套，仓干配一体化的冷运产品体系涵盖冷运标快、冷运到店、冷运大件到港、冷运大件标快、冷运整车、冷运仓储等方面。冷运标快（≤20kg），基于冷仓，对有温度控制要求的食品，提供陆运冷链运输，末端优先派送的专属冷运快递服务。冷运到店，生鲜冷链城市一体化配送，通过点到多点方式为生鲜冷链类客户提供周期性配送服务。冷运大件到港主打500kg以上，提供跨城际全程温控、仓到仓冷链运输服务，另提供提货、送货服务等增值服务满足客户门到门的收派需求。冷运大件标快，主打50～500kg，提供稳定时效承诺，同时兼顾时效与价格竞争力，城市间全程温控、多批次、小批量的到门冷链运输服务。冷运整车，整车生鲜冷链跨城运输，通过点对点、点对多点方式实现货物直达服务。冷运仓储，提供货物冷库存储、分拣、包装、配送、信息流转等一体化冷运服务。依托航空枢纽、冷运仓储、干支线、中转场、终端、科技等资源及产品，形成"仓储＋配送＋服务"的冷链综合性仓配服务网络，打造时效领先、高效稳定、安全无忧等产品核心卖点，为冷链客户提供安全、高效的物流解决方案。

思考：结合本案例，谈谈顺丰冷运仓干配一体化的冷运产品体系。

知识准备

随着消费升级和食品安全意识的提高，人们对生鲜食材的需求快速增长，国家推进大数据战略计划，加快完善数字基础设施，推进数据资源整合和开放共享，冷链物流行业已迎来"互联网＋冷链"新时代，进入品质化、数智化的进阶阶段，在"高科技、高效能、高质量"被强调的现在，这就更需要拥有"智慧仓配一体、BC融合"等专业化服务能力的冷链运营企业，不断推动冷链技术创新、优化运营模式、提升服务质量，并加强行业标准化建设，才能释放新质生产力，保障行业的高质量发展。

一、冷链智慧仓配一体化的内涵

（一）冷链智慧仓配一体化的定义

冷链智慧仓配一体化，是指基于智慧信息化技术及平台，将冷链物流与仓储管理进行整合，以实现冷链物流和仓储管理的无缝连接和高效协调，从而提高冷链供应链的质量、效率和可靠性。它是一种以供应链为核心的综合性解决方案，旨在提高冷链物流和仓储管理的整体效率和降低成本，同时还能够提高服务质量和顾客满意度。

具体来说，冷链智慧仓配一体化涉及多个环节和要素。首先，需要建立起冷链物流与仓储管理的信息化平台，实现信息的共享和流通。这样可以使物流和仓储两个环节之间的协调更加紧密，更加高效，实现冷链过程的实时监控、数据分析、智能调度和决策支持。其次，冷链智慧仓配一体化需要采用先进的冷链设备和技术，以保证冷链物流和仓储管理的质量和安全。再次，冷链智慧仓配一体化还需要建立起一支专业的团队，具备良好的协调和沟通能力，能够全面、快速地响应顾客的需求，以提供更加全面、高效和可靠的服务。最后，冷链智慧仓配一体化还注重绿色与可持续发展。通过优化运输路径和配送计划降低能源消耗和碳排放量，智能温控系统精确控制冷库内的温度和湿度变化范围减少能源浪费，同时推动冷链行业的数字化转型和智能化升级实现经济效益和社会效益的双赢。

总之，冷链智慧仓配一体化是一种更加综合、更加高效的供应链管理模式，可以提高企业的运营效率和竞争力，同时也可以提高顾客的满意度和体验。

悦动思维 请结合鲜奶配送谈谈你对冷链仓配一体化的理解。

（二）冷链智慧仓配一体化的特点

1. 智能化技术应用

（1）智能设备对接：冷链智慧仓配一体化通过智能化硬件设备与仓储、运输系统的无缝对接，实现高效的作业流程。这些设备包括但不限于温湿度传感器、RFID标签、自动化分拣机器人等，它们能够实时采集数据并进行分析，从而优化作业流程。

冷链仓库认知

（2）实时监控与预警：利用物联网、云计算和大数据等技术，对冷链过程中的温度、湿度、位置等关键指标进行实时监控，并设置预警机制。一旦出现异常情况，系统能够立即发出警报，确保货物安全。

2. 高效协同作业

（1）仓配一体化管理：冷链智慧仓配一体化将仓储与配送环节紧密结合，实现多仓库、多温区的统一管理。通过智能调度系统，优化运输路径和配送计划，提高作业效率并降低成本。

（2）快速响应市场需求：借助数字化管理平台，冷链企业能够实时掌握库存情况和市场需求变化，快速调整生产计划和物流方案，以满足市场需求。

3. 全程可追溯

（1）追溯系统建设：通过条码、RFID等手段，实现货物从生产到消费终端的全链条追溯。消费者可以通过扫描二维码等方式获取货物的详细信息，提高产品透明度和消费者信任度。

（2）品质保障：全程可追溯系统不仅有助于企业提升产品品质控制水平，还能在出现质量问题时迅速定位问题源头并采取措施解决。

4. 数据驱动决策

（1）大数据分析：冷链智慧仓配一体化系统能够实时采集和分析海量数据，包括库存量、运输轨迹、温湿度变化等。这些数据为企业的决策提供有力支持，帮助企业优化资源配置、提高运营效率并降低运营成本。

（2）智能化决策支持：基于大数据分析的结果，系统能够为企业提供智能化的决策建议。如通过预测分析技术预测未来市场需求变化，指导企业提前调整生产计划和物流方案。

5. 绿色环保

（1）节能减排：冷链智慧仓配一体化系统通过优化运输路径和配送计划等方式降低能源消耗和碳排放量。智能温控系统能够精确控制库内温度和湿度变化范围，减少能源浪费。

（2）可持续发展：冷链智慧仓配一体化有助于推动冷链行业的可持续发展。通过提高运营效率、降低运营成本并减少环境污染等方式，实现经济效益和社会效益的双赢。

综上所述，冷链智慧仓配一体化具有智能化技术应用、高效协同作业、全程可追溯、数据驱动决策和绿色环保等特点。这些特点使得冷链企业在面对复杂多变的市场环境时能够保持竞争优势并实现可持续发展。

二、冷链智慧仓配一体化模式的类型

冷链智慧仓配一体化模式是指通过智能化、信息化手段，将冷链仓储与配送环节紧密结合，实现全程可视化、可追溯、可控制的冷链物流服务。冷链智慧仓配一体化模式在冷链物流领域展现出了多样化的类型，这些类型主要基于不同的应用场景、技术水平和业务需求。以下是对冷链智慧仓配一体化模式主要类型的归纳。

（一）技术驱动型模式

1. 物联网集成模式

利用物联网技术（如RFID、GPS、温湿度传感器等）对冷链仓储、运输和配送过程进行实时监控和数据采集。通过大数据分析，优化物流路径、库存管理和配送效率，提高物流透明度，减少货物损失，提升客户信任度。

2. 云计算与大数据模式

依托云计算平台，实现冷链数据的集中存储、处理和分析。通过大数据分析，预测市场需求，优化库存结构，提升物流效率，提高数据处理能力，为企业决策提供数据支持。

3. 人工智能优化模式

引入人工智能算法，对冷链仓储、运输和配送过程进行智能调度和优化。通过机器学习，不断优化物流路径和配送策略，提高物流效率，自动化程度高，减少人为错误，提升物流服务质量。

（二）服务集成型模式

1. 仓配一体化服务模式

将冷链仓储和配送服务进行一体化整合，提供从入库、存储、分拣、包装到配送的一站式服务，减少中间环节，提高物流效率，降低客户成本。

2. 定制化服务模式

根据客户的具体需求，提供定制化的冷链仓配解决方案，包括仓储设施、运输工具、配送路线等方面的个性化配置，满足客户的特殊需求，提升客户满意度和忠诚度。

3. 协同服务模式

与冷链产业链上下游企业建立紧密的合作关系，共同打造冷链智慧仓配生态系统。通过信息共享和协同作业，提升整个冷链供应链的效率和竞争力，促进资源共享，降低运营成本，提升供应链整体服务水平。

（三）绿色可持续型模式

1. 绿色包装与节能设备模式

采用环保包装材料和节能设备，减少冷链物流过程中的能源消耗和环境污染，符合可持续发展理念，提升企业社会形象，降低长期运营成本。

2. 循环经济模式

推动冷链资源的循环利用和废弃物的回收再利用。通过建立回收体系和再加工机制，实现冷链资源最大化利用，减少资源浪费，降低环境污染，提升企业经济效益和社会效益。

（四）综合型模式

1. 多温区管理模式

根据货物的不同温度需求，设置多个温区进行存储和管理。通过智能化温控系统，确保每个温区的温度精确控制，满足不同货物的存储需求，提高仓库利用率和货物品质保障。

2. 智能化仓储与配送模式

结合物联网、大数据、人工智能等技术，实现仓储和配送过程的智能化管理，包括自动化分拣、智能调度、无人配送等功能，提高物流效率和服务质量，降低人力和时间成本。

综上所述，冷链智慧仓配一体化模式具有多样化的类型，每种类型都有其独特的特点和优势，企业可以根据自身的业务需求和实际情况选择适合的模式进行应用和推广。

三、冷链智慧仓配一体化模式的选择

（一）模式选择的关键要素

（1）智能化技术应用：利用物联网、大数据、云计算、人工智能等先进技术，对冷链仓储、运输、配送等各环节进行实时监控、数据分析、智能调度和决策支持。

（2）多仓多温区管理：基于货主、商品、批次等多个级别的管理，满足冷链的多仓库、多温区管理需求，确保不同种类、不同温度要求的货物得到妥善存储和运输。

（3）全程效期管理：实现包括仓库作业效期、存储效期、运输时效、门店销售时效的精准效期管理，确保货物在有效期内完成流通。

（4）快进快出效率管理：通过灵活的仓储策略和高效的作业流程，提升仓储空间利用率和作业效率，实现快速、准确的拣货和装车配载。

（5）冷链气味异常管理：通过排斥控制等手段，解决仓库及运输过程中可能出现的串味、交叉污染等问题。

（6）温湿度监控管理：全程监控商品的温度、湿度等关键指标，确保货物在冷链过程中的品质安全。

（7）内外部信息互通：与客户、供应商和承运商的第三方系统和网上平台集成，实现信息化、透明化的供应链管理。

（二）模式选择的主要建议

（1）明确需求：企业应根据自身业务特点和市场需求，明确对冷链智慧仓配一体化的具体需求。例如，需要解决哪些痛点问题，期望达到什么样的效果等。

（2）评估技术实力：选择具有强大技术实力和丰富行业经验的冷链智慧仓配一体化服务提供商。这些服务提供商应具备先进的物联网、大数据、云计算等技术能力，并能根据企业需求提供定制化解决方案。

（3）考察服务质量：了解服务提供商的服务质量、响应速度、售后服务等方面的情况。可以通过查看案例、咨询客户评价等方式进行评估。

（4）考虑成本效益：在选择冷链智慧仓配一体化模式时，需要综合考虑成本效益。虽然智能化、信息化手段可以提升效率、降低成本，但也需要投入一定的资金和资源。因此，企业需要根据自身财务状况和预算情况进行合理决策。

（5）关注行业趋势：随着冷链物流行业的不断发展，新的技术、模式和理念不断涌现。企业在选择冷链智慧仓配一体化模式时，需要关注行业趋势和动态变化，以便及时调整和优化自身策略。

综上所述，冷链智慧仓配一体化模式是当前冷链物流领域的重要发展方向。企业在选择该模式时，需要明确需求、评估技术实力、考察服务质量、考虑成本效益并关注行业趋势。通过科学合理的选择和布局，企业可以提升自身竞争力并实现可持续发展。

四、冷链智慧仓配一体化的发展与应用

（一）冷链智慧仓配一体化的发展现状

冷链智慧仓配一体化服务模式优势明显，市场需求强烈，战略上以需求驱动规划设计，以数据驱动运营管理，这也将是进入新质生产力时代下冷链行业良性竞争的未来趋势。冷链智慧仓配一体化服务是"冷链智慧仓储＋冷链智慧配送"的整合，要比一般的常温的物流系统要求更高、更复杂，并且投资也大。我国目前冷链仓配一体化的现状主要如下。

1. 冷链仓配运营成本居高不下

冷链仓库的初始投入成本以及后续的运营成本都远远高于普通仓库，且冷链仓库运营需要大量的能源作为支撑，成本居高不下。除了冷链仓库建设运营方面，冷链配送方面，也存在线路优化不合理、制冷因素考虑不周全、运营成本偏高、温度监管不合规等问题。正是由于冷链成本的高昂和行业标准的严重缺失，生鲜电商企业，尤其是以冷链物流为核心竞争力的企业，具有很大的不确定性。

2. 冷链仓配行业短板凸显

我国冷链仓配行业的短板主要体现在三个方面：一是冷链仓配经营模式单一，缺乏多样性，温区模式同样单一；二是冷链仓配的"断链"现象频发，对冷链的监测和管理跟不上；三是冷链仓配的地域分布不均衡，主要集中在经济发达地区。

（二）冷链智慧仓配一体化模式的应用场景

冷链智慧仓配一体化模式的应用场景广泛，涵盖了多个行业领域，其核心在于通过智能化、信息化手段提升冷链仓储与配送的效率和质量。以下是一些具体的应用场景。

1. 生鲜电商

（1）应用背景：随着生鲜电商的快速发展，消费者对食品新鲜度、安全性的要求越来越高。传统的冷链仓储和配送模式难以满足电商平台的快速响应和精准配送需求。

（2）应用场景。

智能仓储：利用物联网、RFID等技术，实现生鲜商品的快速入库、智能盘点和精准管理。通过温湿度传感器实时监控仓库环境，确保商品品质。

智能配送：根据订单信息和客户地址，智能规划配送路线，减少配送时间和成本。同时，通过GPS定位技术实时追踪配送车辆，确保商品安全送达。

2. 医药冷链

（1）应用背景：医药产品对温度控制要求极高，尤其是生物制品和疫苗等。传统的冷链管理方式存在温度波动大、监控不全面等问题，容易导致药品失效或变质。

（2）应用场景。

全程温控：在医药冷链的各个环节，如生产、储存、运输等，都部署温湿度传感器和监控设备，实现全程温控和实时监控。

预警系统：一旦温度超出设定范围，系统自动发出预警，提醒相关人员及时采取措施，确保药品安全。

追溯体系：建立药品追溯体系，通过RFID标签等技术手段，实现药品从生产到使用的全程追溯。

3. 冷链物流园区

（1）应用背景：冷链物流园区是冷链产业集聚发展的重要载体，通过集中管理、资源共享等方式提升冷链物流的整体效率。

（2）应用场景。

智能调度：利用大数据和人工智能技术，对园区内的仓储、运输资源进行智能调度和优化配置，提高资源利用率和作业效率。

信息共享：建立园区信息平台，实现与园区内企业、承运商、客户等各方之间的信息共享与协同，提升供应链的透明度和可控性。

绿色运营：推广使用绿色包装材料、节能设备等环保措施，降低园区运营过程中的碳排放量，实现绿色可持续发展。

4. 餐饮连锁企业

（1）应用背景：餐饮连锁企业对食材的新鲜度和品质要求极高，且配送需求量大、频率高。传统的冷链配送模式难以满足其快速响应和精准配送的需求。

（2）应用场景。

定制化配送：根据各门店的食材需求量和配送时间要求，提供定制化的冷链配送服务。通过智能调度系统优化配送路线和车辆安排，减少配送时间和成本。

食材追溯：建立食材追溯体系，通过RFID标签等技术手段实现食材从采购到使用的全程追溯，确保食材品质和安全。

库存优化：利用大数据分析技术预测各门店的食材需求量变化趋势，指导仓储和采购计划制定，减少库存积压和浪费。

综上所述，冷链智慧仓配一体化模式在生鲜电商、医药冷链、冷链物流园区和餐饮连锁企业等多个行业领域具有广泛的应用前景和市场需求。通过智能化、信息化手段提升冷链仓储与配送的效率和质量，将有助于推动冷链物流行业的持续健康发展。

任务发布

冷链智慧仓配一体化发展调研

根据地方冷链物流业务，实地或网络调查仓配一体化企业，总结归纳冷链仓配一体化的发展模式，并分析该模式的应用场景，提出发展建议，形成调研报告。

任务实施

（一）实施方式

1. 学生5～6人自主组成一个小组，根据任务发布内容，进行冷链仓配一体化发展调研分析。
2. 参考实施步骤的提示，完成冷链仓配一体化发展调研分析报告。

（二）实施内容及操作步骤

步骤1：熟悉冷链智慧仓配一体化的内涵。
步骤2：掌握冷链智慧仓配一体化模式的类型。
步骤3：进行冷链智慧仓配一体化模式的选择。
步骤4：熟悉冷链智慧仓配一体化的发展与应用。
步骤5：形成冷链智慧仓配一体化发展调研报告。

（三）实施成果及形式

1. 总结报告：每组提交一份冷链智慧仓配一体化发展调研报告。
2. 小组展示：利用PPT现场讲解冷链智慧仓配一体化发展调研报告。

任务评价

任务评价表

被考评人			考评任务	冷链智慧仓配一体化模式运作		
考评步骤	考评内容及分值		自我评价（30%）	小组评议（40%）	教师评价（30%）	合计得分（100%）
步骤1	熟悉冷链智慧仓配一体化的内涵	10分				
步骤2	掌握冷链智慧仓配一体化模式的类型	15分				
步骤3	进行冷链智慧仓配一体化模式的选择	25分				
步骤4	熟悉冷链智慧仓配一体化的发展与应用	15分				
步骤5	形成冷链智慧仓配一体化发展调研报告	35分				
综合评定						
考评标准	资料准备	知识掌握	语言表达	团队合作	沟通能力	合计得分
分值	20分	30分	20分	15分	15分	
注：任务总评得分 = 考评步骤70%+ 综合评定30%				任务总评得分		

德技并修

[主题] 技术创新　社会责任　跨境合规　绿色环保

我国金融仓储行业发展

金融仓储行业的上游主要包括实物货币、金融工具、金融产品等。金融仓储行业的应用行业主要包括金融机构、企业、个人投资者等。金融仓储行业可以为金融机构、企业、个人投资者提供仓储服务、保管服务、交割服务、结算服务等。金融仓储行业的发展有助于提高金融市场的流动性、降低金融市场的风险、促进金融市场的发展和完善。

1. 金融仓储行业发展阶段

初创阶段：20世纪90年代初，随着金融市场的发展，金融仓储行业开始出现。最初的金融仓储行业主要提供仓储服务，为金融市场提供实物货币的存储服务。

发展阶段：进入21世纪，随着金融市场的发展，金融仓储行业开始提供保管服务和交割服务，为金融市场提供更加全面的服务。

完善阶段：2010—2020年，随着金融市场的发展，金融仓储行业开始提供结算服务，为金融市场提供更加完善的服务。

创新阶段：2020年以后，随着金融科技的发展，金融仓储行业开始运用大数据、人工智能等技术，为金融市场提供更加智能化的服务。

2. 金融仓储行业发展前景

（1）技术驱动的创新。随着金融科技的迅速发展，金融仓储行业将面临技术驱动的创新机会。区块链、人工智能、大数据分析等技术可以用于提升资产追踪、风险管理、交易透明度等方面。智能合约和区块链技术可以实现更高效、更安全的资产交易和结算。

（2）资产多样化和定制化需求。随着金融市场的发展，投资者对不同类型的金融资产的需求日益多样化。金融仓储机构有机会根据不同资产类别和投资者的需求，提供定制化的服务，包括资产保管、管理、估值等方面。

（3）跨境业务发展。随着全球化趋势的加强，金融仓储机构有机会拓展跨境业务，为跨国投资者提供资产保管、交易结算等服务。这将需要解决不同国家间的法律、监管和技术标准等挑战。

（4）数据安全与隐私保护。随着数字化转型的推进，金融仓储机构需要高度关注数据安全和隐私保护。在处理大量敏感数据的同时，要确保合规性，并采取措施保护客户的隐私权。

（5）合规和监管要求。金融仓储行业将继续面临监管的挑战和要求。合规性和风险管理将是行业发展的重要基石，需要投入大量资源来满足不断变化的监管标准。

（6）合作与竞争。随着行业的发展，金融仓储机构之间的竞争会加剧。合作和联盟可以帮助机构分享资源、共同应对风险，并提供更全面的服务。同时，合作也可以促进行业内部的标准化和合规性。

（7）环保和可持续发展。社会对可持续发展的关注逐渐增强，金融仓储行业也需要关注环保和社会责任。在运营过程中，减少资源消耗、提高能效、采用环保技术等将成为行业的重要发展方向。

总体来说，金融仓储行业在技术创新、资产多样化、合规性、跨境业务等方面都存在广阔的发展前景。然而，行业也面临着监管风险、安全风险以及竞争压力等挑战。持续的技术投入、合规管理、服务创新以及与合作伙伴的合作将有助于金融仓储行业实现健康、可持续的发展。

同步练习

一、单项选择题

1. 虚拟仓库（Virtual Warehouse）又叫（　　）。
   A. 智慧仓　　　　B. 自动化仓库　　　C. 电子仓库　　　D. 无人仓
2. 非标准仓单质押涉及关键三方当事人不包括（　　）。
   A. 出质人　　　　B. 中介方　　　　　C. 质权人　　　　D. 物流中心
3. （　　）作为低空物流配送的"大脑"，负责整合订单信息、货物信息、航空器信息以及配送路线等数据，实现物流全流程的可视化、智能化管理。
   A. 航空器　　　　B. 飞行控制系统　　C. 物流信息平台　D. 运营中心
4. （　　）是指货物保管人在收到仓储货物时向存货人签发的表示收到一定数量仓储物的存单。
   A. 仓单　　　　　B. 保税仓储　　　　C. 虚拟仓储　　　D. 智能仓储
5. （　　）是指为满足企业融资需求和金融机构管理需要，提供专业仓储、监管等服务，开立和办理仓单质押等业务。
   A. 动产抵（质）押　　　　　　　　　B. 金融仓单业务
   C. 虚拟仓储业务　　　　　　　　　　D. 保税仓储业务

二、多项选择题

1. 虚拟仓库的优势是（　　）。
   A. 虚拟仓库降低了企业的仓储成本
   B. 建立虚拟仓库可以避免物资流动过程中的不合理运输

C. 虚拟仓库方便企业进行监控

D. 建立虚拟仓库有利于提高物流效率与效益

2. 冷链配送的典型模式包括（　　　　）。

　　A. 自营配送　　　　B. 共同配送　　　　C. 冷链宅配　　　　D. 生鲜电商冷链配送

3. 仓储金融对仓储企业的作用是（　　　　）。

　　A. 拓展仓储企业的业务范围　　　　　　B. 增加业务量

　　C. 增进仓储公司与服务企业的合作关系　　D. 增加仓储公司的客户数量

4. 冷链智慧仓配一体化的特点主要是"五高"，这决定了该行业（　　　　）的门槛。

　　A. 高要求　　　　B. 高资金　　　　C. 高利润　　　　D. 高技术

5. 虚拟仓库的运作要点主要包括（　　　　）。

　　A. 运营数字化　　　B. 互信关系　　　C. 信息正确性　　　D. 价格协议

三、简答题

1. 简述标准仓单质押融资的流程。
2. 简述虚拟仓库的运作原理。
3. 简述低空物流配送业务流程。
4. 简述冷链智慧仓配一体化的内涵。
5. 简述生鲜电商冷链物流配送模式组成。

实训应用　仓储金融业务模式调研分析

一、实训目的

本次实训旨在通过深入调研分析仓储金融的业务模式，理解其运作机制、优势、挑战及未来发展趋势。通过实训，学员将掌握仓储金融的基本概念、主要业务模式、风险控制措施及市场应用前景，提升对金融创新的认知能力和实践能力。

二、实训内容

1. 仓储金融业务模式

（1）主要业务模式：存货质押融资、仓单质押融资、供应链融资等模式调研。

（2）其他创新模式：选取国内外仓储金融的典型案例，分析其业务模式及实施效果等。

2. 风险控制与监管

（1）识别仓储金融业务中的主要风险，包括信用风险、市场风险、操作风险等。

（2）分析金融机构和仓储企业如何共同构建风险控制体系，包括质押物管理等方面。

（3）探讨监管机构在仓储金融业务中的作用和监管措施。

3. 市场应用与前景分析

（1）分析仓储金融业务在不同行业（如制造业、农业、零售业等）的应用情况。

（2）评估仓储金融市场的规模和增长潜力，预测未来发展趋势。

（3）探讨技术创新（如物联网、区块链等）对仓储金融业务模式的影响和推动作用。

三、实训步骤
1. 准备阶段：明确实训目标、内容、方法和时间安排，组建调研小组，分配任务。
2. 资料收集：通过文献、网络、企业访谈等方式收集仓储金融业务的相关资料和数据。
3. 数据整理与分析：对收集到的资料进行整理，提炼关键信息。
4. 案例研究：选取典型仓储金融业务案例进行深入剖析，总结其成功经验和不足。
5. 撰写报告：包括业务模式分析、风险控制与监管、市场应用与前景分析等内容。

四、实训要求
1. 分析深度：案例分析，要深入挖掘其背后的运作机制和问题根源，避免表面化分析。
2. 团队合作：在实训过程中，要加强团队合作和沟通，共同完成任务。

五、实训成果
1. 每组提交一份仓储金融业务模式调研分析报告。
2. PPT汇报材料及相关视频、图片等辅助材料。

六、实训评估
1. 过程评估

根据学生的调研计划、实地考察情况、资料收集与分析过程等进行过程评估。过程评估主要考察学生的态度、能力和团队合作精神。

2. 成果评估

根据学生提交的调研报告和PPT汇报情况进行成果评估。成果评估主要考察学生的调研深度、分析能力、文档撰写能力和表达能力。

项目八　智慧仓配规划实施

学习目标

▶ **知识目标**　熟悉智慧仓库及配送中心平面布局规划；
　　　　　　　掌握智慧仓储物流动线规划及设备配置规划；
　　　　　　　掌握智慧仓储功能区域布局及配送中心作业区域功能规划；
　　　　　　　掌握智慧仓储规划方案实施及配送优化方案实施。

▶ **能力目标**　能进行智慧仓储功能区域布局及物流动线规划；
　　　　　　　能运用所学的知识进行智慧仓储设备配置规划；
　　　　　　　能运用所学的知识进行配送中心作业区域功能规划；
　　　　　　　能结合仓配企业实际进行智慧仓配方案设计与实施。

▶ **素养目标**　培养开拓意识、探索求知和创新创业精神；
　　　　　　　提升社会责任感，养成团队合作、精益求精的职业素养；
　　　　　　　树立科技发展、创新发展意识，具备与时俱进的可持续发展能力；
　　　　　　　培养勤学上思的能力，具备整体规划能力和数据分析能力。

岗位认知

职业岗位	工作内容	技能要求	相关知识
仓管主管	积极配合相关服务部门，进行提供智慧仓储功能区域布局参考，制订智慧仓规划方案并实施	1. 能够进行智慧仓储作业进行功能区域布局及动线规划 2. 智慧仓储规划方案实施	1. 智慧仓储物流动线规划 2. 智慧仓储功能区域布局 3. 智慧仓储规划方案实施
设备管理员	负责核算智慧仓内货架数量、AGV数量等，进行智慧仓储设备配置规划管理及配送中心平面布局	1. 能根据实际进行智慧仓内货架、工作站、仓储机器人数量核算 2. 能进行配套设施设备数量核算	1. 智慧仓内货架、工作站、仓储机器人数量核算 2. 配套设施设备数量
配送主管	负责配送路径选择优化及配送优化方案实施	1. 能进行智慧配送优化作业组织与操作 2. 能结合实际进行配送方案的优化	1. 配送路径选择优化 2. 智慧配送优化方案实施

（续）

职业岗位	工作内容	技能要求	相关知识
质控管理员	负责检查智慧仓配方案，监控智慧仓配方案实施质量，处理仓配方式实施综合评价等工作	1. 能够对智慧仓储规划方案进行评价分析 2. 能够对智慧配送优化方案等进行评价分析 3. 能够对智慧仓配方案实施进行质量控制	1. 实施方案评价指标 2. 仓配实施方案综合评价
仓储配送经理	积极配合相关物流服务部门，进行智慧仓配总体布局规划及智慧仓配方案实施，提升物流服务质量	1. 能够结合实际统筹规划，进行智慧仓配布局规划管理 2. 监督、指挥人员做好智慧仓配方案实施管理	1. 智慧仓配布局规划 2. 配送中心作业方案选择 3. 智慧仓配方案实施

案例导读

AMR 仓储机器人赋能新零售

AMR（Autonomous Mobile Robot，即自主移动机器人）仓储机器人在新零售领域应用，提升仓储效率和速度，实现智能化库存管理，灵活适应需求变化，提升客户体验，助力企业保持竞争优势。第一，提升仓储效率和速度。新零售模式下，订单量通常较大且多样化，要求仓储操作更加高效和灵活。AMR 仓储机器人可以自主规划路径，快速移动并准确搬运货物，大大提升仓储操作的效率和速度。第二，实现智能化的库存管理：AMR 仓储机器人配备了各种传感器和智能导航系统，能够实时监测仓库内货物的存放情况和库存水平。第三，灵活适应需求变化。AMR 仓储机器人具有较高的灵活性和自主调整能力，能够根据需求的变化快速调整工作流程和搬运路径，适应不同类型和规模的订单处理，帮助企业应对市场的挑战和变化。第四，提升客户体验。在新零售中，客户体验至关重要。AMR 仓储机器人可以提高订单处理的速度和准确性，保证订单及时交付，提升了客户的满意度和忠诚度。此外，机器人搬运过程中减少了人为因素的干扰，降低了订单错误和损坏的风险，进一步提升了客户体验。综上所述，AMR 仓储机器人在新零售领域为企业赋能，提升仓储效率、实现了智能化的库存管理并提升了客户体验，为新零售企业在竞争激烈的市场中保持竞争优势，提供了重要支持和帮助。

任务一　智慧仓配布局规划

任务引例

居力科技智慧仓储场景规划、布局设计

居力科技有限公司是一家创意小家电研发、设计、生产和销售的实业型企业，主营产品包括充电宝、智慧音箱、智慧摄像头等产品。在数字化及服务型制造转型发展背景趋势下，公司于浙江省杭州市新建"智慧制造 2025"示范工厂，

智慧仓区域规划

占地面积约 3 500m²，年产量超过 300 万件。为有效提升公司生产运营效率、改善产品质量，更好服务客户需求，公司现计划将原有生产车间改造升级为"智慧生产车间"，计划占地 50m×20m，主要包含原材料存储库、生产车间和成品库，初步确定未来计划投入使用的主要硬件设备种类为：原材料存储库（长 15m×宽 12m）：采用货到人（GTP）作业模式与 AGV，主要用于原材料的存储与搬运；生产车间（长 15m×宽 12m）：采用点到点（P2P）作业模式与 AGV，主要用于生产车间原材料补给。生产车间 AGV 原材料补给的转运接驳区域为长 10m×宽 5m。产成品到自动化立体仓库的转运接驳区域为长 7m×宽 5m。

思考：智慧仓储布局设计主要包括哪些内容？

知识准备

智慧仓储布局规划是指在一定区域或库区内，对智慧仓的平面布局、功能区域、仓库内设施设备等各种要素进行科学的规划和整体设计。

一、智慧仓储区域布局

（一）智慧仓库平面布局

1. 工作站

依据智慧仓储工作流程，工作站分别设置入库工作站和出库工作站两种。一般入库站点和出库站点分别位于仓储区域中巷道所对的两端，出库站点周围往往还设置了用于暂存所拣选商品的料箱等配套设施。在设置工作站时需要注意以下几个方面的内容。

仓库货架的布局方式

（1）工作站是"货到人"场景下重要的一环，要保证拣选人员有充足的、源源不断的待拣选货架过来，同时也要保证作业完成的货架及时返回库区。

（2）工作站内要有适当的缓存等待数量，综合考虑地图大小、订单结构、AGV 硬件性能等，根据经验，每个站点的等待位数量一般设置为站点所需车数的 30%。

（3）注意工作站的设置区域，要顺着货架的方向设置。

2. 储存区

一般货架储存区域占整个仓库面积的绝大部分，设置在仓库的中心位置，用于存放货架。对于物流仓储场景，场地大部分都被规划为货架储存区。常规情况下的货架布局，不宜超过 6 排一组，背靠背布置，一组背靠背货架不宜过长，每一组背靠背货架之间留出导航空间，便于快速出库。一般情况下，靠墙规划一排货架，并留一条通道，这样既能保证空间利用率最大化，也可使 AGV 进出通畅。

3. 旋转点

在智慧仓内，可将旋转点设置在十字路口的交叉点处；对于距离工作站较近的货架，则可以进入工作站内部的旋转点进行货架的旋转。要尽量减少对其他正常通行货架的影响。在货架旋转过程中，可以通过计算判断其是否会碰撞其他货架。

4. 休息区、充电区规划

休息区即在没订单任务的情况下 AGV 的停放区域,一般为节约空间,休息区会安排在第一排货架底部;充电区一般位于仓库的边缘区域,便于接通电源。

5. 通道规划

工作站前的通道为 AGV 行走的主通道,主通道至少要有 1 条以保证机器人能够顺畅地行走,主通道具体设计几条要依据智慧仓的大小进行调整。

(1)货架区域与工作站之间留 2～3 条高速通道,两条通道可以形成环的路径。

(2)如果只能有一条高速通道,则最好将其设置为双向行驶。

6. 步长的设置

步长即机器人行走时,相邻二维码之间的距离,通常将范围设置为 1 000～1 200mm。在确定步长时,需要综合考虑货架、AGV 的尺寸以及货架旋转时的长度,可设置为货架对角线长度的一半加货架长度的一半。如货架平面尺寸为 920mm×920mm,其对角线长度的一半为 650.5mm,其货架长度的一半为 460mm,则其在进行旋转货架时,需要的最小尺寸为 650.5+460=1 110.5mm,为保证货架旋转时留有充分的空间,可以将步长设置为 1 150mm 或 1 200mm。

(二)智慧仓储功能区域布局

在智慧仓储仓库布局规划时,根据作业需要,通常划分为多个功能区,最核心的区域板块主要包括智慧化的存取区、搬运区、统筹区等,具体如图 8-1 所示。

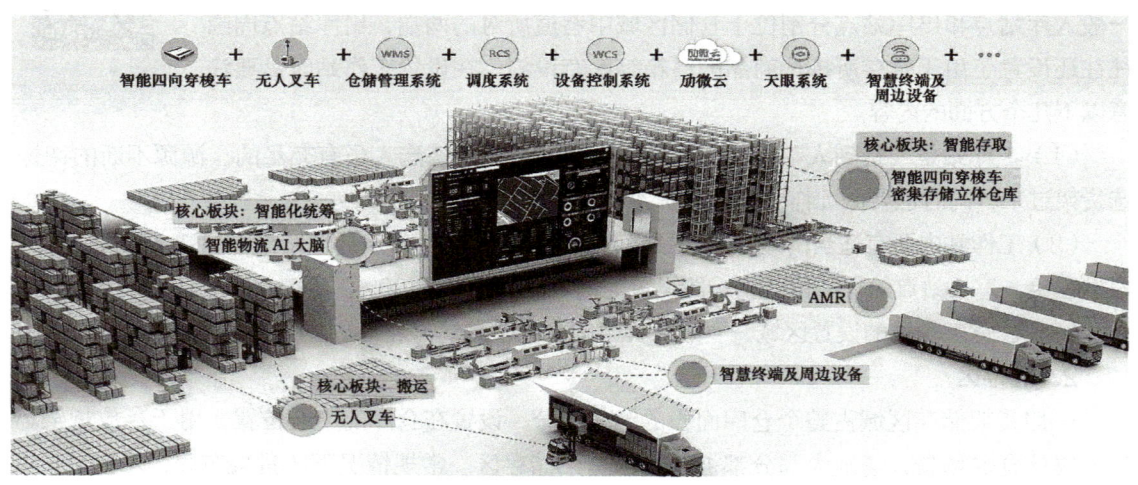

图 8-1 智慧仓储功能区域布局规划

1. 智慧化存取区

智慧化存取区主要是通过自动化设备和先进的控制系统来提高仓库操作的效率和精度。密集式存储立体仓库是一种现代化的仓储管理系统,它通常被用于大规模的仓储环境,如分销中心、物流中心和制造工厂等。自动化设备、立体货架、控制系统、自动化流程、数据采集与分析是自动化立库的几个重要组成部分。密集式存储立体仓库因其极高的空间利用率和存储能力,配合使用智慧四向穿梭车,极大地提升了自动化的拣选效率和空间利用率。

2. 智慧化搬运区

智慧化搬运区通过无人叉车、AGV 等智慧搬运机器人便捷安全及柔性等优势特点，自主导航、自动搬运，配合应用高密度货架存储、货物分拣及智慧仓内物流内部传送等，解决人工高空搬运不便的问题，自动化执行一些烦琐的工作；智慧调度货物，最大化地利用仓库内的空间，发挥智慧化搬运的整体性能，极大地提高了分拣的效率和准确性。不仅减轻了人工搬运压力，也提高了出入库的搬运准确率和效率，实现 24h 无人化搬运和仓库物料信息数据化管理。

3. 智慧化统筹区

智慧化统筹区融入智慧物流 AI 大脑等控制为核心，依托云计算、互联网、物联网、传感器、车载通信、控制系统等高科技技术，与其他设备实现智慧对接，负责处理智慧仓的运动规划、逻辑控制、安全保护及管理系统的通信，具有完善的作业逻辑控制功能，在空无一人的仓库中，一台台机器将货架送到包装工作台，准确识别货物，分拣出所需商品，打包后放在传送带上，真正实现智慧化的仓储物流，最大程度发挥智慧仓库作业效率。

二、智慧仓储物流动线规划

仓库动线规划设计遵循的基本原则是"不迂回、不交叉"。"不迂回"的目的是防止无效搬运，"不交叉"的目的是避免动线冲突，给搬运带来隐患。

（一）U 型动线

U 型动线是仓库设计的首先模式，如图 8-2 所示，进货区和出货区在仓库的同一侧，货物"进—存—出"形成了"U"字形的移动线路。

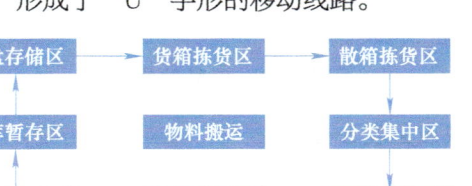

图 8-2　U 型动线布局

（二）L 型动线

L 型动线布局是指货物的进货区和出货区设置在仓库相邻的两侧，如图 8-3 所示。货物由"进—存—出"形成"L"字形的移动路线。

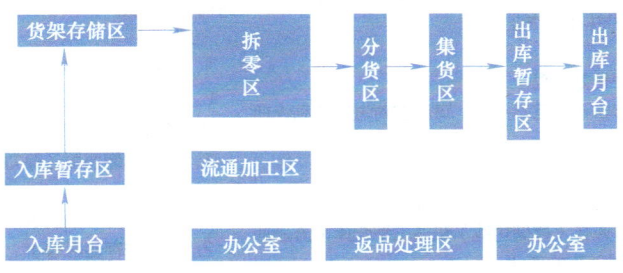

图 8-3　L 型动线布局

（三）I 型动线

I 型动线布局是指出货区和进货区设置在仓库相对的两侧，如图 8-4 所示。货物"进—存—出"形成了类似"I"字形的移动路线。

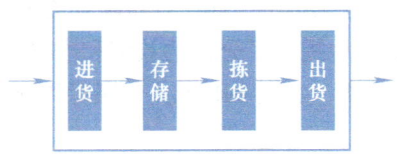

图 8-4　I 型动线布局

（四）S 型动线

S 型动线布局是指出货区和进货区设置在仓库相对的两侧，货物可以在仓库里完成流通加工等作业。货物"进—存—出"形成了类似"S"字形的移动路线，如图 8-5 所示。

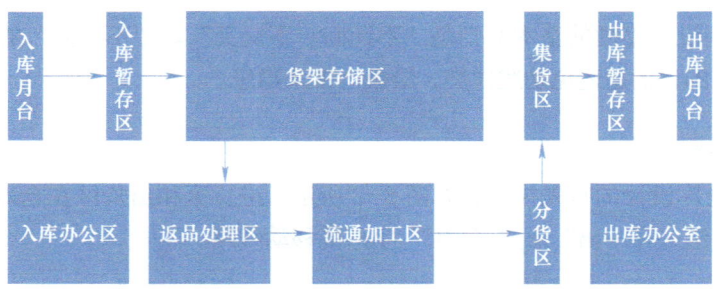

图 8-5　S 型动线布局

四种类型动线布局优缺点见表 8-1。

表 8-1　四种类型动线布局优缺点

动线类型	优点	缺点
U 型动线布局	1. 存储区靠里布置，比较集中，可以充分利用 2. 便于越库作业	1. 货物行走路线复杂，拣货效率不高 2. 同一车道供车辆出入，进出货高峰期容易造成拥堵 3. 仓库的增值服务能力不强
L 型动线布局	1. 进出库作业不在同一侧，可以应对进出库高峰期同时发生的情况 2. 适合有库存（存储功能）和加工型仓库（流通加工功能）同时并存的作业	1. 货物拣取流程较长，出库作业效率不高 2. 进出库车辆占用仓库外围空间较大，整个库区仓储利用率不高
I 型动线布局	1. 货物中转效率高 2. 进出库作业区互不干扰，可以应对进出库高峰期同时发生的情况	1. 货物流动性强，不利于存储时间较长物品 2. 进出库车辆占用仓库外围空间较大，整个库区仓储利用率不高 3. 仓库的增值服务能力不强
S 型动线布局	1. 可以满足流通加工等多种作业的需要 2. 适合有库存（存储功能）和加工型仓库（流通加工功能）同时并存的作业	1. 货物行走路线复杂，拣货效率不高 2. 仓库内存储区较小

三、智慧仓储设备配置规划

（一）智慧仓内货架数量

货架数量分析在给出货架规格、目标储存量及所有物料的体积及重量等既定条件的前提下，行业内通常会按照以下公式来计算智慧仓内货架的数量。

1. 商品数据统计分析

信息在所有货物的规格列表中，以货架货格的规格为标准，筛除体积过大的商品信息，并对剩余商品进行平均单件体积的计算。

2. 根据货架总体积，计算货架容量

$$货架容量（件）=（货架总体积 \times 货架存储空间系数）\div 平均单件体积 \qquad (8.1)$$

3. 计算货架数量

$$存储量 = 平均库存周转天数 \times 平均出库量 \qquad (8.2)$$

$$货架数 = 目标存储量 \div 货架容量 \qquad (8.3)$$

需要说明的是，目标储存量是指在进行货架数量的计算时，需要考虑商品在仓内的周转周期，以确保周转期内商品的库存。

例 8-1 腾飞仓配中心 TC 智慧仓长 10m、宽 10m，假设所有商品的尺寸都满足货架格尺寸，商品的平均单件体积为 3 000 000mm³，货架规格（长 × 宽 × 高）为 920mm×920mm×2 400mm，货架存储空间系数为 0.7，当前库存平均出库量为 1 800 件，平均库存周转天数为 10 天。求腾飞仓配中心 TC 智慧仓内货架数量及货架占用面积。

解：（1）题目中已知所有商品的尺寸都满足货架格尺寸，因此不用对商品进行筛选。

（2）确定货架容量：

$$货架容量（件）=（货架总体积 \times 货架存储空间系数）\div 平均单件体积$$
$$=（920 \times 920 \times 2\,400 \times 0.7）\div 3\,000\,000 \approx 473.98（件）$$

（3）确定货架数量：

$$目标存储量 = 平均库存周转天数 \times 平均出库量 = 10 \times 1\,800 = 18\,000（件）$$

$$货架数 = 目标存储量 / 货架容量 = 18\,000 \div 473.98 \approx 38（个）$$

（4）分析货架占用空间：

$$货架占用面积 = 货架数量 \times 单个货架的面积 = 38 \times 920 \times 920 = 32.163\,2（m^2）$$

因为，仓库面积 $=10 \times 10 = 100m^2 > 32.163\,2m^2$，所以能容下这些货架。

（二）智慧仓内工作站数量

在智慧仓内的作业人员，只需在工作站等待货架被运送至工作站，随后进行商品拣选作业。智慧仓内的拣选出库、补货入库等主要作业均在工作站处完成，工作站数量的多少、效率的高低直接影响仓内整体的作业效率以及订单的完成情况，因此需要根据订单数据信息以及 AGV 在智慧仓内的作业情况，综合分析智慧仓内所需要的各类工作站的数量。

智慧仓工作站
数量计算方法

（1）在智慧仓内，主要是在工作站处完成订单的拣选及入库作业，工作站数量的确定与其自身的作业效率息息相关，因此需要根据基准日的订单出入库数量与工作站的拣选/入库作业效率，推测出所需的工作站数量。

（2）根据出库量以及订单行数，确定每行订单所包含的商品数量，推测货架单次作业的命中数量（命中件数），即货架每达到工作站，可拣选的商品种类及拣选数量。推算货架单次命中数量（命中件数）：

$$行件数 = 出（入）库量 \div 订单行数 \tag{8.4}$$

行件数即平均每行订单所包含的件数，若行件数数值为1，说明每行订单大约包含一件商品，每次拣选动作只需完成一件商品的拣选。行件数可代表拣选效率的高低。

（3）结合机器人及货架在工作站处的作业时间情况，分析出单次拣选或入库的耗时。

$$单个机器人在工作站耗时 = 旋转货架时间 + 站点切换时间 + 单件拣货时间 \times 命中件数 \tag{8.5}$$

（4）综合作业耗时情况以及命中数量，推测工作站作业效率。

$$工作站点每分钟可拣选（或入库）数量 =（60s \div 单机器人在工作站耗时）\times 命中件数 \tag{8.6}$$

$$站点作业效率（件/h）= 每分钟可拣选（入库）的数量 \times 60\text{min} \tag{8.7}$$

（5）利用作业效率、作业时间、作业量来推测智慧仓内的工作站数量。智慧仓中工作站分为入库工作站和拣选工作站（出库工作站）。在AGV智慧仓内，入库工作站入库环节可理解为对出库货品的补货作业，其效率在一般情况下大于出库作业的效率。拣选工作站也就是出库工作站，一般理解为出库拣选作业。

$$拣选工作站（出库工作站）的数量 = 出库数量 /（拣选效率 \times 每日工作时间） \tag{8.8}$$

$$入库工作站的数量 = 入库数量 /（入库效率 \times 每日工作时间） \tag{8.9}$$

例8-2 某智慧仓根据企业需求确定库存基准天数为2025年10月6日，其余参数见表8-2。拣选（出库）站点和入库站点的工作参数见表8-3。智慧仓内每天工作时间8h。请确定智慧仓工作站数量。

表8-2 某智慧仓库存基准日出入库信息

日期	出库订单数	出库订单行数	出库品项数（SKU）	出库量（件）
2025年10月6日	1 800	2 600	1 300	2 600

日期	入库订单数	入库订单行数	入库品项数（SKU）	入库量（件）
2025年10月6日	600	900	700	2 400

表8-3 某智慧仓拣选（出库）站点和入库站点的工作参数

作业环节	拣选（出库）工作站点拣选耗时（s）	拣选（出库）工作站点拣选耗时（s）
AGV在作业处切换站点	5	5
旋转货架时间	4	4
单件拣选时间（SKU作业时间）	6	4

解：（1）根据智慧仓库存基准天数的信息（见表8-2）推算货架单次命中数量（命中件数）。

出库行件数 = 出库量 / 订单行数 = 2 600/2 600 = 1

即：平均每个出库订单行有1件商品，由此假定单个货架平均每次拣选命中1件商品。

$$入库行件数 = 入库量 / 订单行数 = 2\,400/900 ≈ 2.67$$

即：平均每个入库订单行约包含2.6件商品，由此假定单个货架平均每次入库命中3件商品。

（2）根据表8-3中拣选（出库）站点和入库站点的工作参数，分析出单次拣选（出库）或入库的耗时。

通过AGV在拣选（出库）工作站处的动作分解及其用时，可以推算出：

$$单个AGV在拣选（出库）工作站耗时 = 旋转货架时间 + 站点切换时间 + 单件拣货时间 × 拣选命中件数 = 4+5+6×1 = 15（s）$$

通过AGV在入库工作站处的动作分解及其用时，可以推算出：

$$单个AGV在入库工作站耗时 = 旋转货架时间 + 站点切换时间 + 单件拣货时间 × 入库命中件数 = 4+5+4×3 = 21（s）$$

（3）综合作业耗时情况以及命中数量，推测工作站作业效率。

$$拣选（出库）工作站点每分钟可拣选数量 = （60s/ 单AGV在拣选工作站耗时）× 拣选命中件数 = （60/15）×1 = 4（件）$$

$$拣选（出库）站点作业效率 = 每分钟可拣选的数 × 60\min$$
$$= （4×60）件/h$$
$$= 240\text{件}/h$$

即：单个拣选（出库）工作站满负荷运转下可满足240件/h的拣选效率。

$$入库工作站点每分钟可拣选数量 = （60s/ 单机器人在入库工作站耗时）× 入库命中件数 = （60/21）×3 ≈ 8.57（件）$$

$$入库站点作业效率 = 每分钟可入库的数量 × 60\min = 8.57×60 = 514.2（件/h）$$

即：单个入库工作站满负荷运转下可满足514.2件/h的拣选效率。

（4）结合工作站的作业效率、工作时间以及作业量，可推测出在既定作业量的情况下所需工作站的数量。

$$拣选（出库）工作站的数量 = 出库数量 / （拣选效率 × 每日工作时间）$$
$$= 2\,600/（240×8）= 1.35 ≈ 2（个）$$

即：需要设置2个拣选（出库）工作站。

$$入库工作站的数量 = 入库数量 / （入库效率 × 每日工作时间）$$
$$= 2\,400/（514.2×8）= 0.58 ≈ 1（个）$$

即：需要设置1个入库工作站。

（三）智慧仓内AGV数量

通过对AGV在仓库内作业行走路程的分析，可依据不同的计算标准来计算仓内所需AGV数量。在AGV进行作业时，一般会将区域分为入库区域和出库区域，且两个区域的AGV通常不会混用，即用于出库的机器人只适用于出库作业，因此在计算时需要分别计算用于出库和入库的机器人数量。

（1）根据图8-6可以看出，货架单次作业往返时间包括机器人到达货架位时间、顶举与释放货架时间、到达站点时间和返回货架位时间。经AGV动作拆解（见图8-7）得出，到达站点时间与返回货架位时间等于货架的移动时间可细化分为直行和转弯两个部分。

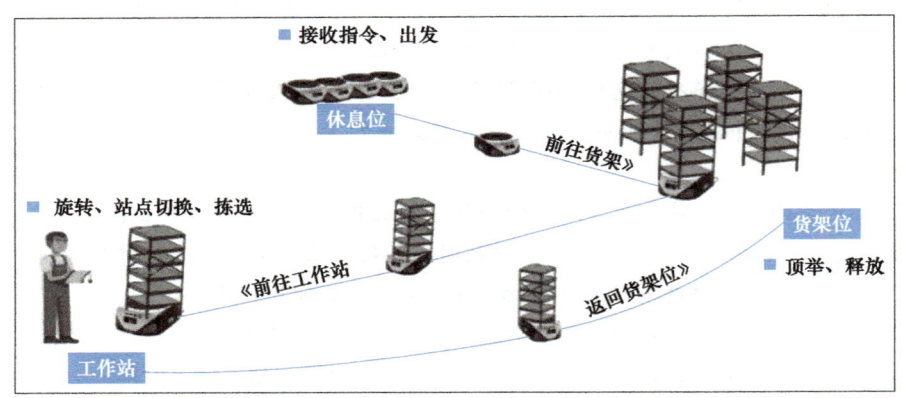

图 8-6　AGV 工作往返图

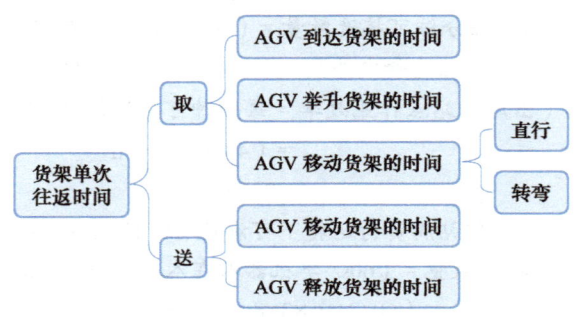

图 8-7　AGV 动作拆解

①直行时间。

$$直行时间 = \left(\frac{1}{2}仓库的长 + \frac{1}{4}仓库的宽\right)/AGV 的行驶速度 \qquad (8.10)$$

②转弯时间。根据行业经验，AGV 在智慧仓内的转弯次数一般为 4～5 次，每次的时间为 2～3s，由此可知转弯时间。

③到达站点时间。

$$\begin{aligned}到达站点时间 = 返回货架位时间 = 直行时间 + 转弯时间 = \left(\frac{1}{2}仓库的长 + \frac{1}{4}仓库的宽\right)/\\ AGV 的行驶速度 + (每次转弯的时间 \times 每次转弯的次数)\end{aligned} \qquad (8.11)$$

（2）通过对货架单次作业的流程进行动作拆解，确定货架单次作业往返时间。

$$\begin{aligned}货架单次作业往返时间 = 机器人到达货架位时间 + 顶举货架时间 +\\ 到达站点时间 + 返回货架位时间 + 释放货架时间\end{aligned} \qquad (8.12)$$

（3）确定站点单次作业耗时。

$$站点单次作业耗时 = 旋转货架时间 + 站点切换时间 + 单件拣货时间 \times 命中件数 \qquad (8.13)$$

（4）确定智慧仓内工作站点机器人数。

$$工作站点所需机器人数量 = (货架单次作业往返时间/站点单次作业耗时) + 1 \qquad (8.14)$$

例 8-3 飞达仓储 A 智能仓的尺寸为长 20m、宽 20m，工作站数量和站点单次作业耗时采用本任务例 8-2 中已经算出的数据，即出库工作站 2 个、入库工作站 1 个；出库站点单次作业耗时 15s，入库站点单次作业耗时 21s。试确定 A 智能仓内工作站点 AGV 数。

根据经验，AGV 在仓库面积范围内各作业环节分解的作业时间以及基本参数如下：AGV 到达货架的平均时间为 14s；AGV 顶举货架时间为 3s；AGV 放下货架时间为 5s；AGV 承重为 500kg；AGV 平均行驶速度为 1m/s；AGV 平均转弯时间为 3s/次；AGV 平均转弯次数为 5 次。

解：（1）确定 AGV 在仓库内到达站点时间和返回货架位时间。

① 直行时间 =（1/2 仓库的长 +1/4 仓库的宽）/AGV 的行驶速度
= （1/2×20+1/4×20）/1=15（s）

② 转弯时间 = 每次转弯的时间 × 每次转弯的次数 =3×5=15（s）

③ 到达站点时间 = 返回货架位时间 = 直行时间 + 转弯时间 =15+15=30（s）

（2）确定货架单次作业往返时间。

货架单次作业往返时间 = 机器人到达货架位时间 + 顶举货架时间 + 到达站点时间 + 返回货架位时间 + 释放货架时间 =14+3+2×30+5=82（s）

（3）确定智慧仓内工作站点机器人数。

① 出库工作站点所需机器人数量 =（货架单次作业往返时间 / 出库站点单次作业耗时）+1
=（82/15）+1≈6.47≈7（个）

② 拣选（出库）工作站中所需机器人数量 =7×2=14（个）

③ 入库工作站点所需机器人数量 =（货架单次作业往返时间 / 入库站点单次作业耗时）+1
=（82/21）+1≈4.9≈5（辆）

④ 入库工作站中所需机器人数量 =7×1=7（个）

（四）配套设施设备数量

在以 AGV 为主的智慧仓内，除货架、机器人、工作站外，还需考虑等待位、充电桩等辅助设备设施的配置。为确保仓内 AGV 能够不受自身电量影响顺利完成拣选作业，通常会在仓库内设置专门的充电区域，配套适量的充电桩。为保证库内出库、入库作业的有效运行，通常会在拣选处设置若干等待位，其中，等待位、充电桩的设置均与仓内 AGV 的数量相关。

1. 等待位数量的确定

在以"货到人"模式为主的智能仓中，受出入库货流量以及 AGV 数量的影响，为保证库内出入库作业的有效运行，通常会在拣选处设置若干等待位。拣选位上的 AGV 正在进行拣选作业时，后面的机器人从"入站"处进入作业区域，并在等待位处进行等待，前方机器人完成拣选作业后，向前移动一个位置，直至拣选完成进入主通道"出站"。根据企业经验，一般将 AGV 等待位的数量设置为站点所需 AGV 数量的 0.3 倍。

2. 充电桩数量的确定

为确保仓内 AGV 能够不受自身电量影响顺利完成拣选作业，通常会在仓库内设置专门的充电区域，配套适量的充电桩，且充电区域的每个充电桩上会留有一辆充电备用的 AGV。

充电桩的数量一般会依据 AGV 的数量将比例设置为 1:4，即每 4 辆 AGV 配置一个充电桩。

3. 确定智能仓内 AGV 总数

智能仓内 AGV 总数 = 入库 AGV 数量 + 出库 AGV 数量 + 充电桩备用 AGV 数量　　(8.15)

> **例 8-4**　创越仓配中心 C 智能仓中出库工作站和入库工作站个 1 个，每个出库工作站需要 15 个 AGV，每个入库工作站需要 10 个 AGV。确定 C 智能仓中等待位的数量、充电桩的数量和仓内 AGV 总数。
>
> 解：（1）确定等待位的数量。
>
> $$拣选（出库）工作站等待位 = 15 \times 0.3 = 4.5 \approx 5（个）$$
>
> 即：在每个拣选（出库）工作站需要设置 5 个等待位。
>
> $$入库工作站等待位 = 10 \times 0.3 = 3（个）$$
>
> 即：在每个入库工作站需要设置 3 个等待位。
>
> （2）确定充电桩的数量。
>
> 充电桩数量与 AGV 机器人数量的比值为 1:4，即每 4 个 AGV 需配置 1 个充电桩，且每个充电桩处需一辆 AGV 以作为充电备用机。
>
> $$充电桩的数量 = (15+10)/4 = 6.25 \approx 7（个）$$
>
> （3）确定智能仓内 AGV 总数。
>
> 智能仓内 AGV 总数 = 入库 AGV 数量 + 出库 AGV 数量 + 充电桩备用 AGV 数量
> $$= 10 + 15 + 7 = 32（个）$$
>
> 即：在工作区域内，需配置 32 个 AGV。

四、配送中心平面布局规划

配送中心的平面布局规划与设计就是根据物流作业量和物流路线等分析，确定各功能区域的面积和各功能区域的相对位置，最后得到配送中心的平面布置图，确定设施的不同形式和标准。首先，对影响配送中心布局的基础资料进行分析，得出配送中心布局的相关建议，包括设计规模、设备选用、建设成本等。其次，根据配送中心的功能设计作业流程，按照流程对区域进行规划，绘制平面规划图。最后，考虑各种限制条件和因素，对方案进行优化和选择。具体程序如图 8-8 所示。

配送中心区域规划方法

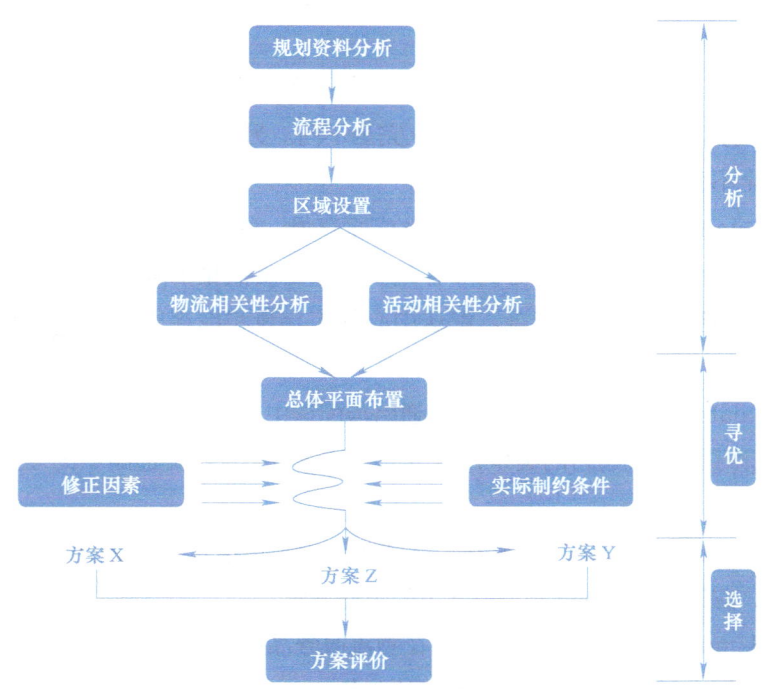

图 8-8 配送中心平面布局规划程序

（一）配送中心平面规划前期资料搜集

根据拟建物流配送中心的类型，首先进行规划所需的基本资料的搜集和调查研究工作。调查研究方法包括现场访问记录和厂商实际使用的表单搜集。规划资料的搜集过程分为两个阶段，即现状资料搜集、分析和未来规划所需资料的搜集。资料搜集内容见表 8-4。

表 8-4 配送中心平面规划主要资料搜集

现状资料搜集	未来规划资料搜集
① 基本运行资料：业务类型、营业范围、营业额、人员数、车辆数、供应厂商和用户数量等 ② 商品资料包括商品类型、分类、品项数、供应来源、保管形式等 ③ 订单资料包括商品种类、名称、数量、单位、订货日期、交货日期、生产厂家等 ④ 货物特性包括物态、气味、温、湿度要求、腐蚀、变质特性、装填性质。此外还包括物品重量、体积、尺寸、包装规格、储存特性和有效期限等。包装规格分单品、内包装、外包装单位等包装规格 ⑤ 作业流程包括一般物流作业，即进货、储存、拣选、补货、流通加工、发货、配送、退货、盘点、仓储配合作业（移仓调拨、容器回收、废弃物回收处理）等作业流程	① 制订运营策略和中长期发展计划：根据外部环境变化、政府政策、企业未来发展等来决定 ② 进行商品未来需求预测：分析商品在销售增长率，估计未来增长趋势 ③ 分析商品品种变化趋势：分析商品在品种方面可能的变化趋势 ④ 预测将来可能变化的厂址和面积

（二）配送中心的规划要素

配送中心的规划要素就是影响配送中心系统规划的基础数据和背景资料，是配送中心规划的依据，主要包括 EIQRSTC 七个方面。

（1）E——Entry，指配送服务的对象或客户。配送中心的服务对象或客户不同，配送中心的订单形态和出货形态就会有很大不同。

（2）I——Item，指配送货物的种类。在配送中心所处理的货品品项数不同，则其复杂性与困难性也有所不同；其货品储放的储位安排也完全不同。另外在配送中心所处理的货品种类不同，其特性也完全不同。

（3）Q——Quantity，指配送货品的数量或库存量。这里 Q 包含两个方面的含义：一是配送中心的出货数量；二是配送中心的库存量。货品出货数量的多少和变化趋势会直接影响到配送中心的作业能力和设备的配置。配送中心的库存量和库存周期将影响到配送中心对空间的需求。

（4）R——Route，指配送的通路。物流通路与配送中心的规划也有很大的关系。规划配送中心前，首先必须了解物流通路的类型，然后根据配送中心在物流通路中的位置和上下游客户的特点进行规划。

（5）S——Service，指物流服务水平。物流服务水平包括订货、交货时间，货品缺货率，增值服务能力等，应该是在合理的物流成本下的服务品质。

（6）T——Time，指物流的交货时间。在物流服务品质中，物流的交货时间非常重要，因为交货时间太长或不准时都会严重影响零售商的业务。

（7）C——Cost，指配送货品的价值或建造的预算。在配送中心规划时，除考虑以上基本要素外，还应该注意研究配送货品的价值和建造预算。首先，配送货品的价值与物流成本有很密切的关系；其次，配送中心的建造费用预算也会直接影响到配送中心的规模和自动化水平，没有足够的建设投资，所有理想的规划都是无法实现的。

（三）配送中心作业流程规划

配送中心根据自身的经营业务进行作业流程规划。制订科学合理的流程，可以提高配送中心的作业效率。同时，作业流程是配送中心规划布局的重要依据，尤其对功能区的布局影响最大。

1. 物流支持作业

物流支持作业种类多、工作量大，是配送中心作业的主体内容。虽然不同配送中心的物流作业内容不尽相同，但是一般主要包括订单处理、订单维护、进货作业、库存管理、拣货作业、发货作业、运输配送作业等环节（见图 8-9）。

2. 一般事务作业

物流支持作业，一个配送中心若要进行正常运转，还要进行财务会计作业、人事薪金作业、日常事务管理作业等一般事务作业。

3. 决策支持作业

出于对配送中心长远发展的需要，还要对其运作成本、经济效益进行分析，并对关系配送中心发展的重大问题进行决策。

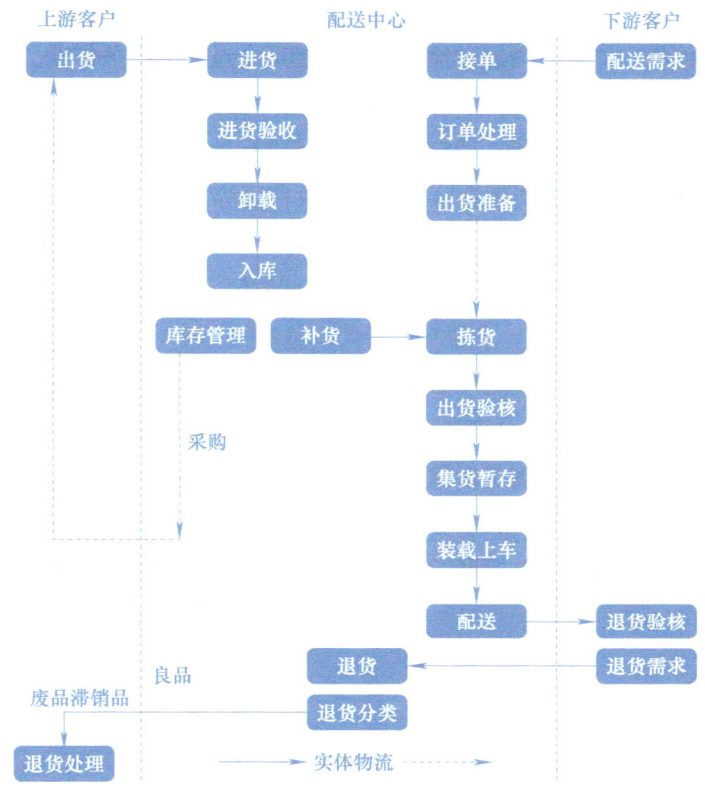

图 8-9 配送中心作业基本流程

（四）配送中心作业方案选择

经过几个阶段的规划和设计，会产生若干备选方案，决策者需要对备选方案进行评估，从中选取最佳方案。配送中心规划方案的评估主要从经济性、技术性、系统作业情况这几个方面进行，具体评估的项目要根据实际情况以及决策层的意见进行设定。

五、配送中心作业区域功能规划

根据区域内作业性质，一般配送中心内部分为物流作业区和非物流作业区两大类。

1. 物流作业区

（1）进货区。从货物运达到入库所要进行的相关作业，包括车辆到达、卸货、验收等操作，对应的功能子区包括卸货区、入库验货区、进货暂存区等。

（2）理货区。主要完成理货、拣货、补货、分类、集货、验货、配货等作业，进行货物运达配送中心后进入后续流程的先期处理以及货物即将从配送中心出去前的先期处理。

（3）储存区。主要进行仓储保管工作。根据所储存货物的性质，储存区包括普通储存区、特殊商品储存区以及堆场等。

（4）加工区。主要包括针对一些初级产品进行二次加工或零配件重新组装成产品等加工作业以及产品包装、运输包装、打印条码等作业。流通加工区包括加工区、包装区等。

（5）出货区。将集中待发货物经过检验至装车起运全过程的相关作业。从布局和结构看，出货区与进货区类似。各种操作对应的功能子区包括出库验货区、出货暂存区、装货区等。

（6）退货区。配送中心对退货、瑕疵品及废品等进行处理及存储的作业区域。包括退货卸货区、退货处理区、换货区、退货暂存区、瑕疵品暂存区等。

2．非物流作业区

（1）辅助作业区。指辅助物流作业场所，如容器回收区、废料处理区、设备停放区、设备维修区、停车场等。

（2）配合作业区。指为配合配送中心正常运营所必需的业务管理，提供安全、消防、绿化以及车辆通行等区域，主要包括办公事务区、消防系统、能源动力区、绿化区、通道等。

（3）行政生活服务区。主要提供增值服务场所以及生活服务场所，如为供货商提供展览、促销、交易场所；提供车辆检修、加油等服务；为客户及工作人员提供休息、接待、娱乐、餐饮等服务。行政生活服务区一般包括展示大厅、商务洽谈区、配套服务区、车辆检修中心、休息服务区等。

任务发布

智慧仓配布局规划设计

根据本任务所讲述的内容，实地或网络调查仓配企业，根据仓配业务实际进行选择区域布局、智慧仓配设备配置等进行规划设计，分析形成智慧仓配布局规划设计方案。

任务实施

（一）实施方式

1. 学生5～6人自主组成一个小组，根据任务发布内容，进行智慧仓配布局规划设计。
2. 参考实施步骤的提示，完成智慧仓配布局规划设计方案。

（二）实施内容及操作步骤

步骤1：进行智慧仓储区域布局。

步骤2：进行智慧仓储物流动线规划。

步骤3：进行智慧仓储设备配置规划。

步骤4：进行配送中心平面布局规划。

步骤5：进行配送中心作业区域功能规划。

步骤6：形成智慧仓配布局规划设计方案。

（三）实施成果及形式

1. 总结报告：每组提交一份智慧仓配布局规划设计方案。
2. 小组展示：利用PPT现场讲解智慧仓配布局规划设计方案。

任务评价

任务评价表

被考评人			考评任务	智慧仓配布局规划		
考评步骤	考评内容及分值		自我评价（30%）	小组评议（40%）	教师评价（30%）	合计得分（100%）
步骤1	进行智慧仓储区域布局	10分				
步骤2	进行智慧仓储物流动线规划	10分				
步骤3	进行智慧仓储设备配置规划	15分				
步骤4	进行配送中心平面布局规划	15分				
步骤5	进行配送中心作业区域功能规划	15分				
步骤6	形成智慧仓配布局规划设计方案	35分				
综合评定						
考评标准	资料准备	知识掌握	语言表达	团队合作	沟通能力	合计得分
分值	20分	30分	20分	15分	15分	
注：任务总评得分 = 考评步骤 70%+ 综合评定 30%				任务总评得分		

任务二　智慧仓配方案实施

任务引例

牛奶物流配送中心"智慧+"提升物流仓配质效

某牛奶物流配送中心积极探索开展智慧配送，进一步提高牛奶配送效率和服务质量。智慧＋精益"，推进数字化仓储建设。积极推进牛奶仓储数字化管理工作，通过增加叉车车载终端、扫描枪、车载显示屏等设备，实现仓储与分拣系统的无差别备货和叉车的信息化运用。"智慧＋供应"，强化牛奶精准配送。建立牛奶精准配送业务模型，科学优化配送线路，合理调配车辆，进一步提高物流运行效率，促进牛奶配送更加精准高效，提高零售客户满意度。借助"钉钉"软件开展电子化配送。组织相关人员实地考察其他单位在电子化签收方面的先进经验，探索移动终端和智慧管理平台应用数据对接共享，为后续应用推广、对标改善夯实基础。利用送货终端健全监督体系。通过车载终端和送货人员手持客户端的应用，全方位、多维度了解送货任务进度、配送车辆位置、订单签收等信息，实时掌握车辆在途状态，不断提升配送服务水平。

思考：该牛奶物流配送中心是如何实施智慧仓配的？

知识准备

智慧仓配方案实施包括智慧仓储规划方案实施、智慧配送优化方案实施和仓配实施方案综合评价三大部分。实施的业务背景是以高等职业教育全国职业院校技能大赛智慧物流（Intelligent Logistics）赛项规程为依据，以技能大赛标准为蓝本，根据智慧物流技能大赛内容进行改编，其中智慧仓储规划方案实施业务涵盖 ABC 分类分析及原料箱数规划、存储货架数量规划、智能设施设备需求分析、智慧物流功能区域布局设计等，智慧配送优化方案实施业务主要是智慧配送路线设计，最后进行方案综合评价，根据智慧仓储规划方案、智慧配送优化方案演示文稿，进行汇报和答辩。

一、智慧仓储规划方案实施

（一）方案实施业务背景

1. ABC 分类分析及原料箱数规划

根据企业产能信息和产线规划（见表 8-5），结合产品物料清单，计算分析各原材料月需求量、日需求量和时需求量。

表 8-5 企业产能信息和产线规划

产能规划信息 1					
产品型号	年产能规划（件）	班次（班/日）	每日工作时长（小时/班）	月工作日（天）	产线数量（条）
智能音箱 A	786 240	3	6	28	1
产能规划信息 2					
产品型号	年产能规划（件）	班次（班/日）	每日工作时长（小时/班）	月工作日（天）	产线数量（条）
智能音箱 B	786 240	3	6	28	1

根据给定的入库作业周报（见表 8-7～表 8-11），对生产线所需的原材料进行 ABC 分类，计算过程保留 2 位小数（四舍五入）。分类标准见表 8-6。

表 8-6 原材料分类标准表

累计品种所占比重（%）	0<A ≤ 10	10<B ≤ 42	42<C ≤ 100
累计周转量所占比重（%）	0<A ≤ 55	55<B ≤ 85	85<C ≤ 100

依据 ABC 分类结果和计算得出的需求量，按照原材料存储库存量的要求，分析计算原材料存储料箱的数量。

表 8-7　入库作业周报（第 1 周）

入库作业周报（物动量统计）

制表人：小强		制表时间：2024.8.1
编号	零部件	入库量
6901236342009	信号中短器 F	134
6901236342010	摄像头芯片 C	113
6901236342011	电控锁 F	173
6901236342012	电热元件 D	93
6901236342013	电池 E	135
6901236342014	驱动轮 E	5 108
6901236342015	外壳 C	228
6901236342016	镜头 C	477
6901236342004	电子组件 A	1 383
6901236342017	开关 D	121
6901236342018	智能防撞感应器 E	216
6901236342019	陀螺仪导航 E	114
6901236342020	水箱 E	209
6901236342021	铜柱 C	433
6901236342022	镜头座 C	160
6901236342023	网络汇总器 F	174
6901236342024	视频放大器 F	196
6901236342025	视频切换器 F	761
6901236342026	解码器 F	739
6901236342006	扬声器 B	3 250
6901236342027	挡风板 D	97
6901236342028	超声波感应 E	743
6901236342029	UPS 电源 F	242
6901236342030	智能芯片 E	122
6901236342031	方向轮 E	169
6901236342003	不锈钢外壳 A	819
6901236342032	主机选择器 F	99
6901236342033	尾线 C	4 237
6901236342034	智能自动回应感应器 E	1 097
6901236342035	边刷 E	492
6901236342036	摄像头导航 E	247
6901236342037	手柄 D	443

（续）

编号	零部件	入库量
6901236342038	灯板 C	501
6901236342005	主控芯片 B	496
6901236342039	光端机 F	167
6901236342040	自动回充基座 E	206
6901236342041	电动机 D	140
6901236342008	电子组件 B	1 674
6901236342007	不锈钢外壳 B	449
6901236342001	主控芯片 A	229
6901236342042	讯号转换器 F	226
6901236342043	风叶 D	4 180
6901236342044	闭门器 F	502
6901236342045	电源线 D	113
6901236342046	壳体 D	147
6901236342047	智能扫地机器人组件 E	256
6901236342048	智能防跌落感应器 E	480
6901236342049	主机 F	722
6901236342050	吸口或中扫吸口 E	829
6901236342002	扬声器 A	3 095

表 8-8　入库作业周报（第 2 周）

入库作业周报（物动量统计）		
制表人：小强		制表时间：2024.8.8
编号	零部件	入库量
6901236342012	电热元件 D	137
6901236342003	不锈钢外壳 A	783
6901236342019	陀螺仪导航 E	147
6901236342039	光端机 F	128
6901236342044	闭门器 F	452
6901236342040	自动回充基座 E	219
6901236342036	摄像头导航 E	221
6901236342015	外壳 C	217
6901236342037	手柄 D	462
6901236342038	灯板 C	466
6901236342047	智能扫地机器人组件 E	214
6901236342022	镜头座 C	198
6901236342006	扬声器 B	3 281
6901236342048	智能防跌落感应器 E	476

（续）

编号	零部件	入库量
6901236342017	开关 D	163
6901236342045	电源线 D	137
6901236342033	尾线 C	4 232
6901236342018	智能防撞感应器 E	193
6901236342046	壳体 D	188
6901236342041	电动机 D	128
6901236342008	电子组件 B	1 687
6901236342027	挡风板 D	132
6901236342030	智能芯片 E	161
6901236342013	电池 E	153
6901236342043	风叶 D	4 130
6901236342028	超声波感应 E	730
6901236342034	智能自动回应感应器 E	1 120
6901236342049	主机 F	741
6901236342009	信号中短器 F	165
6901236342023	网络汇总器 F	147
6901236342024	视频放大器 F	184
6901236342020	水箱 E	195
6901236342001	主控芯片 A	209
6901236342014	驱动轮 E	5 061
6901236342005	主控芯片 B	473
6901236342032	主机选择器 F	137
6901236342025	视频切换器 F	798
6901236342026	解码器 F	756
6901236342050	吸口或中扫吸口 E	825
6901236342007	不锈钢外壳 B	483
6901236342042	讯号转换器 F	216
6901236342002	扬声器 A	3 104
6901236342031	方向轮 E	217
6901236342016	镜头 C	476
6901236342010	摄像头芯片 C	153
6901236342021	铜柱 C	459
6901236342035	边刷 E	487
6901236342011	电控锁 F	203
6901236342004	电子组件 A	1 403
6901236342029	UPS 电源 F	200

表8-9 入库作业周报（第3周）

入库作业周报（物动量统计）

制表人：小强	制表时间：2024.8.15	
编号	零部件	入库量
6901236342001	主控芯片A	161
6901236342047	智能扫地机器人组件E	222
6901236342009	信号中短器F	116
6901236342021	铜柱C	450
6901236342041	电动机D	122
6901236342034	智能自动回应感应器E	1 139
6901236342025	视频切换器F	750
6901236342002	扬声器A	3 147
6901236342045	电源线D	131
6901236342013	电池E	107
6901236342014	驱动轮E	5 018
6901236342007	不锈钢外壳B	455
6901236342016	镜头C	432
6901236342004	电子组件A	1 399
6901236342033	尾线C	4 244
6901236342010	摄像头芯片C	175
6901236342026	解码器F	780
6901236342050	吸口或中扫吸口E	784
6901236342006	扬声器B	3 303
6901236342049	主机F	739
6901236342037	手柄D	462
6901236342043	风叶D	4 090
6901236342042	讯号转换器F	225
6901236342011	电控锁F	201
6901236342044	闭门器F	434
6901236342036	摄像头导航E	210
6901236342017	开关D	132
6901236342018	智能防撞感应器E	178
6901236342029	UPS电源F	235
6901236342032	主机选择器F	181
6901236342003	不锈钢外壳A	783
6901236342019	陀螺仪导航E	126
6901236342038	灯板C	450
6901236342023	网络汇总器F	185

（续）

编号	零部件	入库量
6901236342048	智能防跌落感应器 E	444
6901236342022	镜头座 C	218
6901236342030	智能芯片 E	206
6901236342024	视频放大器 F	226
6901236342020	水箱 E	189
6901236342005	主控芯片 B	478
6901236342031	方向轮 E	176
6901236342008	电子组件 B	1 727
6901236342039	光端机 F	156
6901236342040	自动回充基座 E	265
6901236342028	超声波感应 E	742
6901236342012	电热元件 D	179
6901236342027	挡风板 D	143
6901236342015	外壳 C	258
6901236342046	壳体 D	188
6901236342035	边刷 E	443

表 8-10　入库作业周报（第 4 周）

入库作业周报（物动量统计）

制表人：小强		制表时间：2024.8.22

编号	零部件	入库量
6901236342044	闭门器 F	451
6901236342042	讯号转换器 F	178
6901236342038	灯板 C	466
6901236342020	水箱 E	216
6901236342035	边刷 E	448
6901236342002	扬声器 A	3 131
6901236342016	镜头 C	507
6901236342043	风叶 D	4 136
6901236342029	UPS 电源 F	187
6901236342013	电池 E	110
6901236342009	信号中短器 F	194
6901236342041	电动机 D	146
6901236342050	吸口或中扫吸口 E	783
6901236342007	不锈钢外壳 B	509
6901236342010	摄像头芯片 C	202

(续)

编号	零部件	入库量
6901236342045	电源线 D	176
6901236342018	智能防撞感应器 E	152
6901236342024	视频放大器 F	203
6901236342005	主控芯片 B	476
6901236342025	视频切换器 F	786
6901236342026	解码器 F	798
6901236342019	陀螺仪导航 E	171
6901236342046	壳体 D	175
6901236342008	电子组件 B	1 642
6901236342030	智能芯片 E	130
6901236342015	外壳 C	249
6901236342047	智能扫地机器人组件 E	192
6901236342012	电热元件 D	107
6901236342037	手柄 D	488
6901236342049	主机 F	696
6901236342039	光端机 F	104
6901236342036	摄像头导航 E	199
6901236342033	尾线 C	4 270
6901236342003	不锈钢外壳 A	777
6901236342001	主控芯片 A	174
6901236342021	铜柱 C	414
6901236342017	开关 D	201
6901236342032	主机选择器 F	135
6901236342040	自动回充基座 E	263
6901236342022	镜头座 C	226
6901236342028	超声波感应 E	731
6901236342014	驱动轮 E	5 095
6901236342031	方向轮 E	182
6901236342027	挡风板 D	131
6901236342023	网络汇总器 F	144
6901236342006	扬声器 B	3 290
6901236342034	智能自动回应感应器 E	1 141
6901236342048	智能防跌落感应器 E	479
6901236342011	电控锁 F	203
6901236342004	电子组件 A	1 415

表 8-11 入库作业周报（第 5 周）

入库作业周报（物动量统计）

制表人：小强		制表时间：2024.8.29
编号	零部件	入库量
6901236342021	铜柱 C	448
6901236342017	开关 D	156
6901236342005	主控芯片 B	504
6901236342015	外壳 C	191
6901236342045	电源线 D	125
6901236342020	水箱 E	207
6901236342036	摄像头导航 E	202
6901236342025	视频切换器 F	789
6901236342039	光端机 F	178
6901236342050	吸口或中扫吸口 E	857
6901236342009	信号中短器 F	172
6901236342032	主机选择器 F	141
6901236342044	闭门器 F	499
6901236342034	智能自动回应感应器 E	1 167
6901236342029	UPS 电源 F	194
6901236342040	自动回充基座 E	231
6901236342047	智能扫地机器人组件 E	215
6901236342046	壳体 D	198
6901236342027	挡风板 D	120
6901236342043	风叶 D	4 130
6901236342024	视频放大器 F	148
6901236342035	边刷 E	493
6901236342004	电子组件 A	1 395
6901236342019	陀螺仪导航 E	175
6901236342008	电子组件 B	1 668
6901236342030	智能芯片 E	192
6901236342037	手柄 D	445
6901236342006	扬声器 B	3 293
6901236342031	方向轮 E	219
6901236342012	电热元件 D	146
6901236342013	电池 E	141
6901236342026	解码器 F	744
6901236342018	智能防撞感应器 E	160
6901236342041	电动机 D	125

（续）

编号	零部件	入库量
6901236342049	主机 F	723
6901236342042	讯号转换器 F	185
6901236342003	不锈钢外壳 A	745
6901236342048	智能防跌落感应器 E	515
6901236342016	镜头 C	469
6901236342038	灯板 C	495
6901236342022	镜头座 C	196
6901236342010	摄像头芯片 C	202
6901236342028	超声波感应 E	739
6901236342002	扬声器 A	3 119
6901236342033	尾线 C	4 231
6901236342001	主控芯片 A	246
6901236342014	驱动轮 E	5 077
6901236342011	电控锁 F	201
6901236342023	网络汇总器 F	140
6901236342007	不锈钢外壳 B	487

2. 存储货架数量规划

根据原材料及物料信息（见表 8-12～表 8-14），确定原材料存储所需的货架数量。

表 8-12　原材料存储库设备参数

原材料存储库设备参数			
货架规格（mm×mm×mm）	1 020×1 020×1 900	货架底层（托举）高度（mm）	400
货架每层高度（mm）	300	货架层数（层）	5
货架排数	双排	货架列数（列）	3
物料箱容器体积（mm³）	29 700 000	物料箱有效使用空间	50%
原材料存储库存储量	A 类货物：1.5 天；B、C 类货物：1 天	料箱需求比例	1.1 倍
料箱规格（mm×mm×mm）	500×330×180		

注：1. 每个 AGV 货架只能存放 1 种原材料。
　　2. 每个货位可放置 1 个容器。
　　3. 每种原材料料箱需求根据需求比例连续计算，最终结果按实际要求取整。

表 8-13　智能音箱 A 物料清单

智能音箱 A 物料清单						
物料编码	物料清单	数量（件）	长（mm）	宽（mm）	高（mm）	重量（kg）
6901236342083	主控芯片 A	1	90	62	39	0.2
6901236342084	扬声器 A	3	80	69	41	0.2
6901236342085	不锈钢外壳 A	1	190	58	47	0.3
6901236342086	电子组件 A	2	70	60	50	0.2

注：智能音箱 A 成品每件规格为 210mm×110mm×80mm，重量 1.8kg。

表 8-14 智能音箱 B 物料清单

物料编码	物料清单	数量（件）	长（mm）	宽（mm）	高（mm）	重量（kg）
智能音箱 B 物料清单						
6901236342087	主控芯片 B	1	90	62	39	0.2
6901236342088	扬声器 B	3	80	69	41	0.2
6901236342089	不锈钢外壳 B	1	190	58	47	0.3
6901236342090	电子组件 B	2	70	60	50	0.2

注：智能音箱 B 成品每件规格为 210mm×110mm×80mm，重量 1.8kg。

3. 智能设施设备需求分析

根据生产运作效率，分析计算原材料存储库 AGV 数量、工作站数量（入库 + 拣选）、充电桩数量（充电桩与 AGV 按 1:4 关系配置，充电桩不考虑备用 AGV）等；工作站数量分析以生产已经持续进行，并保持节拍稳定生产 1h 为计算周期，且原材料的出入库量保持动态均衡。相关材料见表 8-15 和表 8-16。

表 8-15 各类 AGV 机器人运行参数

潜伏式搬运机器人运行参数			
AGV 行驶速度（m/s）	1	AGV 步长（m）	1.2
AGV 充电时长（0～100%）（h）	1	AGV 续航时间（h）	4
AGV 到达货架平均时间（s）	20	站点切换平均时间（s）	35
AGV 顶举货架平均时间（s）	3	货架旋转平均时间（s）	15
AGV 放下货架平均时间（s）	3	入库工作站任务平均作业时间（s/箱）	40
拣选工作站任务平均作业时间（s/箱）	35	AGV 单程平均转弯次数（次）	4
AGV 平均转弯速度（s/次）	3		
线性搬运机器人运行参数			
AGV 行驶速度（m/s）	1	AGV 步长（m）	1.2
AGV 充电时长（0～100%）（h）	1	AGV 续航时间（h）	4
载重（kg）	100	读码精度（mm）	10
AGV 单程平均转弯次数（次）	2	AGV 平均转弯速度（s/次）	3
装配车间 AGV 到达工作站平均时间（s）	11	成品转运 AGV 到达成品线边仓平均时间（s）	11

表 8-16 各区域尺寸

原材料存储库	装配车间	转运接驳区
长 15m× 宽 12m	长 15m× 宽 12m	长 7.7m× 宽 4.8m

4. 智慧物流功能区域布局设计

（1）完成物流功能区域规划设计。

（2）完成设施设备站节点在不同功能区域的点位设计，并完成路径规划。

（3）输出相应布局规划结果，以截图方式保存有路径规划的地图。

（二）智慧仓储规划方案实施

1. ABC 分类分析

为规划原料箱数量，确保存储作业的合理，需要根据企业产能信息和产线规划，结合产品物料清单，分析出各产成品的月、日、时需求量，再进一步分析各原材料的月、日、时需求量，年产能规划见表 8-17。

表 8-17　年产能规划

产品型号	年产能规划（件）	班次（班/日）	每日工作时长（小时/班）	月工作日（天）	产线数量（条）
智能音箱 A	786 240	3	6	28	1
智能音箱 B	786 240	3	6	28	1

分析产成品产能，通过预测生产产能保证了原材料的充足供应，为整个生产链的顺利运行提供了可靠保障，进而实现了智慧物流仓库高效、智能化的运营目标。

月需求量 = 年产能规划 /12，智能音箱 A 月需求量 =786 240/12=65 520（件）。

日需求量 = 月需求量 / 月工作日，智能音箱 A 日需求量 =65 520/28=2 340（件）。

时需求量 = 日需求量 /（班次×每日工作时长），智能音箱 A 时需求量 =2 340/18=130（件）。

依次计算智能音箱 B，产成品需求分析见表 8-18。

表 8-18　产成品需求分析　　　　　　　　　　　　　　　　　（单位：件）

产品型号	月需求量	日需求量	时需求量
智能音箱 A	65 520	2 340	130
智能音箱 B	65 520	2 340	130

这些数据充分展现了智慧物流仓库在原材料需求规划方面的科学合理性，为确保生产顺利进行，生产线运转畅通提供坚实的基础支撑，根据公式：

$$原材料月需求量 = 产成品月需求量 \times 物料清单数量 \qquad (8.16)$$
$$原材料日需求量 = 产成品日需求量 \times 物料清单数量 \qquad (8.17)$$
$$原材料时需求量 = 产成品时需求量 \times 物料清单数量 \qquad (8.18)$$

综上所述，原材料需求规划见表 8-19。

表 8-19　原材料需求规划　　　　　　　　　　　　　　　　　（单位：件）

原材料名称	物料清单数量	月需求量	日需求量	时需求量
主控芯片 A	1	65 520	2 340	130
扬声器 A	3	196 560	7 020	390
不锈钢外壳 A	1	65 520	2 340	130
电子组件 A	2	131 040	4 680	260
主控芯片 B	1	65 520	2 340	130
扬声器 B	3	196 560	7 020	390
不锈钢外壳 B	1	65 520	2 340	130
电子组件 B	2	131 040	4 680	260

在得出各原材料的需求量后，需要对各个原材料进行合理的存储规划。根据各原材料 5 周以来的物动量周报，对各原材料进行 ABC 分类管理。得出分类结果见表 8-20。

表 8-20　ABC 分类管理

零部件	总周转量	品项占比	累计品项占比	周转量占比	累计周转率占比	分类结果
驱动轮 E	25 359	2.00%	2.00%	13.47%	13.47%	A
尾线 C	21 214	2.00%	4.00%	11.27%	24.75%	
风叶 D	20 666	2.00%	6.00%	10.98%	35.73%	
扬声器 B	16 417	2.00%	8.00%	8.72%	44.45%	
扬声器 A	15 596	2.00%	10.00%	8.29%	52.74%	
电子组件 B	8 398	2.00%	12.00%	4.46%	57.20%	B
电子组件 A	6 995	2.00%	14.00%	3.72%	60.92%	
智能自动回应感应器 E	5 664	2.00%	16.00%	3.01%	63.92%	
吸口或中扫吸口 E	4 078	2.00%	18.00%	2.17%	66.09%	
不锈钢外壳 A	3 907	2.00%	20.00%	2.08%	68.17%	
视频切换器 F	3 884	2.00%	22.00%	2.06%	70.23%	
解码器 F	3 817	2.00%	24.00%	2.03%	72.26%	
超声波感应 E	3 685	2.00%	26.00%	1.96%	74.22%	
主机 F	3 621	2.00%	28.00%	1.92%	76.14%	
主控芯片 B	2 427	2.00%	30.00%	1.29%	77.43%	
智能防跌落感应器 E	2 394	2.00%	32.00%	1.27%	78.70%	
不锈钢外壳 B	2 383	2.00%	34.00%	1.27%	79.97%	
灯板 C	2 378	2.00%	36.00%	1.26%	81.23%	
边刷 E	2 363	2.00%	38.00%	1.26%	82.49%	
镜头 C	2 361	2.00%	40.00%	1.25%	83.74%	
闭门器 F	2 338	2.00%	42.00%	1.24%	84.98%	
手柄 D	2 300	2.00%	44.00%	1.22%	86.21%	
铜柱 C	2 204	2.00%	46.00%	1.17%	87.38%	
自动回充基座 E	1 184	2.00%	48.00%	0.63%	88.01%	C
外壳 C	1 143	2.00%	50.00%	0.61%	88.61%	
智能扫地机器人组件 E	1 099	2.00%	52.00%	0.58%	89.20%	
摄像头导航 E	1 079	2.00%	54.00%	0.57%	89.77%	
UPS 电源 F	1 058	2.00%	56.00%	0.56%	90.33%	
讯号转换器 F	1 030	2.00%	58.00%	0.55%	90.88%	
主控芯片 A	1 019	2.00%	60.00%	0.54%	91.42%	
水箱 E	1 016	2.00%	62.00%	0.54%	91.96%	
镜头座 C	998	2.00%	64.00%	0.53%	92.49%	
电控锁 F	981	2.00%	66.00%	0.52%	93.01%	
方向轮 E	963	2.00%	68.00%	0.51%	93.53%	

（续）

零部件	总周转量	品项占比	累计品项占比	周转量占比	累计周转率占比	分类结果
视频放大器 F	957	2.00%	70.00%	0.51%	94.03%	C
智能防撞感应器 E	899	2.00%	72.00%	0.48%	94.51%	
壳体 D	896	2.00%	74.00%	0.48%	94.99%	
摄像头芯片 C	845	2.00%	76.00%	0.45%	95.44%	
智能芯片 E	811	2.00%	78.00%	0.43%	95.87%	
网络汇总器 F	790	2.00%	80.00%	0.42%	96.29%	
信号中短器 F	781	2.00%	82.00%	0.41%	96.70%	
开关 D	773	2.00%	84.00%	0.41%	97.11%	
光端机 F	733	2.00%	86.00%	0.39%	97.50%	
陀螺仪导航 E	733	2.00%	88.00%	0.39%	97.89%	
主机选择器 F	693	2.00%	90.00%	0.37%	98.26%	
电源线 D	682	2.00%	92.00%	0.36%	98.62%	
电热元件 D	662	2.00%	94.00%	0.35%	98.97%	
电动机 D	661	2.00%	96.00%	0.35%	99.33%	
电池 E	646	2.00%	98.00%	0.34%	99.67%	
挡风板 D	623	2.00%	100.00%	0.33%	100.00%	

综上所述，A 类原材料为扬声器 B、扬声器 A；B 类原材料为电子组件 B、电子组件 A、不锈钢外壳 A、不锈钢外壳 B、主控芯片 B；C 原材料为控芯片 A。

2. 原料箱数规划

为了配备合适的原材料箱数量，需要依据 ABC 分类结果和计算得出的需求量，按照原材料存储库存量的要求分析计算，根据公式：

$$\text{原材料体积} = \text{原材料长} \times \text{原材料宽} \times \text{原材料高} \quad (8.19)$$
$$\text{物料料箱有效容器体积} = \text{物料料箱容器体积} \times \text{物料料箱有效使用空间} \quad (8.20)$$
$$\text{箱装量} = \text{物料料箱有效容器体积} \div \text{原材料体积} \quad (8.21)$$

如主控芯片 A：14850000/217620≈68.23821，向下取整即为 68 件，依次计算类推，各原材料箱装量见表 8-21。

表 8-21 原材料箱装量

原材料名称	原材料体积（mm³）	物料料箱容器体积（mm³）	物料料箱有效使用空间	箱装量（件）	
				实际值	取整值
主控芯片 A	217 620	29 700 000	50%	68.238 21	68
扬声器 A	226 320			65.615 06	65
不锈钢外壳 A	517 940			28.671 27	28
电子组件 A	210 000			70.714 29	70
主控芯片 B	217 620			68.238 21	68
扬声器 B	226 320			65.615 06	65
不锈钢外壳 B	517 940			28.671 27	28

通过这些料箱数量计算,确保了原材料的存储和使用高效有序,为智慧物流仓库的日常运营提供了可靠保障,根据公式:料箱量=日需求量÷箱装量×原材料存储库存储量×料箱需求比例,再向上取整。

原材料料箱数量见表8-22。

表8-22 原材料料箱数量

原材料名称	ABC 分类	原材料存储库存储量(天)	料箱需求比例	日需求量(件)	箱装量(件)	料箱量(箱)	
						实际值	取整值
主控芯片 A	C	1	1.1	2 340	68	37.852 94	38
扬声器 A	A	1.5	1.1	7 020	65	178.2	179
不锈钢外壳 A	B	1	1.1	2 340	28	91.928 57	92
电子组件 A	B	1	1.1	4 680	70	73.542 86	74
主控芯片 B	B	1	1.1	2 340	68	37.852 94	38
扬声器 B	A	1.5	1.1	7 020	65	178.2	179
不锈钢外壳 B	B	1	1.1	2 340	28	91.928 57	92
电子组件 B	B	1	1.1	4 680	70	73.542 86	74

综上所述,需要配备766个原料箱。

3. 存储货架数量规划

原料库的存储货架规格为1 020mm×1 020mm×1 900mm,货架双排、三列、五层,可放置三十个容器,货架每层摆放数量=货架单货位面积/料箱面积=(1 020×1 020)/(500×330)≈6.31≈6箱(向下取整),货架每层摆放料箱层数=货架单层高度/料箱高度=300/180≈1.67≈1层(向下取整),单个货架最大货位数量=货架每层摆放数量×货架层数=6×5=30箱。

根据公式:货架数量=料箱数量/单货架存储量,再向上取整。如主控芯片A:38/30≈1.2 667≈2个,依次计算类推,存储货架数量规划见表8-23。

表8-23 存储货架数量规划

原材料名称	料箱量(箱)	单货架存储量(件)	货架数量(个)	
			实际值	取整值
主控芯片 A	38	30	1.266 7	2
扬声器 A	179	30	5.966 7	6
不锈钢外壳 A	92	30	3.066 7	4
电子组件 A	74	30	2.466 7	3
主控芯片 B	38	30	1.266 7	2
扬声器 B	179	30	5.966 7	6
不锈钢外壳 B	92	30	3.066 7	4
电子组件 B	74	30	2.466 7	3

综上所述,原料存储货架共需要30个。

4. 智能设施设备需求分析

为了使原料库、生产车间、立体库的全局流畅运行,需要合理规划各功能智能设备。智能设施设备需要根据产能计划合理规划,此方案中,以生产持续运行并保持节拍稳定生产一小时为周期,同时需要保持原材料出入库的动态平衡。

(1)工作站(入库+拣选)数量分析。先计算一小时周期内的原材料搬运箱数。根据公式:搬运箱数=时需求量÷箱装量,再向上取整,原材料搬运箱数见表8-24。

表8-24 原材料搬运箱数

原材料名称	时需求量/件	箱装量/件	搬运箱数/箱	
			实际值	取整值
主控芯片A	130	68	1.911 8	2
扬声器A	390	65	6	6
不锈钢外壳A	130	28	4.642 9	5
电子组件A	260	70	3.714 3	4
主控芯片B	130	68	1.911 8	2
扬声器B	390	65	6	6
不锈钢外壳B	130	28	4.642 9	5
电子组件B	260	70	3.714 3	4

综上所述,原材料搬运箱数共需要34箱。

再分析入库、拣选工作站的工作效率,规划合适的工作站种类及数量。

1)入库工作站数量规划。

工作站单次工作平均时间=站点切换平均时间+货架旋转平均时间+出库工作站任务平均作业时间=90s。

一小时作业效率=3 600/90=40s/箱。

入库工作站数量=搬运箱数/一小时作业效率,再向上取整。入库工作站数量规划见表8-25。

表8-25 入库工作站数量规划

站点切换平均时间(s)	货架旋转平均时间(s)	入库工作站任务平均作业时间(s/箱)	一小时作业效率(箱)	搬运箱数(箱)	入库工作站数量(个)
35	15	40	40	34	1

2)拣选工作站数量规划。

工作站单次工作平均时间=站点切换平均时间+货架旋转平均时间+出库工作站任务平均作业时间=85s。

一小时作业效率=3 600/85=42s/箱。

拣选工作站数量=搬运箱数/一小时作业效率,再向上取整。拣选工作站数量规划见表8-26。

表 8-26 拣选工作站数量规划

站点切换平均时间（s）	货架旋转平均时间（s）	拣选工作站任务平均作业时间（s/箱）	一小时作业效率（箱）	搬运箱数（箱）	拣选工作站数量（个）
35	15	35	42	34	1

综上所述，入库工作站数量 1 个，拣选工作站数量 1 个。

（2）原材料仓 AGV 和充电桩数量。AGV 数量规划需要满足工作站工作不停的需求，先计算 AGV 在原料仓内的单次作业往返时间。

直行时间 =（$\frac{1}{2}$× 区长 + $\frac{1}{4}$× 区宽）/AGV 行驶速度（区长：15m；区宽：12m；AGV 行驶速度：1m/s）。

AGV 转弯时间 =AGV 转弯速度 × 转弯次数 =3×4=12s。

单程往返时间 =2×（直行时间 +AGV 转弯时间）+AGV 到达货架平均时间 +AGV 顶举货架平均时间 +AGV 放下货架平均时间。单程往返时间见表 8-27。

表 8-27 单程往返时间 （单位：s）

直行时间	AGV 转弯时间	AGV 到达货架平均时间	AGV 顶举货架平均时间	AGV 放下货架平均时间	单程往返时间
10.5	12	20	3	3	71

1）入库工作站 AGV 数量规划。

入库工作站单次作业时间 = 站点切换平均时间 + 货架旋转平均时间 + 入库工作站任务平均作业时间 =35+15+40=90s。

入库 AGV 数量 =AGV 单程往返时间 / 入库工作站单次作业时间 +1，再向上取整。入库工作站 AGV 数量见表 8-28。

表 8-28 入库工作站 AGV 数量

单程往返时间（s）	入库工作站单次作业时间（s）	入库工作站 AGV 数量（个）
71	90	2

2）拣选工作站 AGV 数量规划。

拣选工作站单次作业时间 = 站点切换平均时间 + 货架旋转平均时间 + 拣选工作站任务平均作业时间 =35+15+35=85s。

拣选 AGV 数量 =AGV 单程往返时间 / 拣选工作站单次作业时间 +1，再向上取整。拣选工作站 AGV 数量见表 8-29。

表 8-29 拣选工作站 AGV 数量

单程往返时间（s）	拣选工作站单次作业时间（s）	拣选工作站 AGV 数量（个）
71	85	2

充电桩数量根据与 AGV 的 1:4 关系配置，所以原料库需要 1 个充电桩。

综上所述，原材料仓 AGV 和充电桩数量规划见表 8-30。

表 8-30　原材料仓 AGV 和充电桩数量规划

入库工作站 AGV 数量（个）	拣选工作站 AGV 数量（个）	充电桩数量（个）
2	2	1

（3）生产车间 AGV 和充电桩数量。

直行时间 =（$\frac{1}{2}$× 区长 +$\frac{1}{4}$× 区宽）/AGV 行驶速度（区长：7.7m；区宽：4.8m；AGV 行驶速度：1m/s）。

AGV 转弯时间 =AGV 转弯速度 × 转弯次数 =2×3=6s。

单次作业时间 = 直行时间 +AGV 转弯时间 + 生产车间 AGV 到达工作站平均时间。

一小时作业效率 =3600/ 单次作业时间，再向下取整。

生产车间 AGV 数量 = 搬运箱数 / 一小时作业效率，再向上取整。生产车间 AGV 数量规划见表 8-31。

表 8-31　生产车间 AGV 数量规划

直行时间（s）	AGV 转弯时间（s）	生产车间 AGV 到达工作站平均时间（s）	单次作业时间（s）	一小时作业效率（箱）	搬运箱数（箱）	生产车间 AGV 数量（个）
5.05	6	11	22.05	163	34	1

综上所述，生产车间 AGV 和充电桩数量规划见表 8-32。

表 8-32　生产车间 AGV 和充电桩数量规划

生产车间 AGV 数量（个）	充电桩数量（个）
1	1

（4）成品转运区 AGV 和充电桩数量。

直行时间 =（$\frac{1}{2}$× 区长 +$\frac{1}{4}$× 区宽）/AGV 行驶速度。

AGV 转弯时间 =AGV 转弯速度 × 转弯次数 =2×3=6s。

单次作业时间 = 直行时间 +AGV 转弯时间 + 成品转运区 AGV 到达成品仓平均时间。

一小时作业效率 =3 600/ 单次作业时间，再向下取整。

需移库箱数 =3 600/ 生产工序节拍 / 成品箱装量。

成品转运区 AGV 数量 = 需移库箱数 / 一小时作业效率，再向上取整。成品转运区 AGV 数量规划见表 8-33。

表 8-33　成品转运区 AGV 数量规划

直行时间（s）	AGV 转弯时间（s）	移库 AGV 到达成品线边仓平均时间（s）	单次作业时间（s）	一小时作业效率（箱）	需移库箱数（箱）	成品转运区 AGV 数量（个）
4.8	6	11	21.8	165	17	1

综上所述，成品转运区 AGV 和充电桩数量规划见表 8-34。

表 8-34 成品转运区 AGV 和充电桩数量规划

成品转运区 AGV 数量（个）	充电桩数量（个）
1	1

5. 智慧物流功能区域布局设计

（1）货架布局。根据分析可知，原材料存储货架为 30 个，货架布局之间需要预留一定的通道，便于货架快速出货。团队根据原材料在库时间和进出频繁程度安排货位，确定货架布局，这样有利于原材料快速出入库和盘点。

（2）动线设计。各区域功能区已定，所以通过库内动线规划可以确定各区域的位置。动线优化遵循不迁回、不交叉的原则。因此原材料库的动线设计采用 U 型动线，优势在于缩短货物的搬运时间，提高作业效率，便于作业管理与人员管理。货架与工作站之间预留出三条快速通道，并设置了相应的禁行线，确保 AGV 拣货路径不存在交叉情况，具体设计如图 8-10 所示。

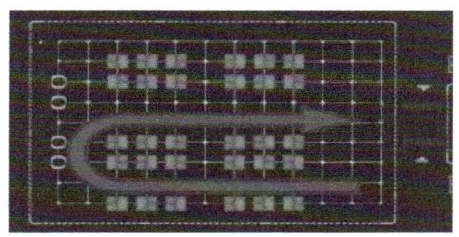

图 8-10 动线设计图

（3）点位布局。根据计算得出，各区域智能实施设备规划见表 8-35。具体点位布局如图 8-11 所示。

表 8-35 各区域智能实施设备规划

区域名称	AGV 数量（台）	入库工作站数量（个）	出库工作站数量（个）	充电桩数量（个）
原材料存储区	4	1	1	1
生产车间接驳区	1	—	—	1
成品转运接驳区	1	—	—	1

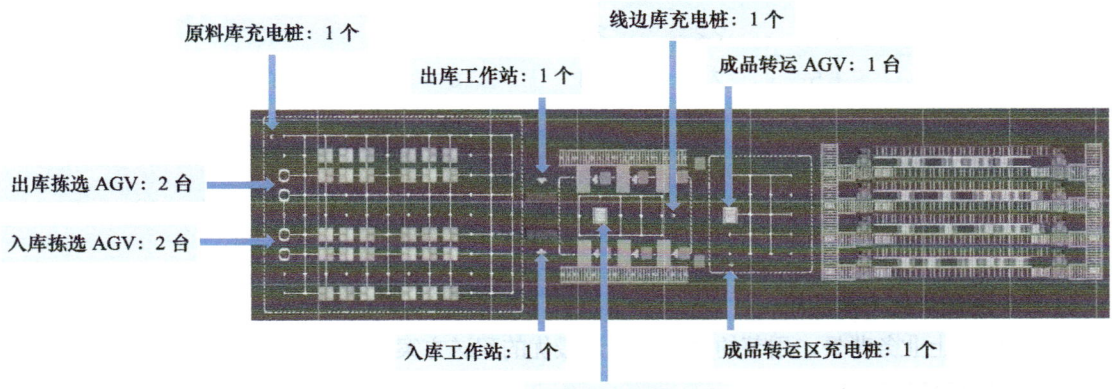

图 8-11 点位布局

二、智慧配送优化方案实施

(一)方案实施业务背景

南宁配送中心向全国 8 个不同地域的客户配送货物,其配送路线网络、配送中心与不同地域客户距离以及客户之间的距离如图 8-12 所示。假设图中连线上的数字表示公路里程(km),靠近各城市的数字表示原材料供应的需求量(t)。车辆参数信息见表 8-36。请根据节约里程法,进行合理的配送路径规划,形成最优配送方案。运输配送路径方向按顺时针方向设计,并计算出各条运输配送线路的油耗量。计算结果均四舍五入保留两位小数。

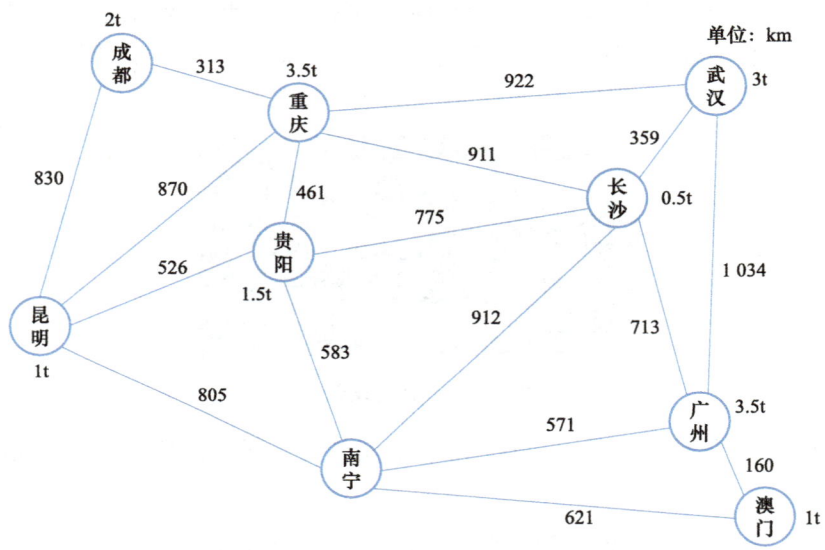

图 8-12 配送路线网络图

表 8-36 车辆参数信息

车型	数量	车长(m)	车宽(m)	车高(m)	额定载重(t)	空驶平均油耗(L/百公里)	重驶增加油耗(L/百公里·t)
6.3 米货车	2	6.3	2.2	2.2	6	10	0.75
6.5 米货车	2	6.5	2.4	2.4	8	11	0.9
7.2 米货车	2	7.2	2.3	2.7	10	13	1

注:6.3 米货车总行驶里程不超过 2 860km。
　　6.5 米货车总行驶里程不超过 3 090km。
　　7.2 米货车总行驶里程不超过 4 120km。

(二)配送优化方案实施

请根据以上业务背景,用节约里程法制订最优的配送方案。

1. 填制运输里程表

用最短路线求解网络各节点的最短距离,运输里程表见表 8-37。

表 8-37　运输里程表　　　　　　　　　　　　　　　单位：km

南宁								
805	昆明							
1 357	830	成都						
1 044	870	313	重庆					
583	526	774	461	贵阳				
912	1 301	1 224	911	775	长沙			
1 271	1 660	1 235	922	1 134	359	武汉		
571	1 376	1 928	1 615	1 154	713	1 034	广州	
621	1 426	1 978	1 665	1 204	873	1 194	160	澳门

2. 填制节约里程表

根据最短路径结果和节约里程法的基本原则，计算出各客户之间的节约里程。如，昆明—贵阳两点的节约里程为（南宁—昆明）+（南宁—贵阳）-（昆明—贵阳）=805+583-526=862km。按照同样的算法，依次类推，求出任意两点的节约里程，具体见表8-38。

表 8-38　节约里程表　　　　　　　　　　　　　　　单位：km

昆明							
1 332	成都						
979	2 088	重庆					
862	1 166	1 166	贵阳				
416	1 045	1 045	720	长沙			
416	1 393	1 393	720	1 824	武汉		
0	0	0	0	770	808	广州	
0	0	0	0	660	698	1 032	澳门

3. 按节约里程排序

按照表8-37节约里程数，按从大到小的顺序进行排列，见表8-39。

表 8-39　节约里程降序排序表

序号	路线	节约里程（km）	序号	路线	节约里程（km）
1	成都—重庆	2 088	11	昆明—重庆	979
2	长沙—武汉	1 824	12	昆明—贵阳	862
3	成都—武汉	1 393	13	武汉—广州	808
4	重庆—武汉	1 393	14	长沙—广州	770
5	昆明—成都	1 332	15	贵阳—长沙	720
6	成都—贵阳	1 166	16	贵阳—武汉	720
7	重庆—贵阳	1 166	17	武汉—澳门	698
8	成都—长沙	1 045	18	长沙—澳门	660
9	重庆—长沙	1 045	19	昆明—长沙	416
10	广州—澳门	1 032	20	昆明—武汉	416

4. 绘制最终优化路径图

确定配送路线。按照节约里程排序表，从节约里程最多的开始优化，组成配送路线图，如图 8-13 所示。

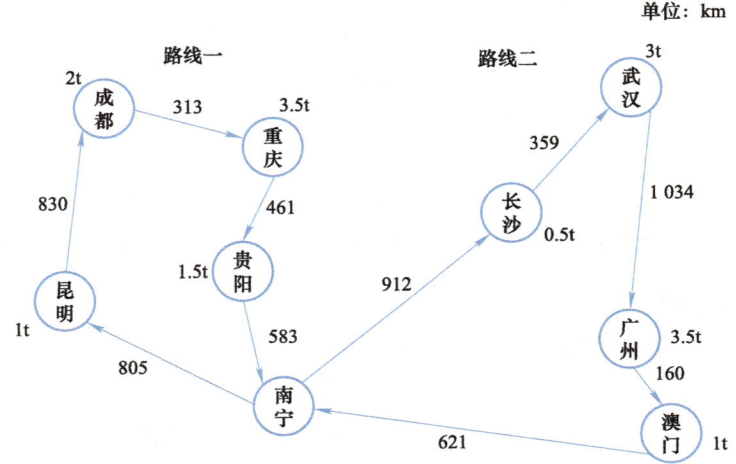

图 8-13 最优配送路线图

5. 形成配送优化方案

（1）按照上面步骤可得出配送路线分别为：

南宁—昆明—成都—重庆—贵阳—南宁，需一辆载重 8t 的 6.5 米货车。

南宁—长沙—武汉—广州—澳门—南宁，需一辆载重 8t 的 6.5 米货车。

（2）运输线路的油耗量。根据表 8-36 车辆参数信息、表 8-37 运输里程表，计算出油耗量。

耗量 =（空驶平均油耗 + 载重量 × 重驶增加油耗）× 行驶里程。

为两条路径安排相应车辆，并计算各条路线的油耗量，见表 8-40。

表 8-40 路线油耗量

路线	起始点	目的地	行驶里程（百公里）	载重（t）	油耗计算（L）	油耗量（L）
路线一	南宁	昆明	8.05	0	8.05×11	88.55
	昆明	成都	8.3	1	8.3×11+0.9×1×8.30	98.77
	成都	重庆	3.13	3	3.13×11+3×0.9×3.13	42.88
	重庆	贵阳	4.61	6.5	4.61×11+6.5×0.9×4.61	77.68
	贵阳	南宁	5.83	8	5.83×11+5.83×0.9×8	106.11
			小计			413.99
路线二	南宁	长沙	9.12	0	9.12×11	100.32
	长沙	武汉	3.59	0.5	3.59×11+3.59×0.5×0.9	41.11
	武汉	广州	10.34	3.5	10.34×11+10.34×3.5×0.9	146.31
	广州	澳门	1.6	7	1.6×11+1.6×0.9×7	27.68
	澳门	南宁	6.21	8	6.21×11+6.21×8×0.9	113.02
			小计			428.44

综上所述，优化后只需行驶两条路径，减少行驶里程、油耗成本和时间成本，提高物流效率，最终的配送优化方案规划见表8-41。

表8-41 配送优化方案规划

路线	路径	载重（t）	行驶里程（km）	节约里程数（km）	油耗（L）	车型	车辆数（辆）
路线一	南宁—昆明—成都—重庆—贵阳—南宁	8	2 992	4 586	413.99	6.5米货车	1
路线二	南宁—长沙—武汉—广州—澳门—南宁	8	3 086	3 664	428.44	6.5米货车	1

从南宁到各城市的距离之和14 328km，总油耗量842.43L，配送路线优化后总行驶里程6 078km，节约里程数8 250km。

三、仓配实施方案综合评价

（一）实施方案评价说明

请结合业务背景内容，根据智慧仓储规划方案和配送优化方案实施的内容进行PPT汇报和答辩，以方案是否可行、方案实施效率、操作规范程度、安全意识等要素为依据，开展小组自评、小组互评与教师讲评。

（二）方案汇报答辩评价

方案汇报和答辩要体现内容翔实全面、逻辑清晰严谨、视觉表现力强、互动性强、专业性强且富有创新性。在具体评价时，可参考方案汇报答辩评分表（见表8-42）。

表8-42 方案汇报答辩评分表

方案名称		小组名称	
一级指标	二级指标及分值		得分
1. 汇报内容（30分）	PPT制作精美，表现形式丰富多样（共10分） （1）文稿需包含封面页、目录页、正文和结束页（4分，少一项扣1分） （2）封面包含辩题、答辩当天日期（2分） （3）文稿总页数不超过20页，除封面外插入页码（2分） （4）排版美观，至少具有图、表等两种非文字表现形式（2分，少一项扣1分）		
	问题把握准确，针对性强，重点突出（共8分） （1）介绍了整体规划背景和规划目标，说明设计思路，详略得当（2分） （2）展示全部或部分规划布局图，并配合说明讲解（4分） （3）展示数据分析报告（2分）		
	内容具体、完整，逻辑性和系统性强（共12分） （1）包括ABC分类分析及原料箱数规划、存储货架数量规划、智能设施设备需求分析、智慧物流功能区域布局设计、智慧配送路线设计五部分（10分，缺1项扣2分） （2）前后逻辑清晰，准确表现方案思路（2分）		

（续）

一级指标	二级指标及分值	得分
2. 汇报讲解（30分）	汇报表现（共10分） （1）简洁凝练，时间把握恰当，陈述时间在最后一分钟内完成（4分，超时扣2分，每提前1分钟扣2分，扣完为止） （2）汇报内容突出布局设计、路线设计等物流系统规划方法论（3分） （3）陈述方案创新点，或有独立见解（3分）	
	语言表达（共10分） （1）表述准确流畅（3分，每明显停顿、结巴、不恰当的重复扣1分，扣完为止） （2）能较好地运用姿态、动作、手势和表情（2分） （3）口齿清晰，语速适中，音量适中（3分，酌情给分） （3）富有感染力和说服力，节奏张弛有度（2分，酌情给分）	
	仪容仪表（共10分） （1）表现大方得体，着装整洁，精神饱满（2分） （2）开场白及结束语（4分） （3）进入和离开（4分）	
3. 答辩（40分）	准确理解问题，回答具有针对性（共20分） （1）回答专业问题2题，每题7分（14分，酌情给分） （2）回答素养问题1题，每题6分（6分，酌情给分）	
	思路清晰，逻辑严密，语言简洁流畅（共10分） （1）回答表述清晰（3分） （2）回答逻辑性强（4分） （3）回答反应迅速（3分）	
	团队配合默契，协作高效（共10分） （1）团队合理分工（2分） （2）时间把控度高（6分） （3）团队紧密合作（2分）	
总　　分		

任务发布

智慧仓配实施方案展示

根据本任务所讲述的内容，结合案例背景内容，进行汇总分析形成智慧仓配实施方案。

任务实施

（一）实施方式

1. 学生5～6人自主组成一个小组，根据任务发布内容，进行智慧仓配实施方案设计。
2. 参考实施步骤的提示，完成智慧仓配实施方案。

（二）实施内容及操作步骤

步骤1：实施智慧仓储规划方案。

步骤2:实施智慧配送优化方案。
步骤3:进行仓配实施方案综合评价。
步骤4:形成智慧仓配实施方案。

(三)实施成果及形式

1. 总结报告:每组提交一份智慧仓配实施方案。
2. 小组展示:利用PPT现场讲解智慧仓配实施方案。

任务评价

任务评价表

被考评人			考评任务	智慧仓配方案实施		
考评步骤	考评内容及分值		自我评价(30%)	小组评议(40%)	教师评价(30%)	合计得分(100%)
步骤1	实施智慧仓储规划方案	35分				
步骤2	实施智慧配送优化方案	25分				
步骤3	进行仓配实施方案综合评价	20分				
步骤4	形成智慧仓配实施方案	20分				
综合评定						
考评标准	资料准备	知识掌握	语言表达	团队合作	沟通能力	合计得分
分值	20分	30分	20分	15分	15分	
注:任务总评得分 = 考评步骤70% + 综合评定30%				任务总评得分		

德技并修

[主题] 追求卓越 统筹规划 高效协同 新质生产力

稳石机器人解决方案赋能新质生产力发展

——分拣+搬运+存储,构建工业物流柔性工厂

新质生产力作为经济发展的重要动力之一,在当今快速变化的经济环境中愈发凸显其重要性。与传统生产力相比,新质生产力更加注重技术含量、创新性和高效能,体现了经济发展向更加智能化、绿色化和高端化方向的转变。它是推动经济增长质量提升的关键驱动力,能促进全要素生产率的提高,推动经济结构优化和产业升级。

稳石机器人(深圳)有限公司,专注于自主移动机器人(AMR)研发制造,全面实现导航定位、运动控制、集群调度等机器人核心技术自主研发,面向工业物流场景提供基于融合导航的AMR机器人产品和综合柔性物流解决方案,打造稳定高效的生产力。稳石机器人具备卓越导航、高效搬运和智能操作系统,适应不同场景,提高效率和安全性。推出全球首台多模态柔性AMR,运用先进技术,打造全场景柔性物流综合解决方案,覆盖仓库拣选、周转搬运、立库存储等场景,实现高效、自动化、柔性物流。通过AMR、无人叉车等核心技术,助力企业数字化转型,提升物流效率。从仓库拣选、周转搬运到立库存储,稳石机器人"一站式、全包了"。

公司依托行业顶尖专家和技术精英团队,助力国内外500强标杆企业实现工业物流智能升级,项目覆盖日化、医疗、3PL、鞋服、电子等行业。稳石机器人始终坚持以技术创新和客户需

求为核心,引领智能物流变革,推动客户加速迈进"智造时代"。未来将进一步加速以 AMR、无人叉车、智能巡检和智能立库为核心的全场景柔性物流综合解决方案应用,引领智慧物流变革,推动客户加速迈进智造时代。

同步练习

一、单项选择题

1. 仓库动线规划设计遵循的基本原则是（　　）。
   A. 迂回、不交叉　　　　　　　　　B. 不迂回、交叉
   C. 不迂回、不交叉　　　　　　　　D. 迂回、交叉
2. （　　）是指货物的进货区和出货区设置在仓库相邻的两侧。
   A. U 型动线　　B. I 型动线　　C. S 型动线　　D. L 型动线
3. （　　）一般设置在仓库内的中心位置。
   A. 储存区　　　B. 工作站　　　C. 旋转点　　　D. 搬运区
4. 根据经验,每个站点的等待位数量一般设置为站点所需车数的（　　）。
   A. 20%　　　　B. 30%　　　　C. 50%　　　　D. 100%
5. 配送中心的规划要素中,（　　）是指配送服务的对象或客户。
   A. Route　　　B. Quantity　　C. Item　　　　D. Entry

二、多项选择题

1. 在智慧仓储仓库布局规划时,最核心的区域板块主要包括（　　）。
   A. 智慧存取区　　　　　　　　　　B. 智慧搬运区
   C. 智慧化统筹区　　　　　　　　　D. 智慧操作区
2. 智慧仓储物流动线主要包括（　　）。
   A. U 型动线　　B. L 型动线　　C. I 型动线　　D. S 型动线
3. 一般配送中心内部,物流作业区分为（　　）。
   A. 进货区　　　B. 理货区　　　C. 洽谈区　　　D. 加工区
4. 影响目标存储量计算的主要因素包括（　　）。
   A. 平均库存周转天数　　　　　　　B. 平均单件体积
   C. 货架容量　　　　　　　　　　　D. 平均出库量
5. 配实施方案综合评价中,方案汇报和答辩要体现（　　）。
   A. 内容翔实全面　　　　　　　　　B. 逻辑清晰严谨
   C. 视觉表现力强　　　　　　　　　D. 互动性和专业性强

三、简答题

1. 简述智慧仓储功能区域布局。
2. 简述配送中心的规划要素。
3. 简述智慧仓储物流动线规划。
4. 简述配送中心作业流程规划。
5. 简述智慧仓库平面布局内容。

实训应用　智慧仓配规划设计与实施

一、实训目的

通过本次实训，旨在使学生熟悉和掌握仓储与配送的规划与布局知识、实践技能以及智慧仓储管理信息系统的使用方法，培养学生的实际操作能力、团队协作能力和创新能力。

二、实训内容

1. 空间布局设计

根据仓库的空间大小、形状、货物种类等因素，设计合理的货架摆放、货物分类、拣选区域等布局方案。利用三维模拟技术进行仿真实验，验证布局方案的可行性和优化程度。

2. 智慧仓储物流动线规划

对模拟的仓储物流业务进行需求分析，设计合理的入库、存储、拣选、出库动线，确保物流作业流程顺畅、高效。

3. 设施设备选型与智能化配置

根据需求分析结果，选择适合的集装单元化设备、货架、搬运设备等。

4. 安全规划与环境保障

对仓库进行安全规划，包括灭火等方面的全面考虑，关注温湿度控制等环境问题。

5. 仿真模拟与优化

基于规划地图以及商品、订单信息表进行智慧仓储作业的仿真模拟，分析仿真结果。

三、实训步骤

（1）理论学习：学习智慧仓储物流动线规划及设备配置规划的相关理论知识等。

（2）案例分析：了解不同行业企业的智慧仓储物流动线规划及设备配置情况等。

（3）模拟实训：利用仿真软件或实体模型进行模拟实训等，对方案进行优化调整。

（4）总结报告：撰写实训总结报告，总结实训收获和体会，提出改进建议和未来展望。

四、实训要求

（1）分组进行：学生需分组进行实训，每组5~6人，明确分工和职责。

（2）报告规范：实训报告需按照规定的格式和要求撰写，内容翔实、条理清晰。

（3）团队协作：鼓励学生团队协作，相互学习、相互帮助，共同完成实训任务。

五、实训成果

（1）每组提交一份智慧仓配规划设计与实施报告。

（2）PPT汇报材料及相关视频、图片等辅助材料。

六、实训评估

1. 过程评估

根据学生的调研计划、实地考察情况、资料收集与分析过程等进行过程评估。过程评估主要考察学生的态度、能力和团队合作精神。

2. 成果评估

根据学生提交的调研报告和PPT汇报情况进行成果评估。成果评估主要考察学生的调研深度、分析能力、文档撰写能力和表达能力。

参 考 文 献

[1] 刘雅丽，解翠杰. 仓储与配送管理 [M]. 北京：高等教育出版社，2021.
[2] 代湘荣，周志刚，叶红梅. 仓储与配送作业管理 [M]. 北京：中国人民大学出版社，2022.
[3] 柳荣. 智能仓储物流、配送精细化管理实务 [M]. 北京：人民邮电出版社，2020.
[4] 李建斌，王莹莹. 智慧仓储管理 [M]. 北京：高等教育出版社，2023.
[5] 伯黎醒，高明浩，任星宇. 智慧仓储精细化管理 [M]. 北京：电子工业出版社，2023.
[6] 阮喜珍，刘晶璟. 智慧仓储配送运营 [M]. 武汉：华中科技大学出版社，2023.
[7] 覃波，黄成菊. 智慧仓配运营 [M]. 北京：机械工业出版社，2024.
[8] 郭妍，杨高英，李墨溪. 智慧仓配运营管理 [M]. 北京：化学工业出版社，2023.
[9] 黄丽霞，韦光茂. 智能仓储与配送 [M]. 北京：电子工业出版社，2023.
[10] 李永生，刘卫华. 仓储与配送管理 [M]. 4版. 北京：机械工业出版社，2019.
[11] 范珍，管亚凤. 智能仓储与配送 [M]. 北京：电子工业出版社，2022.
[12] 薛威. 智慧物流实训 [M]. 北京：高等教育出版社，2021.
[13] 魏学将，王猛，张庆英，等. 智慧物流概论 [M]. 北京：机械工业出版社，2020.
[14] 王猛，魏学将，张庆英. 智慧物流装备与应用 [M]. 北京：机械工业出版社，2021.
[15] 党争奇. 智能仓储管理实战手册 [M]. 北京：化学工业出版社，2020.
[16] 操露. 智慧仓储实务：规划、建设与运营 [M]. 北京：机械工业出版社，2023.
[17] 李军，郭耀煌. 物流配送车辆优化调度理论与方法 [M]. 北京：中国物资出版社，2001.
[18] 叶伟媛. 仓储与配送管理 [M]. 3版. 大连：东北财经大学出版社，2024.